高等职业教育城市轨道交通车辆专业系列规划教材

# 城市轨道交通车辆驾驶控制系统

徐　彦　主　编
罗　敏　邓爱喜　副主编

中国铁道出版社有限公司
CHINA RAILWAY PUBLISHING HOUSE CO., LTD.

## 内 容 简 介

本书采用项目任务式进行编写，全书共分6个项目，18个任务，分别为城市轨道交通车辆牵引控制系统、城市轨道交通车辆制动控制系统、城市轨道交通车辆车门控制系统、城市轨道交通车辆空调系统、城市轨道交通车辆乘客信息系统和城市轨道交通车辆辅助控制系统。

本书可作为高等职业学校城市轨道交通车辆及相关专业教材，也可作为现场工作人员参考用书。

**图书在版编目(CIP)数据**

城市轨道交通车辆驾驶控制系统/徐彦主编．—北京：中国铁道出版社，2016.9（2022.3重印）
高等职业教育城市轨道交通车辆专业系列规划教材
ISBN 978-7-113-21063-2

Ⅰ.①城… Ⅱ.①徐… Ⅲ.①城市铁路-铁路车辆-驾驶系统-控制系统-高等职业教育-教材 Ⅳ.①U239.5

中国版本图书馆CIP数据核字(2015)第246933号

**书　　名**：城市轨道交通车辆驾驶控制系统
**作　　者**：徐彦

**策　　划**：阚济存
**责任编辑**：阚济存　　**编辑部电话**：(010) 83527746
**封面设计**：崔丽芳
**责任校对**：王　杰
**责任印制**：樊启鹏

**出版发行**：中国铁道出版社有限公司（100054，北京市西城区右安门西街8号）
**网　　址**：http://www.tdpress.com/51eds/
**印　　刷**：北京联兴盛业印刷股份有限公司
**版　　次**：2016年9月第1版　2022年3月第2次印刷
**开　　本**：787 mm×1 092 mm　1/16　印张：13.5　字数：340千
**书　　号**：ISBN 978-7-113-21063-2
**定　　价**：30.00元

FOREWORD

# 前言

城市轨道交通行业发展迅速，专业人才培养硕果累累，优秀毕业生队伍不断扩大，取得了显著成绩。“十三五”规划纲要又明确了城市轨道交通的建设重点。这就对本课程提出了更高要求，为了适应“十三五”大力建设轨道交通的纲要实施，培养更多城市轨道交通车辆维修和驾驶方面的高技能人才。《城市轨道交通车辆驾驶控制系统》教材在编写时，力求既体现高职教育的“高等性”，又充分体现高职教育的“职业性”，符合高职教育的发展规律以及学生职业能力的培养规律，使学生具备胜任岗位的职业能力。

“城市轨道交通车辆驾驶控制系统”是城市轨道交通车辆专业的核心课程，教学对象为三年制高职城市轨道交通车辆专业学生，教材依据《高等职业学校专业教学标准》编写。本专业毕业生主要就业于全国各城市地铁公司，任职于城轨车辆驾驶、城轨车辆检修、城轨设备检测与维护等相关岗位。通过对城市轨道交通行业岗位充分调研和分析，并整合、优化已经取得的教育教学成果，借鉴项目教学法，基于过程教学法等多种国内外先进教学方法，将校企合作、工学结合教育理念深度融合在教学中，采用教师讲授与学生仿真操作相结合信息化模式，结合企业管理理念，培养学生的职业能力和职业素养。

本教材由郑州铁路职业技术学院徐彦任主编并编写项目一、项目二；南宁轨道交通集团有限责任公司罗敏、湖南铁路科技职业技术学院邓爱喜任副主编并合作编写项目四；郑州航空工业管理学院赵嵩编写课程导读、项目三；郑州市轨道交通有限公司王欢欢、郑州市轨道交通有限公司刘腾飞、郑州铁路职业技术学院赵慧编写项目五；郑州铁路职业技术学院韩增盛、郑州铁路职业技术学院张天彤和广州地铁集团公司杨永杰编写项目六。本书由郑州市轨道交通有限公司谢春华主审。

在编写过程中得到郑州市轨道交通有限公司的大力支持，在此表示衷心感谢。

编　者

2016 年 5 月

CONTENTS

# 目录

# 课 程 导 读

伴随着社会的发展和经济水平的快速提高,居民的出行需求量日益增大,城市交通出现拥堵。城市轨道交通凭借其载客量大、速度快、绿色环保等优点,成为解决城市交通问题的一个重要手段,越来越得到人们的重视。

城市轨道交通车辆由牵引系统、制动系统、车门系统、空调系统、乘客信息系统、辅助电源系统、网络控制系统等多个系统组成。其中列车网络控制系统是车辆的“大脑”,是运营的核心。列车网络控制系统集中提供了控制和监视车载系统和设备的功能。列车的操作,车载系统的故障诊断和数据记录,都是基于网络控制系统与各系统的网络通信。

城市轨道交通列车网络控制系统包括:以实现各功能控制为目标的单元控制机、实现车辆控制的车辆控制机和实现信息交换的列车通信网络。列车网络控制系统为各车载设备提供相互通信的渠道,通过共享信息,实现设备协调工作。网络控制系统的网络化不仅能够有效地增加数据的传输量,而且可以优化车辆的布线设计。另外,网络控制系统可以实时监视和控制车辆各系统,并能快速、有效地进行诊断和分析,极大地提高故障诊断效率,减少维护人员数量和工时,缩短维护时间。

国外车辆制造商在车载智能设备的研究、系统配置以及整车线路设计方面积累了丰富的经验,网络控制系统在城市轨道列车上的应用已比较成熟,如西门子公司的 SIBAS 系统,庞巴迪公司的 MITRAC 系统、阿尔斯通公司的 AGATE 系统和三菱公司的 TIS 网络信息传输系统。

## 0.1 列车网络控制系统知识

### 0.1.1 列车网络控制系统概述

列车网络控制系统由车辆间的 MVB(Multifunction Vehicle Bus)Backbone 主干网和每节车上子系统间的 MVB 车辆总线组成。如图 0.1 所示,MVB 主干网通过 MVB 中继器和各个 MVB 车辆总线连接起来,实现一列车中每节车辆之间的数据交换。图 0.1 中的设备名称见表 0.1。

城市轨道交通车辆控制分为列车控制级、车辆控制级与子系统控制级(包括牵引控制、制动控制、门控制、乘客信息系统控制、辅助电源控制等)三级,各控制级均为冗余结构。诊断系统给出整列车的故障分级,利于司机判断。

列车网络控制系统(MVB 主干网+MVB 车辆总线)的通信网络主要传输三种类型的数据:

(1)过程数据,周期性地传送,其特点如下:

过程数据由高达 32 字节的短数据组成,过程数据是与时间密切相关的数据,周期性地传递。只有一个单元是数据源,所有连接到 MVB 的单元都可能是过程数据传递的终点接口(目的地)。过程数据带有数据源地址(广播数据),传递过程不带检错码反馈,传递安全性由周期性的传递和检验来保证。

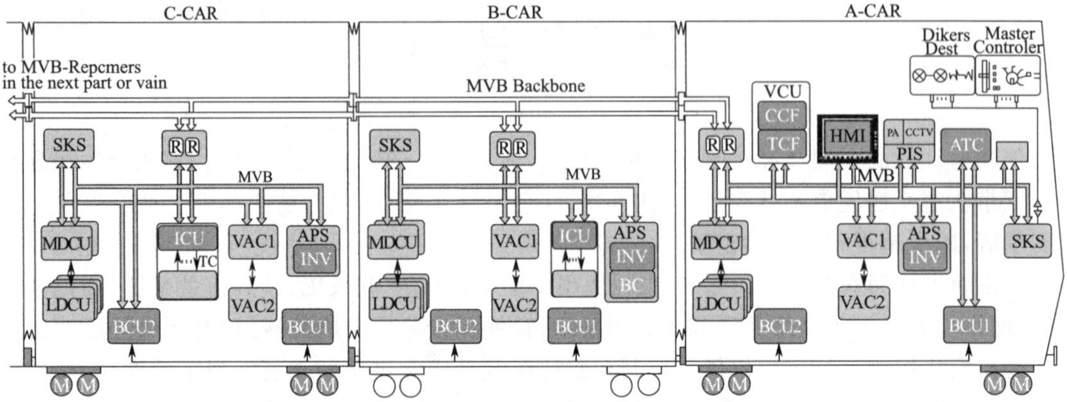


图 0.1 列车网络控制系统示意图

表 0.1 图 0.1 中设备中英文名称对照

| 简称(英文名称) | 中文名称 | 简称(英文名称) | 中文名称 |
|---|---|---|---|
| MVB(Multifunction Vehicle Bus) | 多功能车辆总线 | R(MVB-Pepeater) | MVB 中继器 |
| VCU(Vehicle Control Unit) | 车辆控制单元 | SAS(SIBAS Klip Station) | 智能外围接口终端 |
| ATC(Autornatic Train Control) | 自动驾驶控制 | BCU(Brake Control Unit) | 制动控制单元 |
| PA(Public Address Systerm) | 乘客广播系统 | CCTV(Closed Circuit Television) | 闭路电视 |
| PIS(Passenger Information Systerm) | 乘客信息系统 | HMI(Human Machine Interface) | 人机交换界面 |
| VAC(Ventilation Air Condition) | 空调 | CCF(Central Control Functions) | 中央控制功能 |
| TCU(Traction Control Unit) | 牵引控制单元 | MDCU(Master Door Control Unit) | 主门控单元 |
| LDCU(Local Door Control Unit) | 辅门控单元 | APS(Auxiliary Power Supply) | 辅助电源 |
| ICU(Inverter Control Unit) | 牵引逆变控制单元 | TC(Traction Container) | 牵引箱 |

(2)消息数据,按要求或发生的事件而偶发性地传送。消息数据特点如下:

消息数据是与时间不密切相关的数据,偶发性地传送,可以有一个或多个数据源,只有一个单元是数据传送的终点接口。消息数据带有数据源地址(单目的地),被传递的数据必须经接收单元(数据传递终点接口)确认,数据将根据要求以队列方式缓冲,完整的数据传递时间由总线负荷量决定。

(3)监督数据,总线管理和控制有要求时传送。主控权的转移、单元状态的传送和事件指示都要进行数据交换。

MVB 中继器采用冗余设计,每个中继器都包含两个完全独立的传输通道。MVB 主干网和 MVB 车辆总线均采用两对双绞线,具有双通道全冗余结构,任何单点故障都不会导致列车牵引停止。MVB 车辆总线与车辆各控制系统连接,传递车辆控制级数据和信息数据以完成相应的功能;每节车辆的各控制系统单元在由 MVB 车辆总线连接后,通过中继器向 MVB 主干网传递列车级数据,实现数据交换。

车辆控制单元(VCU)是列车通信控制系统的核心部件,一个单元(由三节或者四节车辆组成)配备一台 VCU,位于 Tc 车司机室电气柜中。VCU 整合了中央控制功能模块(CCF)和牵引控制功能模块(TCF),通过 VCU 的主从切换,实现控制的冗余。CCF 主要实现串行数据通信管理(车辆总线)、列车控制功能、部件自动测试、诊断设备、存储故障等功能。TCF 提供一系列的保护和监视功能用于保护牵引系统和保证列车的安全运行,其中包括:HSCB(High speed circuit-breaker)高速断路器监视、过电压监视、低电压监视、线电流监视、运行状态间的转换监视、能量平衡监视、方向监视、温度监视、牵引监视、ICU MVB 通信监视、测量速度监视、空转/滑行监视、轮径值监视等。列车与 VCU 构成一个整体,通过 MVB 进行列车控制(紧急制动除外)。

每节车的智能外围接口终端(SIBAS® KLIP)与 MVB 车辆总线相连,配备有总线控制器和大容量通信存储器等。各个 SIBAS® KLIP 通过令牌传递,轮流作为 MVB 车辆总线管理器,使 MVB 更加安全可靠;SIBAS® KLIP 还具有监视、诊断功能,通过 MVB 车辆总线与子系统之间进行通信。

MVB 车辆总线物理上的连接采用两对双绞线的冗余结构,它们对有关的关键区域提供部分冗余。牵引控制系统和气制动控制系统与 MVB 车辆总线之间的接口是冗余的,即相对于各个系统,单一接口的故障不应导致牵引、气制动故障。即使在 MVB 车辆总线发生故障时,也不会导致列车牵引停止。有 MVB 接口的设备(如牵引逆变器、辅助逆变器)通过 MVB 接口与 MVB 车辆总线进行通信和数据传输,没有 MVB 接口的设备通过 SIBAS® KLIP 与 MVB 车辆总线进行通信和数据传输。各子系统与 MVB 车辆总线之间的接口采用总线连接器,避免因部件短路导致 MVB 车辆总线故障。

### 0.1.2 列车网络控制系统与车辆及信号各系统的关系

城市轨道交通车辆由多个功能系统组成,列车网络控制系统是让所有系统正常有序地工作,保证列车安全、舒适运行的重要环节。主要实现以下功能:

(1)使车辆控制单元(VCU)参与牵引系统的控制

司控器的参考值信号通过 SIBAS® KLIP 的模拟输入模块读入,并发送到 MVB 车辆总线,牵引/制动指令在经过 VCU 的评估后,通过 MVB 车辆总线传递给牵引控制单元(TCU)和制动控制单元(BCU)。当牵引/制动参考值信号中断时,硬线的紧急牵引功能可以保证列车的基本运行。

VCU 中的牵引起动有封锁保护功能(通过软件实现),如车门未关闭牵引起动封锁;停放制动未缓解牵引起动封锁;空气制动未缓解牵引起动封锁;总风欠压起动封锁等。

VCU 中还能实现列车超速保护、列车冲击限制保护等牵引/制动的保护控制功能。

(2)使车辆控制单元参与制动系统的控制

列车制动采用电制动与空气制动实时协调配合,电制动优先、空气制动延时投入的混合制动方式。电制动和空气制动均可由车载列车自动驾驶系统(ATO)控制或人工操纵司控器控制,同时列车自动保护系统(ATP)可参与控制。

每辆车的制动系统的制动微机控制单元(BECU),应能随时根据车辆载荷及电制动的反馈信号来调节空气制动力,如果电制动力不能满足制动指令要求,则由空气制动自动补足,以满足不同工况时制动指令对制动力的要求。连续的混合作用可随时改变制动缸的空气压力,从而使电制动力和空气制动力之和满足制动指令要求。而且使空-电相互转换平滑,列车无冲撞。并且具有保持制动功能，即列车停稳后，制动系统自动施加能确保 AW3(超员载荷，9 人/$m^2$)情况最大坡道下，保证列车不发生溜滑的制动力。启动牵引力必须克服保持制动的制动力后，保持制动才能缓解。

(3)使车辆控制单元(VCU)参与车门系统的控制

VCU 接收司机给出或由车载信号设备发出的开、关门、再开门指令，并通过 MVB 车辆总线发送到各车门控制子系统。

VCU 通过车门控制子系统发送的门开、关到位的反馈信息监视列车的车门动作情况，并记录车门故障。同时监控门使能信号，在司机室显示器上显示车门状态和车门故障提示。

开、关门联锁功能(软件实现)。列车静止时($v \leqslant 3$ km/h)，门开、关指令有效；列车速度大于 0 时($v \geqslant 3$ km/h)，门开指令无效，司机台开门按扭指示灯灭；当列车车门未全部关好时，列车将无法进行牵引(除旁路开关闭合外)。

(4)使车辆控制单元(VCU)参与辅助电源系统的控制

每列车包含两套辅助逆变器箱体，每个箱体中包含两台辅助逆变器(DC/AC)和两台蓄电池充电机(DC/DC)。辅助逆变器的控制、调节、保护等系统采用微处理器技术，保证在规定条件下，输出电压和电流稳定，控制单元的时钟与列车上其他微机系统同步。

辅助逆变器发生故障时，故障逆变器将通过切断相应的输出接触器来使故障逆变器与列车三相交流母线隔离。当一台辅助逆变器发生故障时，不需切除任何交流负载。当两台辅助逆变器发生故障时，VCU 负载管理单元将切除每节车一半的空调，保留全部通风。当三台辅助逆变器发生故障时，VCU 负载管理单元将切除全部空调，仅保留全部通风。

当一台至两台 DC/DC 蓄电池充电机故障时，整个系统由另外两台正常的 DC/DC 供电，系统将不切除任何 110V 直流负载。当三台至四台 DC/DC 充电机故障时，VCU 将切除所有的 DC/DC 蓄电池充电机，由蓄电池供电，并切除相应的直流负载，转入紧急负载供电。

(5)使车辆控制单元(VCU)参与空调系统的控制

空调机组的运行模式和故障诊断由微处理器控制，通过其控制可实现客室通风、预制冷、制冷、预制热、制热、紧急通风等功能，并根据运行条件自动调节制冷量大小。通过 MVB 车辆总线将相关接口的有关信息传递给空调控制系统，保证机组的正常运行、停机和可靠的监控保护。将每节车空调机组的运行状态，通过 MVB 车辆总线传递给 VCU，并在显示屏显示。在 VCU 中可以读取空调控制系统的所有相关信息，并可对客室内的温度值进行强制干预，即直接设定温度值。

(6)使车辆控制单元(VCU)参与乘客信息系统的控制

乘客信息系统可以完成车载自动广播，提供时钟信号，提供下一站名称、下一站到达时间(倒计时，要求精确到秒钟)、终点站名称、线网(接触网)电压有无信号等。紧急车门开锁装置启动后，自动触发车载视频监视系统，对相应的客室进行监视，并将监控图像传送至运营控制中心，并存储相关的视频信息。

(7)车辆驾驶模式控制

城市轨道交通车辆在运营过程中常用的驾驶模式有 5 种，车辆控制单元根据指令信号完成相应的驾驶模式设置。

①ATO(列车自动驾驶)模式。ATO 模式不需要司机驾驶列车，通常司机仅需监控列车

运行，而在遇到突发情况时采取紧急措施。ATO 采用先进的自动控制技术，包括列车自动监视（ATS）、地域控制器（DC）、车载控制器（CC）。在此对 ATO 系统各部分的功能作一个简单的比喻：ATS 相当于行车调度员，DC 相当于车站值班员，CC 相当于列车驾驶员。ATO 与列车控制的接口通过 CC 实现，CC 通过该接口不仅能获取列车状态，还可对列车进行控制，如发出牵引、制动、开关门等控制命令。

②ATP（列车自动保护）监控下的人工驾驶模式。在该模式下，ATP 子系统确定列车运行的最大允许速度，司机驾驶列车在 ATP 的保护速度曲线下运行，ATP 子系统实现列车自动防护的全部功能。列车的速度、监控、运行及制动在信号车载设备限制下由司机操作。

③限速人工驾驶 RM 模式。在此模式下，列车的速度、监控、运行及制动由司机操作，信号车载设备仅对列车速度进行固定限速（如 25 km/h）即超速防护。

④非限制人工驾驶 NRM 模式。在此模式下，列车的速度、监控、运行及制动均由司机操作，没有 ATP 防护。此时，所有信号车载设备对牵引、制动等的控制功能均失效。

⑤ATB（自动折返）模式。当列车在折返站规定的停车时间结束，在旅客下车完毕，车门和站台屏蔽门关闭的情况下，经过必要的操作确认司机下车，由司机按压站台“无人自动折返”按钮后采用此模式。列车可在无人驾驶的情况下，从到达站台自动驾驶进入和折出折返线，最后进入发车站台，自动打开车门和站台屏蔽门，在整个折返过程中无需司机在车上对列车进行操作。列车到达出发站台停稳，确保司机进入另一端司机室后方可启动列车。

### 0.1.3 城市轨道交通控制中心介绍

OCC（Operating Control Center）运行控制中心，作为地铁线路运营的中枢神经，是行车调度员、电力调度员、环控调度员对全线的行车组织、电力供应、环境控制进行集中指挥的操作中心，对线路的安全运营起到至关重要的作用。

OCC 运行控制中心配置有以下设备：调度监督设备、行车指挥自动化设备、列车运行图自动铺画设备、传真及通信记录设备、无线列调系统及调度命令无线传输设备。这些设备一般为行车、供电、环控中央监控终端设备，其各模拟屏能够显示现场（车站、车辆段）设备的使用和占用情况，包括列车运行状态、供电系统情况和车站环控设备工作情况。

电力调度主要监控变电所、接触网等与供电相关的各种设备，及时采集各种数据，保证各个车站、列车供电的可靠性与安全性。

环控调度主要监控通风、空调、给排水与环境相关的各种设备，及时调节所管辖区段内的温度、湿度、空气流动速度、含尘量等各种参数，保证环境质量，满足乘客的出行需要。

行车调度员可以根据其权限通过终端屏幕选择或取消控制区域，向轨旁联锁系统发出指令办理进路，指挥列车按照列车运行图来运行，实时了解和掌握列车的实际运行情况，以便及时对行车作业进行分析和调整，保证全线能安全、高效地运行。

随着科学技术的发展，城市轨道交通车辆运行系统的控制设备正向自动化、远程化、计算机化方向发展。目前城轨列车运行组织包括调度集中控制运行和调度监督下的自动运行两种模式。

1. 调度集中控制运行模式

调度集中控制条件下的城轨列车运行组织，是在调度所行车调度员的指挥下，利用集中设备，对车站上列车的到、发、通过、折返等作业进行远程控制和调整，行车调度员是唯一的行车指挥者和操作者，车站一般不参与行车指挥工作，只是对相关作业进行监督。

调度集中控制设备必须具备以下功能：

(1)车站采用电气集中联锁或微机联锁，能够对车站的设备(如道岔、进路)进行远程控制，车站设备要保证列车的安全运行。

(2)行车调度员能够通过调度监督设备(微机显示器或显示屏)监护列车在线路上的运行状态，所有的信号显示，道岔位置及进路的布置。

(3)行车调度员能够远程控制车站的道岔转换、进路排列、信号开放、指挥和调整列车的运行。

(4)设有自动或人工绘制列车运行图的设备。

2. 调度监督下的自动运行模式

这是目前城市轨道交通采用的主要列车运行模式。它是利用计算机技术对列车实行自动指挥和自动运行监护，并利用列车自动防护(ATP)系统保护列车运行安全。在正常情况下，系统能够根据列车运行图自动排车站的接发车进路，列车按照自动驾驶(ATO)系统模式自动运行。调度监督下的自动运行控制应能实现以下功能：

(1)计算机系统内存储多套列车运行图，根据实际使用的运行图实现列车自动运行。

(2)调度监督能够对运行的列车实时跟踪监控，能够对线路占用、道岔位置、信号显示、进路布置通过终端系统显示其状态。

(3)能够实现集中控制系统和车站控制系统控制权的转换。

(4)能够自动或人工对列车运行做出必要的调整，包括车站进路排列、道岔转换、信号开放等。

(5)列车运行一般采用 ATO 驾驶模式，必要时转换为人工驾驶模式，列车占用区间的凭证为列车收到的速度码。

(6) 列车自动防护(ATP)系统为列车运行安全提供保证，使前后列车保持必要的间隔。

(7)能够自动或人工绘制列车实际运行图。

## 0.2 城市轨道交通车辆电气原理图识读

城市轨道车辆系统电路图是将地铁车辆的电源及各种用电设备按照它们各自的电路连接关系，通过导线、开关、电阻、熔断器等配电设备连接起来构成完整的电路，并且用特定的符号表示出来的图形。通过识图可以了解系统的用电设备及装置的构造、功能和工作原理，是设计人员、调试安装人员及维护人员的工程语言，排除车辆故障的一种重要手段。

熟练掌握电路识图是相关工作人员必不可少的知识技能，虽然一张电路图通常由几十乃至上百个元器件组成，但其实电路图本身有很强的规律性，不管多复杂，经过分析可以发现，它是由少数几个单元电路组成的。因此，首先要熟悉常用的基本单元电路，然后再学会分析和分解电路。

### 0.2.1 城市轨道交通车辆系统电路图类型

一般将城市轨道交通车辆系统电路图按照功能分类。例如：用 10 表示主电路(高压电路)；用 20 表示牵引/制动控制电路；用 30 表示辅助电路；用 40 表示列车网络控制/乘客信息电路;用 50 表示照明系统;用 60 表示空调电路;用 70 表示第二辅助设备电路;用 80 表示车门控制电路;用 90 表示特殊设备电路。每一大类又包含几个小类,例如 20 为控制电路部分包含 21—主断/受电弓控制电路;22—列车控制电路;23—牵引控制电路;27—摩擦制动电路;28—制动电子控制单元。

### 0.2.2 城市轨道交通车辆系统电路图符号

在电路图中经常会碰到以下一些符号:“A”表示主控制器;“K”表示接触器、继电器;“F”表示空气开关或熔断器;“Y”车钩电气接线盒;“R”表示电阻;“VD”表示二极管;“S”表示按钮或转换开关;“H”表示指示灯。一些常见电路图符号如表 0.2 所示。

**表 0.2 电路图中常见符号**

| 顺序 | 符号图形 | 英文简称 | 名称 |
|---|---|---|---|
| 1 |  | VD | 二极管 |
| 2 |  | XP | 连接插头 |
| 3 | 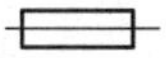 | F | 熔断器 |
| 4 |  | R | 电阻 |
| 5 | 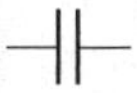 | C | 电容 |
| 6 |  | GND | 接地 |
| 7 | 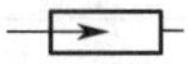 | F | 避雷器 |
| 8 |  | P | 受电弓 |
| 9 |  | M | 三相电机 |
| 10 |  | GND | 接地 |
| 11 | 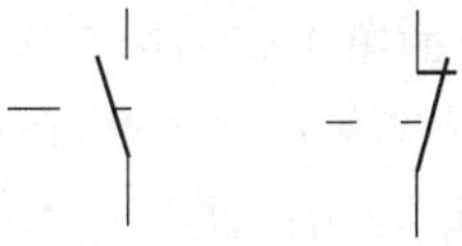 | S | 开关 |
| 12 | 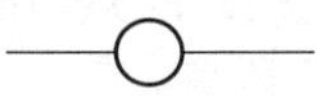 | XT | 插接件/端子排 |
| 13 |  | H | 指示灯 |

续上表

| 顺序 | 符号图形 | 英文简称 | 名称 |
|---|---|---|---|
| 14 | 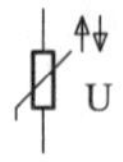  | RV | 压敏电阻 |
| 15 |  | SB | 按钮开关 |
| 16 |  | RG | 接地电阻 |

### 0.2.3 城市轨道交通车辆系统电路图绘制说明

在城市轨道交通车辆系统电路图中经常会用不同的编号表示各种元器件。编号用数字和英文字母组合而成，第一部分的数字表示为具体哪种类型电路的器件，第二部分的字母表示器件的类型，第三部分的数字表示为序号。例如，紧急停车继电器＝22-K208，“22”表示器件属于列车控制电路，“K”表示继电器，“208”表示该继电器的序号。

城市轨道交通车辆系统电路图中横向平均分成 8 个区，用数字“1，2，3，4，5，6，7，8”表示，数字下方用字母“Tc，Mp，M”表示处于列车的不同位置，字母下方用文字表示其下方图示的名称或功能。纵向平均分成 6 个区，用字母“A，B，C，D，E，F”表示，在实际应用中所指的区分往往都是指横向的。图示最下方的标题框会对电路的设计、审核人员，电路图类型以及代号和页码进行说明，具体描述如图 0.2 所示。

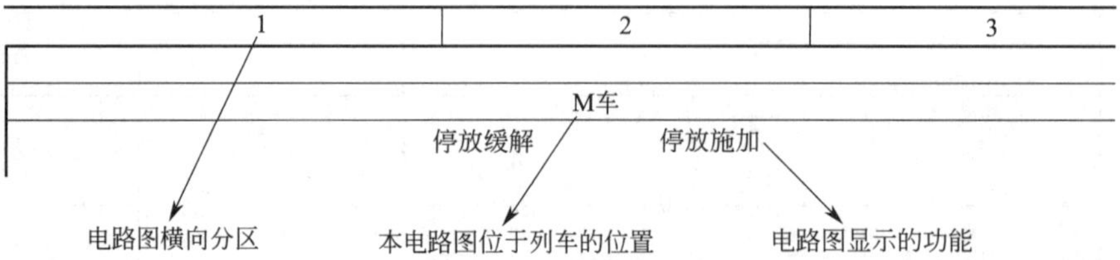


图 0.2 车辆电路图功能描述

城市轨道交通车辆系统电路图用等号“＝”加 5 位数字编号说明线路的来源和去向。第一部分数字表示电路图的类型，第二部分数字表示该类电路图的第几张图，最后一位表示位于该张电路图的横向第几区。如图 0.3 所示，“＝32/02.3”表示该线路电源来源于低压电源的第 2 张图第 3 区。“＝22-K153”上方标注的“＋115”表示该设备位于 Tc 车的继电器柜，下方标注的“＝22/01.7”表示该触点继电器在“22”类电路图的第 1 张的第 7 区位置，触点“83，84”为常开触点的编号，触点“83-84”中的“8”表示该继电器共有 8 对触点，在触点连“84”接线上还有“270172”表示该线路的编号。图中“＝27-S01”的上方标注“＋111”表示位于“司机室操作台”，“＝27”表示该器件属于摩擦制动控制电路，“S”表示该器件为按钮，“01”表示为序号，“＝27/02.6”表示该按钮在“27”类电路图的第 2 张的第 6 区位置，下方标注的“停放施加”，表示其功能。

城市轨道交通车辆由多节车辆进行编组，车辆与车辆之间的电气连接通过车钩装置的电气接线盒连接，用“Y”表示车钩电气接线盒，图中“-Y01”表示为 Tc 车 1 位端车钩电气接线盒连接，上方标注“+171”表示其为“全自动车钩”，“009”为可伸缩的弹性触点，“109”为不可伸缩的触点。当列车连挂时，另一列车的全自动车钩与之相连的分别是不可伸缩触点和弹性触点，这样保证车辆通过曲线时每对触点都能可靠的连接。

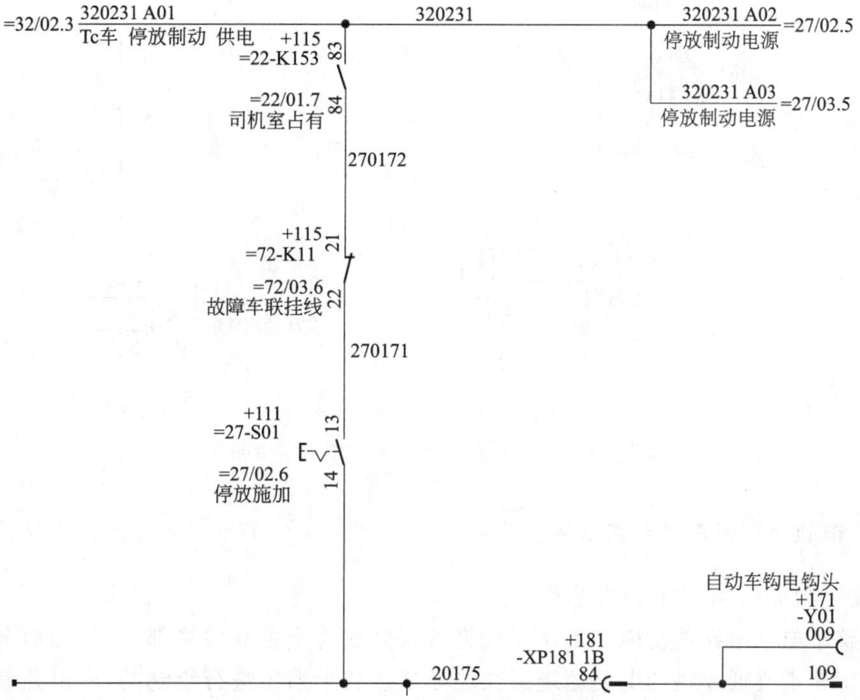


图 0.3　城轨车辆基础电路图

在车辆空气制动过程中经常会使用压力开关，其在电路图中的标注符号如图 0.4 所示，压力开关的上下参数为其动作值，当压力大于 700 kPa 时，触点“5”与触点“9”闭合，当气压低于 550 kPa 时，触点“5”与触点“4”闭合，当气压处于 550～700 kPa 之间时，触点保持先前状态，图中箭头方向为触点的分合方向。

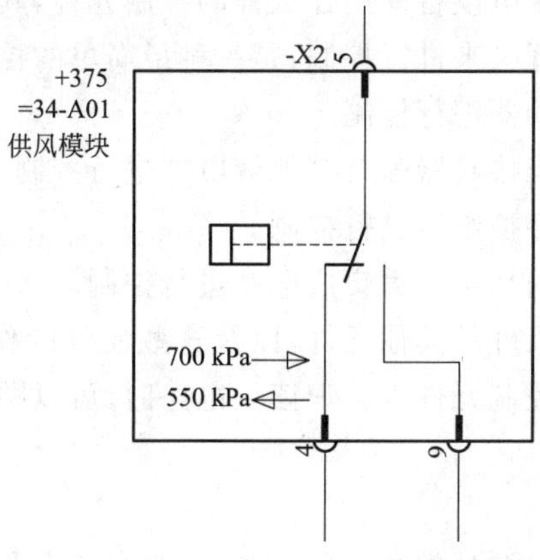


图 0.4　城市轨道交通车辆气压开关电路符号

欠压检测继电器在永久负载激活回路中的标注符号如图 0.5 所示，其工作原理与压力开关类似，＝32-K05 检测永久负载电压，当电压低于 84V 时，触点“11-12”闭合；当电压高于 96V 时，触点“11-14”闭合；当电压处于 84V 和 96V 之间时，触点保持先前状态。

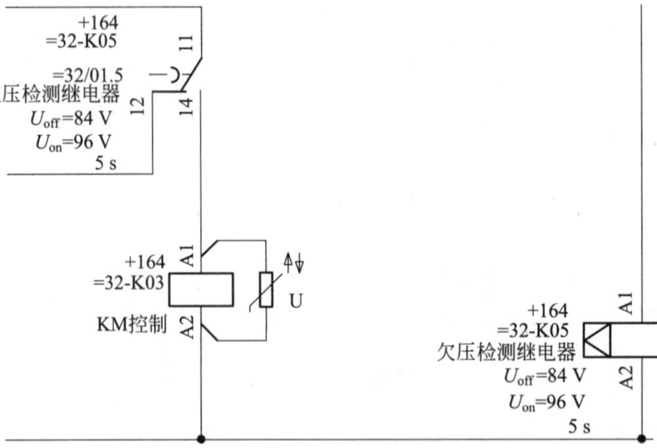


图 0.5　城市轨道交通车辆欠压继电器电路符号

### 0.2.4　城市轨道交通车辆电路识图技巧

(1)化整为零，分清主辅电路识图

根据整车电气电路的功能和工作原理将其划分成若干独立的局部电路，然后分别进行分析。因城市轨道交通车辆的电路原理图往往都是按各个系统进行绘制的，所以化整为零进行分析，分清主辅电路，不仅可以分清重点，而且识图方便。例如主电路最典型的特征就是线路上连接了用电设备，而辅助电路最典型的特征是通常都具有控制元件(例如，接触器、继电器、各种控制开关等)。遵循先看主电路再看辅助电路的原则，根据主辅电路各自不同的特征，很容易区分主电路和辅助电路。

(2)从部件功能到系统原理识图

分析某系统的电路图前，要清楚该电路中所包含的电气部件的作用和功能以及技术参数等。例如要看清主电路中的用电设备采用什么样的控制元件，其在什么条件下闭合和断开等。

①有的用电设备仅用刀开关来进行控制，是一种最简单的控制方法。

②有的用电设备采用启动器进行控制。

③有的用电设备采用交流接触器配合其他继电器进行控制。

④有的用电设备采用程序控制器进行控制。

⑤有的用电设备直接采用功率放大集成电路进行控制。

然后再看除了用电设备以外的其他元件，以及这些元件的作用。一般主电路各元件和用电设备通常比辅助电路中的控制元件少。识读主电路时，可以顺着电源引入端向下(或由下向上)逐次识读。

(3)遵循回路识图原则

城市轨道交通车辆根据电源种类和电压等级，分为直流电源和交流电源两大类。

①直流电源：主电路有的是由直流发电机供电，有的是由整流设备供电。直流电源的电压

等级常见的有 12 V、24 V、110 V 等。

②交流电源：主电路多数情况下是由三相电交流电网供电，也有的是由交流发电机供电。交流电源低电压等级常见的有 220 V、380 V 等，频率多为工频 50 Hz。

识读城市轨道交通车辆系统电路图应遵循回路原则，即工作电流由正极流出，经用电设备流回电源负极，必须构成闭合回路才能形成电流，用电设备中只有流过电流时才能工作。

学习识读城市轨道交通车辆电路原理图首先要对车辆各系统有一定的了解和认识，然后了解电路中的元件的功能及作用。由点到面，有简到繁，先弄清楚典型电路再举一反三，触类旁通地弄通其他电路图。注重资料的收集和经验的积累，特别是在现场根据设备及线缆编号进行查看，更有利于对电路图的认识和故障查找。

# 项目 1 城市轨道交通车辆牵引控制系统

城市轨道交通车辆牵引控制系统是列车完成从启动加速到制动停车一系列操作功能的系统，牵引控制系统的主要任务是通过电能和机械能的相互转换，对传动装置进行控制和调速。近年来牵引系统中主要设备的性能都有不同程度的提高，同时微机、网络和智能控制等先进技术不断地应用在电力牵引控制系统中，完善了牵引控制系统的性能，提高了牵引控制系统工作的安全性。

## 1.1 城市轨道交通车辆牵引系统基础知识

### 1.1.1 城市轨道交通车辆牵引系统发展概况

城市轨道交通车辆牵引系统目前多采用基于电力电子器件控制的大功率牵引逆变器和鼠笼式异步电动机的交流传动系统。牵引技术的发展历程与电力电子技术的进步、牵引电机的革新息息相关，伴随着一代代新的电力电子器件与牵引电机的诞生，牵引技术也有了质的飞跃。

电力电子技术的发展与电力电子器件的发展相辅相成，经历了不可控型器件、半控型器件和全控型器件三个主要阶段。从 20 世纪 60 年代起，电力电子开关器件先后从晶闸管(SCR)、电力晶体管(GTR)、可关断晶闸管(GTO)、集成门极换流晶闸管(IGCT)到目前广泛使用的绝缘栅双极型晶体管(IGBT)，提高了电力电子器件开关的工作电压、电流以及关断频率，降低了功耗。20 世纪 70 年代后期，牵引系统主要采用快速晶闸管，但其存在开关频率低，繁杂的开关吸收电路等缺点。20 世纪 80 年代中后期，集成门极换流晶闸管应用于大功率交流传动轨道列车，使得车辆的综合性能得到了很大程度的提高。进入 20 世纪 90 年代，中高压绝缘栅双极型晶体管的问世，使得变流传动机组又得到了更新换代。自 2002 年起，绝缘栅双极型晶体管应用在轻型及重型城市轨道交通车辆的牵引传动系统中。同时，各种大功率电力电子器件及先进的控制技术出现，确立了现代交流传动技术的优势，使轨城市轨道交通车辆电传动技术发生了根本变革。

### 1.1.2 城市轨道交通车辆牵引系统分类

城市轨道交通车辆牵引系统根据采用的驱动电机不同，分为直流牵引电动机驱动的直流传动系统和交流牵引电动机驱动的交流传动系统两类。

直流牵引电动机的转速易于控制，调节过程平缓，所以在早期变速传动领域得到了广泛应用。北京地铁于 1969 年正式通车，采用直流电动机作为牵引电机。但直流电动机中机械换向器和电刷的存在，使其结构复杂，极大程度地限制了直流电动机调速控制技术的发展，并逐步被交流电动机取代。

交流传动具有牵引功率高；结构简单，重量轻，易维修保养；减少了谐波量，极大减少对通信的电磁干扰等优点。目前除尚在运行的北京地铁 1 号线等早期的地铁车辆使用直流牵引电动机外，2000 年以后建设的地铁列车几乎都采用交流电动机驱动。

另外，轨道交通领域中采用的直线电机也为交流驱动。我国采用直线电机的地铁线路有广州地铁 4 号线、广州地铁 5 号线、北京机场线、重庆地铁 1 号线等。

## 1.2 城市轨道交通车辆牵引系统工作原理及主要装置介绍

### 1.2.1 城市轨道交通车辆牵引系统工作原理

城市轨道交通车辆牵引系统主电路将电网提供的电能传递到用电设备，同时完成电能形式的转换供车内用电设备使用，如图 1.1 所示。升起的受电弓将接触网 DC 1 500 V 的电压传送到 Mp 车(带受电弓的动车)中，直流电能在 HV Box(高压箱)内分为两路，一路通过 HSCB(高速断路器)传递到 Mp 车和 M 车(动车)的 Traction Inverter(牵引逆变器)，直流电能由牵引逆变器转换为三相交流电能，供本节车的牵引电机工作；另一路以直流电能的形式传送到 Tc 车(带司机室的拖车)，由带有蓄电池的辅助逆变器完成逆变和对蓄电池充电的工作。

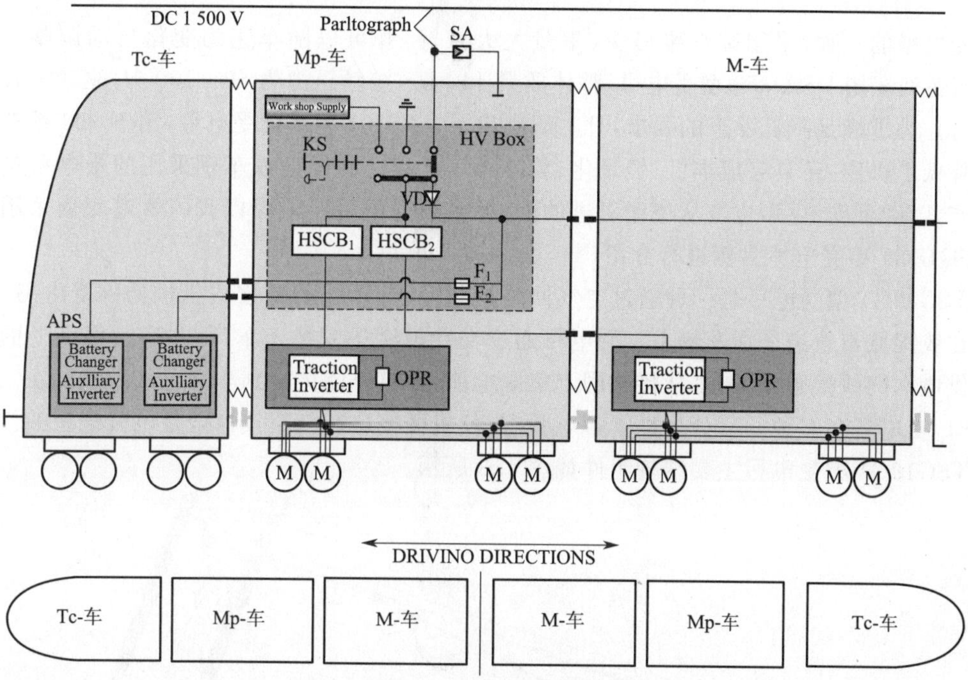


图 1.1 牵引系统组成图

Pantograph—受电弓；SA—避雷器；KS—闸刀开关；F—熔断器；HSCB—高速断路器；VD—二极管；OPR—过压保护电阻；Traction Inverter—牵引逆变器；M—牵引电机；HV Box—高压箱；APS—辅助电源；Auxlliary Inverter—辅助逆变器；Battery Changer—充电器

城市轨道交通车辆的牵引系统由 9 个主要设备组成，主要包括：受电弓、避雷器、闸刀开关、高速断路器、熔断器、牵引逆变器、过压保护电阻、牵引电机和接地装置。车辆牵引系统主要设备对应车体的安装情况如图 1.2 所示。

### 1.2.2 牵引系统主要设备介绍

1. 受电弓

目前在轨道交通行业中采用的受电弓有多种型号。法国轨道交通所采用的高速受电弓类型主要有 ADME 型、GPU 型、CX 型受电弓。CX 型受电弓是法维莱(Faiveley)公司研制的 X

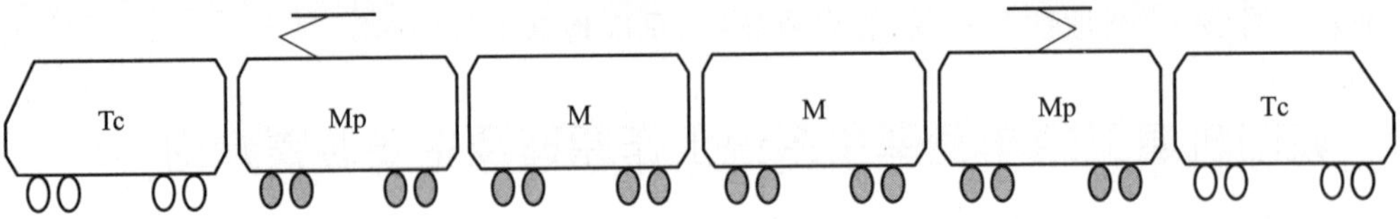


| Tc车 | Mp车 | M车 | M车 | Mp车 | Tc车 |
|---|---|---|---|---|---|
| 接地装置 | 受电弓；<br>高压箱(含高速断路器，熔断器)；<br>牵引逆变器；<br>牵引电机；<br>过压保护电阻；<br>接地装置 | 牵引逆变器；<br>牵引电机；<br>过压保护电阻；<br>接地装置 | 牵引逆变器；<br>牵引电机；<br>过压保护电阻；<br>接地装置 | 受电弓；<br>高压箱(含高速断路器，熔断器)；<br>牵引逆变器；<br>牵引电机；<br>过压保护电阻；<br>接地装置 | 接地装置 |

图 1.2　牵引系统主要设备对应车体的安装情况

系列受电弓的一种，采用碳纤维弓头，重量大大减轻，并可以随车速的变化自动调整。德国ICE 高速列车用 DSA-350 型受电弓，整体质量 140 kg，接触压力为 50～130 N，驱动方式是气动升弓。为了满足降低噪声的要求，日本研制出了 TPS301 型单臂受电弓，用于 700 系车。它不仅降低了噪声，还具有成本低、轻量化、免维修等优点。我国地铁车辆采用的受电弓型号既有国产 TSG 型受电弓，也有从德国引进的 DSA 系列受电弓。下面以我国轨道交通采用较多的 TSG18G1 型受电弓为例进行介绍。

TSG18G1 型受电弓是一种通过空气回路控制升、降动作的铰接式机械构件受电弓，主要应用在我国城市轨道交通车辆上。受电弓通过支持绝缘子安装于车顶，并通过弓头上的碳滑板与供电网网线接触，受电弓从接触网上集取电能，并将电能传送到车辆电气系统。在“工作”位置时，受电弓在车顶的部分均处于带电状态，仅机械接口和气路接口处是电气绝缘的。

TSG18G1 型受电弓主要结构组件如图 1.3 所示。

图 1.3　TSG18 受电弓示意图

1—底架；2—下臂杆；3—上框架；4—拉杆；5—电流连接装置；6—弓头组装；7—平衡杆；8—阻尼器；9—气阀箱；10—绝缘子；11—气囊

(1)驱动方式。气动驱动升弓,自重降弓。

(2)工作原理。受电弓通过空气回路控制升、降弓动作。司机在司机室按下受电弓升弓按钮后,升弓保持继电器得电,从而使受电弓供风单元内的升弓电磁阀得电动作,向受电弓供压缩空气。受电弓控制电路如附图1所示。

压缩空气经过车内的管路、车顶的受电弓绝缘软管,进入受电弓底架上的气阀箱。进入气阀箱的压缩空气依次经过空气过滤阀、单向节流阀、精密调压阀、单向节流阀、安全阀后分为两条支路分别向受电弓的两个升弓气囊供气,压缩空气进入升弓气囊后,气囊膨胀抬升,抬升的气囊带动钢丝绳拉拽下臂杆,使下臂杆转动,从而实现受电弓逐渐升起,直到受电弓弓头与接触网网线接触并保持规定的静态接触压力。此时升弓气囊中的气压稳定在气阀箱内精密调压阀的设定值。受电弓工作时,升弓气囊被持续供以压缩空气,弓头与接触网之间的接触压力保持基本恒定。

司机在司机室按下降弓按钮后,降弓继电器得电,升弓电磁阀失电,向受电弓供应的压缩空气被切断,同时,升弓电磁阀使受电弓气路与大气连通,气囊升弓装置排气,受电弓靠自重下降,直到顶管降下并保持在底架的两个橡胶止挡上。

(3)折叠高度与工作高度。折叠高度310 mm,最低工作高度150 mm,最高工作高度1 950 mm,最大升弓高度大于2 550 mm。

(4)弓头悬挂方式和耐振性能。受电弓弓头悬挂主要由4个橡胶弹簧元件组成,弓头两侧各两个橡胶弹簧元件,呈对称分布,能很好的吸收弓网之间的高频振动。同时,TSG18系列受电弓底架上安装的阻尼器和两个垂直气囊也可吸各种因素引起的低频振动。

(5)弓头自由度。受电弓弓头自由度是受电弓升起后,弓头绕转轴转动时前后夹角的大小。弓头自由度较大的受电弓能够更好的保证弓网之间的贴合度,使其具有更高的集电稳定性。TSG18系列受电弓弓头自由度≥10°,可很好地避免碳滑板偏磨现象,保证受电弓稳定受流。

(6)工作压力。400～1 000 kPa,额定气压为550 kPa。

(7)升降弓时间。升弓时间小于等于8 s,降弓时间小于等于7 s。

(8)使用的材料和总重。TSG18系列受电弓的底架、下臂杆和平衡杆由型钢制成,外表面喷涂或镀锌进行防腐保护;拉杆采用铝合金管焊接而成,滑板材质为浸金属碳,总重小于140 kg。上述选材在保证受电弓结构强度的前提下,尽可能地降低受电弓总重及归算质量,更好地提高了受电弓动态跟随性及集电稳定性。

(9)使用与维护。气囊式受电弓的整定方法简单,只需打开气阀箱即可设定相关的阀类的初始值。比如调整静态接触压力,只需要调整精密调压阀的初始值。通过调整升弓节流阀来调整升弓时间,调整降弓节流阀来调整降弓时间等。

(10)与弓网的匹配。气囊式受电弓具有重量轻、归算质量小、结构简单、较小的折叠高度、更大的工作高度范围、承受电流大、防振性能好、使用维护调节方便等特点。特别是在高速运行条件下与弹性接触网的匹配性能更好,具有更好的弓网跟随性和集电稳定性。

2. 高压箱

高压箱主要由高速断路器、熔断器、二极管、闸刀开关、车辆间电源插座组成。高压箱从工作原理上可以理解为高压配电箱。每个高压箱中均装有一把三位闸刀开关，该闸刀开关可以切断或者连接受电弓和高速断路器的电源。闸刀开关三个工作位置的主电路如图 1.4 所示。

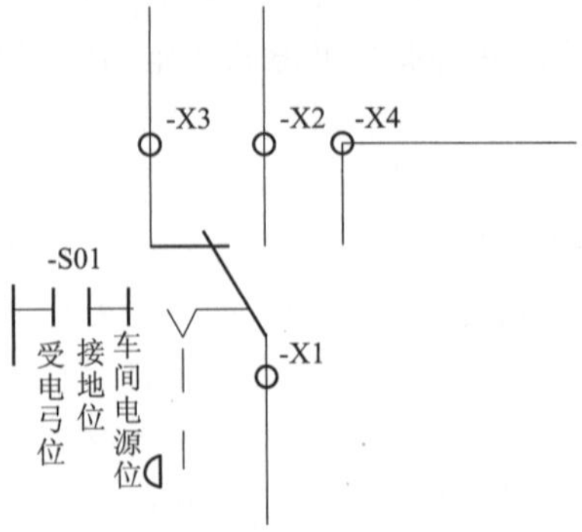


图 1.4　三位闸刀开关主电路

(1)受电弓位。闸刀开关将牵引逆变器、辅助逆变器与受电弓连接起来，在列车运行时提供 DC 1 500 V 的电能。

(2)接地位。闸刀开关切断牵引逆变器、辅助逆变器与受电弓的连接，并将高速断路器部分与地连接起来。为了车辆在库内维修时检修人员的安全，此时受电弓不能升起。

(3)车间电源位。闸刀开关将辅助逆变器与车间供电电源插座连接起来，实现库内电源向车辆辅助系统提供 DC 1 500 V 电压，经辅助逆变器转换为 AC 380 V 和 DC 110 V。虽输送 DC 1 500 V 电能，但是受电弓不能升起。

注意：只有在 0 V 状态下才可以操作闸刀开关。因此，在操作闸刀开关之前，所有的受电弓必须降弓，且必须预先检查闸刀开关是否为 0 V 状态。

Mp 车和 M 车中的牵引逆变器通过 Mp 车高压箱中的两个高速断路器与来自受电弓的高压电源相连。

高速断路器的主要作用是可在极短的时间内，对检测到的过载电流(短路、过载检测等)做出反应，尤其适合用于保护轨道交通车辆上直流回路中的电气设备，其基本结构如图 1.5 所示。

图 1.5　高速断路器组成

1—绝缘架；2—主回路组成；3—过电流脱扣装置；4—灭弧罩；5—合闸装置和拨叉；6—辅助触点组件；21—下连接铜排；22—动触头；23—上连接铜排；24—静触头；25—引弧条

(1)由增强型绝缘材料——玻璃纤维组成的固定绝缘架。

(2)主回路由下连接铜排 21、动触头 22、上连接铜排 23、带引弧条的静触头 24 以及另一侧的引弧条 25 组成。

高速断路器的工作状态有合闸、保持、分闸三种，如图 1.6 所示。

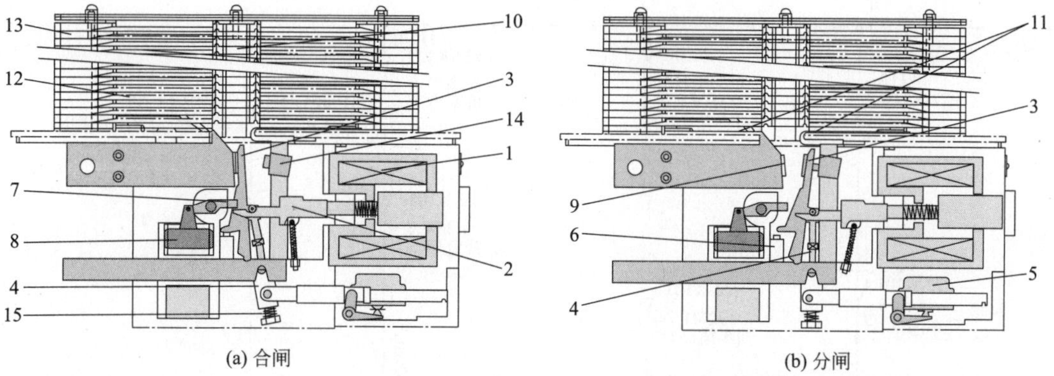


图 1.6 动作单元组成

1—合闸装置；2—拨叉；3—动触头；4—联动杆；5—辅助触点；6—减震器；7—杠杆；8—铁芯；
9—上触头；10—灭弧罩；11—引弧条；12—灭弧栅片；13—隔板；14—减震器；15—弹簧

(1)合闸。当断路器接收到一个合闸命令时，合闸装置 1 推动拨叉 2，由拨叉 2 推动动触头 3 闭合，同时动触头 3 和 9 间产生接触压力，连接动触头 3 的联动杆 4 驱动辅助触点 5。(正常情况下，合闸后辅助触点 5 向 VCU 发出反馈信息。若 VCU 发出高断合指令后，未收到其反馈指令，将判断高断故障)。减震器 6 可对合闸过程中产生的冲击力起到减震作用。

(2)保持。主触头闭合后，合闸装置 1 只需借助一个较小的保持电流(称作电保持)或者不带电流(称作磁保持)来维持接触压力。

(3)分闸。断路器既可以通过过流脱扣器，也可以通过分闸命令进行分闸。

①采用过流脱扣器分闸。在出现超过最大电流设定值的过电流时，铁芯 8 将提升，并导致杠杆 7 推动拨叉 2 向下运动，紧接着动触头 3 释放。

②通过分闸命令进行分闸。向高速断路器发送一个远程的切断保持电流(电保持)的分闸命令或者施加一个反向电流脉冲信号(磁保持)，此时断路器的拨叉 2 即向合闸装置 1 方向运动。

借助弹簧 15 的弹力打开动触头的同时，联动杆 4 驱动辅助触点 5。减震器 14 可对分闸过程中产生的冲击力起到减震作用。主触头 3 和 9 间产生的电弧在引弧条 11 作用下向上运动进入灭弧罩 10，在灭弧罩中电弧被灭弧栅片 12 分割，产生的电离气体绝大部分被去电离子隔板 13 中和了。

高速断路器的工作过程如图 1.7 所示，当司机室被激活(即 22-K151 得电)，并且列车安全回路没断开的情况下。按压副司机台上高断合按钮(21-S04)，给 DE 模块 41-A101.02 一个高电平指令，VCU 通过 DA 模块输出信号，使高速断路器闭合并点亮 HSCB 合按钮(21-S04)。

当按压副司机台上高断分按钮(21-S03)时，给 DE 模块 41-A101.02 一个高电平指令，再通过 DA 模块输出信号，使高速断路器断开并点亮 HSCB 分按钮(21-S03)。

在所有高速断路器闭合情况下，操作任一司机室紧急停车按钮(22-K108)或者由于某种原因使布置在整列车上安全回路中断都会使高速断路器控制断开。

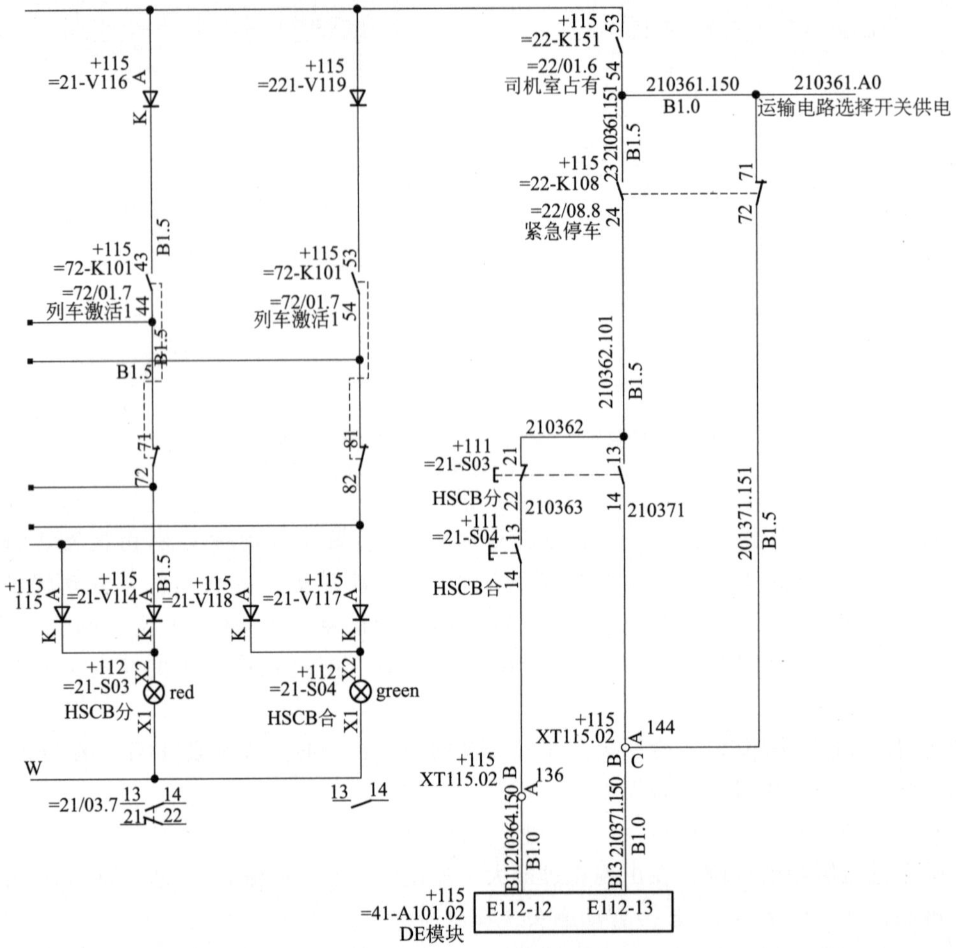


图 1.7　高断分合指令控制电路

3. 牵引箱

每节动车(Mp 车、M 车)上均配有一个牵引箱,牵引箱内的主要部件是牵引逆变器。牵引箱中的每台牵引逆变器都会产生一个幅值和频率可变的三相交流电,以驱动动车转向架上的牵引电机(牵引工况),并在制动时将列车的动能转换为可吸收的直流功率反馈电网(制动工况)。其原理如图 1.8 所示。牵引逆变器实物如图 1.9 所示。

牵引逆变器基本技术参数见表 1.1。

**表 1.1　牵引逆变器基本技术参数**

| | | | |
|---|---|---|---|
| 额定电压 | DC 1 500 V | 标准输出电流 | 3AC 400 A |
| 网压波动范围 | DC 1 000 V～DC 1 800 V | 最大输出电流 | 3AC 600 A |
| 标准输出电压 | AC 1 100 V | 输出频率范围 | 0～200 Hz |
| 最大网压 | DC 1 950 V | 输出基波频率 | 0～130 Hz |

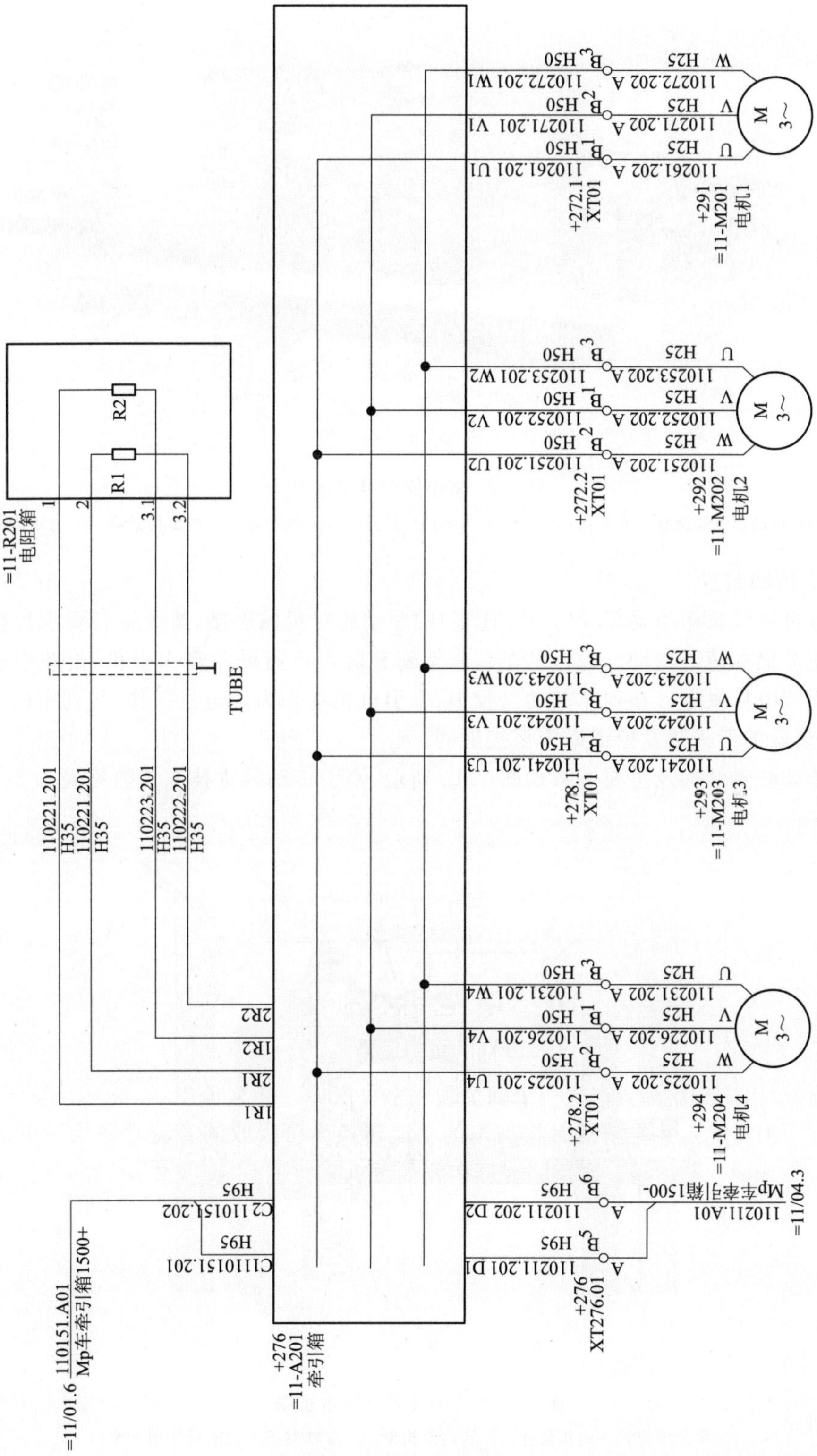
+287
=11-R201
电阻箱
R1
R2
TUBE
+276
=11-A201
牵引箱
=11/01.6
110151.A01
Mp车牵引箱1500+
=11/04.3
110211.A01
Mp车牵引箱1500-
+276
XT276.01
+278.2
XT01
+278.1
XT01
+272.2
XT01
+272.1
XT01
+294
=11-M204
电机4
+293
=11-M203
电机3
+292
=11-M202
电机2
+291
=11-M201
电机1
M
3～

图 1.3　牵引箱供电电路

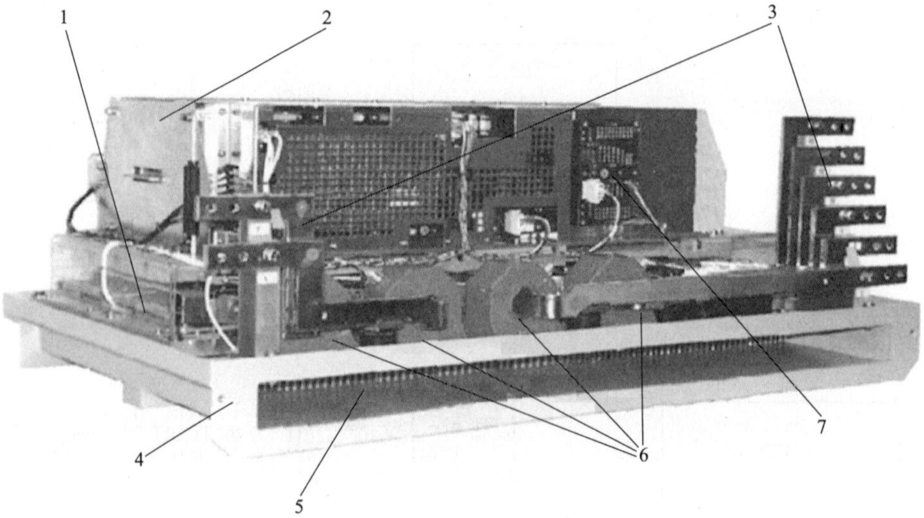


图 1.9　牵引逆变器实物图

1—IGBT 模块；2—线路滤波电容器；3—主电路母排；4—散热孔；5—散热器；6—电流传感器；7—电压传感器

4. 牵引传动装置

牵引电机经齿轮箱与动车（Mp 车、M 车）的驱动轮对机械连接，按照运行要求提供牵引力或制动力使车辆加速或制动。每台动车转向架配有两台自通风型牵引电机，由牵引逆变器提供的三相交流电压供电。在列车制动过程中，牵引电机将作为发电机工作，将列车的动能再生为电能，以热量的形式散发掉或返馈至接触网。

牵引传动装置结构及主要参数如图 1.10 所示，牵引传动装置技术参数见表 1.2。

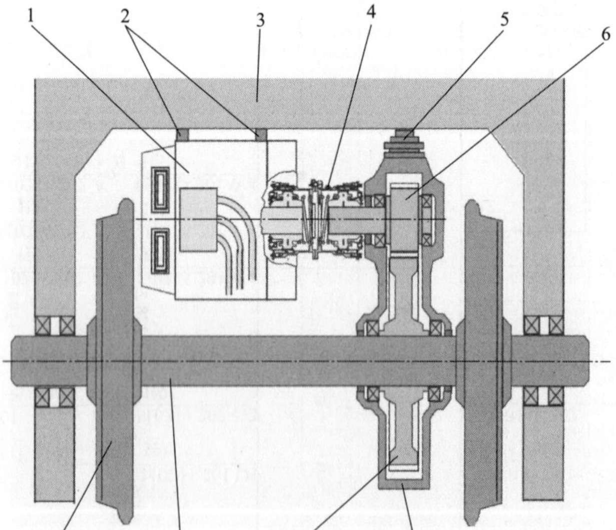


图 1.10　传动装置结构示意图

1—牵引电机；2—电机悬挂；3—转向架构架；4—联轴器；5—力矩反作用支承；6—小齿轮；7—驱动轮；8—轮轴；9—大齿轮；10—齿轮箱

表 1.2　牵引传动装置技术参数

| | | | |
|---|---|---|---|
| 额定功率 | 190 kW | 最大电压 | 1 403 V |
| 额定速度 | 1 800 r/min | 最大电流 | 283 A |
| 额定电压 | 1 050 V | 最大速度 | 4 350 r/min |
| 额定电流 | 133 A | 电路 | Y |
| 供电 | 逆变器 | 绝缘等级 | C级(200级) |
| 额定频率 | 61 Hz | 冷却方式 | 自通风空气冷却 |
| 额定绝缘电压 | 1 500 V | 齿轮传动比 | 6.32 |

牵引电机由定子和转子组成，定子的主要组件有带定子线圈的叠片铁芯，外壳和一个端盖。转子由叠片铁芯和铜条、D(驱动)端和N(非驱动)端(含轴承)、内置风扇等组成。牵引电机的结构及原理如图1.11所示。

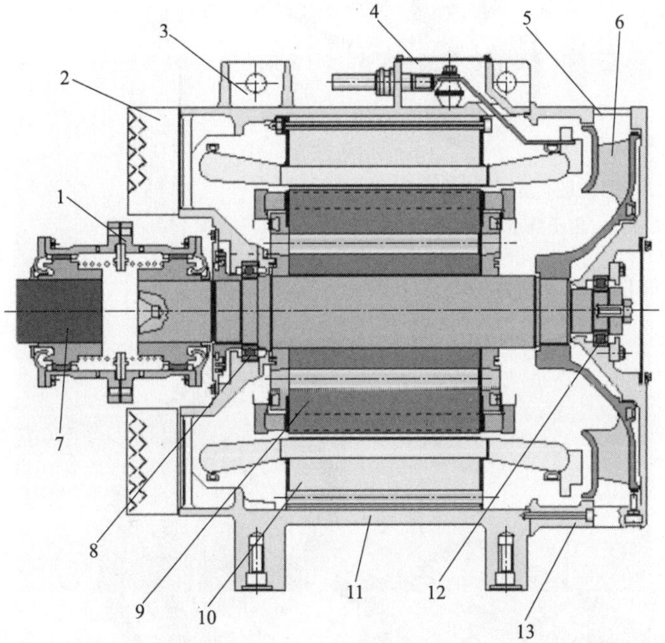


1—齿式联轴节；
2—双层滤网；
3—电机悬挂；
4—接线箱；
5—出风口；
6—内置风扇；
7—传输端小齿轮轴；
8—D端轴承；
9—转了；
10—定子；
11—机座；
12—N端轴承；
13—尾盘

图1.11　牵引电机结构原理图

定子铁芯组件装配到定子机壳内形成一个固定的定子单元。定子铁芯组件和定子机壳中，装有用于通风的轴向风管。定子绕组插入定了铁芯组件槽内，槽口通过槽盖进行密封。线圈的绕组端部、定子线圈连接和连杆用铜焊连接在一起。定子机壳上的接线盒附有接线盒盖。通过连接线夹和连接杆连接到绝缘子的连接导线，其外部用电缆接头敷排、固定在定子机壳的端子板上。定子结构如图1.12所示。

转子的铁芯组件由钢板叠片构成，冷缩装配到转子轴上，左右两侧装有转子止推环。转子装有用于通风的轴向风管。转子铜条位于铁芯组件开槽中，铜条与D(驱动)端和N(非驱动)端的铜焊短路环构成转子绕组。用于冷却电机的内置风扇和监控速度的速度传感器装在轴的N端。内置风扇(N端)和转子卡环(D端)都带有周向槽，上面加有配重的平衡块并用螺丝拧紧。转子通过这些配重的平衡块实现动态平衡。转子的D端由深槽滚珠轴承支承，N端

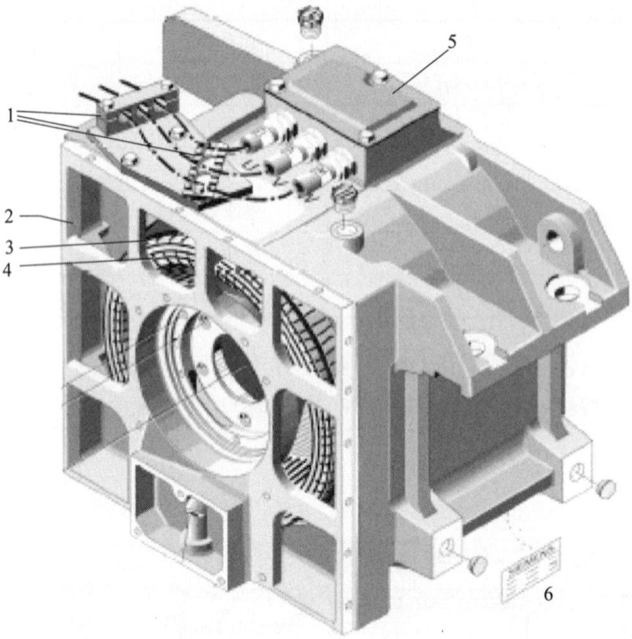


图 1.12　定子结构实物图

1—端子排；2—铁芯；3—定子绕组；4—线圈联结；5—接线盒；6—铭牌

由圆柱滚子轴承支承。转子结构如图 1.13 所示。

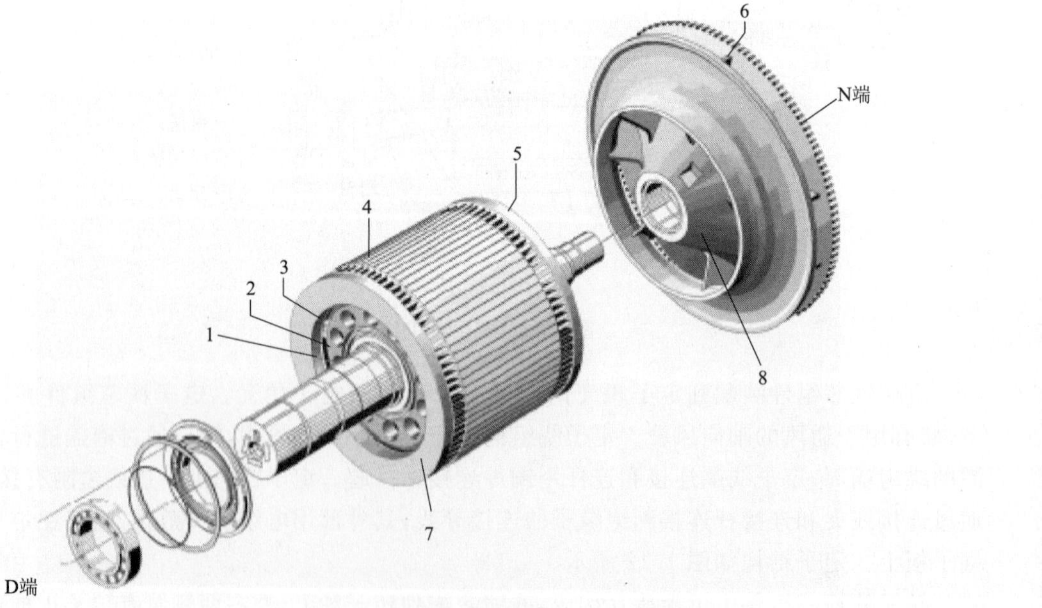


图 1.13　转子结构爆炸图

1—转轴；2—止推环；3—平衡块；4—铁芯；5—止推环；6—平衡块；7—绕组；8—风扇

牵引电机的冷却介质是空气。自通风电机是由装在 N 端的内置风扇来冷却的，如图 1.14 所示。冷却气流在进入牵引电动机之前先要通过双口式栅格，栅格可阻止灰尘和水进入电机内部。在电动机内部有两条主要路径可通过冷却气流，即定子通风孔和转子通风孔，定、转子间的气隙也是气流通路。

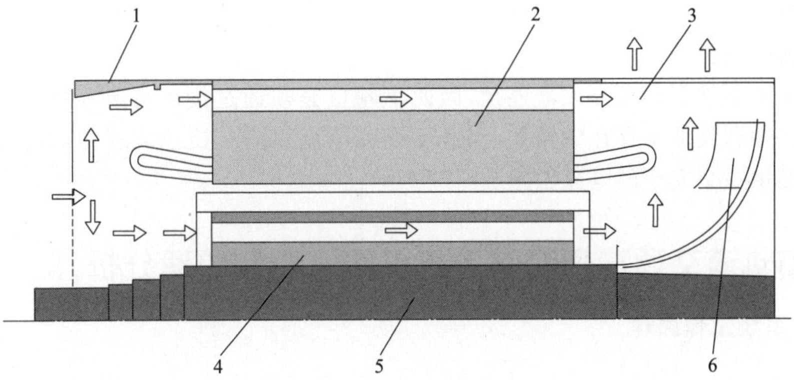


图 1.14 牵引电机冷却示意图

1—机座；2—定子；3—气流；4—转子；5—电机转轴；6—冷却风扇

5. 接地装置

在车辆行驶过程中，通过弹簧盖和轮轴旋转端使连接盘与传动轴电气连接。连接机架固定在安装座上，并用绝缘部件把刷架在绝缘的情况下安装在机架上。在刷架内自由滑动的碳刷是通过导线和线耳进行电气连接的，并用弹性夹把碳刷压紧在连接盘接触面上。回路电流和接地回流连接在电缆插座上，连接部分通过端盖来密封。正确的安装能使刷架、碳刷、连接盘和弹簧盖、驱动轴和车轮形成正确的回路电流和接地连接。接地碳刷结构示意如图 1.15 所示。

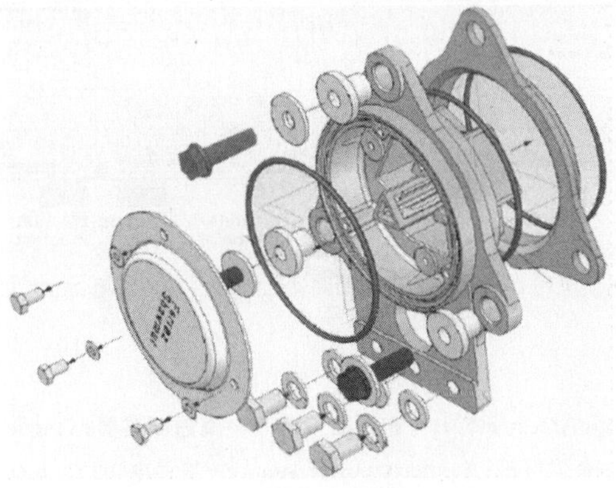

图 1.15 接地碳刷结构示意图

接地装置作为车辆的固定端与旋转部件之间电流转换的低电阻电桥，其主要的功能有以下几点：

①形成主回路电流。从接触网或第三轨得到牵引车辆的主回路电流，通过车轮连接到铁路轨道上，再导入大地形成回路。从车辆的固定部件到传动轴的电流都通过称为“接地点”的特殊电桥。滚子轴承安装在活动的电流回路上，因此当电流通过时，必

须使接地装置形成一低电阻电流的电桥保护滚子轴承。

②形成信号电流

与主回路电流不同，各种信号系统的电流值非常低。在任何情况下，这类电流的回路必须是绝对安全的。

③车辆的接地保护

所有的导电部件都必须与大地连接，因此车轮也必须通过接地装置连接大地。通常情况下车辆的零部件和大地不存在电压差，因此不存在电流感应。接地装置的功能是为所有正常工作的车辆提供一个安全的电流回路。

## 1.3 城市轨道交通车辆牵引系统工作及控制原理分析

### 1.3.1 牵引系统工作原理

(1)牵引工况(图1.16)

牵引系统在牵引工况下，主电路系统通过安装在Mp车车顶的受电弓将接触网的电流引入Mp车底架下部的高压箱中，在高压箱中受高速断路器控制后，经牵引箱中的牵引逆变器逆变后送入牵引电机，并通过接地碳刷经由车体、转向架轴端接地装置到轨道形成电流回路。最终牵引电机通过齿轮联轴节和齿轮将从电机产生的力矩传到车轮车轴。

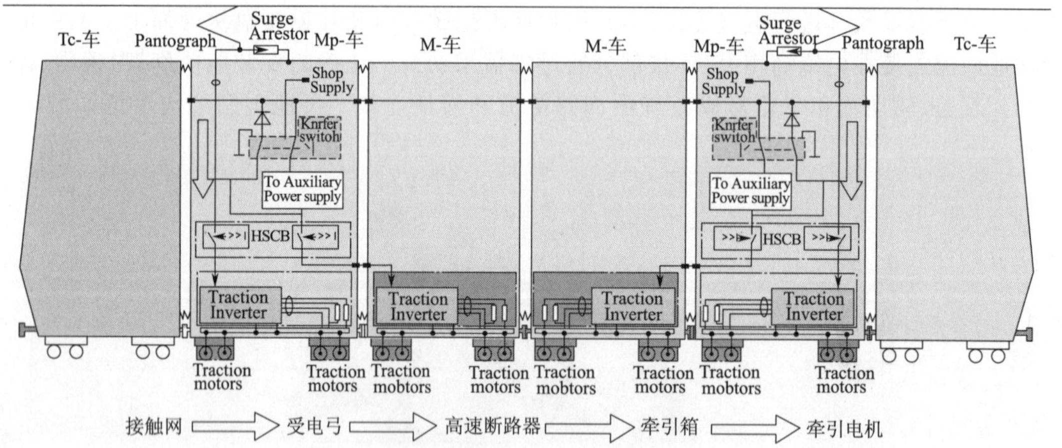


图1.16 牵引工况示意图

Pantograph—受电弓；Surge Arrester(SA)—避雷器；HSCB—高速断路器；Traction Inverter—牵引逆变器；Traction motor—牵引电机；Auxiliary power supply—辅助电源；Shop supply—库用电源

(2)制动工况(图1.17)

牵引系统在制动工况下，通过牵引电机将列车的动能转化为电能。转化后的电能如果经过牵引逆变器、制动电阻，则会以热量的形式散发掉，称电阻制动。由于地铁车站间距短，制动频繁，因此电阻制动使能量浪费严重。转化后的电能若经牵引逆变器、高速断路器、受电弓等将电能反馈给电网，称再生制动。而再生制动是目前被认为节能效果很好的制动方式。若再生制动优先施加，甚至能将列车速度通过电制动降到零速。

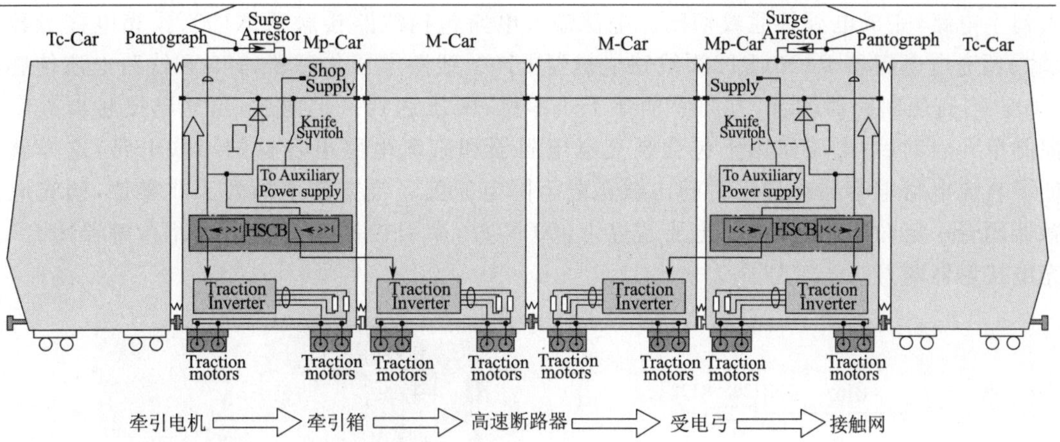


图 1.17　制动工况示意图

(3)城市轨道交通车辆牵引主回路(图 1.18)可以分为以下几个功能模块,功率输入电路、电压源直流回路、过压保护斩波电路、逆变器电路、逆变器控制单元。

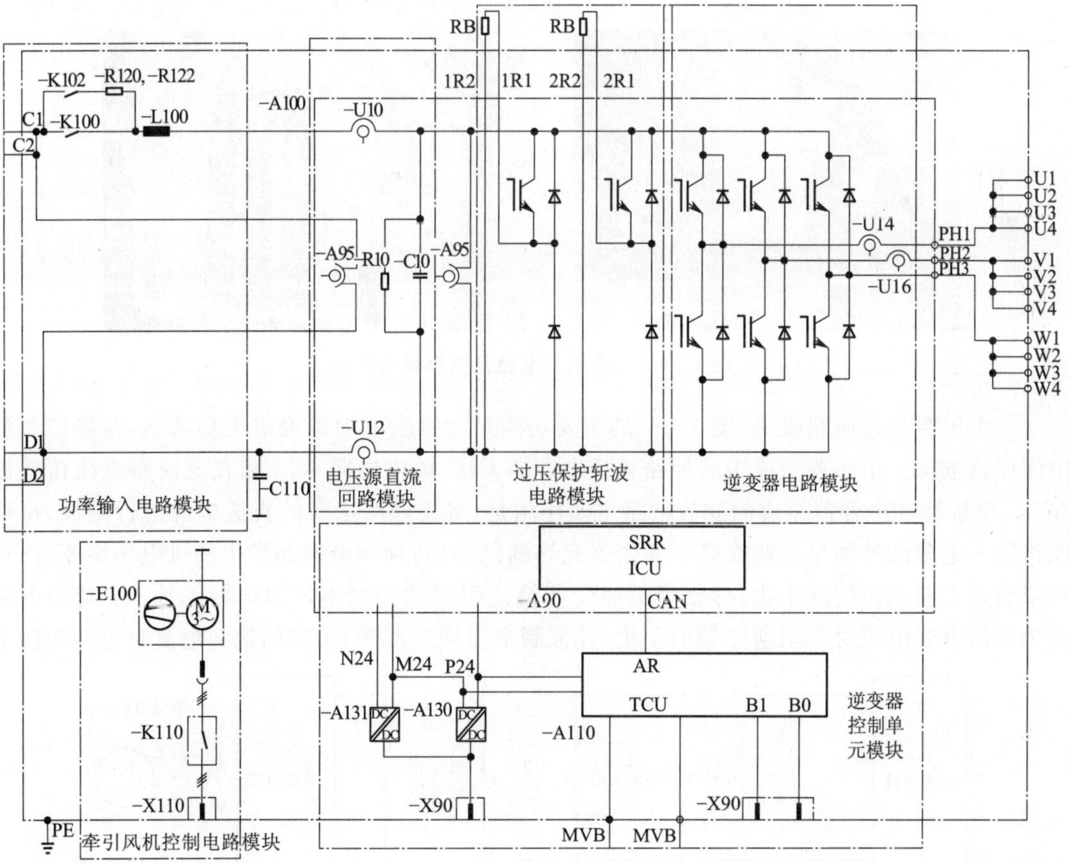


图 1.18　牵引主回路

①功率输入电路模块(图 1.19)的主要功能是通过牵引逆变器将接触网的直流电能输入到主电路,完成电源接通或切断。电源输入电路包括线路接触器 K100、预充电接触器 K102、预充电电阻器 R120、R122、线路电抗器 L100、线路电压传感器 A95 和线路电流传感器 U10。当高速断路器闭合,方向手柄处于非零位,网压达到一定值后,预充电接触器被牵引控制单元启动后,电压作用于包含预充电电阻器和直流电路电容器的串联电路,这样就保证了直流电路电容器在规定时间内被充电至网电压值。当方向手柄处于非零位,预充电接触器闭合一定时间,并且中间电压超过 1 000 V 时,牵引控制单元输出线路接触器闭合、预充电接触器断开。

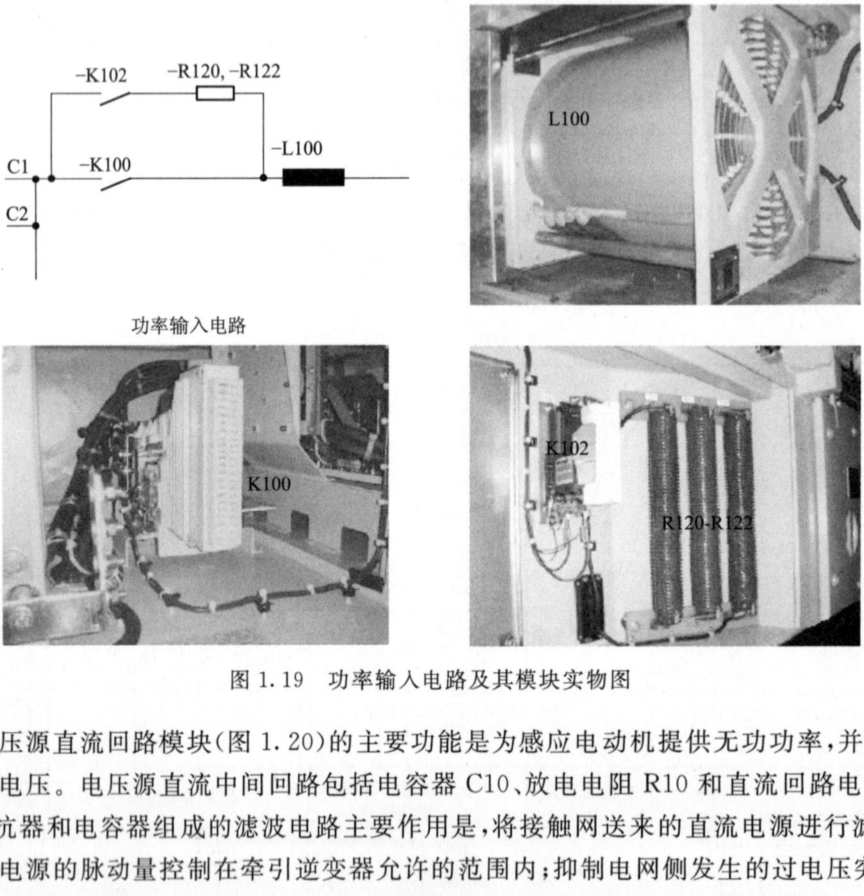


图 1.19 功率输入电路及其模块实物图

②电压源直流回路模块(图 1.20)的主要功能是为感应电动机提供无功功率,并稳定直流中间回路电压。电压源直流中间回路包括电容器 C10、放电电阻 R10 和直流回路电压传感器 A95。电抗器和电容器组成的滤波电路主要作用是,将接触网送来的直流电源进行滤波,尽可能将输入电源的脉动量控制在牵引逆变器允许的范围内;抑制电网侧发生的过电压突变,防止对牵引逆变器工作构成干扰;抑制牵引逆变器换流引起的尖峰电压对电网的冲击;抑制电网侧携带的谐波电流对牵引逆变器的干扰,并抑制牵引逆变器开、关时的谐波电流对电网侧的干

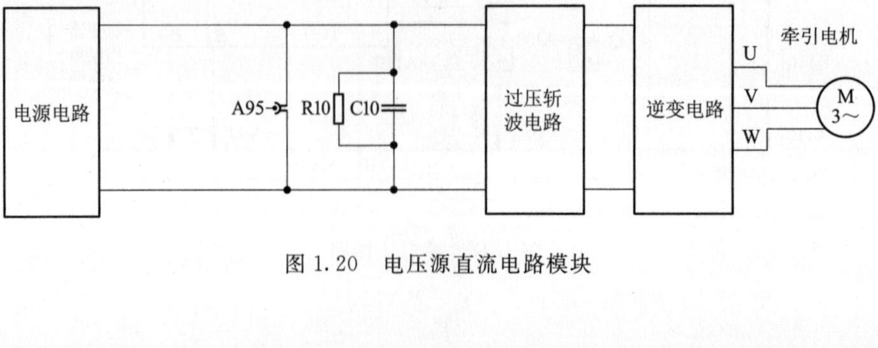


图 1.20 电压源直流电路模块

扰，满足 EMC(Electro Magnetic Compatibility，电磁兼容性)标准要求。

③过压保护斩波电路模块(图 1.21)。车辆再生制动时，其动能将转化为电能回馈至接触网。此时，电压传感器 A95 检测到电压过高，不能被相邻车辆吸收时，或者因空转或其他原因引起的瞬时过电压时，过压保护 IGBT 模块闭合，将能量消耗在制动电阻 RB 上，当电压低于一定值后，IGBT 打开。IGBI 并联的二极管起到续流的作用，防止 IGBI 被反向电压击穿。过压保护电阻并联的二极管起导向作用，当 IGBT 闭合时引导电压通过过压保护电阻。

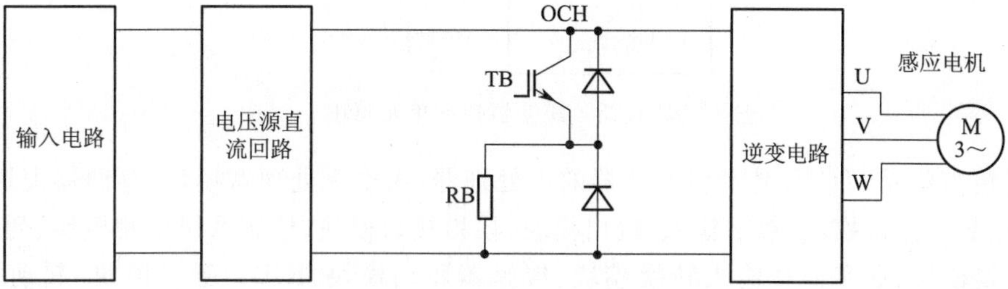


图 1.21　过压保护斩波电路模块

④逆变器电路模块(图 1.22)的作用是将直流中间回路电压转换为变压变频(VVVF)的三相交流输出，包括 6 个 IGBT 模块，反并联的续流二极管包含在 IGBT 模块中。

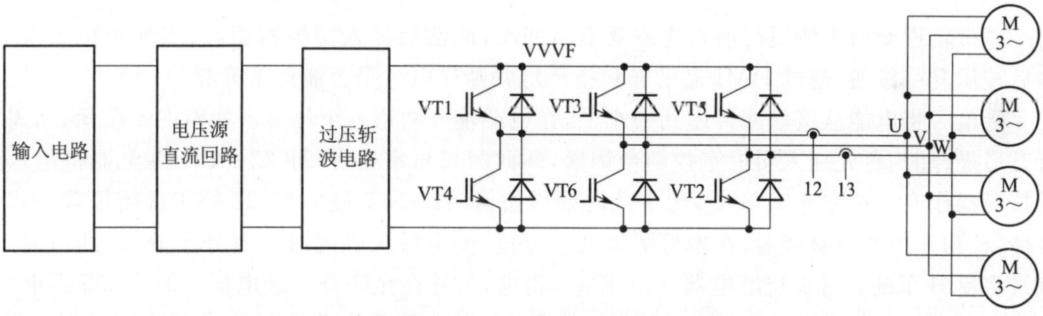


图 1.22　逆变器电路模块

牵引工况下通过高频调制控制 6 个 IGBT 的导通，使其按照周期重复导通和关断，输出脉冲电压。如图 1.22 所示，电压型三相桥式逆变电路的基本工作方式为 180°导电型，即每个桥臂的导电角为 180°，同一相上下桥臂交替导电的纵向换流方式，各相开始导电的时间相差 120°。在一个周期内，6 个 IGBT 触发导通的次序为 VT1→VT2→VT3→VT4→VT5→VT6，依次相隔 60°，任一时刻均有三个 IGBT 导通，导通的组合顺序为 VT1VT2VT3，VT2VT3VT4，VT3VT4VT5，VT4VT5VT6，VT5VT6VT1，VT6VT1VT2，每种组合工作 60°，输出三相电压。通过改变 IGBT 总的导通时间与总的关断时间的比率来控制输出电压额定幅值。为实现频率、电压协调控制，应使 IGBT 重复导通的频率随输出电压成比例变化。从而实现逆变器电路将直流中间回路电压转换为变压变频(VVVF)的三相交流输出。

⑤逆变器控制单元模块(ICU)负责控制和保护牵引逆变器。如图 1.23 所示，逆变器控制

单元将对直流回路电压，电机相电流，逆变器电压和电流进行检测和故障诊断，并对 IGBT 产生触发脉冲。出于保护目的，控制单元将检测并评估逆变器功率模块内的温度。此外还对线路接触器进行控制以及特定情况下高压断路器的分断。

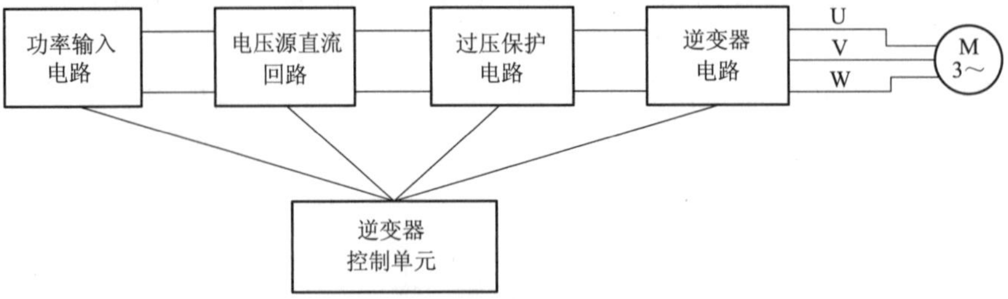


图 1.23　逆变器控制单元模块

牵引控制单元(TCU)是牵引逆变器的主处理器，由中央处理器模块、存储器模块、斩波器控制模块、数字接口模块、数字输入/输出模块、模拟接口模块、控制系统检测模块、列车控制信号输入变换模块、数字信号输入转换模块、接触器驱动模块、IGBT 触发模块、起动单元等组成。其作用是控制和调节机车牵引、再生制动，从电气上实现防空转/滑行保护，并且实现了开闭环控制、速度频率同步、故障处理与监测等功能。主要外部通信通过 MVB 将 TCU 与 VCU 连接。内部 TCU 与 ICU 通过 CAN 总线连接。

### 1.3.2　城市轨道交通车辆牵引系统控制电路

城市轨道交通车辆运行前首先需要激活列车，激活后插入司控器钥匙，实现司机室占有。然后按压升弓按钮，通过 HMI 显示屏和指示灯判断受电弓是否能正常升起。

受电弓将电能从接触网传递到列车上，是电能输入的第一个环节。如附图 1 所示，当需进行升弓操作时，首先插入司机室控制台钥匙，即此时司机室占有(即 22-K151 继电器得电)，然后按压操作升弓按钮＝21-S02-，由于此时降弓按钮＝21-S01 触头 21-22 处于常闭位置，则“升弓命令”列车控制线被接通；在本弓隔离处于分位(受电弓未隔离时一直处于分位)的情况下，该线将使 B 车的升弓保持继电器＝21-K205 得电，另外在允许升弓继电器＝31-K205 得电(当车底闸刀开关处于受电弓位置时)的情况下，DC 110 V 导通使升弓电磁阀 21-Y01 得电，升弓气和压缩空气经电磁阀流入升弓气囊，受电弓升起。

当需要降弓时，在司机室副台按压 21-S01 按钮，“降弓命令”列车控制线被接通，并通过该控制线传递到 B 车的降弓继电器 21-K210，使其得电；通过降弓继电器 21-K210 的触点 21-22 和 31-32 使升弓保持继电器 21-K205 和升弓电磁阀 21-Y01 失电，这样受电弓气囊中的压缩空气排出，使受电弓得不到足够的保持升弓压力，从而使受电弓降弓。

当列车需要建立人工牵引模式(ATP、RM、NRM)时，司机给出方向指令，按压警惕按钮将牵引制动手柄推至牵引区，此时由于 ATO 模式没有激活，91-K01 失电断开，其触点 13-14 闭合；停放制动全部缓解，则 27-K108 得电其常开触头 13-14 闭合；另外车间电源盖子锁闭，无库用电源供电继电器 31-K103 得电其常开触头 13-14 闭合；列车全部车门关好，左门关好继电器 81-K110、右门关好继电器 81-K109 得电；ATP 切除继电器 91-K10 得电(人工驾驶模式)；与此同时，没有快速制动、紧急制动，则牵引指令发出，牵引列车线 220482 得电。通过该列车线 DE 模块将牵引指令反馈给 VCU，同时根据检测牵引手柄离开“0”位的位置多少，VCU给出对应大小的牵引力传递到逆变器，进而实现牵引动车。其具体电路参见附图2。

自动ATO模式运行时，只需将方向手柄向前，无需操作司控器手柄，继电器91-K01被ATC系统（自动牵引控制）控制接通得电，其常开触头13-14闭合，ATC系统（自动牵引控制）直接给出牵引指令和牵引力。

## 任务1 城市轨道交通车辆牵引系统操作

1. HMI显示屏

人机交互显示器（简称HMI）在司机台上的位置，如图1.24所示。HMI上所显示的“牵引状态”画面，如图1.25所示。

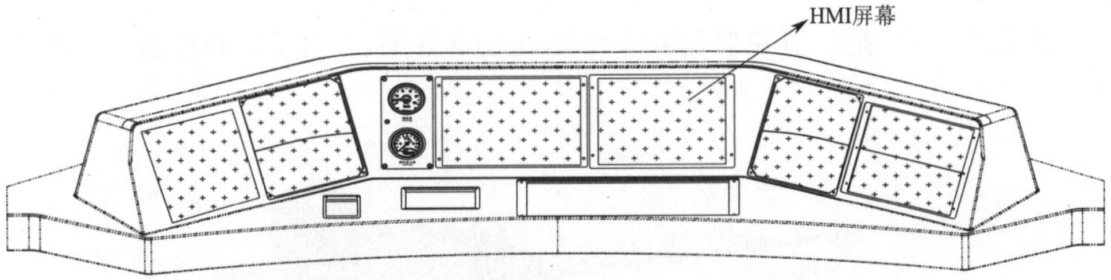


图1.24 HMI屏幕在司机台上的位置

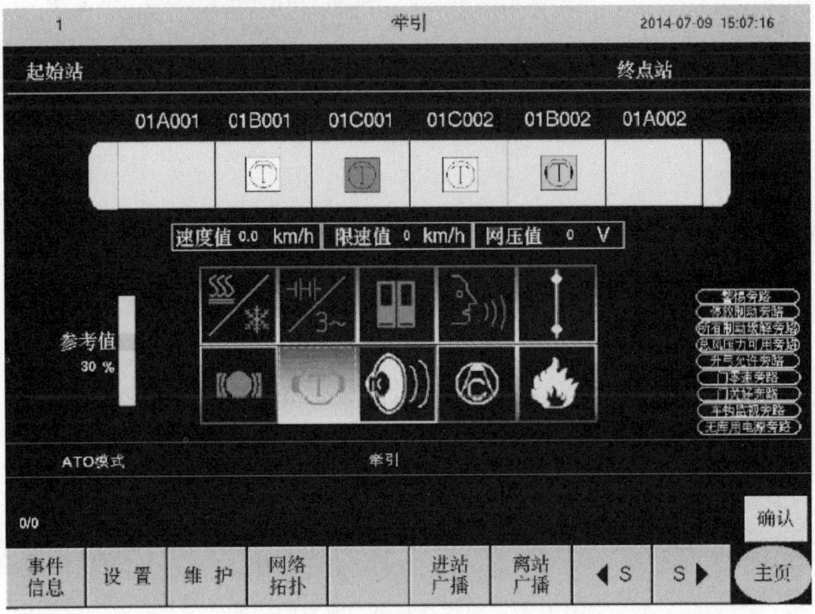


图1.25 “牵引状态”画面

“牵引状态”画面显示图形符号说明见表1.3。

**表 1.3 “牵引状态”画面显示图形符号**

| 优先级 | 符　号 | 指 示 状 态 |
|---|---|---|
| 1 | T | 牵引“自检”激活(图形符号蓝底色) |
| 2 | M | 牵引故障(图形符号红底色) |
| 3 | M | 牵引警告(图形符号黄底色) |
| 4 | M | 牵引激活 (加速/减速),无故障(图形符号绿底色) |
| 5 | M | 牵引断开,无故障(图形符号无底色) |

2. 司控器

司控器如图 1.26 所示,其位置在主司机台,由钥匙开关、方向手柄和控制手柄组成,如图 1.27 所示。

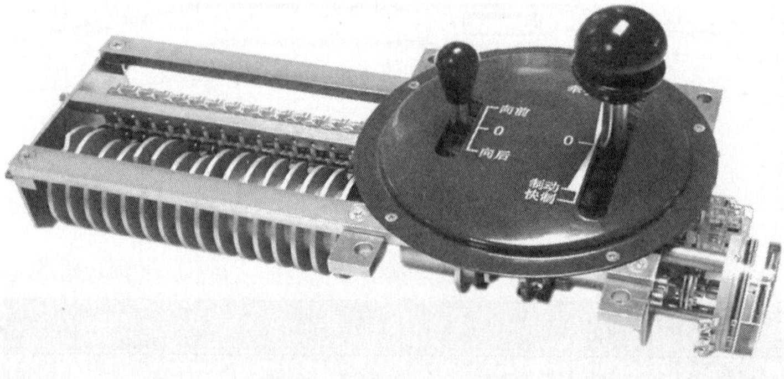


图 1.26　司控器实物图

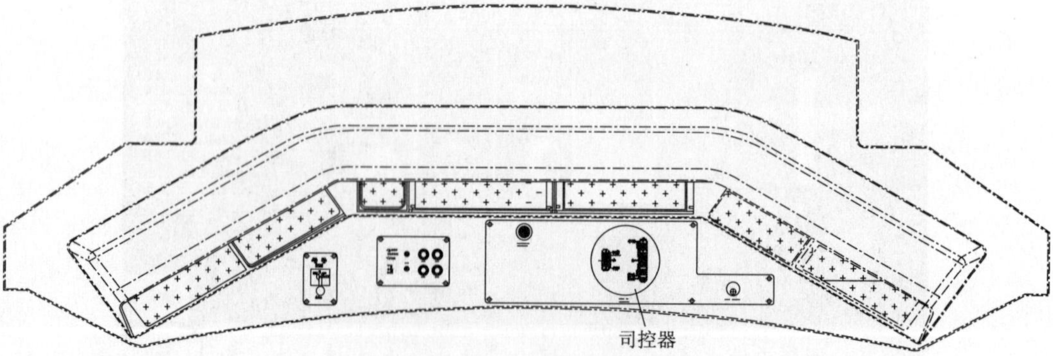


图 1.27　司控器在主司机台的位置

1)钥匙开关

钥匙开关在“合”位上时,表示本端司机室被激活,另一端司机室被锁定。钥匙只有开关在

“分”位时才能拔出。只有当控制手柄和方向手柄都在“0”位时，司机室钥匙开关才能置于“分”位。

2)方向手柄

方向手柄有三个位置，分别为向前、0、向后。

3)控制手柄

控制手柄给出牵引和制动指令，手柄上集成有警惕按钮，控制手柄有牵引(前推位)；0(中间位、惰行位)；常用制动(向后位置)；快速制动(完全向后)4个位置。仅当方向手柄不在“0”位时，控制手柄才可以移动。

牵引指令、制动指令以及参考值都由控制手柄给出。SKS模拟量输入单元采集控制手柄的电压参考值，通过MVB总线将参考值发送到制动控制单元和车辆控制单元。所有模式之间设有联锁。控制手柄只有在钥匙开关在“合”位，方向手柄在非“0”位时才能移动。

## 任务2　城市轨道交通车辆牵引系统日常状态检查

检修技术标准和检修项目的制定以及科学的计划修模式的建立，是城市轨道交通车辆安全、高效运行的重要保证。同时，也使城市轨道交通车辆的维修成本降低到最低，有效地节约了成本。计划修通常是根据车辆的运营时间或者运营里程数，对车辆进行不同等级的周期性维修。

城市轨道交通车辆的计划修从日检到大修，往往包括双日检、双周检、三月检、定修(运营1年)、架修(运营5年)、大修(运营10年)。随着列车投入率的不断提高，检车和用车的矛盾日益突出，国内某新线地铁采用双日检、三月检、年检的修程，经过一年多的实践，在降低车辆停库率、提高检修质量方面都取得了良好效果。

1. 双日检(表1.4)

**表1.4　双日检**

| 序号 | 项　目 | 检修内容 | 检修标准 |
|---|---|---|---|
| 1 | 司机室有电作业(升弓，断高速断路器后检查。该检查在列车的两个司机室分别进行，列车处于NRM模式，在按下警惕按钮后推动司机控制器手柄。所有试验在制动自检完成后进行) | 检查受电弓功能(压缩空气需在400～900 kPa) | (1)按压=21-S01降弓按钮，观察=21-S01指示灯亮；HMI受电弓界面显示受电弓降下无故障<br>(2)按压=21-S02升弓按钮，观察=21-S02按钮指示灯亮；HMI受电弓界面显示受电弓升起无故障<br>(3)检查网压(大约1 500 V)，HMI应显示具体网压值 |
| | | 检查高速断路器闭合及断开功能 | (1)按压=21-S04，检查高速断路器闭合指示灯亮；观察HMI高速断路器图标闭合<br>(2)按压=21-S03，检查高速断路器断开指示灯亮。观察HMI显示高速断路器图标断开 |
| | | 检查司控器输出状态 | 列车升弓、分高断、施加停放制动，通过HMI检查界面，确认HMI显示的柱状图标0～100%位与主控手柄实际位置能对应，司机室占有正常 |
| | | 检查牵引系统自检功能 | 升弓合高断，施加停放制动，方向手柄置前位，HMI上四个牵引逆变器图标显示绿色。牵引系统自检完成后，按下=21-S03(HSCB分)按钮，确认列车高断分断 |

续上表

| 序号 | 项　目 | 检修内容 | 检修标准 |
|---|---|---|---|
| 2 | 车底设备 | 检查牵引电机安装螺栓状态 | 牵引电机与构架安装螺栓齐全,防松线清晰无错位,垫片无裂纹。要求牵引电机进风口无异物堵塞 |
| | | 检查高压箱体外观、状态 | (1)箱体外观无变形、无裂损、无灼伤痕迹,箱体安装螺栓齐全、防松线清晰无错位<br>(2)各外部电气连接插连接紧固,接地线紧固螺栓齐全,防松线清晰无错位<br>(3)盖板挂耳搭扣到位,各盖板锁处于锁闭位<br>(4)闸刀开关手柄安装紧固开口销开口>60°<br>(5)库用电源盖子锁闭良好 |
| | | 检查牵引箱外观、状态 | (1)箱体支撑架无变形、无裂损,安装螺栓齐全、防松线清晰无错位<br>(2)两侧翻盖及底部盖板无变形、安装紧固、锁闭良好,紧固螺栓齐全,防松线清晰无错位<br>(3)进气口滤网表面无异物,下部紧固螺栓齐全防松线清晰无错位<br>(4)箱体外部电气连接插连接紧固,锁紧标志对齐 |
| | | 检查过压保护电阻箱外观状、状态 | 检查过压保护电阻箱箱体支撑架无变形、无裂损,安装螺栓紧固无松动,防松线清晰无错位 |

2. 双周检(表 1.5)

**表 1.5　双周检**

| 序号 | 项　目 | 检修内容 | 检修标准 |
|---|---|---|---|
| 1 | 高速断路器作业 | 检查高速断路器闭合及断开功能 | (1)升弓后按压=21-S04,检查高速断路器闭合状态,闭合后=21-S04 指示灯亮,HMI 显示高断绿色合上<br>(2)按压=21-S03,检查高速断路器断开状态,断开后=21-S03 指示灯亮,HMI 显示高断白色断开 |
| 2 | 司机控制器作业 | 检查司机控制器安装面板 | 安装紧固,无变形 |
| | | 检查司机控制器方向手柄 | 手柄不能相对安装座有转动、手柄胶帽紧固良好,无变形,胶帽外观无裂损,手柄胶帽不能相对金属杆有转动 |
| | | 检查司机控制器标识的状态 | 司机控制器标识符号应完整、清晰 |
| | | 检查司机控制器动作状态 | 控制手柄在各个挡位之间应转动灵活,挡位明显,无机械卡滞松动现象 |
| | | 检查司控器的牵引手柄警惕按钮紧固状态 | 目视检查司控器警惕按钮橡胶块内部紧固螺母上平面与橡胶座上平面平齐 |
| | | 检查司控器的牵引手柄警惕按钮情况 | 要求灵活、无卡滞 |
| | | 检查主控锁 | 锁芯转动灵活、无卡滞、无异音 |
| | | 检查司机控制器手柄互锁状态 | 方向手柄、牵引手柄及主控锁之间互锁功能正常 |
| 3 | 牵引控制系统有电作业 | 检查司控器输出状态 | 通过 HMI 检查界面,确认 HMI 显示的柱状图标 0～100%位与主控手柄实际位置能对应,司机室占有正常 |
| | | 检查牵引系统自检功能 | 方向手柄置前位,HMI 上四个牵引逆变器图标显示绿色 |
| 4 | 牵引电机作业 | 检查进气口和出气口网罩 | 无污染、无堵塞,外观无损坏,紧固螺栓齐全,防松线清晰无错位。检查牵引电机加油嘴油帽有无缺失 |

续上表

| 序号 | 项 目 | 检修内容 | 检修标准 |
| --- | --- | --- | --- |
| 5 | 车底箱体作业 | 检查高压箱体外观 | 无变形、无裂损、无灼伤痕迹、标识清晰齐全，箱体油漆破损面积不大于 1 000 $mm^2$ |
| | | 检查高压箱体安装状态 | (1)箱体支撑架无变形、无裂损，高压箱体安装螺栓齐全、防松线清晰无错位，螺栓保护套无损坏<br>(2)各外部电缆旋紧件安装紧固，高压线缆固定夹安装紧固，接地线紧固螺栓齐全，防松线清晰无错位<br>(3)盖板挂耳搭扣到位，各盖板锁处于锁闭位 |
| | | 检查闸刀开关手柄 | 检查闸刀开关手柄安装紧固，开口销完好，无裂纹松脱 |
| | | 检查库用电源盖子 | 库用电源盖子锁闭良好 |
| | | 检查牵引箱外观状态 | (1)箱体支撑架无变形、无裂损，安装螺栓齐全、防松线清晰无错位，螺栓保护套无损坏<br>(2)两侧翻盖及底部盖板无变形、安装紧固、锁闭良好，紧固螺栓齐全，防松线清晰无错位<br>(3)箱体外部电缆旋紧件安装紧固<br>(4)进风口与排风口过滤器表面清洁无异物 |
| | | 检查过压保护电阻箱状态 | 支撑架无变形、无裂损，安装螺栓紧固无松动，防松线清晰无错位，电阻无损坏 |
| 6 | 受电弓检查 | 检查底架、下臂杆、上框架、拉杆、平衡杆、弓头 | (1)各紧固件齐全，防松线清晰无错位<br>(2)各部件无损坏、变形、裂纹<br>(3)各部件无干涉<br>(4)清洁弓头及各转动部件表面的积尘 |
| | | 检查受电弓弓头及滑板 | (1)滑板无纵向裂损、缺块应不超过接触滑板宽度的 1/3<br>(2)滑板与端角过渡流畅，且间隙不大于 2 mm，滑板厚度(即受电弓滑板接触面距接触滑板固定器上部的距离)最低处不低于 4 mm<br>(3)需更换受电弓接触滑板时，应同时更换两条滑板，各固定螺栓齐全，防松线清晰无错位<br>(4)检查碳条与铝板粘贴处无电腐蚀(电灼伤)或脱胶长度不能大于 50 mm<br>(5)用手摇动碳条，检查碳条应与铝板连接牢靠<br>(6)在受电弓降弓位置，轻轻转动受电弓羊角，羊角应转动灵活、无卡滞现象，两块碳滑板应处于同一平面，否则用调节平衡杆调平 |
| | | 检查导流线、升弓钢丝绳、绝缘子 | (1)各部件无破损<br>(2)绝缘子无闪烙，无开裂，表面洁净(偶次双周检清洁)<br>(3)升弓钢丝绳状态良好，钢丝绳在导槽内，若钢丝绳有断股现象，则更换新的钢丝绳<br>(4)各固定螺栓紧固齐全，防松线清晰无错位<br>(5)导流线紧固状态良好，不与车顶接触，断股不超过 1/10，否则更换 |
| | | 检查气囊升弓装置、系统阻尼器、阀箱及管路 | (1)检查气囊升弓装置无破损、裂纹，各管路无泄漏，风管与车顶无摩擦<br>(2)各固定螺栓齐全，防松线清晰无错位 |
| | | 检查浪涌吸收器 | 浪涌接收器外观良好，安装螺栓紧固 |

3. 三月检(表 1.6)

**表 1.6 三月检**

| 序号 | 项 目 | 检修内容 | 检修标准 |
|---|---|---|---|
| 1 | 牵引电机作业 | 检查进气口和出气口网罩 | 无污染、无堵塞,外观无损坏,紧固螺栓齐全,防松线清晰无错位 |
| | | 检查牵引电机外部 | 外部无损坏,有损坏则修补或更换,机械连接良好,如有油漆损坏则进行喷漆处理 |
| | | 检查电气连接螺栓以及电缆接线盒 | 电气连接状态良好,无过热、无松动、无干涉 |
| 2 | 受电弓作业 | 检查底架、下臂杆、上框架、拉杆、平衡杆、防翻转杆、弓头 | (1)各紧固件齐全,防松线清晰无错位<br>(2)各部件无损坏、变形、干涉现象<br>(3)检查弓角是否有开裂现象,更换开裂的弓角<br>(4)清洁各转动部件表面的积尘,观察是否有裂纹<br>(5)检查受电弓底架对车顶的最小间隙,要求底架与车顶最小距离大于35 mm |
| | | 检查受电弓弓头及滑板 | (1)滑板无纵向裂损、缺块应不超过接触滑板宽度的 1/3<br>(2)对滑板进行检测,对 50 mm 范围内凹槽深度大于 3 mm 的必须更换滑板<br>(3)滑板与端角过渡流畅且间隙不大于 2 mm<br>(4)滑板厚度(即受电弓滑板接触面距接触滑板固定器上部的距离)最低处不低于 4 mm<br>(5)检查碳滑板表面,表面应平整无明显凹槽,否则使用砂布打磨光滑<br>(6)受电弓接触滑板其中一条磨损须更新时,两条滑板应同时更换<br>(7)各固定螺栓齐全,防松线清晰无错位<br>(8)检查碳条与铝板粘贴处无电腐蚀(电灼伤)或脱胶长度不能大于 50 mm<br>(9)用手摇动碳条,检查碳条应与铝板连接牢靠<br>(10)检查降弓位置传感器,位置传感器与感应铝板间距离不能大于15 mm,并用干抹布清洁感应器上表面及感应板下表面<br>(11)检查弓头转动自由度,在受电弓升起 400 mm 高度时,要求弓头转动灵活无卡滞现象,在受电弓升起 400 mm 及库内接触网高度碳滑板铝托下表面与止挡杆不能接触,负责调整 |
| | | 检查导流线、橡胶弹簧元件、升弓钢丝绳、绝缘子 | (1)各部件无破损<br>(2)绝缘子无闪烙,无开裂,使用 RS-80 清洁绝缘子表面<br>(3)升弓钢丝绳状态良好,钢丝绳在导槽内,若钢丝绳有 1/2 股断裂或者钢丝断裂总根数超过 1/2,则更换新的钢丝绳;使用 7253 航空润滑脂润滑钢丝绳<br>(4)各固定螺栓紧固齐全,防松线清晰无错位<br>(5)导流线紧固状态良好,导流线不能被拉紧或与其他部件接触,断股不超过 1/10,否则更换 |
| | | 检查、清洁轴承 | 轴承能够自由转动,用干抹布清洁轴承端部密封件 |
| | | 检查气囊升弓装置、系统阻尼器、阀箱及管路 | (1)检查气囊升弓装置无破损、裂纹,气囊及阀箱有无泄漏现象,风管与车顶无摩擦,系统阻尼器无失效(升降弓过程平缓)<br>(2)使用湿抹布清洁气囊表面<br>(3)各固定螺栓齐全,防松线清晰无错位 |
| | | 检查并调节受电弓滑板和接触网的接触状态 | (1)接触状态检查:升弓后检查各碳滑板与接触网的接触状态,要求两根碳滑板均与接触网接触<br>(2)接触压力测量:风压在 750~900 kPa,升弓后用弹簧秤钩住弓头横杆中部位置,垂直向下用力使碳滑板和接触网拉开,受电弓在 150~1 950 mm 工作范围内上、中、下三个位置弹簧秤的读数都应在(120±10)N 范围内,否则进行调整 |
| | | 检查并调节受电弓升降弓时间 | (1)主风缸压力在 750~900 kPa<br>(2)调节受电弓升降弓时间为升弓≤8 s,降弓≤7 s,并且落弓时不能冲击车顶 |

续上表

| 序号 | 项　目 | 检修内容 | 检修标准 |
|---|---|---|---|
| 3 | 浪涌吸收器作业 | 清洁浪涌吸收器 | 用清水清洁浪涌吸收器外表面 |
| | | 检查浪涌吸收器外观及接线状态 | (1)检查浪涌吸收器上接地线无断股,紧固螺栓防松线清晰无错位<br>(2)检查浪涌吸收器外观状态,要求无裂损、无放电及灼伤痕迹<br>(3)检查浪涌吸收器正极接线,电缆无断股、外表面绝缘橡胶层无破损,电缆最低位置距车体超过 50 mm,电缆两端螺栓齐全、防松线清晰无错位<br>(4)检查浪涌吸收器底座排气口,如有堆积杂物,进行清理 |
| 4 | 高压箱作业 | 检查高压箱体外观 | 箱体外观保持清洁、无变形、无裂损、无灼伤痕迹,箱体油漆破损面积不大于 1 000 $mm^2$,否则进行修补,警示标示清晰可读 |
| | | 检查高压箱体安装状态 | (1)高压箱体安装螺栓齐全、防松线清晰无错位<br>(2)各外部电气连接插连接紧固,接地线紧固螺栓齐全,防松线清晰无错位<br>(3)盖板挂耳搭扣到位,各盖板锁处于锁闭位<br>(4)盖板密封胶条无破损、老化,安装位置正确,用凡士林润滑衬垫 |
| | | 检查高压箱内部部件 | (1)箱体内所有插头、接地连接或插头电缆的底座应牢固,无灼伤、裂纹现象<br>(2)检查二极管、熔断器,要求无灼烧痕迹,各紧固件齐全,安装牢固<br>(3)偶数次三月检使用吸尘器清洁箱体内部保持清洁、无灰尘、无积水 |
| | | 检查闸刀开关手柄 | 检查闸刀开关手柄安装紧固,开口销开口>60°无裂纹松脱 |
| | | 检查高压线排 | 检查高压线排接线紧固,防松线清晰无错位,线排与箱体之间无干涉 |
| | | 检查库用电源插座 | (1)检查库用电源插座安装紧固,防松线清晰无错位<br>(2)检查库用电源盖子无损坏,圆柱销固定无脱出,库用电源盖子锁闭良好 |
| 5 | 牵引箱作业 | 清洁牵引箱(偶数次三月检) | 使用吸尘器对牵引箱内部进行清洁、拿下箱体盖板对进气过滤器进行吹尘。清洁盖板的衬垫并用凡士林润滑衬垫 |
| | | 检查外部电缆连接 | 要求电缆连接牢靠,电缆旋紧件紧固无松动、无渗水现象 |
| | | 检查牵引箱外观状态 | (1)箱体支撑架无变形、无裂损,安装螺栓齐全、防松线清晰无错位,螺栓保护套无损坏<br>(2)两侧翻盖及底部盖板无变形、安装紧固、锁闭良好,紧固螺栓齐全,防松线清晰无错位<br>(3)进气口滤网下部紧固螺栓齐全防松线清晰无错位<br>(4)箱体外部电气连接插连接紧固 |
| | | 检查过压保护电阻箱状态 | 检查过压保护电阻箱箱体支撑架无变形、无裂损,安装螺栓紧固无松动,防松线清晰无错位电阻无损坏变色 |
| 6 | 高速断路器作业 | 检查高速断路器闭合及断开功能 | (1)升弓后按压=21-S04,检查高速断路器闭合状态,闭合后=21-S04指示灯亮,HMI 显示高断绿色合上<br>(2)按压=21-S03,检查高速断路器断开状态,断开后=21-S03 指示灯亮,HMI 显示高断白色断开 |
| | | 检查高速断路器 | (1)底座螺栓防松线清晰无错位<br>(2)高速断路器绝缘罩板安装螺栓防松线清晰无错位<br>(3)高速断路器进、出线排紧固螺栓齐全,防松线清晰无错位 |
| | | 检查高速断路器的防尘罩 | 检查高速断路器的防尘罩无裂损、无污渍 |
| | | 检查高速断路器 | 检查灭弧罩无烧损,高速断路器无损坏 |

续上表

| 序号 | 项　目 | 检修内容 | 检修标准 |
| --- | --- | --- | --- |
| 7 | 接地装置及接地电阻作业 | 检查接地装置 | 检查接地装置端盖安装紧固，紧固螺栓齐全，防松线清晰无错位 |
| | | 检查接地电阻 | 安装稳固，表面无烧融现象，导线连接良好 |
| | | 检查司控器输出状态 | 列车升弓、分高断、施加停放制动，将方向手柄置前/后位，操纵主控制手柄至牵引/制动位，确认 HMI 主界面左侧牵引/制动参考值及柱状图显示与牵引手柄位置相符合 |
| | | 检查司机室占有功能 | 激活司机台钥匙，通过 HMI 检查司机室占有正常 |
| | | 检查列车牵引控制功能 | 分高速断路器，缓解停放制动，将牵引控制手柄置于牵引位，司机台气压表红指针显示压力为(189±20)kPa(HMI 显示"强迫零位") |
| 8 | 司机控制器作业 | 检查司机控制器方向手柄 | 方向手柄相对于安装座不能转动。手柄胶帽紧固良好，无变形，胶帽外观无裂损，手柄胶帽不能相对金属杆有转动 |
| | | 检查司机控制器标识的状态 | 司机控制器"向前""向后""牵引""制动""快制"标识符号应齐全、完整、清晰、正确 |
| | | 检查司机控制器动作状态 | 控制手柄在各个挡位之间应转动灵活，挡位明显，无机械卡滞松动现象 |
| | | 检查司机控制器手柄互锁状态 | (1)当方向手柄在"0"位时牵引手柄被锁定<br>(2)当方向手柄在"向后"或者"向前"位置时，牵引手柄可以在"牵引"、"制动"和"快速制动"位移动<br>(3)当方向手柄在"0"位时，机械锁应转动灵活，机械锁在锁定位置的时候钥匙方可拔出<br>(4)当主控钥匙在断开位时，方向手柄和牵引手柄均不能动作；方向手柄在非"0"位时，主控钥匙不能拔出 |
| | | 检查盖板的毛刷 | 打开司机台盖板，盖板螺栓紧固良好，盖板外观良好，毛刷状态良好且毛刷保有量不少于 70% |
| | | 检查司控器的牵引手柄警惕按钮紧固状态 | 目视检查司控器警惕按钮橡胶块内部紧固螺母上平面与橡胶座上平面平齐 |
| | | 检查司控器的牵引手柄警惕按钮下部橡胶块转动情况及警惕按钮动作状态 | 手动转动下部橡胶块，要求转动灵活无卡滞。警惕按钮动作灵活无卡滞 |
| | | 检查司控器的零部件 | 司控器的零部件无变形、松动，电气连接可靠、无过热痕迹，钢丝绳无断股，钢丝绳锁紧螺母紧固，电位器 电阻器外观良好，接线牢固，无毛刺，无破损，线号标识完整清晰(偶数次三月检进行) |
| | | 检查司机控制器所有的连接螺栓 | 要求司机控制器所有的连接螺栓安装紧固，防松线无错位(偶数次三月检进行) |
| | | 检查并润滑齿轮啮合处、弹片定位处及连锁处 | 清洁齿轮啮合处、弹片定位处及连锁处，加注 3＃钙基润滑脂(偶数次三月检进行) |
| | | 检查并润滑钢丝拉线与外护套 | 每根两端各加注 3～5 滴硅油(偶数次三月检进行) |
| | | 检查触头内部及滚轮架(包括滚轮滚动) | 触头内部及滚轮架(包括滚轮滚动)的动作是否灵活可靠。触头外观良好，接线牢固，无毛刺，无破损，触头及接线无电蚀过热发黑痕迹，线号标识完整清晰(偶数次三月检进行) |
| | | 检查主控锁 | 锁芯转动灵活、无卡滞、无异音 |

续上表

| 序号 | 项 目 | 检修内容 | 检修标准 |
|---|---|---|---|
| 9 | 动态调试作业 | 进行 40 km/h 牵引试验 | 牵引正常，无任何故障（在两端司机室分别进行） |
| | | 开门牵引封锁及门关好旁路试验 | 门打开是不能建立牵引，门关好旁路后可以牵引 |

4. 年检（表 1.7）

**表 1.7 年检**

| 序号 | 项 目 | 检修内容 | 检修标准 |
|---|---|---|---|
| 1 | 接地碳刷及接地电阻作业 | 检查接地碳刷、碳刷接触盘 | （1）接地碳刷磨耗接触面离寿命刻度线距离大于 5 mm（使用游标卡尺测量并记录），接地碳刷软编线无破损，断股不能超过 1/3<br>（2）检查接地端盖 O 型密封圈无缺损、断裂。用吸尘器清除碳粉及杂物。检查碳刷摩擦盘磨耗深度不能超过 3.5 mm（使用游标卡尺测量）<br>（3）检查接地碳刷接触盘等部件紧固螺栓无脱落、防松线清晰无错位<br>（4）检查恒力弹簧安装紧固无断裂或脱落 |
| | | 检查接地电阻 | 安装稳固，表面无烧融现象，导线连接良好 |
| 2 | 牵引电机作业 | 检查进气口和出气口网罩 | 无污染、无堵塞，外观无损坏，紧固螺栓齐全，防松线清晰无错位 |
| | | 检查牵引电机外部 | 外部无损坏，有损坏则修补或更换，机械连接良好，如有油漆损坏则进行喷漆处理 |
| | | 清洁牵引电机外部 | 对一般的污染可用抹布清洁，否则使用酒精擦洗，使用酒精清洗电机时，只能将排气孔有效封堵后再对电机进行清洁 |
| | | 检查电气连接螺栓以及电缆接线盒 | 电气联结状态良好，无过热、无松动、无干涉。电气连接线外观良好，无损坏、破皮现象 |
| | | 检查牵引电机排水孔 | 清洁外壳和轴承保护罩上的两个排水孔，要求无堵塞 |
| | | 润滑轴承（在轴承受热时进行） | （1）滑脂枪和滑脂嘴必须保持清洁，必要时用不起毛的抹布进行清洁<br>（2）靠近齿轮箱驱动端，加注 45 g 的壳牌能得力 Shell Gadus S3 V220 C 润滑脂润滑深沟球轴承；远离齿轮箱端，加注 25 g 的壳牌能得力 Shell Gadus S3 V220 C 润滑脂润滑圆柱滚子轴承<br>（3）分别将润滑脂嘴盖盖住滑脂嘴 |
| 3 | 受电弓作业 | 检查底架、下臂杆、上框架、拉杆、平衡杆、防翻转杆、弓头 | （1）各紧固件齐全，防松线清晰无错位<br>（2）各部件无损坏、无干涉、变形，无裂纹<br>（3）检查弓角是否有开裂情况，更换开裂弓角<br>（4）清洁弓头各转动部件表面的积尘<br>（5）在升弓状态下确认各部件无干涉，碳滑板与接触网接触良好<br>（6）在升降弓过程中各部件转动灵活，无干涉现象，受电弓动作正常，升降弓过程中无异常波动或反复震荡 |
| | | 检查受电弓弓头及滑板 | （1）滑板无纵向裂损、缺块应不超过接触滑板宽度的 1/3<br>（2）对滑板进行检测，50 mm 范围内凹槽深度大于 3 mm 的滑板必须更换<br>（3）滑板与端角过渡流畅且间隙不大于 2 mm<br>（4）滑板厚度（即受电弓滑板接触面距接触滑板固定器上部的距离）最低处不低于 4 mm<br>（5）检查碳滑板表面，表面应平整无明显凹槽，否则使用砂布打磨光滑<br>（6）受电弓接触滑板其中 1 条磨损须更新时，2 条滑板应同时更换<br>（7）各固定螺栓齐全，防松线清晰无错位<br>（8）检查碳条与铝板粘贴处无电腐蚀（电灼伤）或脱胶长度不能大于 50 mm<br>（9）用手摇动碳条，检查碳条应与铝板连接牢靠<br>（10）检查降弓位置传感器，位置传感器与感应铝板间距离不能大于 15 mm，并用干抹布清洁感应器上表面及感应板下表面<br>（11）检查弓头转动自由度，在受电弓升起 400 mm 高度时，要求弓头转动灵活无卡滞现象，在受电弓升起 400 mm 及库内，接触网高度碳滑板铝托下表面与止挡杆不能接触，否则调整 |

续上表

| 序号 | 项　目 | 检修内容 | 检修标准 |
|---|---|---|---|
| 3 | 受电弓作业 | 检查导流线、橡胶弹簧元件、升弓钢丝绳、绝缘子 | (1)各部件无破损<br>(2)使用软布、RS-80 清洁受电弓支持绝缘子全部表面，绝缘子表面无闪络、无开裂<br>(3)橡胶弹簧元件表面无油污<br>(4)升弓钢丝绳状态良好，钢丝绳在导槽内，若钢丝绳有 1/2 股断裂或者钢丝断裂总根数超过 1/2，则更换新的钢丝绳；使用 7253 航空润滑脂润滑钢丝绳<br>(5)各固定螺栓紧固齐全，防松线清晰无错位<br>(6)导流线紧固状态良好，导流线都不应被拉紧或与其他部件接触。不得出现单股 1/2 以上断裂或超过整条编织线的 10%单根断裂现象，否则更换 |
| | | 检查、清洁轴承 | 轴承能够自由转动，用抹布清洁轴承端部密封件 |
| | | 检查气囊升弓装置、系统阻尼器、阀箱及管路 | (1)检查气囊升弓装置无破损、裂纹，当气囊气密性下降或漏气时，气囊必须更换。各管路无泄漏，风管与车顶无摩擦，系统阻尼器无失效，升降弓过程平缓)<br>(2)各固定螺栓齐全，防松线清晰无错位<br>(3)使用湿抹布清洁气囊表面 |
| | | 检查受电弓功能(压缩空气需在 700～900 kPa) | (1)按压＝21-S01，检查受电弓降弓状态，降弓后＝21-S01 指示灯亮<br>(2)按压＝21-S02，检查受电弓升起状态，升弓后＝21-S02 按钮指示灯亮 |
| | | 检查并调节受电弓滑板和接触网的接触状态 | (1)接触状态检查：升弓后检查各碳滑板与接触网的接触状态，要求 4 根碳滑板均与接触网接触<br>(2)接触压力测量：风压在 750～900 kPa，升弓后用弹簧秤钩住弓头横杆中部位置，垂直向下用力使碳滑板和接触网拉开，受电弓在 150～1 950 mm 工作范围内上、中、下三个位置弹簧秤的读数都应在(120±10)N 范围内，否则进行调整 |
| | | 受电弓安装平台清洁(偶数次年检作业) | 使用 GD-207B 清洁受电弓安装平台，要求平台表面无污垢、无明显积尘 |
| | | 检查受电弓静态接触压力及升降弓时间是否符合设计要求 | (1)受电弓静态接触压力为(120±10)N<br>(2)升弓时间≤8 s，降弓时间≤7 s，并且落弓时不能冲击车顶 |
| 4 | 浪涌吸收器作业 | 清洁浪涌吸收器 | 用软布或海绵蘸浸清水清洁浪涌吸收器硅护套 |
| | | 检查浪涌吸收器外观及接线状态 | (1)检查浪涌吸收器上接地线无断股，紧固螺栓防松线清晰无错位<br>(2)检查浪涌吸收器外观状态，要求无裂损，无放电、灼烧痕迹(法兰灭弧孔上黑色斑点或烧焦)<br>(3)检查浪涌吸收器正极接线，电缆无断股、外表面绝缘橡胶层无破损，电缆最低位置距车体超过 50 mm，电缆两端螺栓齐全、防松线清晰无错位<br>(4)检查浪涌吸收器底座排气口，如有堆积杂物进行清理 |
| 5 | 高压箱作业 | 检查高压箱体外观 | 箱体外观无变形、无裂损、无灼伤痕迹，箱体油漆破损面积不大于 1 000 $mm^2$，否则进行修补 |
| | | 检查高压箱体安装状态 | (1)高压箱体安装螺栓齐全、防松线清晰无错位<br>(2)各外部电气连接插连接紧固，接地线紧固螺栓齐全，防松线清晰无错位<br>(3)盖板挂耳搭扣到位，各盖板锁处于锁闭位 |
| | | 检查高压箱盖板状态 | (1)锁芯的安装螺母防松线无错位，安装位置正确，锁舌无变形<br>(2)转动锁芯，确认锁舌跟随转动良好<br>(3)接地软线紧固无断股<br>(4)盖板密封胶条无破损、老化，安装位置正确，用凡士林润滑衬垫 |
| | | 检查高压箱内部部件 | (1)箱体内无积水<br>(2)箱体内所有插头、接地连接或插头电缆的底座应牢固，无灼伤、裂纹现象 |

续上表

| 序号 | 项 目 | 检修内容 | 检修标准 |
|---|---|---|---|
| 5 | 高压箱作业 | 清洁高压箱 | 使用吸尘器清洁箱体内部保持清洁、无灰尘；使用抹布蘸酒精清洁高压箱的内部 |
| | | 检查闸刀开关 | (1)高压箱上的闸刀开关(＝31-S01)的底座紧固。如果闸刀开关松动，用 36 N·m 的紧固扭矩重新拧紧螺钉<br>(2)如果 Lyra 弹簧润滑脂缺失，用润滑脂 Syntheso glep 1 润滑 Lyra 弹簧接点<br>(3)闸刀开关(＝31-S01)无磨损或烧坏的迹象。如果有损坏，则更换闸刀开关(＝31-S01)<br>(4)微动开关(＝31-S01-S2/S3)，(＝31-S01-S4/S5)和(＝31-S01-S6/S7)的底座应牢固。如果微动开关松动，则应手动将相应的螺钉重新拧紧<br>(5)检查微动开关(＝31-S01-S2/S3)，(＝31-S01-S4/S5)和(＝31-S01-S6/S7)上电气连接牢固<br>(6)检查锁紧装置和开关机构的操作灵活性 |
| | | 检查闸刀开关手柄 | 检查闸刀开关手柄安装紧固，开口销开口＞60°无裂纹松脱 |
| | | 检查二极管面板 | 检查二极管、电容及电阻齐全无损坏，螺栓防松线清晰无错位 |
| | | 检查熔断器面板 | 检查熔断器面板及各部件接线紧固，熔断器状态良好，无放电痕迹，各紧固螺栓齐全，防松线清晰无错位 |
| | | 检查微动开关 | 要求微动开关安装牢固，接线牢靠，触发装置能够灵活动作 |
| | | 检查高压线排-X01/-X02 | 检查高压线排-X01/-X02 接线紧固，防松线清晰无错位，线排与箱体之间无干涉 |
| | | 检查库用电源插座 | (1)检查库用电源插座安装紧固，防松线清晰无错位<br>(2)检查库用电源插座内部触头，要求触头表面无污渍、无生锈腐蚀现象<br>(3)检查库用电源盖子无损坏，库用电源盖子锁闭良好，锁扣装置内外搭扣平齐，用手向上轻推内搭扣，无法推动 |
| 6 | 牵引箱作业 | 清洁牵引箱 | 使用吸尘器对牵引箱内部进行清洁，拿下箱体盖板对进气过滤器进行吹尘。清洁盖板的衬垫，并用凡士林润滑衬垫 |
| | | 检查外部电缆连接 | 要求电缆连接牢固，电缆旋紧件紧固无松动、无渗水现象 |
| | | 检查牵引逆变器 | (1)检查牵引逆变器各板件、线插无损坏，安装紧固，防松线清晰无错位<br>(2)对进风口散热片进行清洁，确保散热良好，无污垢、无损坏<br>(3)用干净抹布蘸酒精清除箱体内部各部件表面的积尘 |
| | | 检查电抗器 | (1)检查电抗器表面无放电痕迹，电抗器线路无破损，电抗器及电抗器接线各紧固件齐全、防松线清晰无错位<br>(2)清洁通风通道(如用真空清洁器清洁或使用压缩空气将污垢从出风通道吹出)<br>(3)绕组绝缘的表面必须光滑，铜导体之间的通风通道无堵塞 |
| | | 检查箱体上各种标志、标签 | 各类警示标示无污渍、无缺失 |
| | | 检查 K102、K100 接触器 | 检查 K100、K102 接触器外观良好、安装紧固，接触器触点外观良好、无烧痕发黑现象 |
| | | 检查牵引箱盖板锁状态 | (1)锁芯的安装螺母防松线清晰无错位，安装位置正确<br>(2)转动锁芯，确认锁舌跟随转动良好<br>(3)锁舌无变形 |
| | | 检查牵引箱外观 | (1)箱体支撑架无变形、无裂损，安装螺栓齐全、防松线清晰无错位<br>(2)两侧翻盖及底部盖板无变形、安装紧固、锁闭良好，紧固螺栓齐全，防松线清晰无错位<br>(3)进气口滤网下部紧固螺栓齐全防松线清晰无错位<br>(4)箱体外观良好，无裂痕、无凹痕 |
| | | 检查过压保护电阻箱 | (1)箱体支撑架无变形、无裂损，安装螺栓紧固无松动，防松线清晰无错位<br>(2)电阻无损坏变色 |

续上表

| 序号 | 项　目 | 检修内容 | 检修标准 |
|---|---|---|---|
| 7 | 高速断路器作业 | 检查高速断路器闭合及断开功能 | (1)升弓后按压=21-S04,检查高速断路器闭合状态,闭合后=21-S04 指示灯亮<br>(2)按压=21-S03,检查高速断路器断开状态,断开后=21-S03 指示灯亮 |
| | | 检查高速断路器安装 | (1)底座螺栓防松线清晰无错位<br>(2)高速断路器绝缘罩板安装螺栓防松线清晰无错位<br>(3)高速断路器进、出线排紧固,螺栓齐全,防松线清晰无错位<br>(4)高速断路器辅助触点接线无松动 |
| | | 测量主触点磨损情况 | 使用高速断路器专用测量工具测量,要求专用工具插入后,前端面距离高速断路器外表面的距离≤0.5 mm,专用工具插入深度<15 mm |
| | | 检查高速断路器的防尘罩 | 检查高速断路器的防尘罩无裂损、无污渍 |
| | | 清洁灭弧罩检查引弧条 | 检查灭弧罩无烧损、无发黑痕迹。使用毛刷清洁灭弧罩隔弧片及栅片 |
| 8 | 司机控制器作业 | 检查司机控制器方向手柄 | 方向手柄相对于安装座不能转动。手柄胶帽紧固良好,无变形,胶帽外观无裂损,手柄胶帽不能相对金属杆有转动 |
| | | 检查司机控制器标识的状态 | 司机控制器"向前"、"向后"、"牵引"、"制动"、"快制"标识符号应齐全、完整、清晰、正确 |
| | | 检查司机控制器动作状态 | 控制手柄在各个挡位之间应转动灵活,挡位明显,无机械卡滞松动现象 |
| | | 检查司机控制器手柄互锁状态 | (1)当方向手柄在"0"位时牵引手柄被锁定<br>(2)当方向手柄在"向后"或者"向前"位置时,牵引手柄可以在"牵引"、"制动"和"快速制动"位移动<br>(3)当方向手柄在"0"位时,机械锁应转动灵活,机械锁在锁定位置的时候钥匙方可拔出<br>(4)当主控钥匙在断开位时,方向手柄和牵引手柄均不能动作;方向手柄在非"0"位时,主控钥匙不能拔出 |
| | | 检查盖板的毛刷 | 盖板螺栓紧固良好,盖板外观良好,毛刷状态良好且毛刷保有量不少于70% |
| | | 检查司控器的牵引手柄警惕按钮紧固状态 | 检查司控器警惕按钮橡胶块内部紧固螺母上平面与橡胶座上平面平齐 |
| | | 检查司控器的牵引手柄警惕按钮下部橡胶块转动情况及警惕按钮动作状态 | 转动下部橡胶块,要求转动灵活无卡滞。警惕按钮动作灵活无卡滞 |
| | | 检查司控器的零部件 | 司控器的零部件无变形、松动,电气连接可靠、接线无电蚀过热发黑痕迹,钢丝绳无断股,钢丝绳锁紧螺母紧固,电位器 电阻器外观良好,接线牢固,无毛刺,无破损,线号标识完整清晰 |
| | | 检查司机控制器所有的连接螺栓 | 要求司机控制器所有的连接螺栓安装紧固,防松线无错位 |
| | | 检查并润滑齿轮啮合处、弹片定位处及连锁处 | 清洁齿轮啮合处、弹片定位处及连锁处,加注 3# 钙基润滑脂 |
| | | 检查并润滑钢丝拉线与外护套 | 每根两端各加注 3~5 滴硅油,旋转司控钥匙,使钢丝绳钢丝拉线与外护套相对运动 |
| | | 检查触头内部及滚轮架(包括滚轮滚动) | 触头内部及滚轮架(包括滚轮滚动)的动作是否灵活可靠。触头外观良好,接线牢固、无电蚀过热发黑痕迹,无毛刺,无破损,线号标识完整清晰 |
| | | 检查主控锁 | 锁芯转动灵活、无卡滞、无异音 |
| | | 清洁司控器 | 清洁司控器各零部件表面灰尘;清洁司控器箱体,要求无异物 |

续上表

| 序号 | 项　目 | 检修内容 | 检修标准 |
|---|---|---|---|
| 9 | 牵引控制系统有电作业 | 检查司控器输出状态 | 通过 HMI 检查界面，确认司控器在牵引、制动、快制不同状态下显示正确，HMI 主界面左侧牵引/制动参考值及柱状图显示与牵引手柄位置相符合 |
| | | 检查司机室占有功能 | 激活司机台钥匙，通过 HMI 检查司机室占有正常 |
| | | 检查列车牵引控制功能 | 分高速断路器，缓解停放制动，将牵引控制手柄置于牵引位，司机台气压表红指针显示压力为(189±20)kPa(HMI 显示“强迫零位”) |
| 10 | 动态调试作业 | 进行警惕按钮功能试验 | 牵引过程中松开警惕按钮，蜂鸣器鸣响，3 s 后列车紧急制动 |
| | | 检查列车紧急牵引及拖动模式功能 | 检查列车紧急牵引及拖动模式功能，使用 Monitor32 软件监测开关动作情况，HMI 状态区显示及列车限速 30 km/h |
| | | 检查各旁路开关 | 检查各旁路开关功能，使用 Monitor32 软件监测各旁路开关动作情况，同时观察旁路指示灯显示，操作旁路(允许升弓旁路 停放制动旁路门零速旁路门关好旁路 警惕旁路 车钩监视旁路 无库用电源旁路 总风压力低旁路)时指示灯亮 |
| | | 进行 40 km/h 制动试验 | 将控制手柄推向 100% 制动位，制动正常，无任何故障，制动距离不超过 68 m(在两端司机室分别进行) |
| | | 进行 60 km/h 制动试验 | 将控制手柄推向 100% 制动位，制动正常，无任何故障，制动距离不超过 144 m(在两端司机室分别进行) |
| | | 进行 40 km/h 牵引试验 | 牵引正常，无任何故障(在两端司机室分别进行) |
| | | 进行 60 km/h 牵引试验 | 牵引正常，无任何故障(在两端司机室分别进行) |
| | | 进行客室车门紧急解锁性能试验 | 运行时(60 m 内)拉动车门紧急解锁手柄，列车紧制，运行时(60 m 外)拉动车门紧急解锁手柄，列车惰行。HMI 故障显示屏显示正确，包括故障类型、位置(整列车随机抽取三个进行检查) |
| | | 检查车底走行部 | 走行部无异响 |

## 任务 3　城市轨道交通车辆牵引系统电气典型故障分析及处理

1. 列车运行前故障处理建议

城市轨道交通车辆按照正确的步骤和方法操作时如出现故障，先根据“处理建议”处理，若故障消除，则投入运营；若故障仍然存在，立即报告 OCC。故障处理时，如需断开激活时，要确认司机室司机台上落弓指示灯(＝21-S01)亮后方可断开激活；如显示屏上出现的故障仅需要按压“确认”键即消除，相应设备功能正常，可视为假故障，无须处理。

(1)故障现象：列车无法激活，电压表显示 0 V。

处理建议：

检查两端 A 车微型断路器(＝32-F05)是否闭合，如有跳闸则闭合。电池电压表显示正常(96 V 以上)，则投入运营。

(2)故障现象：列车无法激活，电压表显示低于 96 V。

处理建议：

按照无电有气升弓程序进行升弓。如主风缸压力低于 400 kPa，按无电无气程序升弓，升弓后，将司机室通风机打至“通风”位，操作充电机应急启动按钮(＝31-S104)，司机室通风机启动后 5 min 尝试再次激活列车，若列车能正常激活，则投入运营，否则换车出库。

(3)故障现象：HMI 显示网压为 0 V(确认两个弓都未升起，若两个弓都升起，报告 OCC)。

处理建议：

①检查主风缸压力是否足够(大于 400 kPa)，如压力低则按有电无气程序升弓。

②紧急停车按钮是否恢复。

③确认微型断路器状态，本单元 A 车受电弓控制(=21-F101)、两个 B 车受电弓控制(=21-F201)是否跳闸，跳闸则闭合。若未跳闸，报 OCC。

④确认两个 B 车本弓隔离旋钮(=21-S205)是否处于隔离位，隔离则报 OCC。

⑤两个 B 车受电弓气路截断塞门 U01 是否在水平位，否则报 OCC。

(4)故障现象：HMI 显示单弓未升起(确认单弓实际状态，若升起报 OCC)。

处理建议：

①检查相应车受电弓气路塞门 U01 是否打至水平位。

②检查相应 B 车受电弓控制(=21-F201)、本弓隔离(=21-S205)的状态，如有异常则复位。

③以上状态确认均无异常，确认受电弓仍未升起，报 OCC。

(5)故障现象：HSCB 无法闭合，“HSCB 合”指示灯不亮(按灯测试按钮=73-S105 确认指示灯正常)。

处理建议：

①检查两个 B 车 HSCB 控制(=21-F202)、两个 C 车 HSCB(=21-F302)的状态，如有跳闸则闭合，重新按压 HSCB 合按钮。

②若没有跳闸，则先断开再闭合，然后重新按下 HSCB 合按钮。

③若故障未消除，重启列车，故障仍未消失，报 OCC。

(6)故障现象：牵引状态图标(电机图标)黄色、蓝色、或红色。

处理建议：

ICU 图标设备图标出现黄色、蓝色、或红色故障。

首先分合一次高断，故障未消失，重新分合一次相对应的 ICU 微动开关；故障仍未消失重启一次列车。成功则继续上线运营，若仍有故障，报 OCC。

2. 牵引系统典型故障分析

故障一　车间电源盖打开。

(1)故障现象：正线车辆屏显示车间电源盖打开，ATO、ATP 模式无法动车。

(2)故障分析：车辆回库后检查库用电源盖，发现库用电源盖均锁闭良好。但 HMI 的事件信息显示“车间电源盖子打开”。

正常的情况下，司机台激活后，电流从非激活端的=22-K101 流下，流经非激活单元的车间电源插座的触点，再流经激活单元的库用电源插座，通过=22-K101 的 43/44 触点，为=31-K103 供电，同时 DE 模块的 E112_10 点得电反馈至 VCU(图 1.31)。此时，VCU 认为列车的库用电源盖子没有被打开。

下载该车的事件记录仪，查看故障记录数据后，如图 1.28 所示，发现检测回路显示车间电源盖子打开，并且 SKS 检测 E112_10 的值为“1”，即此时“无库用电源供电”继电器=31-K103 失电。

| | | | |
|---|---|---|---|
| 60 | SKS_A1_Train_coupled | $E112_08 | 0 |
| 61 | SKS_A1_door_man_op_man_cl | $E112_09 | 0 |
| 62 | SKS_A1_Shop_supply | $E112_10 | 1 |
| 63 | SKS_A1_door_aut_op_man_cl | $E112_11 | 1 |

图 1.28　事件记录仪

使用万用表测量＝22-K101 的 43 点位，显示电压为 0V。测量＝72-K305 的 24 点位，显示电压为 125 V。

最后打开车间电源盖，发现车间电源盖的检测回路的一个触点表面氧化严重，如图 1.29 所示。

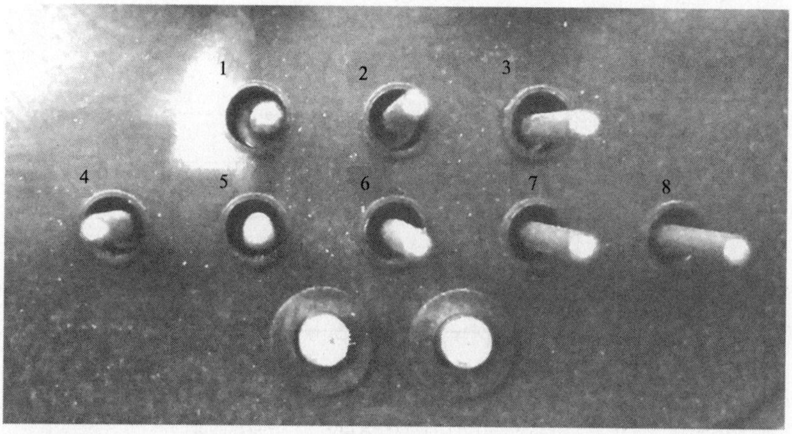


图 1.29　库用电源触头被严重氧化

将该触点的氧化层清除后，列车恢复正常，HMI 显示的“车间电源盖子打开”事件信息消失，同时使用万用表测量＝22-K101 继电器的 43 点位，该点位电压值恢复至 125 V。

因为库用电源触头被严重氧化，导致触头接触不良，从而使该电路无法导通。因此库用电源盖检测回路 E112_10 的值为“0”，通过软件逻辑取反后，输入至 VCU 的值为“1”，如图 1.30 所示，此时 VCU 逻辑判断为库用电源盖被打开，在 HMI 上显示“车间电源盖子打开”。

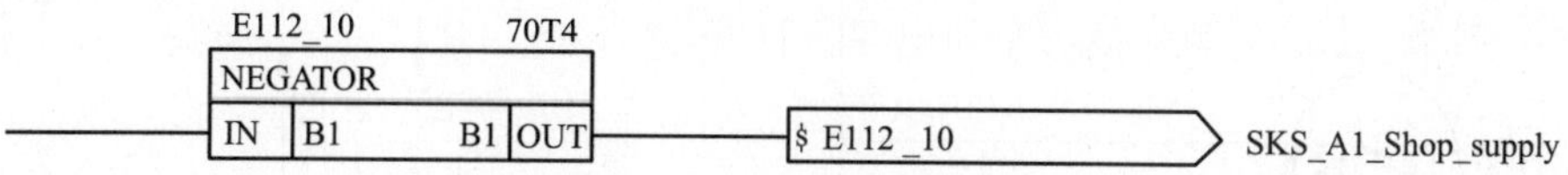


图 1.30　E112_10 逻辑判断

(3)故障原因：库用电源插座内的监控回路的触点氧化，导致监控回路接触不良，使无库用电源供电继电器＝31-K103 无法得电所致。

(4)故障处理：对库用电源插座的触点均进行清理。

故障二　受电弓位置传感器故障。

(1)故障现象：车辆屏图标显示受电弓自动降下，并且显红，高速断路器自动断开。正线车辆屏显示车间电源盖打开，ATO、ATP 模式无法动车。

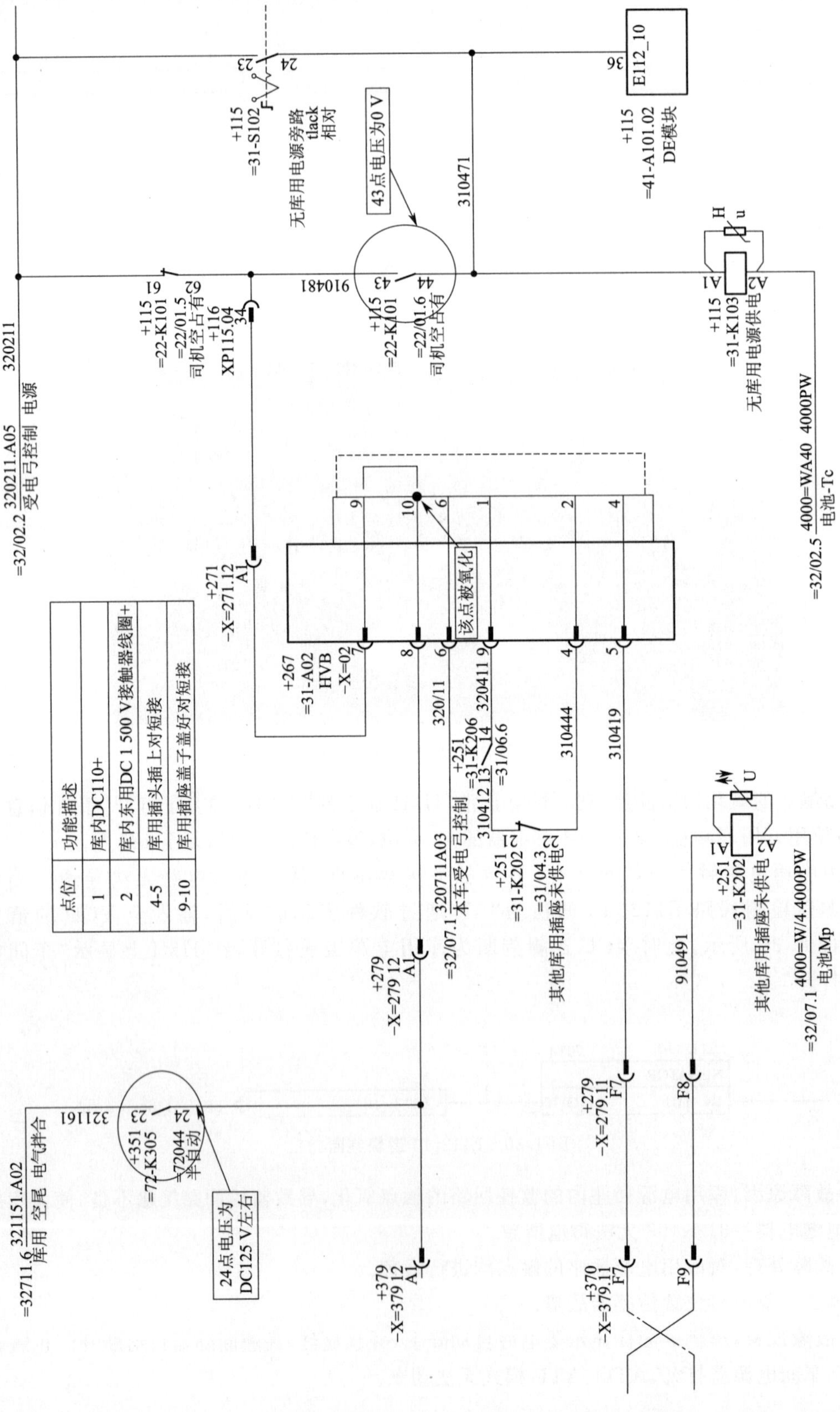


图 1.31 库用电源盖监控电路

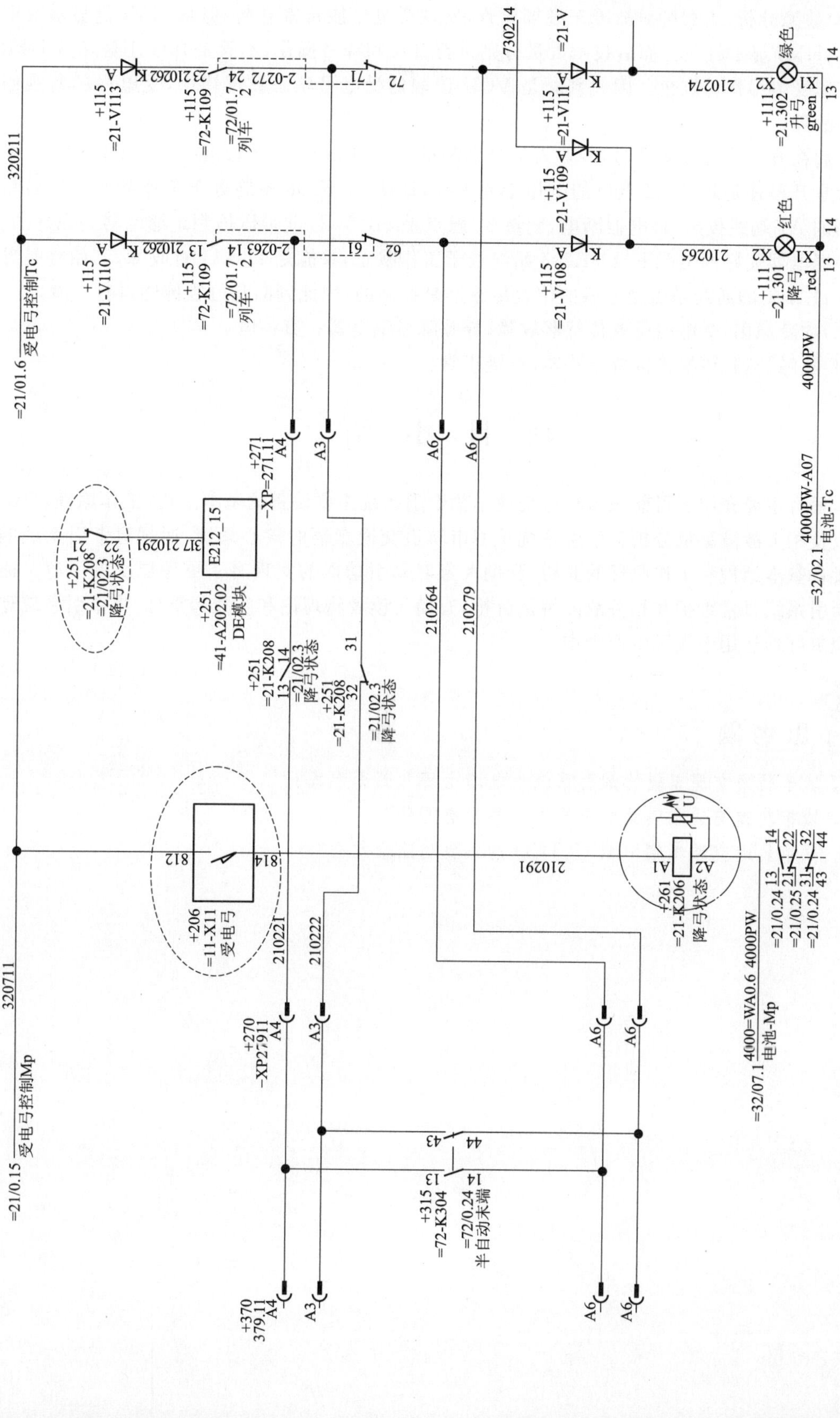

图 1.32　受电弓监视回路

(2)故障分析：工程师对故障车现场检查，发现受电弓能正常升起，但是 HMI 仍显示受电弓降下，HMI 显示红色。而后技术人员分别进行升弓和降弓操作，不管是升弓还是降弓 HMI 显示该车受电弓都为红色。因此判断是 VCU 读取的受电弓状态数据错误，受电弓的监视回路存在故障。

随后在升弓和降弓操作时，专业人员分别测量了 21-K208 的 22 触点（如图 1.32）电压，发现不管是升弓还是降弓，22 点位的电压都是 0 V，证明 21-K208 始终处于工作状态。然后将继电器的 A1 端线拔出，继电器断电，测量 22 触点是 110 V，因此可以该判定继电器是完好的。

在继电器完好的情况下，21-K208 始终处于工作状态，只能是 11-X11 有故障，其始终是导通的。11-X11 的通断是由受电弓的位置传感器来控制的，因此判断是位置传感器有故障。

(3)故障原因：受电弓位置传感器故障，导致降弓继电器一直得电。

(4)故障处理：更换该位置传感器，车辆正常。

## 项 目 小 结

本项目主要介绍了目前城市轨道交通车辆牵引系统主要设备的基本结构、工作原理、日常维护以及相关故障举例分析。牵引系统是城市轨道交通车辆的核心系统，通过对牵引系统的主要设备基本结构和工作原理的介绍，帮助大家对牵引功能的实现有了更深层次的了解。通过对牵引系统日常维护和相关故障举例分析，有助于读者将理论和实践相结合，将牵引系统理论知识更好地运用于实际生产当中。

### 思考题

1. 城市轨道交通车辆的牵引系统主电路由哪几部分组成？
2. 城市轨道交通车辆受电弓升弓的条件有哪些？
3. 城市轨道交通车辆中 ICU、TCU 的主要功能是什么？

# 项目 2　城市轨道交通车辆制动控制系统

城市轨道交通制动控制系统是确保城轨车辆安全运营的关键系统，在城轨车辆需要制动停车时，必须保证有足够的制动力确保安全停车；为防止在坡道上因重力作用引起速度增加，也需施加制动；即使停车状态，为避免重力或外部因素引起溜车也需施加制动。对于已施加制动的城轨车辆，当需牵引时还必须缓解已施加的制动。显然，制动系统直接影响着车辆的安全运行。当前，电空制动系统以其集成度高、制动平稳、故障率低、准确率高等优点，在北京、广州、郑州等多条线路广泛采用。

## 2.1　城市轨道交通车辆制动系统基础知识

### 2.1.1　城市轨道交通车辆制动系统的发展

英国人于 1804 年制成了蒸汽机车。司机要停车时拉响车上的号笛、关掉蒸汽机，当车速较慢时乘客从车厢跳下来，大家把车停住。而后，人们发明了制动机。司机将要停车时，拉动绳索，利用杠杆将拉力放大，迫使闸瓦压迫车轮使车停下来，而当时的闸瓦竟是木制的。

1869 年乔治·威斯汀豪斯从风钻原理得到启发，利用压缩空气进行制动，发明了直通式空气制动机。机车上装有空气压缩机，通过管路送到每节车进行制动。最初机车与车辆之间采用链子钩进行连接，链子容易断裂和脱落，往往造成不能停车的事故。于是他想出了一个办法，为每节车厢增加一个三通阀，副风缸和制动缸，一旦车辆之间断钩，车辆之间的管路就将断裂，让它排风制动。这就是今天世界上仍普遍使用的自动空气制动机的前身。

20 世纪 40 年代，尽管电空制动尚处于萌芽状态，但开始在机车上使用电磁阀。电空制动利用电信号传递制动指令，通过电路控制车辆的制动。电空制动远比空气制动反应迅速，对各车厢制动单个控制，施加制动和缓解时具有良好的实时性。

从 20 世纪 80 年代起，在原电空制动机的基础上广泛采用微机控制技术，这样能更精确地控制制动压力，缩短反应时间，减少制动冲动和制动距离。由于微机强大的功能，为制动机与其他系统的配合创造了良好基础，方便的实现了空气制动与动力制动的配合。在微机上增设相应的检测元件，还能实现对制动机的监控以及故障检测、诊断、记录、单机测试等功能。

德国 KNORR(克诺尔)公司于 1993 年研发了 ESRA 电空制动系统，1995 年投入使用。它是一种传统的标准化直通电空制动系统，在我国主要用于上海、北京、广州和天津等早期地铁车辆。克诺尔公司于 2004 年推出功能更为强大的 EP2002 制动控制系统，并在广州地铁 3 号线上首次使用，是目前世界最为先进的制动系统之一，在 2005 年以后，该系统在我国城轨车辆上得到了广泛应用。日本 NABTESCO(纳博特斯克)的 HRDA 制动系统于 1992 年投入使用，为传统的直通电空制动系统，主要用于北京、天津城轨项目。法国 Faiveley Transport(法维莱)的 EPAC 电空制动系统于 2000 年开始研发，2003 年装车使用，在我国主要用于上海地铁 6 号线、8 号线，深圳地铁 4 号线等。中国铁道科学研究院机车研究所研制的国产制动系统采用微机控制的直通式电空制动系统，于 2005 年 11 月在天津滨海城轨项目首次装车应用，并取得了良好表现，目前用于沈阳地铁 2 号线、天津地铁 3 号线和成都地铁等。

### 2.1.2 城市轨道交通车辆制动方式的基本类型

城市轨道交通车辆按照制动力的形成方式不同可分为黏着制动和非黏着制动。机车在钢轨上运动时，由于车辆重力作用，车轮和钢轨的接触区域为一椭圆形，此时轮轨接触状态既不是滚动状态也不是滑行状态，处于"静中有滚动，滚中有微滑"的状态，在铁路术语中称作黏着状态。黏着制动受黏着力的限制，影响黏着状态的因素很多，机车运行速度、载重、车轮和钢轨的表面状态等。目前城轨车辆主要的制动方式为黏着制动，如闸瓦制动、盘形制动、液力制动、电阻制动、旋转涡流制动、再生制动等都属于黏着制动。

车辆制动时制动力不受轮轨间黏着力的限制，即制动力的产生不必通过轮轨滚动接触而作用于车辆的制动方式，称作非黏着制动。轨道涡流制动和轨道电磁制动属于常见的非黏着制动。目前，非黏着制动常常作为高速列车上黏着制动力不够时的一种辅助制动方式。

下面分别对黏着制动和非黏着制动的常用制动方式作简要介绍。

1. 闸瓦制动

通过压缩空气将闸瓦压紧在车轮踏面上，通过摩擦将列车的动能转化为热能的方式称为闸瓦制动。闸瓦制动是目前国内外列车采用最广泛的一种制动方式。此方式的优点在于成本低，制造工艺简单，制动力大，通过清理轮轨踏面还可以改善车轮和钢轨之间的黏着状态。但也存在很多缺点，制动时噪声增大，会产生大量的热能，磨损快，消耗资源大。常用于低速列车和货运列车。根据安装形式，分为单侧闸瓦制动和双侧闸瓦制动。

2. 盘形制动

在车轴或车轮辐盘两侧安装制动盘，利用压缩空气使闸片夹紧制动盘，通过闸片与制动盘摩擦而产生制动力。盘形制动不能清理车轮踏面的污物，但可以有相对稳定的摩擦系数。根据需要可在车轴上安装两个、三个甚至四个制动盘，以满足制动需要，因此，常用于高速客运列车。

3. 液力制动

油泵在制动时向液力制动器供油，涡轮不动，在惯性力作用下泵轮随电机转动，工作油在转子内被加速而在定子内被减速，最终在涡轮和泵轮之间形成环流，产生制动力矩，将动能转化为工作油的热能而消散。

4. 动力制动

动力制动是制动时通过控制将牵引电机变为发电机，将列车动能转换为电能的制动方式。转换的电能反馈到接触网被加以利用的方式为再生制动，将电能加在制动电阻上变成热能而消散的方式为电阻制动。动力制动具有环保、节能的优点。

5. 旋转涡流制动

在车轴或牵引电机轴上装有电磁感应体的金属涡流盘，制动时，涡流盘在电磁铁形成的磁场中旋转，盘表面感应出涡流，涡流盘发热，将列车的动能转为热能的制动方式。

6. 轨道涡流制动

电磁铁悬挂于钢轨上方的转向架上，制动时，电磁铁放至距轨面 6～7 mm 处励磁，通过它们的相对运动，钢轨表面感应出涡流，从而产生阻力并使钢轨发热，将列车的动能转化为热能。

此方式的优点是因磁铁不与钢轨接触,无摩擦作用,噪声小;制动力不受黏着状态的限制,制动力大,并可长时间保持稳定等。缺点是因电磁铁与钢轨需保持一定间隙,使其安装方式比较复杂;成本较高,消耗电能大。

7. 轨道电磁制动

电磁铁安装在转向架两轮之间,制动时,电磁铁吸附于钢轨表面并产生励磁,安装有磨耗板的电磁铁将以一定的吸力吸附钢轨并摩擦,将列车的动能转变为热能。能明显缩短制动距离,常作为高速列车紧急制动的一种辅助制动方式。

### 2.1.3 城市轨道交通车辆实施制动的模式

1. 常用制动

常用制动在正常运行状态时使用,由司机将司控器手柄置制动位或 ATC 施加。如手动施加常用制动,需将司控器手柄移至制动位,制动设置点直接与手柄位置成比例。常用制动时,电制动优先,空气制动根据减速要求提供不足的减速力。最大常用制动平均减速度一般设定为 1.0 $m/s^2$。常用制动时电制动力受踏面黏着限制。常用制动具有防滑保护和受冲动限制(0.75 $m/s^2$)。常用制动是可撤除的制动。

2. 快速制动

当司控器位于快速制动位时,列车施加快速制动。快速制动通常以 1.2 $m/s^2$ 的紧急制动减速度实施制动,制动同时不断开安全回路。快速制动为紧急情况下的一种制动方式。快速制动具有防滑保护和受冲动限制。快速制动由电制动和电空制动产生。快速制动也是可撤除的。

3. 紧急制动

紧急制动平均减速度通常设计为 1.2 $m/s^2$,可由多个系统施加,不同操作模式(自动和手动模式)下都可施加紧急制动,但仅由空气制动施加完成。紧急制动命令不可撤除,必须车辆达到零速以后方可缓解。此外,当通过紧急制动按钮施加紧急制动时,受电弓降弓,断路器断开。

在出现下列情况任中的任意一种时,将导致紧急制动施加:

(1)司控器的警惕装置触发;

(2)按下司机室中的紧急停车按钮(蘑菇形按钮);

(3)断开司机室钥匙;

(4)车与车之间在运行中脱钩;

(5)安全回路中断或失电;

(6)主风缸压力低于特定的安全值 550 kPa;

(7)超速限制(88 km/h)。

(8)ATO 系统发出紧急制动指令;

(9)ATP 系统发出列车超速紧急制动指令;

(10)当列车运行时,方向手柄拉至“0”位。

4. 停放制动

停放制动由弹簧施加,采用充气缓解,为被动制动。停放制动仅在静止时采用,防止列车溜滑。可保证 AW3 载荷的列车停在不超过 35‰的坡道上。

停放制动由车辆控制电路控制并由硬线和网络系统监控。正常时，停放制动未缓解时，列车牵引封锁。运行中检测到停放制动施加时，列车将封锁牵引。

5. 停车制动

在低速范围内(<6 km/h)，停车制动被激活。停车制动是常用制动的一部分，在低速情况下实施停车制动的过程中，空气制动自动逐步取代电制动，以下两种情况可能实施停车制动：

(1)电制动能够使制动列车接近停止，列车停车时，空气制动施加保持制动。

(2)电制动不能够使制动列车接近停止，空气制动力将提前替代电制动力使列车停止。

## 2.2 城市轨道交通车辆制动系统工作原理及控制分析

### 2.2.1 制动系统工作原理及系统主要装置

城市轨道交通车辆的主制动控制单元接受司控器或ATO及ATP的制动指令，然后通过总线网络向全列车的制动电子控制装置发出制动指令。紧急情况下，司控器或ATO、ATP通过硬线向全列车的制动电子控制装置发出制动指令。各车制动单元根据制动指令对制动缸压力进行控制，并由基础制动装置实施机械摩擦制动。主制动控制单元同时还向牵引系统发出电制动指令，以实现空电混合制动。

城市轨道交通车辆制动系统主要由三大模块组成，空气供给及传输、制动控制及执行装置、辅助用风装置。按各个模块的组成和功能又可以分成8部分。

(1)A组——压缩空气供给装置；

(2)B组——制动控制装置；

(3)C组——基础制动装置；

(4)W组——车钩操作装置；

(5)U组——升弓装置；

(6)L组——空气悬挂装置；

(7)G组——防滑装置；

(8)V组——轮缘润滑装置。

空气制动系统主要设备的安装位置如图2.1所示。空气制动系统的管路原理图见附图3。

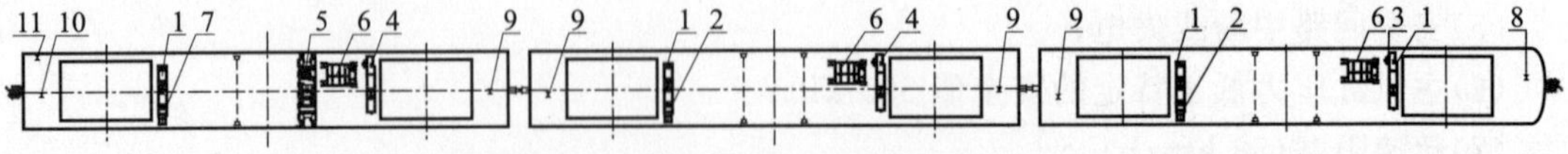


图2.1 单元车辆主要设备平面布置图

1—空气弹簧附加风缸模块；2—智能阀；3—网关阀+CUBE；4—智能阀+CUBE；5—风源模块；6—风缸模块；7—网关阀；8—塞门(W01)；9—塞门(W03)；10—塞门(W11)；11—手动解钩阀(W08)

### 2.2.2 制动系统主要装置的控制原理

1. 压缩空气供给装置(A组)

压缩空气供给装置(图 2.2)的作用是为气制动系统和其他子系统提供清洁而干燥的压缩空气。6 节车辆编组的列车有两套空气供给装置,如果一套空气供给装置不能工作,另一套空气供给装置也能提供足够的压缩空气保证列车正常运行。

整个压缩空气供给装置集成为一个供风模块[A01],安装在每辆 M 车上。该装置主要由一台通过 AC380V/50Hz 三相交流电机驱动的 VV120 型压缩机[A01.01]、软管[A01.02]、安全阀[A01.03]1 200 kPa/ [A01.11]1 050 kPa、LTZ015.0H 双塔空气干燥器[A01.04]、精细过滤器[A01.05]、压力开关[A01.08]700～900 kPa 和[A01.09]550～700 kPa 等组成,工作方式如图 2.3 所示。

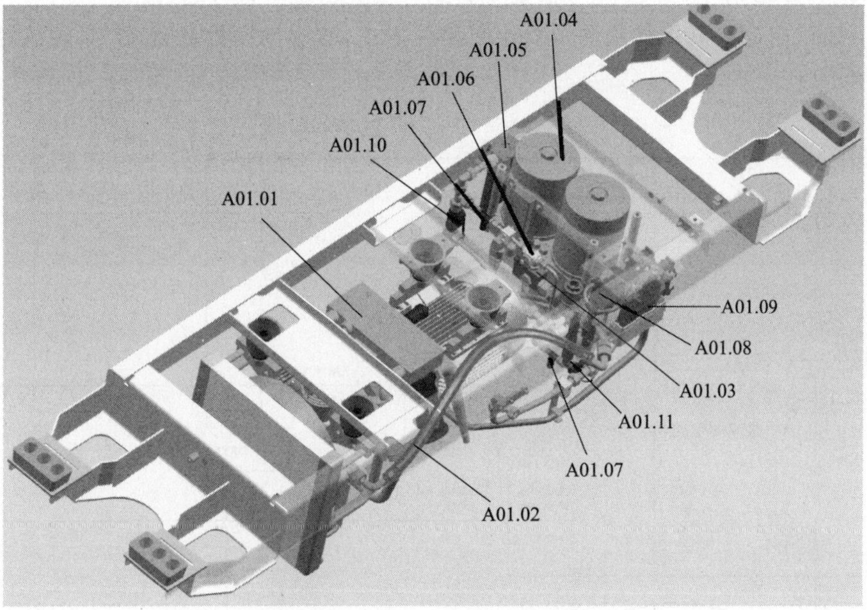


图 2.2　压缩空气供给装置实物图

A01.01—压缩机;A01.02—软管;A01.03—安全阀;A01.04 —干燥器;A01.05—精细过滤器;
A01.06—塞门;A01.07—测试接头;A01.08—压力开关;A01.09—压力开关;A01.10—塞门;A01.11—安全阀

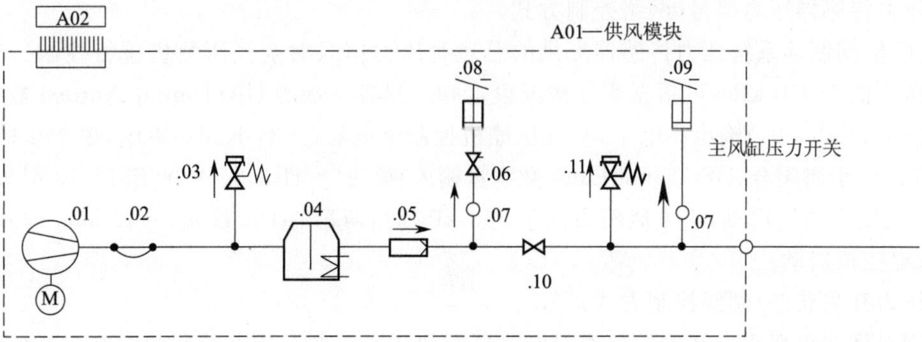


图 2.3　压缩空气供给原理示意图

.01—压缩机;.02—软管;.03、.11—安全阀;.04 —干燥器;
.05—精细过滤器;.06、.10—塞门;.07—测试接头;.08、.09—压力开关

空气压缩机组 A01.01 分为两级压缩，两个低压级气缸和一个高压级气缸。干式空气过滤器清洁后的压缩空气首先经过低压级气缸压缩，然后流过冷却器，冷却后进入高压级气缸压缩，再次经过冷却器形成最终压力。压缩空气紧接着进入空气干燥设备 A01.04，抽走压缩空气中的水分。在压缩机组运行过程中，内置于空气干燥器中的控制器以一定的时间间隔在空气干燥设备的两个干燥剂罐之间转换。以此，在一个干燥剂罐进行再生的同时，另一个干燥剂罐将对输入的压缩空气进行干燥。内置的控制器只有在压缩机组运行时才工作。干燥后的压缩空气经精细过滤器 A01.05 净化压缩空气中的油渍，净化后进入总风管，进而通过车钩气路装置(W 组部件)向相邻车辆传输；列车中的每节车均从总风管获取所需要的压缩空气。

安全阀 A01.03 和 A01.11 用于保证下游组件不会出现不允许的过压。

空气压缩机启动有网络控制和硬线控制两种方式，其中网络控制优先，而硬线控制后备。如图 2.4 所示。

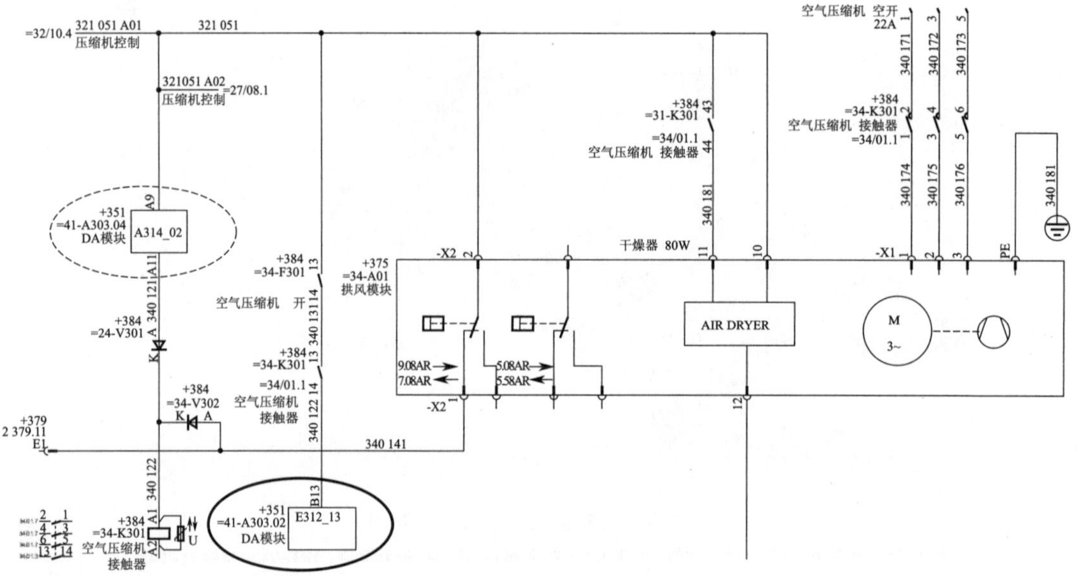


图 2.4 空压机控制原理图

1)压力传感器压力信号(网络控制方式)

VCU 根据制动系统压力传感器提供的总风管压力信号对空气压缩机进行控制。当检测到总风压力低于 750 kPa(可根据实际情况设定)时，只有一端的 DA(Digital Abroad 数字量输出)模块(=41-303.04)输出高电平，空气压缩机控制继电器(=34-K301)得电，单空压机启动，同时其 13/14 引脚闭合，DE(Digital Enter 数字量输入)模块(=41-303.02)的 E312_13 引脚得电，向 VCU 反馈空压机启动；当主风压力低于 750 kPa 时，两端的 DA 模块(=41-303.04)输出高电平，双空压机启动。

2)压力开关状态(硬线控制方式)

由列车硬线根据压力开关的状态对空气压缩机进行控制。压力控制的内容包括压缩机管理、压力限制、压力调整等内容。压力开关[A01.08](设定值为 700～900 kPa)为硬线后备控制压缩机启动，当主风管压力低于 750 kPa 时，压力开关动作，两单元的空气压缩机继电器(=34-K301)得电，使两台空压机同时启动，为全列车供风，两单元的 DE 模块(=41-303.02)

的 E312_13 引脚得电，向 VCU 反馈空压机启动；压力开关[A01.09]（设定值为 550～700 kPa）为硬线触发紧急制动，当列车总风压力低于 550 kPa，压力开关动作，紧急制动列车线失电，列车实施紧急制动，当总风压力高于 700 kPa 时紧急制动恢复。

2. 制动控制装置（B 组）

目前国内城轨车辆主要有两种制动控制方式，一种是以每辆车为单位设置单个制动控制单元，每个制动控制单元直接连接 MVB 车辆总线，各车直接接收列车的制动指令，通常称为车控，如图 2.5 所示。另一种是以每个转向架为单位设置制动控制单元，通常称为架控，如图 2.6 所示。

国内新型城轨车辆多采用半分散式制动控制，即集中供风、分散式制动的架控方式。EP2002 制动系统将制动控制盒电子设备以及常用制动气动阀、紧急制动阀和车轮防滑装置等多个模块集成到智能阀和网关阀，并通过 CAN 总线连接在一起构成 EP2002 制动控制系统。

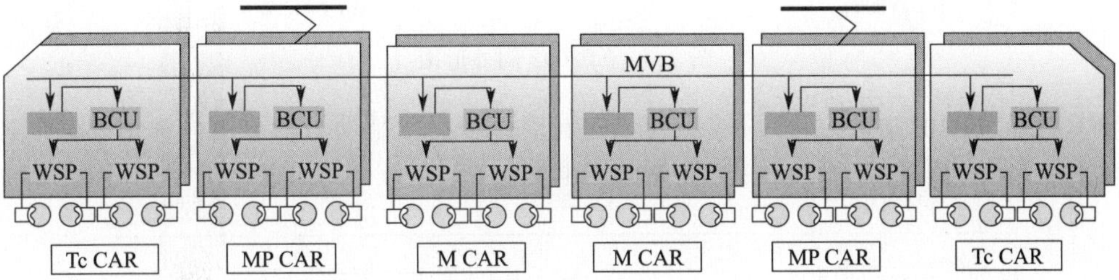


图 2.5　车控结构图

BCU（Brake Control Unit）—制动控制单元；WSP（Wheel Slide Prootection）—车轮防滑保护装置

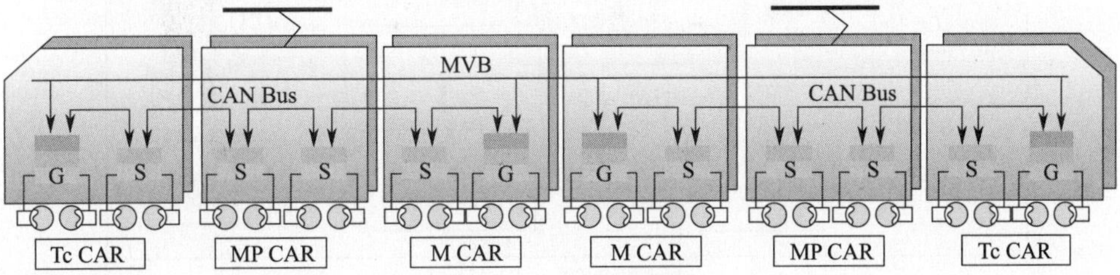


图 2.6　架控结构图

G—网关阀；S—智能阀

1）空气制动微机控制单元

空气制动微机控制单元采用 EP2002 系统。通过使用 EP2002 的两个核心产品网关阀和智能阀来实现分布式制动的控制网络，如图 2.7 所示。拖车 Tc 及动车 M 各有一个网关阀和一个智能阀，而动车 Mp 则有两个智能阀，每个阀都安装在靠近车体边梁转向架附近（每个转向架一个阀）。智能阀控制常用制动、紧急制动和车轮防滑保护。网关阀除了有智能阀所具有的以上功能外，还有制动管理功能及与列车控制系统的接口功能。

一般选择列车中的主车辆控制单元（VCU）负责列车的制动管理。列车通过司控器手柄，向车辆控制单元发出牵引和制动指令，或者通过地面系统发送 ATO/ATC 指令。如图 2.8 所示，制动指令由列车总线传递至 VCU 和网关阀。除紧急制动外，主 VCU 根据车辆的载荷计

(a) 智能阀

(b) 网关阀

图 2.7 EP2002 阀外形图

算车辆系统所需的的制动力，然后控制列车电制动力和空气制动力的分配。常用制动模式下，电制动和空气制动都处于激活状态，优先采用电制动。

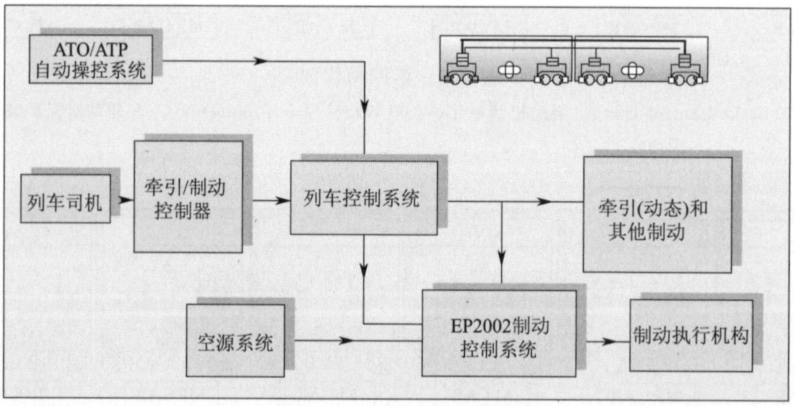


图 2.8 制动控制示意图

2)转向架截断塞门

制动风缸通过空气支路给安装在每个转向架附近的 EP2002 阀供气。为了维护和隔离的目的，可使用安装在客室内座椅下的塞门[B05.01]及[B05.02](附图 3)以转向架为单位切除风缸到 EP2002 阀的气源，此塞门配有一个监控开关位置的模块，当塞门关闭时向 VCU 反馈，在 HMI 上显示。塞门结构示意图如图 2.9 所示。

3)辅助控制模块(CUBE)

辅助控制模块(CUBE)由过滤器、单向阀、塞门、停放电磁阀、溢流阀等组成，为悬挂系统供风及停放制动供风。该部分集合成一个气路板，安装在每辆车的 1 位端制动控制单元旁，起辅助控制作用。辅助控制模块的原理图及外形如图 2.10 所示。

来自总风管的压缩空气通过端口 O 进入辅助控制模块。压缩空气流经过滤器(B01)、单

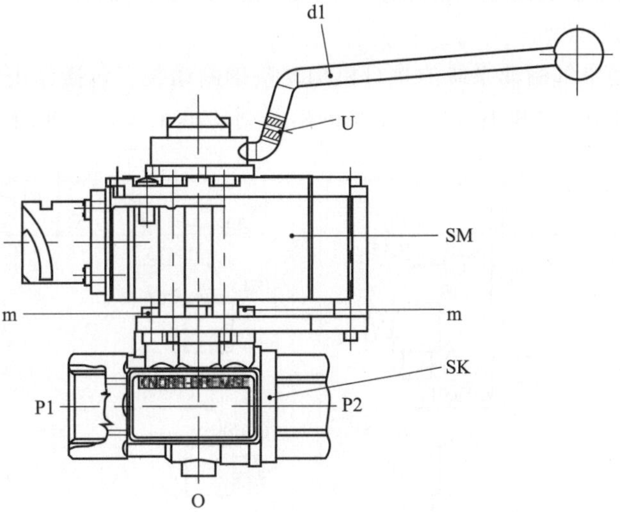


图 2.9　转向架截断塞门

SK—球阀；SM—开关模块；d1—球杆手柄；m—止挡片；O—排风孔；P1—进风气口；P2—排风气口

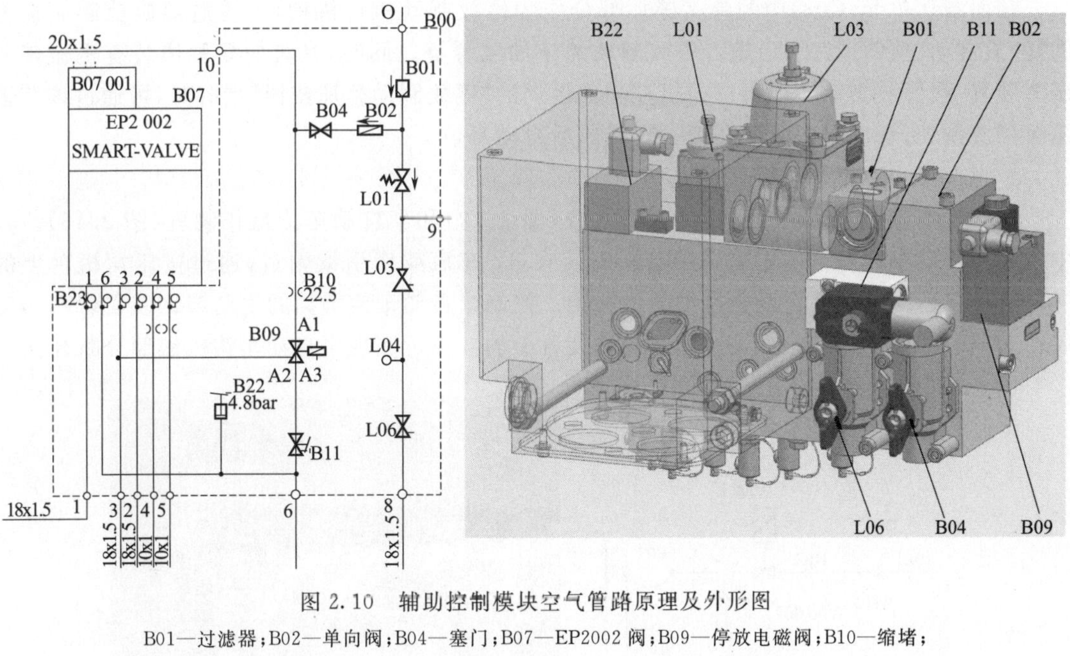


图 2.10　辅助控制模块空气管路原理及外形图

B01—过滤器；B02—单向阀；B04—塞门；B07—EP2002 阀；B09—停放电磁阀；B10—缩堵；

B11—两位三通阀；B22—压力开关；L01—限压阀；L03—减压阀；L04—测试接头；L06—塞门

向阀(B02)、塞门(B04)通过端口 10 进入制动风缸(B03)。同时，流经塞门(B04)的空气还流经节流口(B10)进入停放电磁阀(B09)、两位三通阀(B11)进入停放制动缸。压力开关(B22)用于监控停放制动缸的压力。

制动风缸(B03)储存的压缩空气可以为制动控制提供快速而安全的压缩空气。制动风缸内的压缩空气由一个管道过滤器(B01)处理，并由一个单向阀(B02)保护，从而不受总风缸内空气压力低的影响。

塞门(B04)可在维护时用于切除制动系统及停放制动的风源。

3. 基础制动装置(C 组)

基础制动装置是空气制动系统的执行机构。基础制动装置包括作用于每根轴上的带停放制动的踏面制动单元(C03)和不带停放制动的踏面制动单元(C02),如图 2.11 所示。

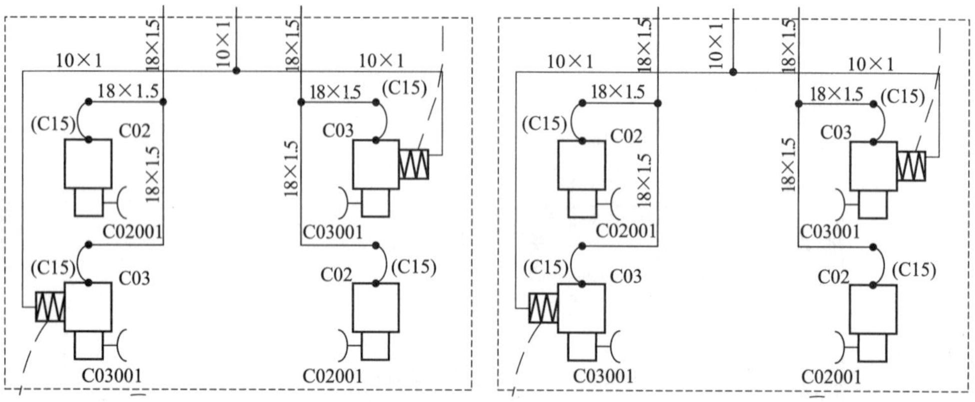


图 2.11 基础制动装置

踏面制动单元(C03)中的弹簧施加部分作为停放制动执行机构,可通过司机控制面板上的“停放制动”按钮(27-S01)进行停放制动的施加或缓解。同时,在转向架侧边装有机械辅助缓解装置,当停放制动不能通过司机控制面板上的“停放制动施加按钮”缓解时,可通过该装置缓解停放制动,辅助缓解装置在第一次充风后自动复位。

4. 车钩操作装置(W 组)

车钩操作装置包括全自动车钩操作装置(图 2.12)和半自动车钩操作装置(图 2.13)。其中控制全自动车钩解钩的电磁阀(W06)安装在 Tc 车底架牵引梁附近,通过按压司机台上的“解钩”按钮(72-S02)可实现全自动车钩解钩。控制半自动车钩解钩的手动解钩装置(W08)安装在 M 车 2 位端的车体边梁上,通过按压装置上的按钮可实现半自动车钩机械部分断开。

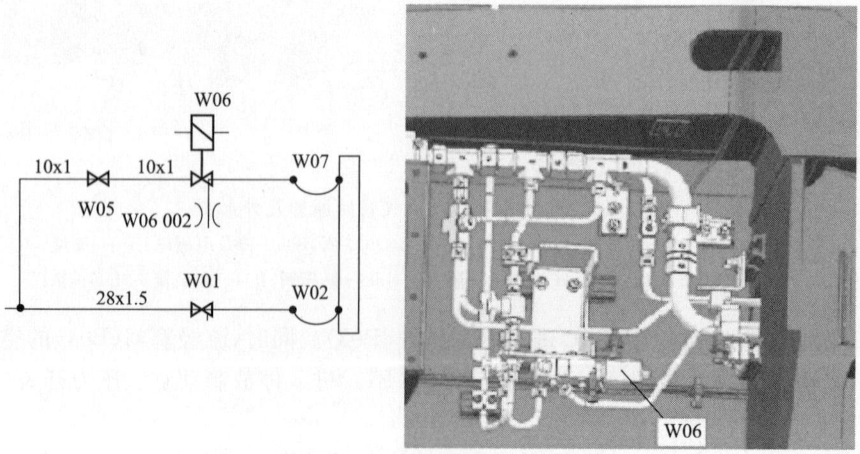


图 2.12 全自动车钩操作装置

W01、W05—塞门;W02、W07—软管;W06—解钩电磁阀

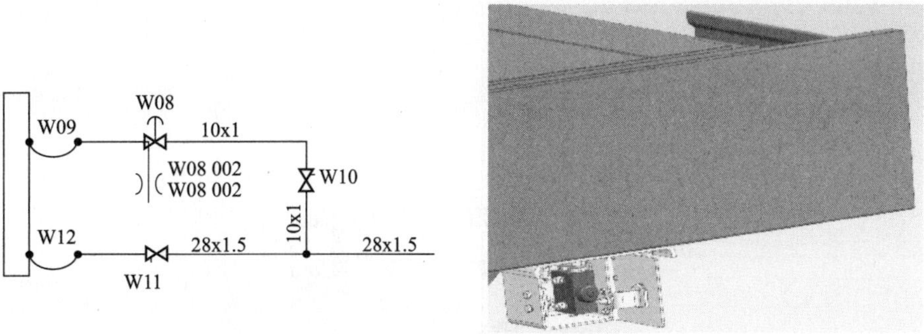


图 2.13　半自动车钩操作装置

W08—手动解钩阀；W09、W12—软管；W10、W11—塞门

5. 升弓装置(U 组)

升弓装置(图 2.14)安装在 Mp 车 2 位端客室升弓柜内。升弓装置主要由截断塞门(U01),过滤器(U02)、止回阀(U04)、二位三通阀(U09)、电磁阀(U03)、脚踏泵(U05)(图 2.15)等组成。

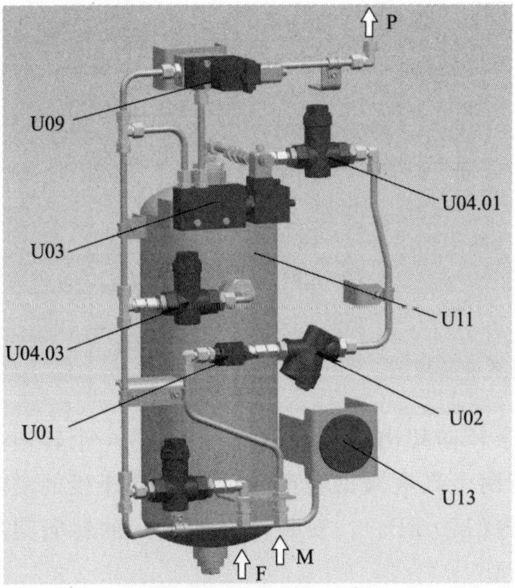


图 2.14　升弓装置示意图

U01—截断塞门；U02—过滤器；U03—电磁阀；
U04—止回阀；U05—脚踏泵；U09—二位三通阀

图 2.15　脚踏泵

正常情况下,通过司机室控制面板上的“升弓”按钮(21-S02)或“降弓”按钮(21-S01)实现受电弓的升、降。当主风管没有压缩空气供应时,可通过脚踏泵(U05)给受电弓供气,但此时需先将二位三通阀(U09)旋转至水平位。

6. 空气悬挂装置(L 组)

如图 2.16 所示,来自主风管的压力空气通过过滤器[B01]、溢流阀[L01]进入空气弹簧附加风缸[L02]。从风缸 L02 出来的压缩空气经调压阀 L03 调整为 630 kPa(根据调压阀状态设定)后通过塞门 L06,再分两支通向两转向架的高度阀。高度阀根据车辆载荷变化情况控制气囊的充气或排气。

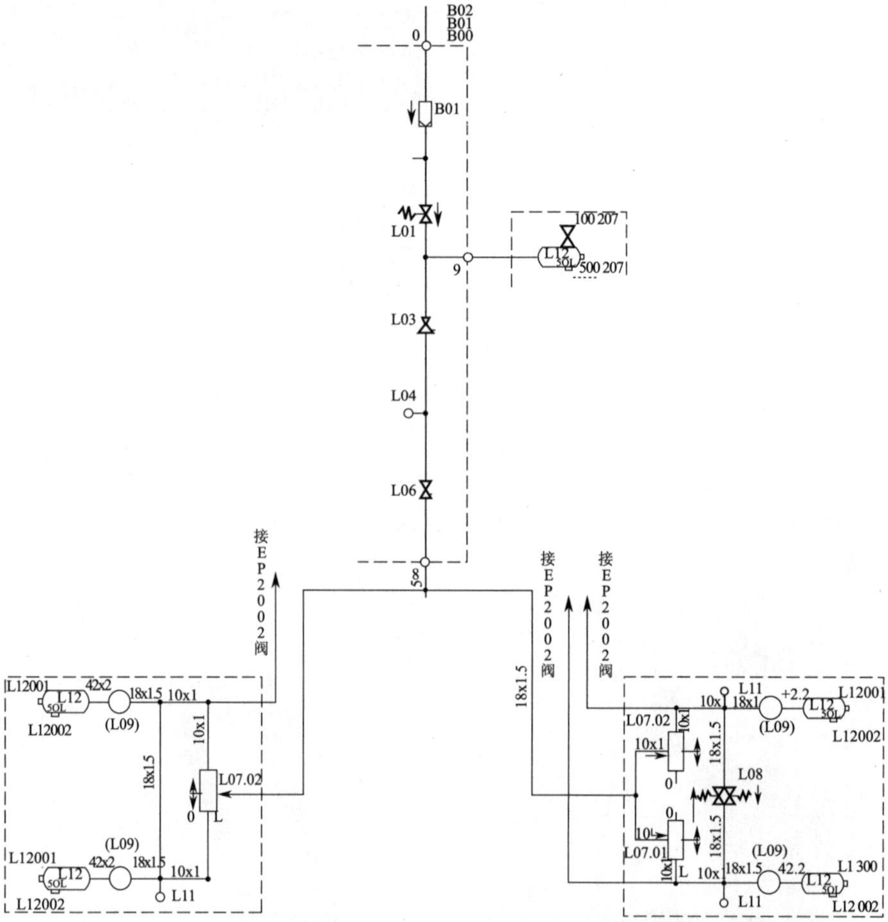


图 2.16　空气悬挂系统原理图

每个转向架装备两个空气弹簧附加气室。一个转向架由两个高度阀控制，另一个转向架则由一个高度阀控制。为防止冲破附加气室，安装两个高度阀的转向架通过内部连接的溢流阀[L08]使压力空气平衡在事先设定的压力范围内（150 kPa）。安装一个高度阀的转向架的两个附加气室通过钢管进行内部连接。

每个附加气室的压力都由 EP2002 阀进行监测，相应的载荷压力可以通过安装在 EP2002 阀上的压力检测接口进行测量，并为空气制动系统提供载荷信号。

7. 防滑装置（G 组）

假如列车在制动时发生滑动，车轮防滑控制可以独立地控制各个车轴的制动力。系统中应用了两种滑动检测方法以检测持续的低黏着力的情况。

(1)单一车轴减速度过大。

(2)车轴与车轴最高转速之间出现速度差异。

一旦检测到上述两种中的任意一种滑动，控制系统都会以规律的间隔进行地面速度测试，以更新计算出实际的列车速度。这样可以在低黏着力条件下最大程度提高制动力，同时保证不发生车轮损坏。一旦防滑控制装置确定黏着条件已恢复正常时，系统将恢复其初始状态。

8. 轮缘润滑装置（V 组）

为了减少轮缘磨损，车辆上安装了轮缘润滑装置。轮缘润滑装置由总风管中的压缩空气操作，当速度高于 5 km/h 并间隔一段时间，或者检测到弯道信号时，润滑控制系统发出信号，使润滑油连续喷到轮缘的磨耗处，间隔时间和喷射时间可以自行调节。

9. 供风和制动系统的阀类简介

供风和制动系统模块中采用了大量阀类部件进行气路控制及转换，这些阀类包括用于压力控制的安全阀、调压阀、限压阀等，用于气路转换的单向阀、电磁阀、二位三通阀等。此外，管路系统中还设有塞门、测试接头等，下边将逐一介绍。

1)安全阀

安全阀(图 2.17)用于限定所处管路的最高压力。当压力高于安全阀的限定值时，安全阀向外间断式喷气，起到降压和提醒的双重作用。系统所用安全阀见表 2.1。

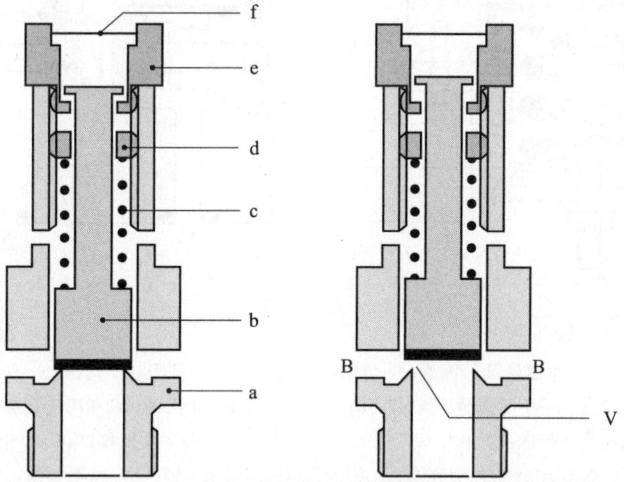


图 2.17　安全阀开启与关闭

a—阀件；b—阀杆；c—压缩弹簧；d—调整螺栓；e—手动通风螺栓；f—铅封；B—排风口；V—阀座

**表 2.1　系统所用安全阀**

| 代号 | 型号 | 整定值(kPa) |
|---|---|---|
| A01.03 | SV8 | 1 200 |
| A01.11 | SV8 | 1 050 |

2)调压阀

如图 2.18 所示，调压阀用于为后续管路正常工作提供稳定的压力，其作用原理是当出气口压力低于整定压力时，进气口连通出气口(进气)；当出气口压力等于整定压力时，各气口关闭；当出气口压力高于整定压力时，进气口截止，出气口经溢流小孔通大气(出气)。调压阀 B00.L03 用于稳定悬挂系统的供风压力，整定值为 630 kPa。

3)限压阀

限压阀(图 2.19)用于限定为后续管路充气的最低风源压力，其作用原理是当进气口压力不大于整定压力时，进气口截止；当进气口压力高于整定压力时，进气口连通出气口(进气)。限压阀 B00.L01 用于悬挂系统的风源控制，整定压力 670 kPa，其作用有四：一是保证悬挂系统充风后有一个保底的压力水平，不因意外的总风丧失而受到影响；二是系统初充风时优先供给其他系统的用风(直到总风压力高于 670 kPa;三是当运行过程中发生空气弹簧气囊破裂时使总风不至于无限制排放;四是在总风系统无风的情况下进行地板调平操作(如落车后的调平)时,可直接从空气悬挂风缸处向悬挂系统充风,做到高效节能。

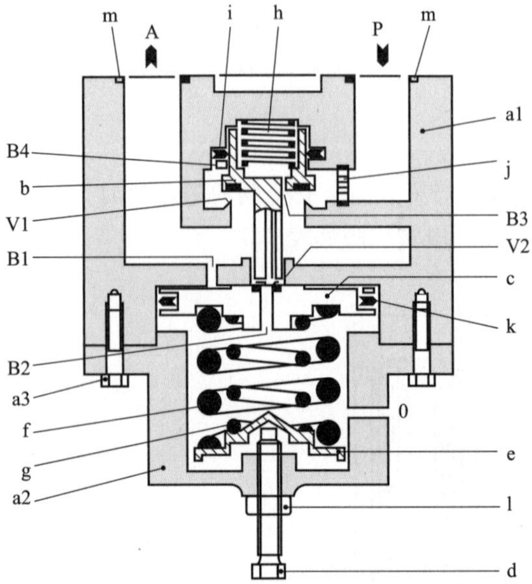


图 2.18 调压阀

a1—阀件;a2—弹簧外壳;a3—六角螺栓;b—阀盘;c—活塞;d—调整螺栓;e—弹簧座;f、g、h—压缩弹簧;i、k—K 环;j—滤筐;l—防松螺母;m—O 形环;B1、B2、B3—孔;V1、V2—阀座;A—工作压力(次级压力管路);O—排风孔;P—供给压力(初级压力管路)

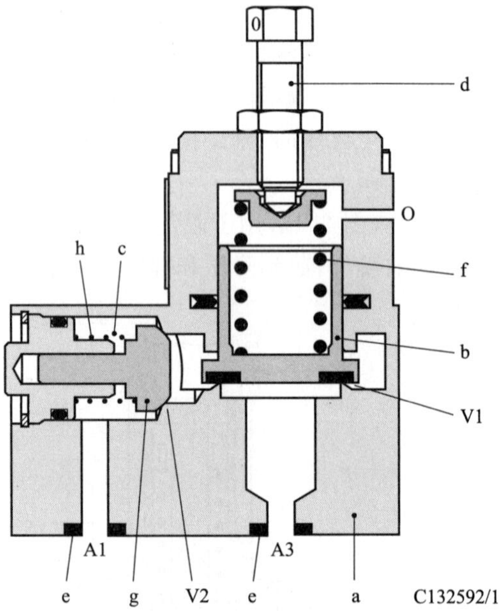


图 2.19 限压阀

a—外壳;g—阀锥;b—阀盘;h—压缩弹簧;c—止回阀;A1—用气设备接口;d—调整螺栓;A3—供风接口;e—O 形环;O—通气口;f—压缩弹簧;V1—阀座

4)差压阀

差压阀(图 2.20)的工作原理是两侧压差高于设定值时,两端气路沟通,否则互相隔离。差压阀 L08 安装在有两个高度阀的转向架中间,用于它们之间的沟通连接,既保证两高度阀

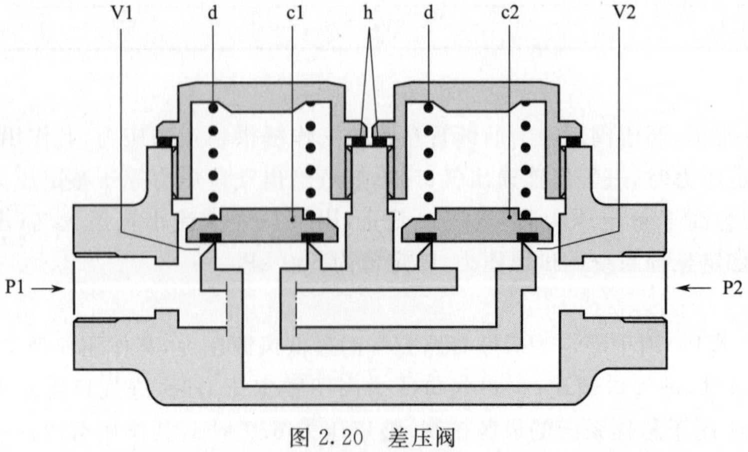


图 2.20 差压阀

c1、c2—阀盘;d—压缩弹簧;h—密封圈;P1、P2—压缩空气接口;V1—阀座;V2—阀座

控制的不同气囊间压差不至于过大，又避免加剧因震动造成的气压波动。差压阀 L08 的压力设定值是 150 kPa。

5）止回阀

止回阀只允许气体按规定的方向流动，反向禁止。系统所用止回阀如表 2.2。

**表 2.2　止回阀列表**

| 代号 | 主要作用 |
| --- | --- |
| B00.B02 | 总风丧失时，确保制动风缸有足够的压缩空气进行紧急制动 |
| U04.01 | 阻止升弓风缸中的压缩空气向总风管系逆流 |
| U04.02 | 阻止升弓管系中的压缩空气向脚踏泵逆流 |
| U04.03 | 阻止脚踏泵产生的压缩空气进入升弓风缸 |

6）电磁阀

该类电磁阀（B09/U03/W06）由一个电磁线圈控制气阀的阀芯动作，进而引起气路变化。城轨车辆使用的普通二位三通电磁阀见表 2.3。

**表 2.3　普通二位三通电磁阀列表**

| 代号 | 主要作用 | 备注 |
| --- | --- | --- |
| B09 | 停放制动施加或缓解 | |
| U03 | 受电弓升降控制 | |
| W06 | 全自动车钩解钩控制 | 排气口装有缩堵 |

B09 电磁阀是一个气动先导的二位三通换向阀，用于为气动设备充风和排风。主要有气控电磁底阀和用于调节先导空气的电动阀用电磁铁两部分组成，其工作方式如下：

（1）静止状态（在失电状态下）如图 2.21(a)所示。

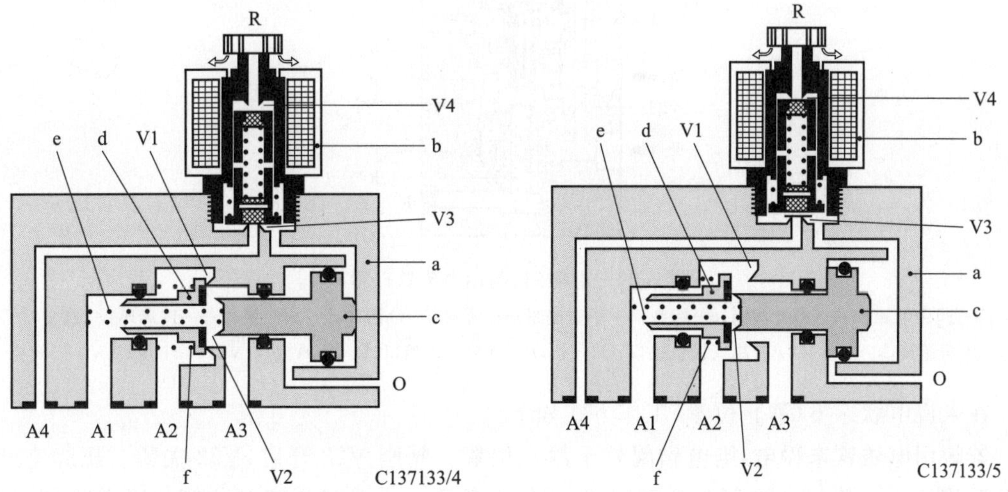


(a) 静止状态　　(b) 工作状态

图 2.21　电磁阀 B09 示意图

a—电磁底阀；b— 阀用电磁铁；c—活塞；d—阀盘；e、f—压缩弹簧；V...—阀座；A1、A2、A3—压缩空气接口；A4—控制空气接口；R—排风口；O—通气口

若阀用电磁铁 b 未得电，则设备处于静止位置。控制空气由 A4 截断。阀盘 d 被压缩弹簧 f 压向阀座 V1。由此，压缩空气接口 A2 和 A3 之间的连接即截断。活塞 c 被压缩弹簧 e 压至其右侧终端位置。由于电磁线圈的衔铁被弹簧力推至阀座 V3 处，压缩空气接口 A4 至活塞 c 背面的压缩空气连接被截断。活塞 c 背面区域通过阀座 V4 排风。最终阀座 V2 打开，压缩空气接口 A1 和 A3 之间的压缩空气连接建立。

(2)工作状态(在得电状态下)如图 2.21(b)所示。

阀用电磁铁 b 得电，设备进入工作状态，衔铁将逆着弹簧力运动。控制空气由 A4 导入。阀座 V3 打开，而 V4 关闭。活塞 c 将在来自压缩空气接口 A4 的控制空气作用下顶着压缩弹簧 e 的力运动到左侧终端位置。此时阀座 V2 关闭，阀座 V1 打开。压缩空气从接口 A2 流向接口 A3，压缩空气接口 A1 处于保持着稳定压力的闭合状态。如果阀用电磁铁失电，则电磁阀重新回到静止状态。

U03、W06 电磁阀的结构和工作原理相似。主要有气控电磁阀和电动阀用电磁铁两部分组成，其主要结构如图 2.22 所示。

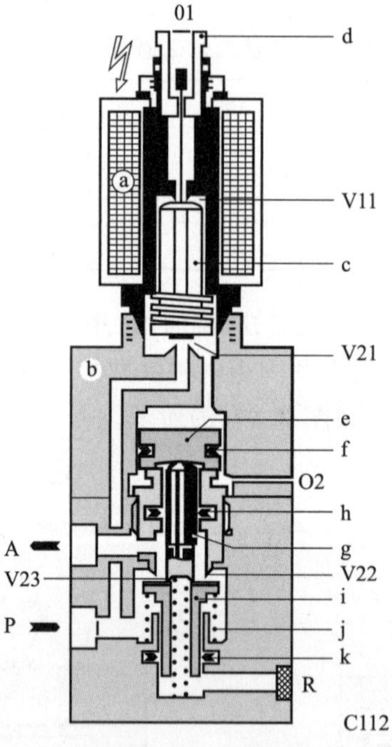


图 2.22　电磁阀，阀用电磁铁已得电

a—阀用电磁铁；b—电磁底阀；c—衔铁；d—手动按钮；e—活塞；f—O 形环；g—阀门推杆；h—K 形环；i—阀盘；j—压缩弹簧；k—K 形环；A—用气设备接口；O2—孔；P—压缩空气接口；R—排风接口；V11、V21、V22、V23—阀座

在未得电状态下(静止位置)工作方式如下：

若阀用电磁铁未得电，则电磁阀处于静止位置。阀座 V23 开启，V22 关闭。压缩空气接口 P 到用气设备接口 A 之间的通道锁闭，用气设备接口 A 到排风口 R 之间的通道开启。活塞 e 将通过弹簧力保持在上极限位置，并通过 O1 孔排风。衔铁 c 由弹簧力压至阀座 V21 处。阀座 V11 开启。由压缩空气接口 P 分流产生的控制压力施加在阀座 V21 上。

在得电状态下(工作位置)工作方式如下：

若阀用电磁铁得电，则电磁阀进入工作位置。衔铁 c 将逆着弹簧力运动，阀座 V21 开启，V11 关闭。活塞 e 以控制气流充风，运动至下极限位置，同时阀座 V23 关闭，阀座 V22 打开。压缩空气从接口 P 流向 A，排风口 R 被锁闭。如果阀用电磁铁失电，则电磁阀重新回到静止位置。压缩空气供给中断，接口 A 通过 R 排风。

7）塞门

塞门在气路中的主要作用相当于电路中的开关或转换开关，操作塞门的打开或关闭可使塞门两侧的气路连通或隔断或实现气路转换，从而方便检修、局部调试、人工气路切换等。有些塞门根据需要设有一些辅助功能，如带排气孔的塞门在关闭状态下，在隔断进气的同时将出气口连大气，又如带电接点的塞门在塞门状态改变时通过机械装置引发外接电路的改变，将塞门状态以电信号的方式反馈给有关系统。系统中塞门的设置情况见表 2.4。

**表 2.4　普通塞门设置情况**

| 代号 | 主要作用 | 备注 |
|---|---|---|
| A01.10 | 干燥器出风隔离塞门 | |
| A01.06 | 压力开关 A00.08 泄压 | 带排气口 |
| A06001 | 主风缸排水 | |
| B00.B04 | 本车风源隔离 | 带排气口 |
| B00.B05 | 本车制动系统风源隔离 | 带排气口 |
| B00.L06 | 本车悬挂系统风源隔离 | 带排气口 |
| L02001 | 悬挂风缸排水 | |
| U01 | 升弓系统总风切除 | 带排气口 |
| V01 | 轮喷系统风源切除 | 带排气口 |
| W03 | 半永久车钩总风隔离泄压 | 带排气口 |
| W11 | 半自动车钩总风隔离泄压 | 带排气口 |
| W01 | 全自动车钩总风隔离泄压 | 带排气口 |

8）手动解钩阀

系统设有手动解钩阀（W08），用于两单元之间半自动车钩连接的解钩操作，除由手按按钮转换气路外，阀体部分与普通二位三通阀很类似。排气口装有缩堵，用于减缓解钩气缸活塞回撤的速度。

9）测试接口

为了调整压力控制元件设定值或检测局部管路压力或为局部管路充、放风，系统在多处设有测试接口（习惯上称测试接头）。根据测试接口通径与所测管系通径的匹配关系，测试接口分串联型和并联型两大类；根据管路布置的需要，同种测试接口有不同的安装和接口形式。系统所用测试接口见表 2.5。

**表 2.5　系统所用测试接头**

| 代号 | 主要作用 | 备注 |
|---|---|---|
| A01.07 | 调整压力开关 A01.08、A01.09 的设定值 | 串联型 |
| B00.L04 | 测量悬挂系统风源压力 | 并联型 |

续上表

| 代号 | 主要作用 | 备注 |
|---|---|---|
| B15 | 检测压力表 B14 的精度 | 串联型 |
| L04 | 检测各高度阀的出口压力 | 并联型 |

此外，在 EP2002 阀的气路板（B06002、B07002、B07005）下端的各外接气路上均装有测试头，用于在 EP2002 阀处集中测量各外接管系的压力。

10）压力控制器和压力监控器

压力控制器通过压力变化改变电路，即电信号的变化可以定性地反映所控制管路的压力变化，其压力整定值根据需要可调，如 A01.08、A01.09。如果给压力监控器加上压缩空气，当达到相应的上开关压力或下开关压力时，所连电路即断开或闭合，如 B22。本系统所用压力控制器和监控器见表 2.6。

**表 2.6 所用压力控制器和监控器**

| 代号 | 主要作用 | 整定值(kPa) |
|---|---|---|
| A01.08 | 后备硬线控制两台压缩机自动起停 | 700～900 |
| A01.09 | 压力低时，实施紧急制动 | 550～700 |
| B00.B22 | 反馈停放制动状况 | 380～480 |

11）风缸

风缸的主要作用是储存压缩空气和稳定相关管路压力。系统除了制动模块中的三个风缸（A06、B03 和 L02）外，还有空气弹簧风缸 L12（4 个/节车）和升弓风缸 U11（1 个/Mp 车，在升弓模块上）。为了操作方便，总风缸 A06 和空气悬挂风缸 L02 设有排水塞门；为了保证制动的安全性，制动风缸 B03 只设排水螺堵，并在气路入口设有止回阀 B02；考虑操作频次和施工的方便性，空气弹簧风缸 L12 和升弓风缸 U11 只设排水螺堵。系统中所用风缸的有关数据见表 2.7。

**表 2.7 风缸主要技术参数表**

| 参数＼风缸 | A06（总风缸） | B03（制动风缸） | L02（空气悬挂风缸） | L12（空气弹簧风缸） | U11（升弓风缸） |
|---|---|---|---|---|---|
| 安装位置 | 风缸模块中 | | | 底架中部靠两端转向架处 | 升弓模块中 |
| 材料 | 铝合金 | | | 钢 | 钢 |
| 容积(L) | 100 | 60 | 100 | 50 | 15 |
| 重量(kg) | 12 | 8.2 | 12 | 30 | 10.5 |
| 允许最大工作压力(kPa) | 1000 | | | | |
| 工作温度范围(℃) | −50～＋65 | | | −40～＋100 | −40～＋100 |

### 2.2.3 城市轨道交通车辆制动机及电路监控

1. PEC7 型制动机结构及工作原理

1）制动机结构

常用制动机类型的踏面式制动器(图 2.23)结构如下：活塞 k1 在外壳 g1 中滑动。它被活塞回位弹簧 f1 保持在缓解位置，并通过两个活塞销 b4 与两个凸轮盘 k3 相连接。凸轮盘由轴承销 b5 支承在外壳 g1 中。压紧环 d1 与其支承滚柱 d2 一起靠在凸轮盘 k3 上。在压紧环内有调节机构 s 及复位六角头 R。在调节机构 s 前端上有连杆头 s4 和螺栓 b3，用于建立与闸瓦托 a1 的连接。除此之外，闸瓦托 a1 又经吊耳 h1、吊耳螺杆 b2 和扭转弹簧 f2 与托架 b1 相连。制动闸瓦 a4 装在闸瓦托 a1 中，由弹簧闩 a2 和楔形闩 a3 固定。波纹管 q 将外壳正面密封以防脏物和水进入。在外壳最低点处有一个通气塞(e 排风口)。

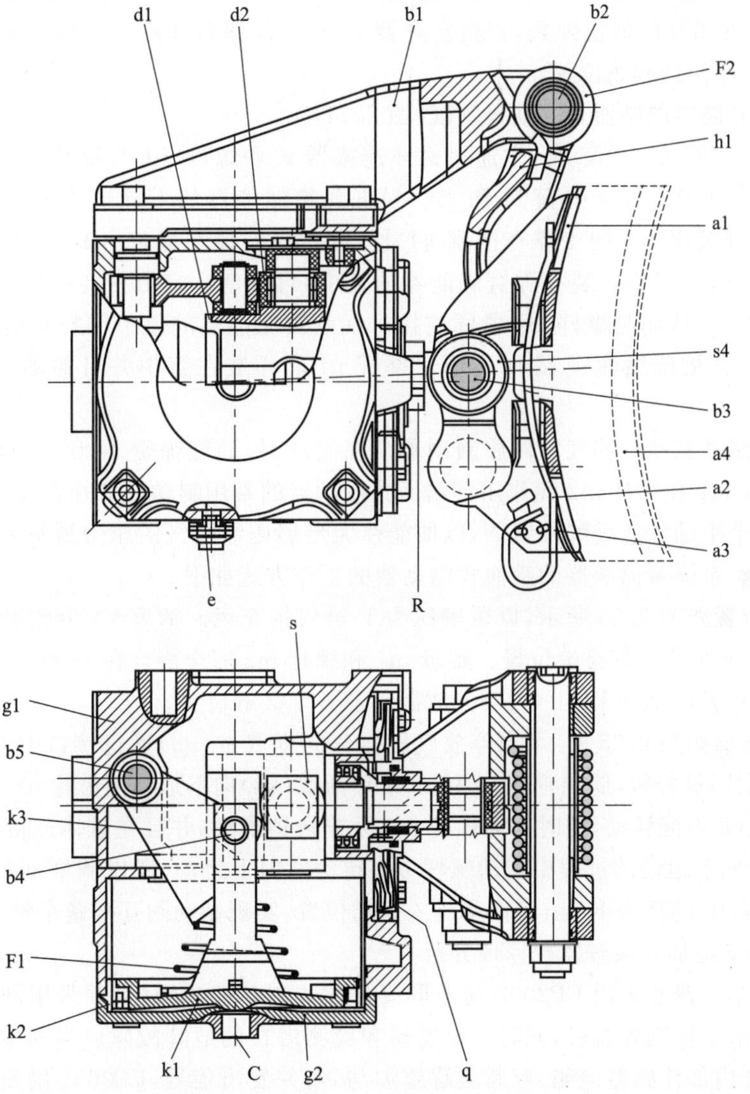


图 2.23　PEC7 弹簧储能器踏面式制动器

a1—闸瓦托；a2—弹簧闩；a3—楔形闩；a4—制动闸瓦；b1—托架；b2—吊耳螺杆；b3—螺栓；b4 —活塞销；b5—轴承销；d1—压紧环；d2—支承滚柱；e—带孔螺栓；f1—活塞回位弹簧；f2—扭转弹簧；g1—外壳；g2—气缸盖；h1—吊耳；k1—活塞；k3—凸轮盘；q—波纹管；s—调节机构；s4—连杆头；C—常用制动缸压缩空气接口；R—复位六角头

2)制动机工作方式

常用制动机的制动施加情况分析,施加制动时,压缩空气通过接口C流入制动气缸,并作用在活塞k1上,使之逆着活塞回位弹簧f1的弹力被向下压。活塞的运动被传递给可在外壳g1中转动的两个对称安装的凸轮盘k3上。支承滚柱d2在凸轮盘的弯道上滚动,从而整个调节机构s和闸瓦托a1被推入制动位置。当制动闸瓦a4抱在轮子上时,即形成制动力。

传动比,即制动闸瓦上可产生的最大制动力,是由凸轮盘k3的形状决定的。踏面式制动器PEC7的标准化使其通过安装相应的凸轮盘即可达到2.0～5.5的传动比。

常用制动器的制动缓解情况分析,为进行缓解,使踏面式制动器的制动气缸重新排风。活塞回位弹簧f1在吊耳的回位弹簧,如扭转弹簧f2或回位弹簧和调节机构的回位弹簧的支持下,使所有部件都回到起始位置。

3)带弹簧储能器的踏面式制动机气缸(图2.24)

活塞k4在气缸g3中滑动。它通过锥体连接器K和螺母m1与螺杆m2相连。在罩盖g4和活塞k4之间装有储能弹簧f4和f5。根据弹簧储能器的不同形式也可以只装一个储能弹簧。盘形弹簧组t一侧支撑在活塞k4上,另一侧支撑在螺母m1上,使锥体联接器K保持在关闭位置。棘爪n1装在弹簧储能器的盖中,可转动。它由扭转弹簧f10将一端压入齿轮n2的轮齿中,从而与螺杆m2紧固连接。在弹簧储能器的盖中还装有锁定销n3。锁定销沿轴向移动,并被压缩弹簧f8向下压。推杆n4同样装在盖中并可移动,由回位弹簧f9支撑。

弹簧储能制动器是一种气动停放制动器。在制动时,储能弹簧f4和f5的弹力经过锥体连接器K、螺母m1和螺杆m2而作用到踏面式制动器的常用制动缸B中的活塞k1上。弹簧储能器装有一个手动紧急缓解装置N,以便能在无足够压缩空气的压力缓解停放制动时使停放制动器缓解。带弹簧储能器的踏面式制动器的工作方式如下。

(1)缓解位置如图2.24所示,以缓解压力F给气缸充风。活塞k4由此逆着储能弹簧f4和f5的弹力被顶在其上部终端位置。螺母m1和螺杆m2完全旋合在一起。这样螺杆就不会顶在常用制动缸B的活塞k1上,因而停放制动器处于缓解位置。

(2)制动施加如图2.25所示,当停放气缸排气时即气缸(g3)通过接口F排气后,被压缩的弹簧(f4)和(f5)被释放,储能弹簧f4和f5带动活塞(k4)向下运动因齿轮n2与棘爪n1的互相啮合故齿轮n2不能转动,同时因为螺杆m2为非自锁螺纹,并且在锥体连接器K的摩擦连接下,活塞K4向下运动的过程中带动螺杆m2转动并向下运动,所以螺杆m2向下运动将作用在常用制动缸B的活塞K上,将活塞压入制动位置,实现制动闸互抱紧车轮。

2. 空气制动施加与缓解监控原理分析

国内城轨车辆普遍采用EP2002阀来形成分散式制动控制网络,并采用硬件和软件组合的方式对制动给予控制和监视,同时可以发现和检测潜在的危险故障。当列车实施缓解制动时,每个阀通过内部传感器检测、判断缓解施加与否,并发出信号,EP2002阀发出的信号有软件和硬线缓解信号两种。若判断缓解则使缓解继电器吸合,然后通过车辆智能外围接口终端模块(数字量输入模块)将此硬线缓解信号输送至VCU,缓解信号又可通过网关阀集成的MVB网络接口将所有阀发出的软件缓解信号传输至VCU。VCU对所有EP2002阀发出软件和硬线缓解信号进行比较,只有当两者同时缓解时,才可判断整车制动缓解。

空气制动的施加与缓解通过向制动缸中充气施加压力,排气缓解压力。EP2002阀中的

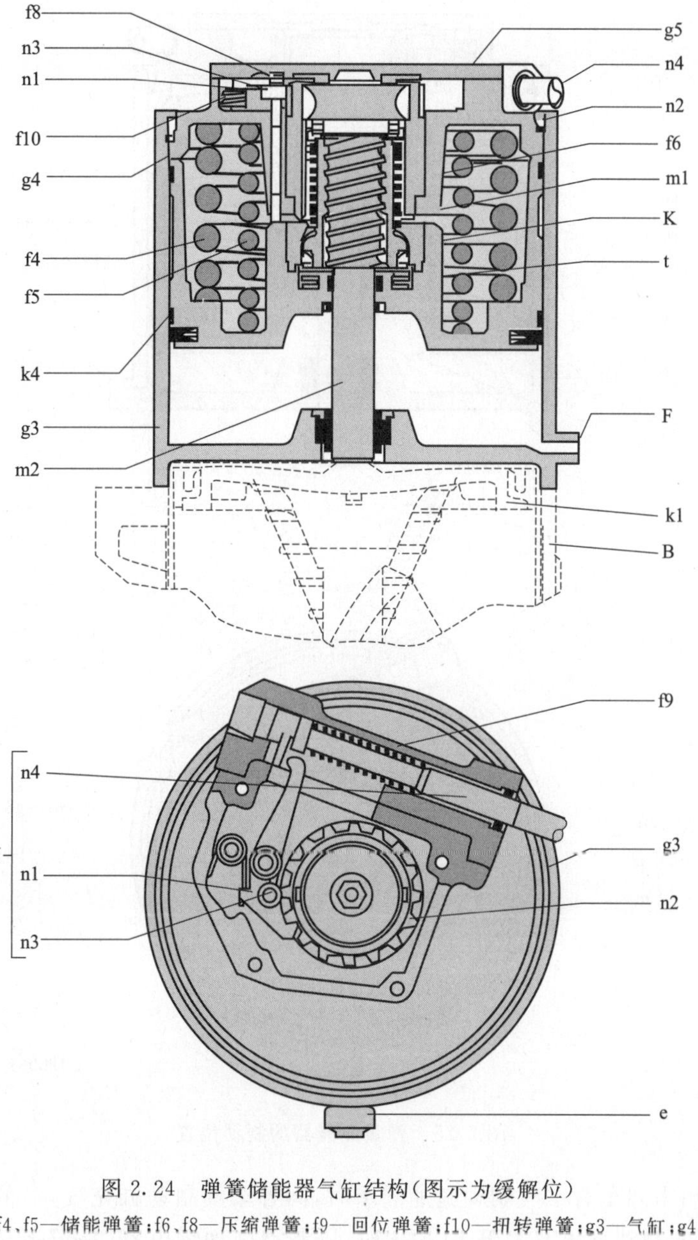


图 2.24 弹簧储能器气缸结构(图示为缓解位)

e—带孔螺栓;f4、f5—储能弹簧;f6、f8—压缩弹簧;f9—回位弹簧;f10—扭转弹簧;g3—气缸;g4、g5—罩盖;k1、k4—活塞;m1—螺母;m2—螺杆;n1—棘爪;n2—齿轮;n3—锁定销;n4—推杆;t—盘形弹簧组;B—常用制动缸;F—弹簧储能缸的压缩空气接口;K—锥体连接器;N—紧急缓解装置

压力传感器检测压力的大小,从而判别是否施加或缓解,用于向控制和监视系统传递制动情况。当空气制动施加时压力大于 40 kPa,检测到已施加,则其继电器得电;当空气制动缓解时压力小于 25 kPa,检测到已缓解,缓解继电器得电。单个转向架制动单元工作原理如图 2.26 所示,DC110V 列车电压送入 EP2002 阀,阀通过车辆 MVB 总线获得列车的相关信息后,通过其内部的压力开关来检测所负责转向架两根轴的制动施加与缓解情况。当发出制动缓解信号时,各轴制动缸排气缓解,当制动缸压力小于 25 kPa 时,则相应的制动缓解继电器(=27-K102、

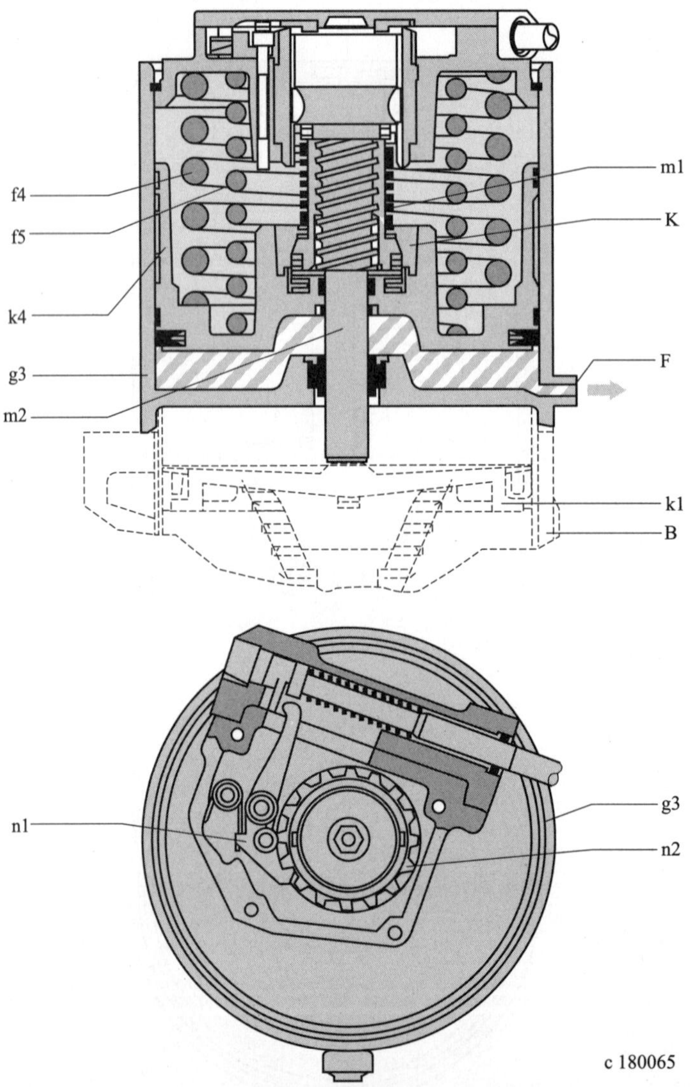


图 2.25 弹簧储能器的制动位置

＝27-K103)闭合;当列车有空气制动施加需求时,向各车轴制动缸充气,一节车两台转向架只要有一台转向架的制动缸压力大于 40 kPa 时,则制动施加继电器(＝27-K105)闭合。若网关阀控制的转向架缓解时,监测继电器(＝27-K102)的 43/44 引脚通过 DE 模块输送至 VCU,反映该转向架的缓解状态。若此继电器在列车发出缓解命令后不能动作,将造成 VCU 收不到缓解信号,将会导致牵引封锁。而另一个触头 13/14 引脚组成整列车所有制动缓解回路中单个转向架缓解的监控点。

列车制动施加或缓解,可以从硬线上通过激活端司机台指示灯和软件上通过 HMI 显示屏来表现。所有缓解继电器和施加继电器分别串联,只有每车每个转向架都缓解或任一转向架施加时,激活端的所有缓解或施加指示灯方可点亮。所有阀发送 VCU 的软件施加、缓解信号,VCU 将其结果通过 HMI 制动图标展示。

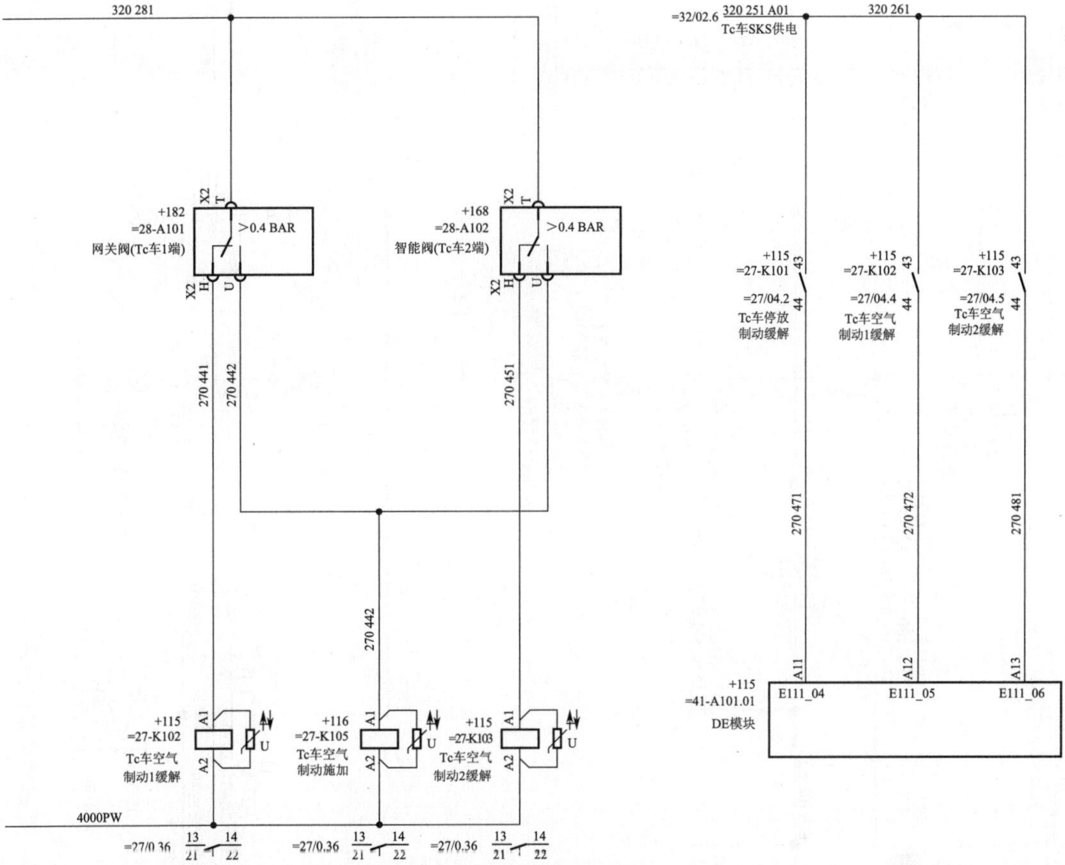


图 2.26　Tc 车制动监视

当制动缓解时，如图 2.27 所示，DC110V 电压通过列车非激活端常闭司机室占有继电器(＝22K-154)后，分别通过两单元编组 Tc 车、Mp 车、M 车的缓解继电器＝27-K102、＝27-K103、＝27-K202、＝27-K203、＝27-K302、＝27-K303 触头后，到达司机室激活端。然后司机室占有端继电器(＝22-K154)得电，13/14 引脚闭合，然后串联所有缓解继电器(＝27-K108)，一路将司机室占有端司机台上所有缓解指示灯(绿色)点亮，另一路通过 DE 模块输入至 VCU 反映列车的响应状态。当制动施加时与缓解原理相同，司机室占有端空气制动施加灯(红色)点亮。

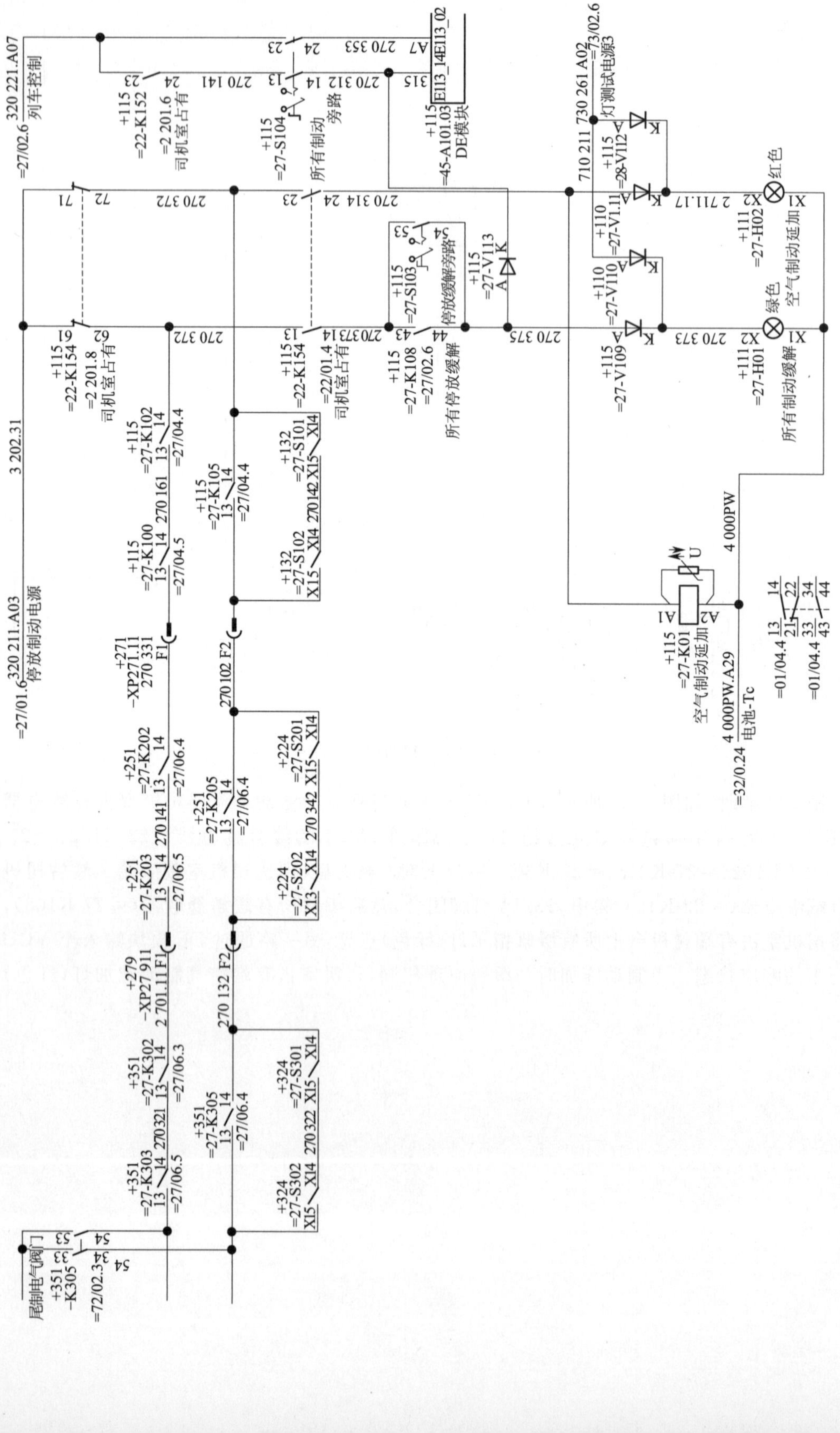


图 2.27 摩擦制动监视回路

## 任务 1　城市轨道交通车辆制动系统操作

1. 司机台上制动系统涉及的按钮开关及功能

城市轨道交通车辆制动的施加与缓解可以通过硬线和网络来监视，指示灯作为硬线的一种显示方式可以判别车辆制动、缓解的状况。当所有制动都缓解时“所有缓解指示灯”亮，每车任意一个转向架气制动施加时“空气制动施加灯”亮。通过“停放施加”按钮，来控制停放施加与缓解，当停放缓解时“停放缓解灯”亮。紧急情况下，按下司机台的紧急停车按钮，可以立即施加紧急制动。司机台上制动系统涉及的按钮如表 2.8 所列。

**表 2.8　指示灯描述**

| 位置 | 按钮/旋钮/指示灯 | 描述 | 功能 |
|---|---|---|---|
| 1 | 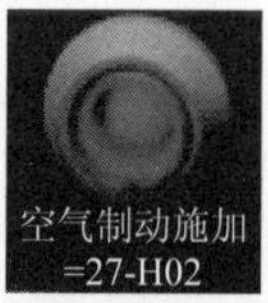  | 指示灯(红色) | 空气制动施加时点亮指示灯 |
| 2 |   | 指示灯(绿色) | 制动缓解时点亮指示灯 |
| 3 |   | 自锁按钮(红色) | 停放施加时点亮指示灯 |
| 4 |   | 指示灯(绿色) | 停放缓解时点亮指示灯 |
| 5 | 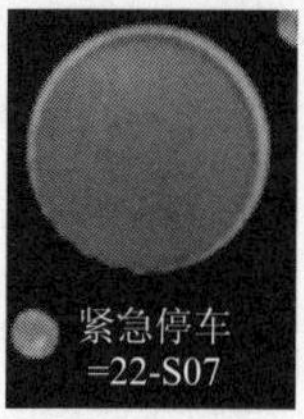  | 蘑菇自锁按钮(红色) | 紧急情况下的紧急制动 |

2. 司机室继电器柜内制动系统涉及的旁路开关及功能

当制动系统出现故障，导致制动不能缓解时，动车前需先手动打开旁路开关(旋钮)。当空压机不能正常工作或者空气泄露等原因造成总风压力较低时，将会施加紧急制动，若要动车必须缓解紧急制动，此时则需打总风压力低旁路。司机室继电器柜内制动系统涉及的旁路开关见表 2.9。

**表 2.9 旁路开关介绍**

| 位置 | 按钮/旋钮/指示灯 | 描述 | 功能 |
|---|---|---|---|
| 1 |  | 2 位自锁旋钮 | 使用此旋钮可使总风压力低时也能动车 |
| 2 |  | 2 位自锁旋钮(铅封) | 在停放阀或相应辅助触点故障情况下使用 |
| 3 | 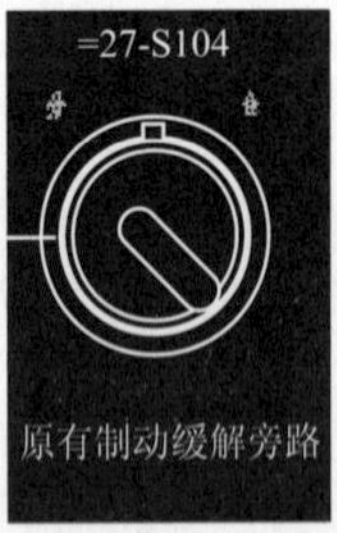 | 2 位自锁旋钮 | 制动系统通信故障时，通过此旋钮可以使列车动车 |

3. HMI 上制动系统功能显示

制动施加与缓解状态通过 EP2002 阀判别和诊断，通过 MVB 传输至 VCU，VCU 将其信息在 HMI 上显示。空压机的启动由 VCU 来控制，并对其工作状态进行诊断，例如当 VCU 检测到其不能正常工作时，图标显红。

4. HMI“制动状态”界面

城市轨道交通车辆制动状态的界面在 HMI 显示的内容如图 2.28 所示。

图 2.28 中的符号含义，如表 2.10 所示。

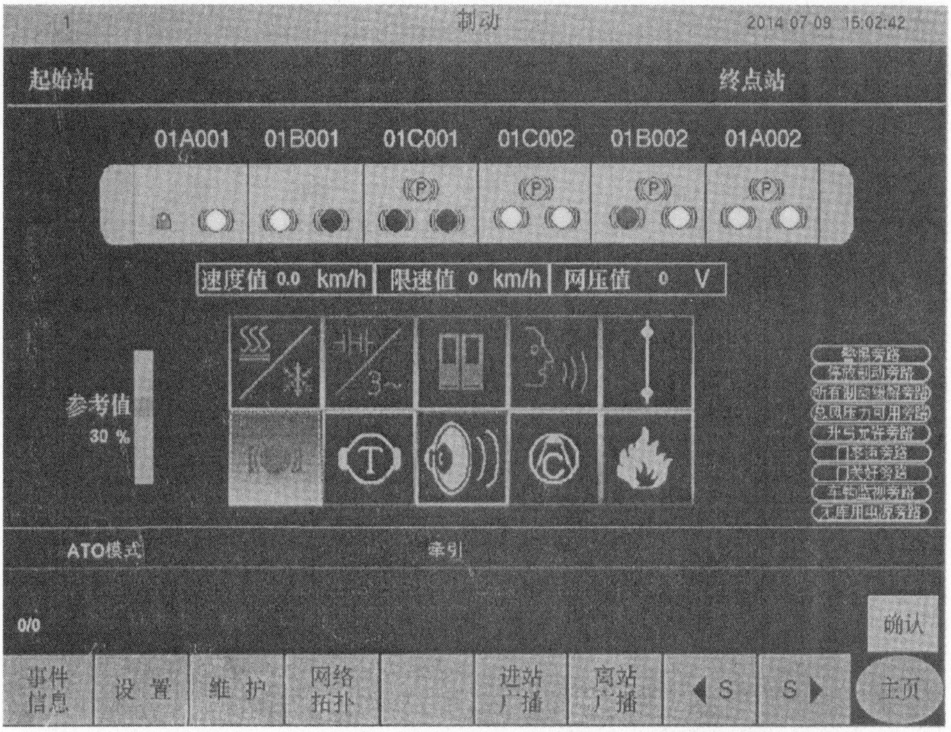


图 2.28　“制动状态”界面

**表 2.10　不同颜色制动符号的含义**

| 优先级 | 符号 | 指示状态 |
|---|---|---|
| 1 |  | 停放制动施加(灰底显示字母 P) |
| 2 |  | 制动切除(灰底橙色锁) |
| 3 |  | 制动“自检”激活(蓝底显示字母 T) |
| 4 |  | 制动故障(红色) |
| 5 |  | 制动警告(黄色) |
| 6 |  | 常用制动施加(黑色) |
| 7 |  | 常用制动缓解(白色) |

5.“空气压缩机”界面

“空气压缩机”的 HMI 界面如图 2.29 所示。

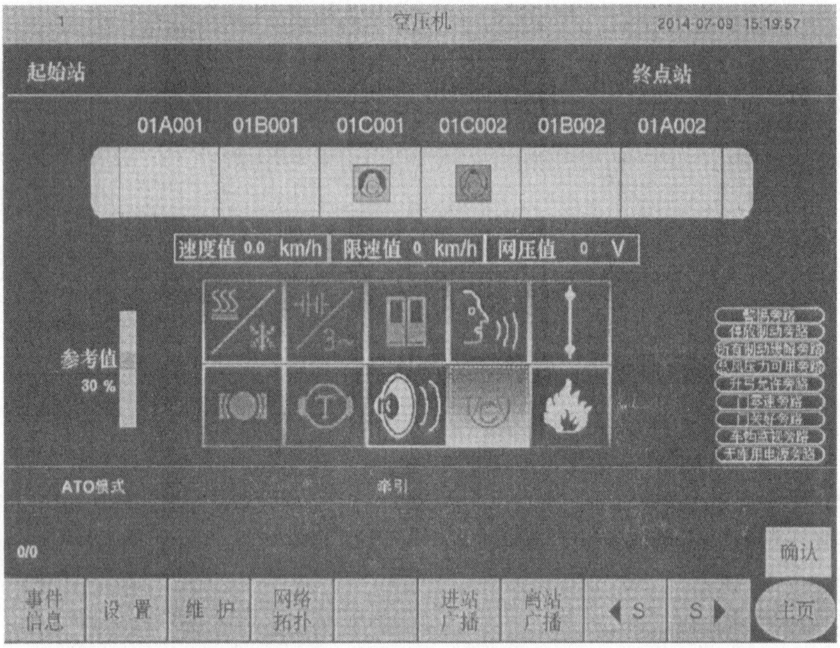


图 2.29 “空气压缩机”界面

图 2.30 中符号的含义如表 2.11 所示。

**表 2.11 不同颜色空压机符合的含义**

| 优先级 | 符号 | 指示状态 |
| --- | --- | --- |
| 1 |  | 空气压缩机故障(红底显示字母 C) |
| 2 |  | 空气压缩机警告(黄底显示字母 C) |
| 3 |  | 空气压缩机运行,无故障(缘底显示字母 C) |
| 4 |  | 空气压缩机断开,无故障(白底显示字母 C) |
| 5 |  | 至少一个空气压缩机故障或与 VCU 的 MVB 通信故障 |
| 6 |  | 至少一个空气压缩机警告或一个空气压缩机切除 |
| 7 |  | 其他 |

# 任务 2　城市轨道交通车辆制动系统电气状态检查

城市轨道交通车辆制动系统各修程的检修内容如下：

1. 双日检(表 2.12)

**表 2.12　双日检**

| 序号 | 项目 | 检修内容 | 检修标准 |
|---|---|---|---|
| 1 | 司机室有电作业 | 检查制动自检功能 | 通过 HMI 启动制动自检，确认制动自检测试状态成功 |
| | | 升弓后检查空压机的工作状态 | HMI 空气压缩机界面显示两台空气压缩机运行无故障，且气压表总风压力持续上升，风压达到(900±20)kPa 时，空气压缩机界面显示两台空气压缩机断开无故障 |
| | | 检查 HMI 显示制动指令参考值 | 检查 HMI 显示制动指令参考值状态，确认 HMI 显示的柱状图标 0-100%位与主控手柄实际位置能对应；HMI 显示常用制动 |
| | | 检查常用制动、保持制动、快速制动、停放制动、紧急制动及紧急停车按钮功能 | 检查常用制动：标准值为(270±20)kPa<br>检查保持制动：标准值为(189±20)kPa<br>检查快速制动：标准值为(290±20)kPa<br>检查紧急停车按钮功能及紧制制动：紧急制动压力为(300±20)kPa，按下紧急停车按钮，电客车应能紧急制动，受电弓降下<br>检查停放制动：HMI 显示正常，27-S01、27-H04 指示灯正常 |
| 2 | 车底设备 | 检查踏面制动单元状态 | (1)踏面制动单元紧固螺栓防松标记无错位<br>(2)闸瓦安装正确，闸瓦钎无丢失，开口销安装正确角度>60°，闸瓦厚度大于磨耗线<br>(3)停放手动缓解装置安全销安装正确 |
| | | 检查供风模块的安装状态 | (1)模块紧固螺栓齐全、防松线无错位<br>(2)减震装置无变形，无损坏<br>(3)连接电缆无破损、无干涉<br>(4)线插外壳及支座无裂纹 |
| | | 检查供风单元安装、各风缸状态 | 供风单元各部件、各风缸安装状态良好，各阀门处于正常工作位置 |
| | | 检查网关阀、智能阀安装状态 | (1)安装紧固件齐全、防松线无错位<br>(2)表面无损伤、无变形<br>(3)电气插头插接紧固，波纹管无破损<br>(4)接头无漏气<br>(5)测试孔堵安装完好无缺失 |

2. 双周检(表 2.13)

**表 2.13　双周检**

| 序号 | 项目 | 检修内容 | 检修标准 |
|---|---|---|---|
| 1 | 制动功能作业 | 检查 HMI 显示制动指令参考值 | 检查 HMI 显示制动指令参考值状态，确认 HMI 显示的柱状图标 0-100%位与主控手柄实际位置能对应，同时 HMI 显示常用制动 |
| | | 检查常用制动、保持制动、快速制动、停放制动、紧急制动及紧急停车按钮功能 | 检查常用制动：标准值为(270±20)kPa<br>检查保持制动：标准值为(189±20)kPa<br>检查快速制动：标准值为(290±20)kPa<br>检查紧急停车按钮功能及紧制制动：紧急制动压力为(300±20)kPa，按下紧急停车按钮，电客车应能紧急制动，受电弓降下<br>检查停放制动：HMI 显示正常，27-S01、27-H04 指示灯正常 |

续上表

| 序号 | 项目 | 检修内容 | 检修标准 |
|---|---|---|---|
| 2 | 制动控制系统有电作业 | 检查制动自检功能 | 通过HMI启动制动自检，确认制动自检测试状态成功 |
| 3 | 供风系统无电作业 | 检查供风模块的安装状态 | (1)模块紧固螺栓齐全、防松线清晰无错位<br>(2)减震钢丝绳无断股<br>(3)连接电缆无破损、无干涉<br>(4)线插外壳及支座无裂纹<br>(5)排尘阀无堵塞 |
| | | 检查供风单元安装状态 | 供风单元各部件安装状态良好，各阀门处于正常工作位置：A01.06、A01.10两个截断塞门把手方向与管路平行 |
| | | 检查真空指示器状态 | 真空指示器的红色活塞未漏出 |
| | | 检查空压机润滑油状态 | (1)要求润滑油无变黑、起泡等变质现象，否则更换润滑油<br>(2)液面在上、下油标之间，否则补加润滑油 |
| | | 检查各外露阀门工作位置及铅封状态 | 各阀门处于工作位置，铅封完好 |
| | | 检查供风系统制动软管外观(主风管、单元制动机连接软管、主风管过车软管) | (1)无漏气、无裂损、无刮痕及变形<br>(2)软管无扭曲、打结、干涉，接头无转动<br>(3)铭牌等标识清晰可见 |
| 4 | 供风系统有电作业 | 检查制动自检功能 | 通过HMI启动制动自检，确认自检通过 |
| | | 检查网关阀、智能阀安装状态 | (1)安装紧固件齐全、防松线无错位<br>(2)表面无损伤、无变形<br>(3)电气插头插接紧固，波纹管无破损<br>(4)接头无漏气<br>(5)测试堵安装完好，无缺失 |
| 5 | 踏面制动单元作业 | 检查速度传感器 | (1)紧固件齐全、防松线清晰无错位<br>(2)电缆、外壳和插座套外观无裂纹，电缆与其他部件无干涉 |
| | | 检查踏面制动单元状态 | (1)踏面制动单元紧固螺栓防松线清晰无错位<br>(2)扭簧无断裂 |
| | | 检查闸瓦磨耗情况及开口销状态 | (1)闸瓦厚度未达到限度标记(达到限度标记则更换)<br>(2)闸瓦无贯穿性裂纹，微细裂纹深度不超过闸瓦磨耗限度标记，闸瓦面与踏面接触面大于2/3<br>(3)开口销完好，开口销开口朝向正常，安装紧密完整<br>(4)闸瓦钎安装正确：在两瓦鼻之间<br>(5)停放制动手动缓解装置安全销安装正确 |

3. 三月检(表2.14)

**表2.14 三月检**

| 序号 | 项目 | 检修内容 | 检修标准 |
|---|---|---|---|
| 1 | 供风系统无电作业 | 检查供风模块的安装状态 | (1)模块紧固螺栓齐全、防松线无错位<br>(2)减震装置无变形，无损坏，防脱钢丝绳无断股、丢失<br>(3)连接电缆无破损、无干涉<br>(4)线插外壳及支座无裂纹 |
| | | 检查供风单元安装状态 | 供风单元各部件安装状态良好，各阀门处于正常工作位置：A01.06、A01.10两个截断塞门把手正确位置为与管路平行 |
| | | 检查A01.03和A01.11安全阀 | (1)清洁两安全阀。安全阀外观清洁，不得有锈迹。<br>(2)手动通风：手动拧安全阀顶部的泄放螺母进行泄压 |

续上表

| 序号 | 项目 | 检修内容 | 检修标准 |
| --- | --- | --- | --- |
| 1 | 供风系统无电作业 | 检查空压机润滑油状态 | (1)要求润滑油无变黑、起泡等变质现象,否则更换润滑油<br>(2)液面油标尺1/4以上,否则补加润滑油(润滑油型号P100) |
| | | 检查各外露阀门工作位置及铅封状态 | (1)各阀门处于工作位置<br>(2)铅封无丢失、铅封线无断裂 |
| | | 检查各风缸外观状况 | 无裂损,无锈蚀,无凹坑 |
| | | 检查风缸固定状态 | (1)不锈钢扎带无裂损<br>(2)钢丝绳无断股、腐蚀、裂损<br>(3)钢丝绳胶管安装位置正确,无破损、缺失 |
| | | 检查干式空气过滤器的空气进口 | 无堵塞,否则清除 |
| | | 检查真空指示器 | 要求真空指示器无颜色 |
| | | 检查供风及制动系统软管外观 | (1)无漏气、无裂损、无刮痕及变形<br>(2)软管无扭曲、打结、干涉,接头无转动<br>(3)铭牌等标识清晰可见 |
| | | 排放油水混合物 | 旋动油过滤器下方的蝶形螺母,至无混合物流出为止 |
| 2 | 供风系统有电作业 | 检查空压机的工作状态 | (1)空压机工作运转正常、无异常声音及异常震动<br>(2)干燥器每分钟瞬时排气一次、排风口无持续排风 |
| | | 检查空气管路泄漏 | 观察司机室压力表,总风泄漏量小于20 kPa/5 min(在主风压力750～900 kPa时进行) |
| | | 检查、修正轮径值 | 对比轮径测量记录与软件记录,用PTU修改A车1轴轮径值 |
| 3 | 制动控制及执行装置无电作业 | 检查速度传感器 | (1)紧固件齐全、防松线无错位<br>(2)电缆、外壳和插座套外观无裂纹,电缆与其他部件无干涉 |
| | | 检查踏面制动单元状态 | (1)踏面制动单元紧固螺栓防松标记无错位<br>(2)扭簧无断裂 |
| | | 检查闸瓦磨耗情况及开口销状态 | (1)闸瓦状态按照附录E检查<br>(2)闸瓦钎安装正确(在两瓦鼻之间)<br>(3)开口销完好,开口销开口朝向正常,开度>60°,安装紧密完整 |
| | | 检查单元制动机与转向架安装连接部位及与管路接头连接的状况 | (1)管路安装牢固<br>(2)接头处无漏气声音 |
| | | 检查呼吸塞状况 | 呼吸塞无堵塞,堵塞则更换(更换下的呼吸塞集中清洗后作为周转备件留存) |
| | | 检查停放制动手动缓解功能及闸瓦间隙 | 拉手动缓解装置无丢失,目视带有停放制动功能的制动机闸瓦面已完全离开轮对踏面,所有闸瓦与踏面间隙为5～12 mm |
| | | 检查网关阀、智能阀安装状态 | (1)安装紧固件齐全、防松线无错位<br>(2)表面无损伤、无变形<br>(3)电气插头插接紧固,波纹管无破损<br>(4)接头无漏气<br>(5)测试孔堵安装完好,无缺失 |
| 4 | 制动控制及执行装置有电作业 | 检查制动自检功能 | 通过HMI启动制动自检,确认自检通过,并记录自检时间 |
| | | 检查HMI显示制动指令参考值 | 检查HMI显示制动指令参考值状态,确认HMI显示的柱状图标0-100%位与主控手柄实际位置能对应;HMI显示常用制动 |
| | | 测试制动缸压力 | 车辆在AW0及气压足够状态下,分开主断路器,依次施加100%常用制动和紧急制动,将压力表连接在EP2002阀2、3测试点上,测量各车的制动缸压力<br>(1)A/B/C车常用制动压力范围:(270±20)kPa<br>(2)A车紧急制动压力范围(300±20)kPa<br>(3)B、C车紧急制动压力范围:(320±20)kPa |

续上表

| 序号 | 项目 | 检修内容 | 检修标准 |
|---|---|---|---|
| 4 | 制动控制及执行装置有电作业 | 检查常用制动、保持制动、快速制动、停放制动、紧急制动及紧急停车按钮功能 | 检查常用制动：标准值为(270±20)kPa<br>检查保持制动：标准值为(189±20)kPa<br>检查快速制动：标准值为(290±20)kPa<br>检查紧急停车按钮功能及紧制制动：紧急制动压力为(300±20)kPa，按下紧急停车按钮，电客车应能紧急制动，受电弓降下<br>检查停放制动：HMI显示正常，27-S01、27-H04指示灯正常 |
| 5 | 动态调试作业 | 进行40 km/h制动试验 | 将控制手柄推向100%制动位，制动正常，无任何故障，制动距离不超过68 m(在两端司机室分别进行) |

4．年检(表2-15)

**表2-15　年检**

| 序号 | 项目 | 检修内容 | 检修标准 |
|---|---|---|---|
| 1 | 供风系统无电作业 | 检查供风模块的安装状态 | (1)模块紧固螺栓齐全、防松线无错位<br>(2)减震装置无变形，无损坏，防脱钢丝绳无断股、丢失<br>(3)连接电缆无破损、无干涉<br>(4)线插外壳及支座无裂纹 |
| | | 检查供风单元安装状态 | 供风单元各部件安装状态良好，各阀门处于正常工作位置：A01.06、A01.10两个截断塞门把手正确位置为与管路平行 |
| | | 检查A01.03和A01.11安全阀 | (1)清洁两安全阀。安全阀外观清洁，不得有锈迹<br>(2)手动通风：手动拧安全阀顶部的泄放螺母进行泄压 |
| | | 检查空压机润滑油状态 | (1)要求润滑油无变黑、起泡等变质现象，否则更换润滑油<br>(2)液面油标尺下1/4以上，否则补加润滑油(润滑油型号P100) |
| | | 检查各外露阀门工作位置及铅封状态 | (1)各阀门处于工作位置<br>(2)铅封无丢失、铅封线无断裂 |
| | | 检查各风缸外观状况 | 无裂损，无锈蚀，无凹坑 |
| | | 检查风缸固定状态 | (1)不锈钢扎带无裂损<br>(2)钢丝绳无断股、腐蚀、裂损<br>(3)钢丝绳胶管安装位置正确，无破损、缺失 |
| | | 检查干式空气过滤器的空气进口 | 无堵塞，否则清除 |
| | | 检查真空指示器 | 要求真空指示器无颜色 |
| | | 检查供风及制动系统软管外观 | (1)无漏气、无裂损、无刮痕及变形<br>(2)软管无扭曲、打结、干涉，接头无转动<br>(3)铭牌等标识清晰可见 |
| | | 排放油水混合物 | 旋动油过滤器下方的蝶形螺母，至无混合物流出为止 |
| 2 | 供风系统有电作业 | 检查空压机的工作状态 | (1)空压机工作运转正常、无异常声音及异常震动<br>(2)干燥器每分钟瞬时排气一次、排风口无持续排风 |
| | | 检查空气管路泄漏 | 观察司机室压力表，总风泄漏量小于20 kPa/5 min(在主风压力750～900 kPa时进行) |
| | | 检查、修正轮径值 | 对比轮径测量记录与软件记录，用PTU修改A车1轴轮径值 |
| 3 | 制动控制及执行装置无电作业 | 检查速度传感器 | (1)紧固件齐全、防松线无错位<br>(2)电缆、外壳和插座套外观无裂纹，电缆与其他部件无干涉 |
| | | 检查踏面制动单元状态 | (1)踏面制动单元紧固螺栓防松标记无错位<br>(2)扭簧无断裂 |

续上表

| 序号 | 项目 | 检修内容 | 检修标准 |
|---|---|---|---|
| 3 | 制动控制及执行装置无电作业 | 检查闸瓦磨耗情况及开口销状态 | (1)闸瓦状态按照附录E检查<br>(2)闸瓦钎安装正确(在两瓦鼻之间)<br>(3)开口销完好,开口销开口朝向正常,开度＞60°,安装紧密完整 |
| | | 检查单元制动机与转向架安装连接部位及与管路接头连接的状况 | (1)管路安装牢固<br>(2)接头处无漏气声音 |
| | | 检查呼吸塞状况 | 呼吸塞无堵塞,堵塞则更换(更换下的呼吸塞集中清洗后作为周转备件留存) |
| | | 检查停放制动手动缓解功能及闸瓦间隙 | 拉手动缓解装置无丢失,目视带有停放制动功能的制动机闸瓦面已完全离开轮对踏面,所有闸瓦与踏面间隙为5～12 mm |
| | | 检查网关阀、智能阀安装状态 | (1)安装紧固件齐全、防松线无错位<br>(2)表面无损伤、无变形<br>(3)电气插头插接紧固,波纹管无破损<br>(4)接头无漏气<br>(5)测试孔堵安装完好,无缺失 |
| 4 | 制动控制及执行装置有电作业 | 检查制动自检功能 | 通过HMI启动制动自检,确认自检通过,并记录自检时间 |
| | | 检查HMI显示制动指令参考值 | 检查HMI显示制动指令参考值状态,确认HMI显示的柱状图标0-100%位与主控手柄实际位置能对应;HMI显示常用制动 |
| | | 测试制动缸压力 | 车辆在AW0及气压足够状态下,分开主断路器,依次施加100%常用制动和紧急制动,将压力表连接在EP2002阀2、3测试点上,测量各车的制动缸压力<br>(1)A/B/C车常用制动压力范围:(270±20)kPa<br>(2)A车紧急制动压力范围(300±20)kPa<br>(3)B、C车紧急制动压力范围:(320±20)kPa |
| | | 检查常用制动、保持制动、快速制动、停放制动、紧急制动及紧急停车按钮功能 | 检查常用制动:标准值为(270±20)kPa<br>检查保持制动:标准值为(189±20)kPa<br>检查快速制动:标准值为(290±20)kPa<br>检查紧急停车按钮功能及紧制制动:紧急制动压力为(300±20)kPa,按下紧急停车按钮,电客车应能紧急制动,受电弓降下<br>检查停放制动:HMI显示正常,27-S01、27-H04指示灯正常 |
| 5 | 动态调试作业 | 进行40 km/h制动试验 | 将控制手柄推向100%制动位,制动正常,无任何故障,制动距离不超过68 m(在两端司机室分别进行) |

## 任务3 城市轨道交通车辆制动系统电气典型故障分析及处理

1. 列车运行中的故障及处理建议

在城市轨道交通车辆运营过程中进行故障处理时,如需要断合主控钥匙,其断合间隔应保证在15 s以上。故障处理时,如需断开激活要确认落弓指示灯(=21-S01)亮后方可断开激活;如显示屏上出现的故障仅需要按压"确认"键即消除,而且相应设备功能正常,可视为假性故障,无需处理。常见故障及处理建议如下。

(1)故障现象:气制动显示黄点或红点。

处理建议:

①从HMI显示屏制动系统图标进入制动系统菜单检查确认哪个制动单元存在故障。

②如果列车能够正常缓解、牵引和制动，则继续运营，到前方终点站后，分合相应车制动系统的微动开关：A 车智能阀、网关阀（＝28-F101、28-F103），B 车的智能阀（＝28-F201、28-F202），C 车智能阀、网关阀（＝28-F301、28-F303）。

③若列车不能正常动车，则切除相应车的 B05 动车。

④若气制动仍不能缓解，则合所有制动旁路开关（＝27-S104）在本站或下一站清客后，打紧急牵引就近存车线停放。

（2）故障现象：空压机图标黄点。

处理建议：继续运营至前方终点站，重新同时分合两个压缩机控制（＝34-F302）。

（3）故障现象：空压机图标红点。

处理建议：

①一个空压机故障时，到前方终点站后检查相应 C 车继电器柜微动开关压缩机控制（＝34-F302）是否跳闸，若跳闸请闭合；若无跳闸或者闭合不成功，则在终点站退出服务。

②两个空压机故障时，列车未产生紧急制动重新分合两个 C 车的压缩机微动开关（＝34-F302），分合成功则继续运营；分合不成功，观察气压表，若大于 700 kPa 并且气压能持续上升，则到前方终点站退出服务；否则本站或者下一站清客退出服务。

③两个空压机故障，同时列车产生紧急制动时，重新分合两个 C 车的压缩机微动开关（＝34-F302），分合成功则继续运营；否则打总风压力低旁路及紧急牵引，在本站或者下一站退出服务。

（4）故障现象：主风管压力低。

处理建议：从 HMI 显示屏上确认空压机是否有故障，若有则按空压机故障处理建议进行，若无空压机故障，则从压力表上进行判断：若气压表显示主风管压力小于 550 kPa，列车将施加紧急制动，报告 OCC，看能否继续打风，若能，打总风压力低旁路（＝27-S03）后运行至下一站退出服务，否则请求救援。

（5）故障现象：停放制动缓解灯不亮。

处理建议：

①按灯测试开关（＝73-S105），停放制动缓解灯（＝27-H04）不亮，若 HMI 上所有停放制动状态图标均显示为缓解状态则继续运营。

②若试灯亮且 HMI 上部分停放制动状态图标显示为“P”施加状态，则重新施加、缓解停放制动，继续运营。

③如无效则合停放制动缓解旁路（＝27-S103），尝试动车，本站或下一站清客后退出服务。

（6）故障现象：制动缓解灯不亮。

处理建议：列车停稳后，查看 HMI 上气制动图标。

①按灯测试开关（＝73-S105），所有制动缓解灯（＝27-H01）不亮，尝试牵引，若 HMI 上所有制动状态图标显示均转为白色则继续运营。

②若灯亮，尝试牵引观察 HMI 制动图标确定为黑色图标转向架，切除对应车 B05 后，继续运营。

③若仍无法牵引，打所有制动缓解旁路开关，本站或至下一站清客退出服务。

④若仍无法牵引，启动紧急牵引模式，本站或下一站清客退出服务。若不能，请求救援。

（7）故障现象：停放制动缓解灯亮，HMI 显示停放制动状态显示为 P。

处理建议：

①合停放制动缓解旁路(＝27-S103)，限速运行到本站或下一站清客退出服务。

②合停放制动缓解旁路(＝27-S103)后，仍无效则打紧急牵引退出服务。

2. 制动系统典型故障分析

故障一　停放制动无法缓解导致不能动车。

1)故障现象

总风压力正常，司机台停放制动缓解灯亮，但 HMI 显示 6 车两转向架为“P”停放制动施加，电客车不能动车。复位该车网关阀微动开关，复位 MVB，故障现象不能消失，但动作停放缓解旁路后可以动车。

2)故障分析

(1)停放制动硬线监视回路分析。向停放气缸充压缩空气后，会压缩停放弹簧，使停放制动缓解；将停放气缸压缩空气排出，弹簧释放，靠弹簧力压缩制动气缸活塞，施加停放制动。如图 2.30 所示，停放制动的施加与缓解的判断分别为：当向停放气缸充入的压力大于 480 kPa 时，压力监控开关(B22)动作，停放缓解继电器(＝27-K101)得电。43/44 引脚闭合，DE 模块相应的监测点 E111-04 为高电平；若压力低于 380 kPa 时，停放制动施加继电器得电停放制动施加。因此，当 Tc、Mp 车、M 车发出停放制动缓解指令时，若对应的停放气缸压力都大于 480 kPa 时，则相对应的停放缓解继电器(＝27-K101、＝27-K201、＝27-K301)得电。由图 2.31 可知，DC110V 电源从司机室非占端单元依次通过各车停放制动缓解继电器，若各车停放制动均缓解，到达占有端，所有停放制动缓解继电器(＝27-K108)得电，司机台停放制动缓解继电器得电。因停放制动缓解灯亮，可知硬线检测无故障。

(2)停放制动网络监视分析。6 车 1 位端的网关阀采集停放压力信号，通过 MVB 传输至 VCU，在司机台 HMI 显示屏显示停放制动状态。图 2-32 为网关阀的线插接口图，与列车网络进行通信的插头为 SK1 和 PL4，SK1 为单节车制动 CAN 总线网络连接，PL4 单元组 MVB 总线同车辆网络总线连接。

故障车回库后，其他车辆现场模拟故障，当 6 车按下停放制动缓解按钮后，停放制动缓解灯亮，但拔掉 PL4 时 HMI 屏幕各个点显示“?”，拔掉 SK1 时显示该节车的两个转向架停放制动未缓解，故障现象得以重现。

3)故障原因

6 车 1 位端网关阀 SK1 插头接触不良，引起 BCU 通信故障。

4)故障处理

对故障车网关阀插头重现插接，在双日检等作业中加强 EP2002 阀插头的检查。

故障二　单个空压机打风不止。

1)故障现象

日检作业中发现单个空压机打风不止，总风压力为 900 kPa，断开压缩机控制开关后，空压机仍工作。降弓后重新升弓，仍然打风不止。

2)故障分析

单个空压机启动是由网络控制，当总风压力低于 750 kPa 时，如图 2.33 所示，DA 模块(＝41-A303.04)输出高电平信号。当压力低于 700 kPa 后，网络控制两空压机启动，压力控制开关 A01.08 作为后备来保证两空压机启动。因此，单个空压机启动属于网络控制故障，与压力开关 A01.08 无关。造成单个空压机启动可能有如下原因：

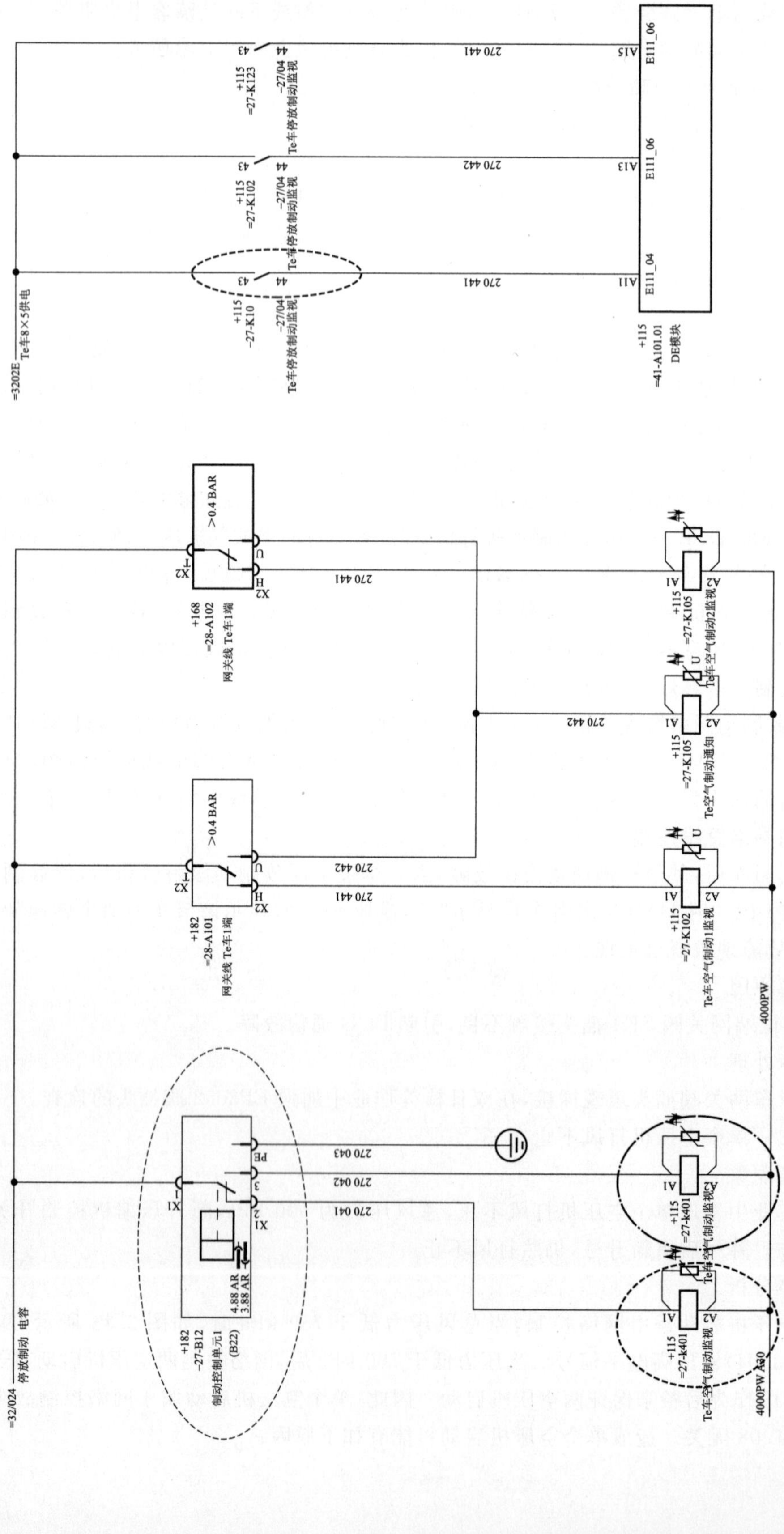

图 2.30 Tc车制动监视

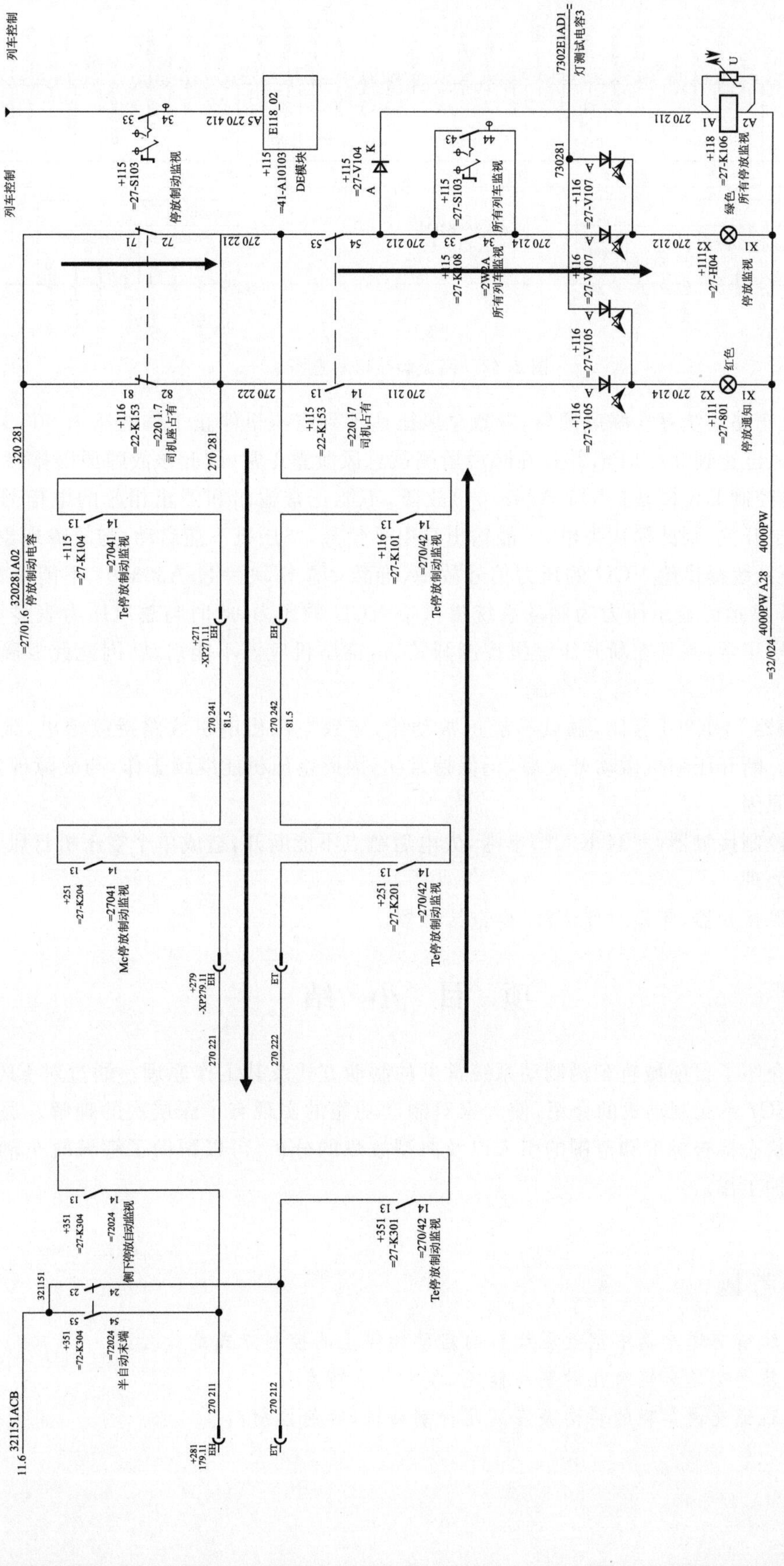


图 2.31　停放制动监视回路

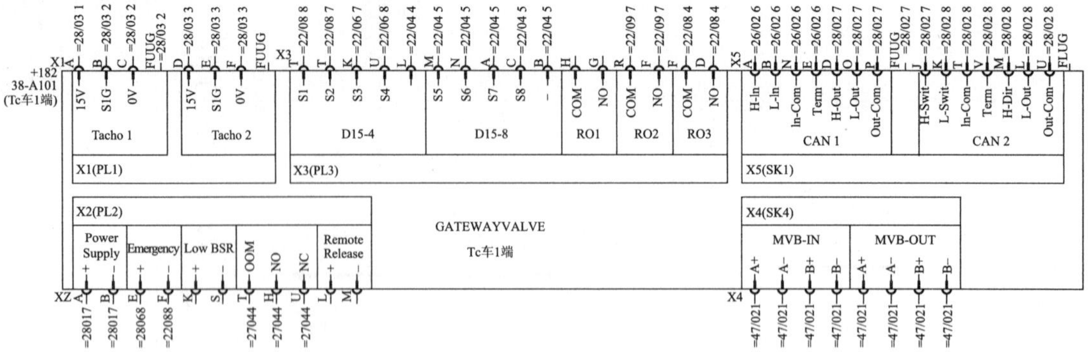


图 2.32 网关阀接口示意图

(1)整个管路系统存在漏风现象,导致总风压达不到空压机停止工作的压力 900 kPa。但此故障车总风已达到 900 kPa,并且在降弓后测试总风泄露正常,因此该故障原因排除。

(2)网络控制 DA 模块(=41-A303.04)故障,不能正常输出和停止相应的电信号。若断开压缩机控制开关,则此模块失电,不能输出高电平信号,空压机不能启动,与故障现象不符。

(3)制动系统提供给 VCU 的压力信号故障,导致 DA 模块=41-A303.04 不能正常工作。司机室 HMI 显示屏显示压力为制动系统提供给 VCU 的压力,此时与总风压力表显示一致,说明提供信号正常,并且在断开压缩机控制开关后,空压机应该不能启动,因此此故障原因也排除。

(4)接触器 34-K301 常闭,触点不能正常动作,导致空压机电机线路持续得电,致使空压机持续打风。断开压缩机微动开关后,仍保持常闭,因此空压机能继续工作,与故障现象相符。

3)故障原因

压缩机控制接触器(=34-K301)卡滞,失电后触点不能断开,造成单个空压机打风不止。

4)故障处理

更换故障接触器,年检时要清洁、检查接触器。

## 项 目 小 结

本项目介绍了目前城轨车辆制动系统常见的制动方式及其工作原理。通过对 EP2002 控制系统及 PEC7 单元制动机的介绍,使大家对制动功能的实现有了深层次的理解。通过对制动系统日常状态检查标准和范围的引入以及典型故障的分析,可以帮助了解城轨车辆制动系统检查和维护工作。

## 思考题

1. 城市轨道交通车辆中空气压缩机的启动和停止的控制方式是什么?
2. 城市轨道交通车辆有几种制动模式,各有什么特点?
3. 城市轨道交通车辆的转向架安装几种制动机,有何区别?

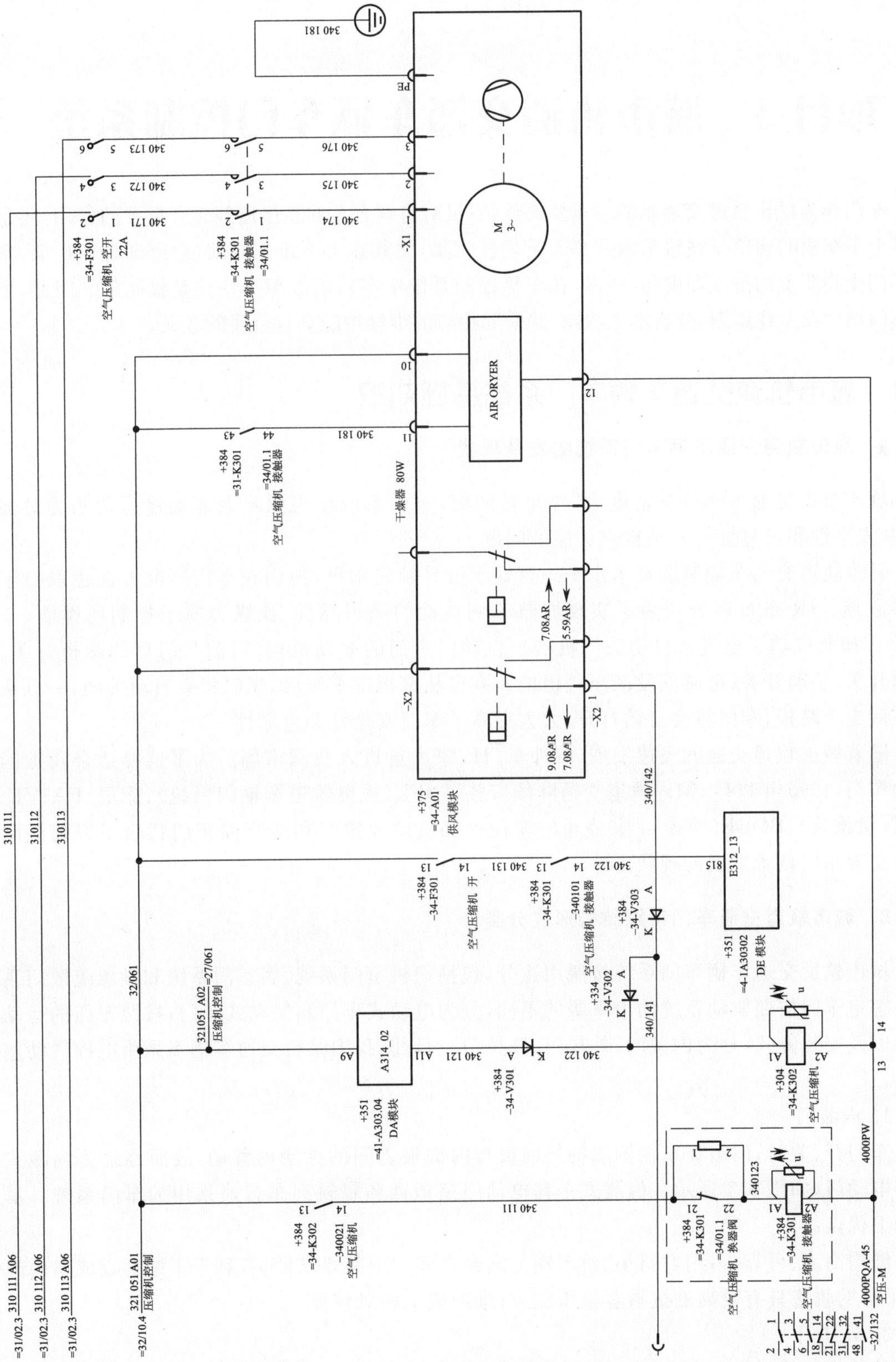
AIR ORYER
干燥器 80W
供风模块
DA模块
DE 模块
A314_02
E312_13
空气压缩机 接触器
空气压缩机 空开 22A
压缩机控制
空压-M

图 2.33　空压机启动

# 项目 3　城市轨道交通车辆车门控制系统

车门作为城市轨道交通车辆的重要部件，不仅对协调客车的整体造型起着重要的作用，还是乘客上下车辆的通道。城轨车辆乘车人员比较密集，尤其在上下班高峰期，会出现超载现象，致使车门受到严重的挤压和震动，所以，在车辆控制系统中车门的故障率往往是最高的。因此，了解车门结构及工作原理，分析常见故障，并采取相应的维修措施具有重要的意义。

## 3.1　城市轨道交通车辆车门系统基础知识

### 3.1.1　城市轨道交通车辆车门系统的发展现状

城市轨道交通车辆行车密度大、停车时间短，车门系统作为保障大客流量运营的关键部件，其安全性和可靠性一直是重点关注的问题。

日本轨道交通车辆制造技术水平一直处于世界领先水平，他们在车门研究方面也取得了很多成绩。JR 东日客公司为了实现城轨车辆自动门高可靠性、操纵力易于控制的性能，于 1992 年研制成功了电气式自动关门机构。自动门由门的驱动机构、门前与门后的踏板开关、控制开关、手动开关、电磁阀及减压阀组成。乘客从踏板走下车后，车门将会自动关闭，一旦从另一侧走上踏板，车门将会自动打开，大大提高了车门安全性和可靠性。

随着城市轨道交通的飞速发展，国外车门厂家大量进入我国市场。为了选择适合我国国情的车门，1995 年以后，国内轨道交通陆续安装了 IFE（威奥轨道车辆门系统）、康尼、FAIVE-LEY（法维莱）、BODE（博得）4 家公司的车门产品。此 4 家公司生产的车门代表了目前国际轨道交通车门技术发展的现状。

### 3.1.2　城市轨道交通车门系统结构形式分类

城市轨道交通车辆车门系统按照用途分，包括司机室门系统、客室门系统和紧急疏散门系统。客室车门按照驱动系统动力来源的不同，分为电动式车门和气动式车门；按照车门的运动轨迹以及安装方式，分为内藏门、外挂门、塞拉门。目前，我国城轨交通车辆多采用电控气动塞拉门。

1. 内藏门

车门开、关时，门扇在车辆侧墙的外墙板与内饰板之间的夹层内移动，故而称之为内藏式平移电动门，如图 3.1 所示。内藏式平移电动门是地铁和轻轨列车普遍采用的车门系统。具有如下优点：

结构简洁、可靠，占用空间小；对车辆与站台之间的距离要求低，有利于车站建设成本的降低；平移的轨迹具有较高的抗乘客挤压能力；维护成本相对较低。

2. 外挂门

外挂门因其门扇和上下导轨均设置在轨道车辆的车外侧，门扇通过移动机构挂在外部导

图 3.1　内藏门

轨上而得名。如图 3.2 所示，外挂密闭电动门系统，是在传统外挂移动门系统的基础上，增加了微小的塞拉行程，使得该门系统具有塞拉门良好的密闭性能，同时保持了外挂移动门结构简单、重量轻，易安装调整的特点，是传统外挂移动门系统的升级和替代产品。具有如下优点：

结构简洁、可靠，占用车辆的空间小；密封性能好，极大地提高了乘客的舒适度；能最大限度地保证在乘客拥挤状态下实现正常开、关门功能。

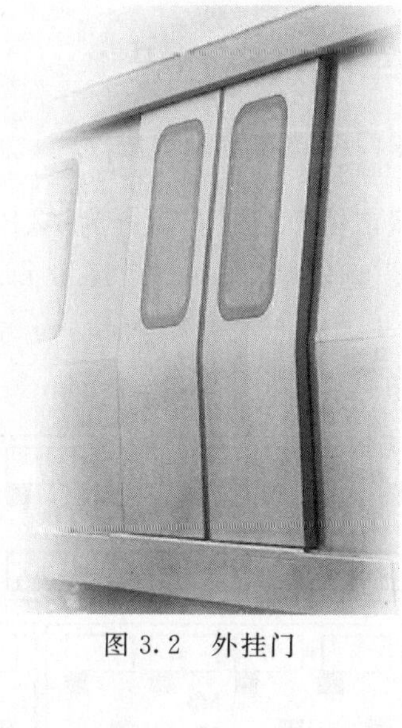

图 3.2　外挂门

3. 塞拉门

塞拉门如图 3.3 所示，车门关闭时，车门外表面与车体外表面平齐，在开门过程中，车门门扇沿车体运行方向和车外方向复合运动，在运动过程中具有塞和拉两种动作而得名。塞拉门开启时，由锁闭位置向车外方向摆出，车门即打开；塞拉门关闭时，由开门位置向车内方向塞拉，车门即关闭。塞拉门分为内塞拉门和外塞拉门两种，分别由车内或车外塞入门口处。塞拉门是地铁和轻轨列车普遍采用的车门系统，塞拉门结构较复杂，与传统的内藏式车门和外挂式车门相比较，塞拉门具有如下优点：

图 3.3　塞拉门

密封性能良好，可较好的屏蔽传入客室内的噪声，同时可降低客室空调的能耗；由于车门在关闭状态时，门扇外表面与车体侧墙成同一平面，利于列车在高速运行时减小空气阻力；可靠性高，控制智能化；列车外观平滑，整体和谐美观。

## 3.2　城市轨道交通车辆车门系统介绍

### 3.2.1　城市轨道交通车辆客室车门系统布置及组成

根据车体宽度不同，我国把城市轨道交通车辆分为 A、B、C 三种车型。A 型车宽 3 m，长 22 m；B 型车宽 2.8 m，长 19 m；C 型车宽 2.6 m，长 18.9 m。A 型车每侧设置 5 套电动门，B 和 C 型车单侧设置 4 套电动门。

国内地铁常见的为 B 型车，布置如图 3.4 所示。

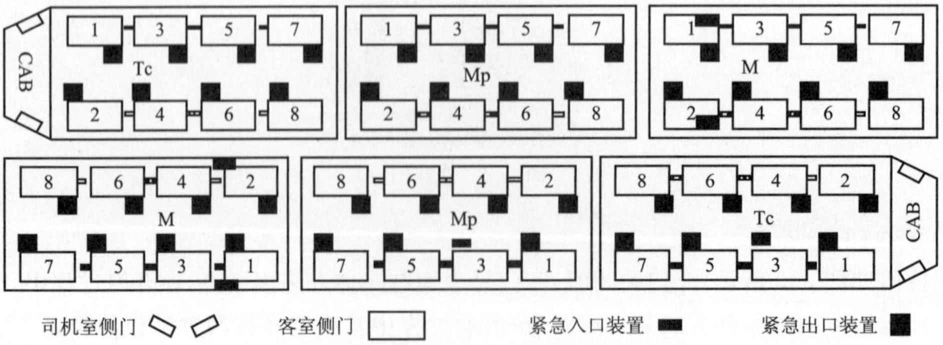


图 3.4　城轨车辆车门布置

### 3.2.2　城市轨道交通车辆车门系统主要装置介绍

城市轨道交通车辆车门系统的主要组成部分如图 3.5 所示，车门系统的主要部件说明见表 3.1。

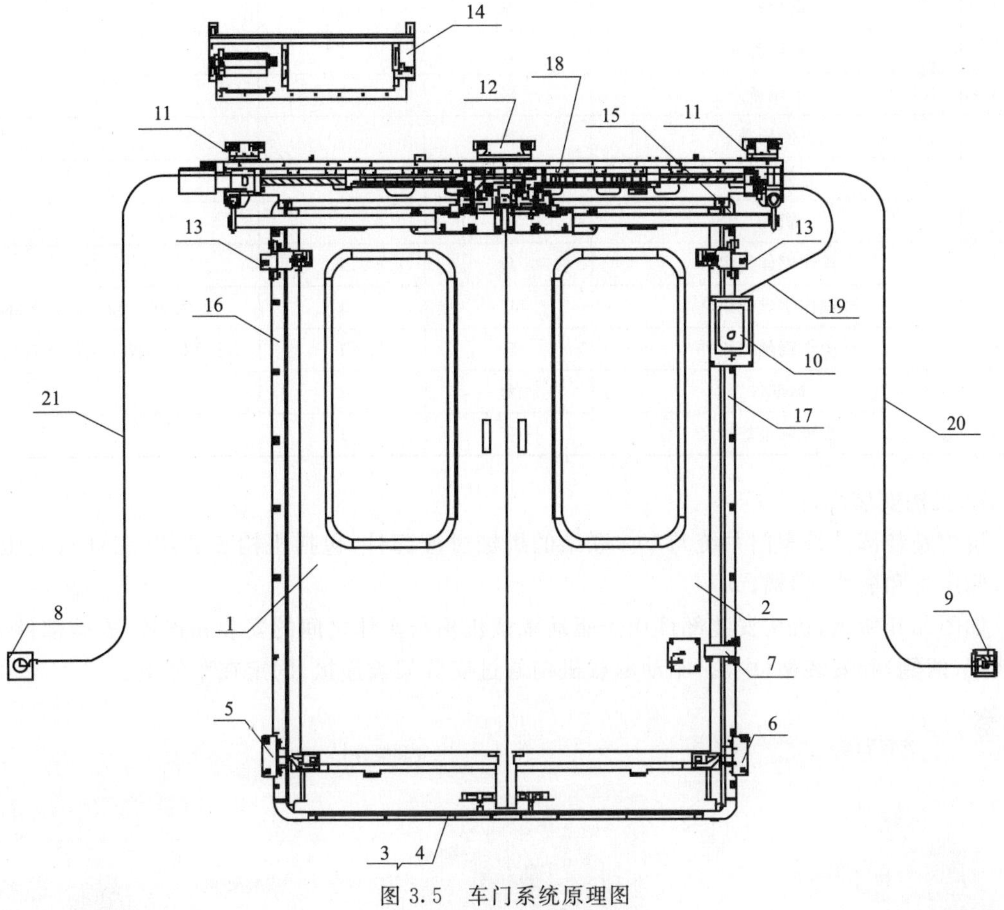


图 3.5　车门系统原理图

**表 3.1　车门系统主要部件**

| 序号 | 名　称 | 单位 | 数量 | 备注 |
|---|---|---|---|---|
| 1 | 左门扇 | 扇 | 1 | |
| 2 | 右门扇 | 扇 | 1 | |
| 3 | 嵌块 | 块 | 1 | |
| 4 | 门槛 | 件 | 1 | |
| 5 | 摆臂组件(左) | 套 | 1 | |
| 6 | 摆臂组件(右) | 套 | 1 | |
| 7 | 隔离开关组件 | 套 | 1 | |
| 8 | 紧急入口装置(左) | 套 | 1 | 每辆 M 车仅 1 套门配备 |
| 9 | 紧急入口装置(右) | 套 | 1 | 每辆 M 车仅 1 套门配备 |
| 10 | 紧急出口装置 | 套 | 1 | |

续上表

| 序号 | 名　　称 | 单位 | 数量 | 备注 |
|---|---|---|---|---|
| 11 | 安装架(两侧) | 件 | 2 | |
| 12 | 安装架(中) | 件 | 1 | |
| 13 | 平衡轮组件 | 套 | 2 | |
| 14 | EDCU 部件 | 套 | 1 | |
| 15 | 上压条 | 根 | 1 | |
| 16 | 左侧压条 | 根 | 1 | |
| 17 | 右侧压条 | 根 | 1 | |
| 18 | 机构 | 套 | 1 | |
| 19 | 内操作钢丝绳组件 | 套 | 1 | |
| 20 | 外操作钢丝绳组件 | 套 | 1 | 每辆 M 车仅 1 套门配备 |
| 21 | 外操作钢丝绳组件 | 套 | 1 | 每辆 M 车仅 1 套门配备具有 |
| | 标准件 | 套 | 1 | |
| | 各种调整垫片 | 套 | 1 | |

1. 机构安装部件

机构安装部件是车门系统与车体联结的机械过渡部件，包括机构安装架(三件)、上压条、左右侧压条和嵌块、门槛。

如图 3.6 所示，机构安装部件用于驱动承载机构与车体之间的安装和连接，安装部件分为安装架(两侧)和安装架(中)。驱动承载机构通过安装架被连接、固定在车体上。

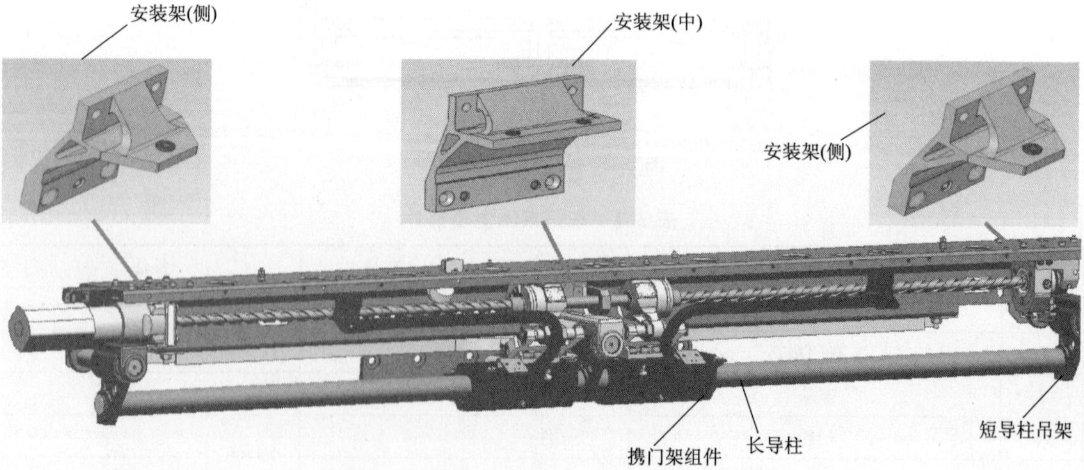


图 3.6　结构安装部件

(1)上压条、侧压条。客室车门的门框上装有上压条和左、右侧压条。车门关闭后，压条与门扇的周边胶条密闭配合，保证了车门的防水和密封性。

(2)门槛。门槛安装在车体上，在门槛上安装有嵌块，嵌块与安装在门扇上的挡销配合，可使门处于关闭状态时达到挠度要求，如图 3.7 所示。

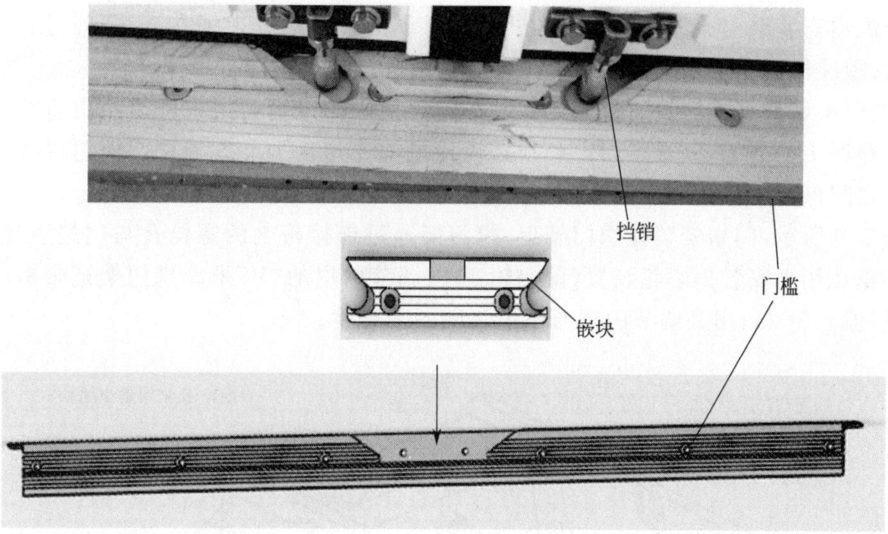


图 3.7　门槛和嵌块

2. 顶部机构

顶部机构通过机构安装部件整体固定在车体上。其中的承载驱动机构是车门系统的核心部件，是车门的驱动机构和执行机构，由驱动组件(电机、联轴器)、丝杠、长导柱、短导柱、携门架组件、螺母副组成，如图 3.8 所示。

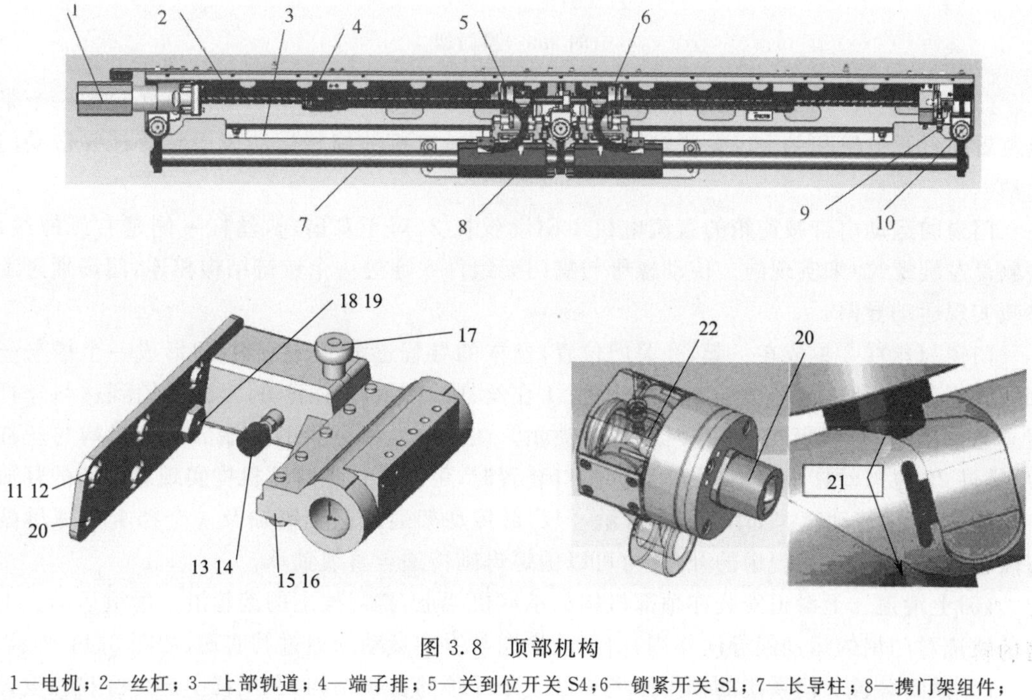


图 3.8　顶部机构

1—电机；2—丝杠；3—上部轨道；4—端子排；5—关到位开关 S4；6—锁紧开关 S1；7—长导柱；8—携门架组件；9—端部解锁单元(含紧急解锁开关 S3)；10—短导柱；11—螺钉(40 Nm)；12—隔圈；13—缓冲头；14—螺母 (21 Nm)；15—偏心轮；16—螺钉(40 Nm)；17—滚轮；18—偏心轮；19—螺钉(40 Nm)；20—销；21—滚动销；22—螺母

(1)长、短导柱。长导柱安装在三个挂架上，三个挂架分别在三根短导柱上移动，三根短导柱固定于机构安装架上。长导柱为门的开闭提供纵向自由度并保证在开/关门过程中门扇与车体平行；短导柱承受门扇的重量并为门扇提供内外横向移动的自由度。

(2)携门架组件。携门架通过螺钉安装在门扇上。二个携门架组件 8 经由直线滚珠轴承支承在长导杆 7 上滑动，以及在门扇和顶部机构之间传递动力。此外携门架组件 8 使门扇与长导柱 7 之间保持平行。

如图 3.9 所示，门扇安装在携门架上，携门架通过连接板上的螺栓孔与门扇连接，连接板上的偏心轮孔用来安装偏心轮装置(偏心轮 1)以调节门扇的“V”形。携门架还带有一个偏心调节装置(偏心轮 2)，用来调节门扇与车体之间的平行度。

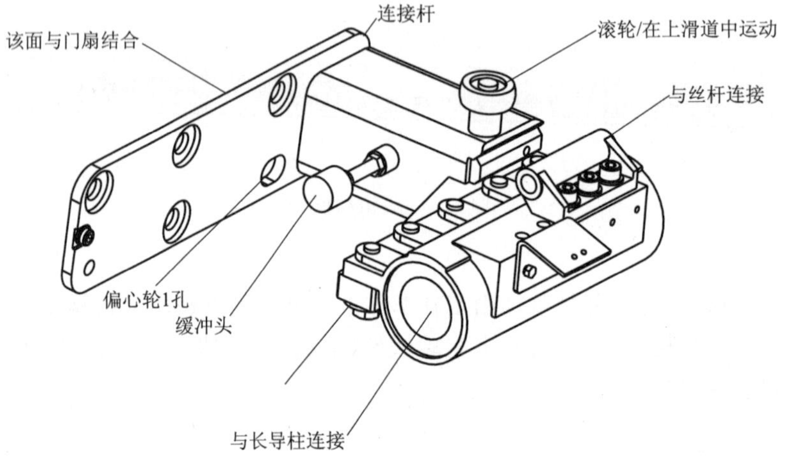


图 3.9　携门架

(3)驱动电机。驱动电机是车门实现开关动作的动力来源。驱动电机组件包括一个带减速装置的直流电机和一个齿轮联轴器。通过联轴器，电机的旋转运动传递到丝杠并带动门扇运动。

门扇的运动由带减速箱的直流电机 1 驱动丝杠 2(对于双扇门，丝杠一侧是右旋螺纹，另一侧是左旋螺纹)来实现的。传动螺母与携门架组件 8 通过一个铰链结构相连，门扇通过上下导轨实现运动导向。

门锁与丝杠 2 集成在一起，在关门位置，丝杠的导程逐渐变化为零，即形成一个槽与丝杠轴线垂直。关门时，传动螺母上的滚动销 21 在丝杠的螺旋槽中滚动，当滚动销到达与丝杆轴线垂直的槽时，螺母就被自锁，因此门亦锁闭。在丝杠左侧装置的上端部解锁机构与丝杠啮合，螺母 22 也与丝杠啮合，当操作紧急出口装置时，可以通过该解锁机构实现对门锁的释放。

(4)“H”形传动架。如图 3.10 所示，“H”形传动架通过两个销轴及 4 个挡卡将螺母副与直线轴承连接起来，使门扇的开/关力可以由螺母副传递至直线轴承。

(5)上滑道。上滑道安装在顶部机构的承载机架上，携门架上的滚轮沿上滑道运动。上滑道的轨迹对门扇的运动起导向作用，门扇的横向与纵向运动均通过其实现，如图 3.11 所示。

(6)锁闭装置。门系统的锁闭原理类似于千斤顶的自锁结构，在丝杠中部(关门端)设计有变导程结构，即丝杠上的导程由正常导程逐渐变化到零导程。螺母上有与之配合工作的滚动销，滚动销在丝杆的沟槽中滚动，当销处于正常导程沟槽中时，丝杠螺母副承担螺旋副结构的

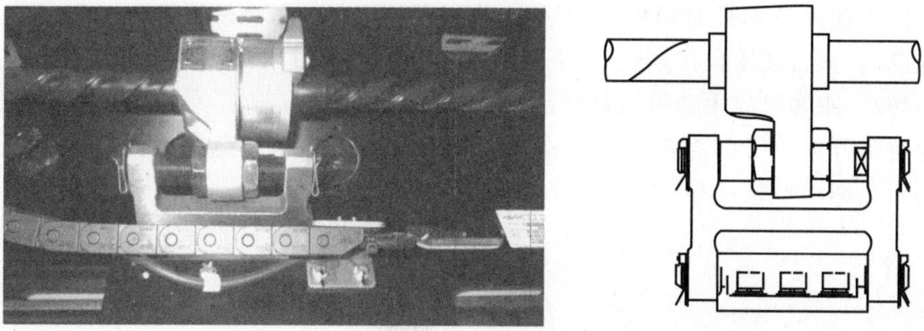

图 3.10　“H”形传动架

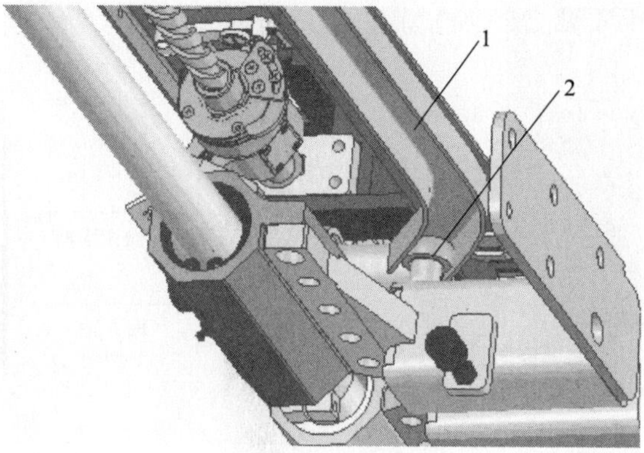


图 3.11　上滑道

1—上滑道;2—尼龙滚轮

传动作用;当销处于零导程沟槽中时,通过自锁作用使门锁定(图 3.12)。

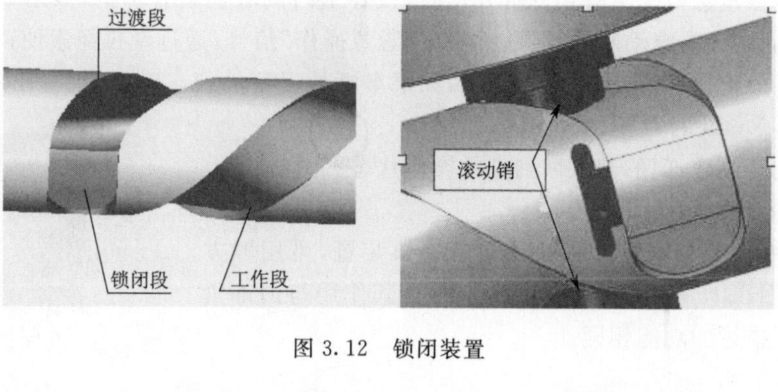


图 3.12　锁闭装置

在正常情况下,LS 型主锁可使电机带动门系统的传动装置实现门系统的自动开、关,在无电或紧急情况下,可手动开、关门。

解锁单元安装在丝杠的右侧末端,如图 3.13 所示。车门手动解锁需要与紧急出、入口装置配合使用。

在门锁闭到位的情况下,操作紧急出、入口装置,通过钢丝绳旋转解锁轮 4。当解锁轮 4 往解锁方向旋转时,通过手动解锁装置 2 转动丝杠 1 从而使门机械解锁,同时解锁轮 4 的旋转会触发紧急解锁开关3，此时司机室 HMI 上将显示相应车门紧急解锁信息。

当紧急出、入口装置操作到位后，手动解锁装置2将通过内部特定装置松开丝杠，使丝杠可以自由转动，乘客可以手动将门打开。

紧急解锁开关3仅在紧急出、入口装置复位后才能复位。紧急解锁开关的 NC(常闭)触点与车门安全回路串联，NO(常开)触点与 EDCU 连接。

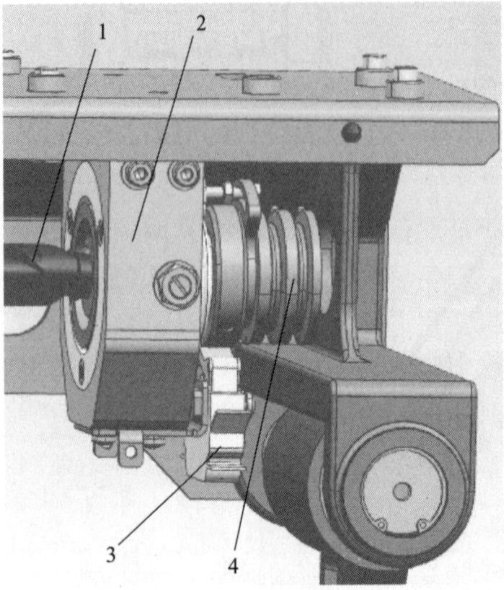


图 3.13　解锁单元

1—丝杠；2—手动解锁装置；3—紧急解锁开关；4—解锁轮

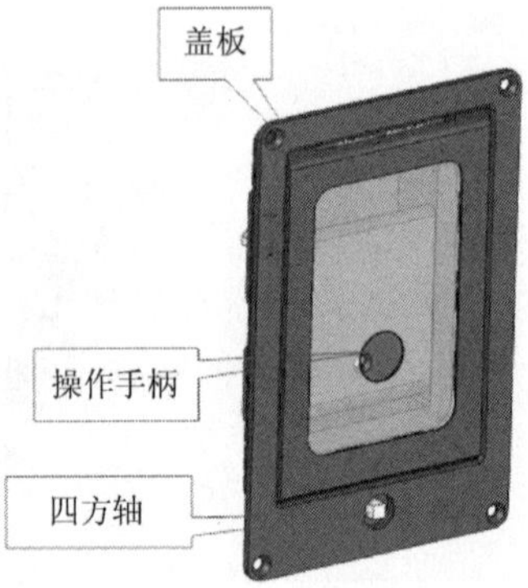


图 3.14　内部紧急解锁装置

3. 紧急解锁装置

(1)内部紧急解锁装置

为了能够在紧急情况下解锁并打开车门，在客室内侧墙上装有手柄，如图 3.14 所示。操作该手柄，会启动一个电动限位开关；并发出“紧急操作”信号；通过牵拉绳索使锁闭装置释放。如果车辆处于静止状态时，可以手动开门；如果车辆处于运动状态时，电机将作用于关门方向 300 N 可持续 5 min 的力，以阻止门被打开。

紧急手柄复位后，门的开关回到正常操作状态。

(2)外部紧急解锁装置

在每辆 M 车的两侧各设有一个紧急入口装置，可用四方钥匙操作，如图 3.15 所示。该装置被激活后，其作用与内部紧急解锁装置所描述的功能相同。

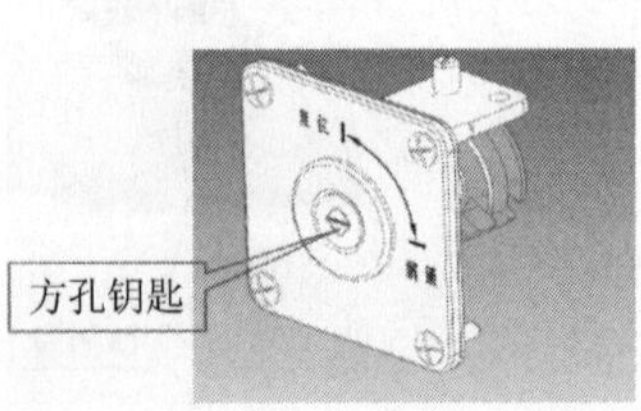


图 3.15　外部紧急解锁装置

4. 门扇

门扇为铝合金蜂窝复合结构，由框架、铝蒙板和铝蜂窝芯采用热固化而成。为加强机械强度，蒙板的周边都包在铝框架上。

除了一些必要的、用于支承门扇和实现门扇导向运动的部件外，门扇内表面是平的。窗玻璃粘接到门扇上并与门扇的外表面平齐。门扇周边装有胶条，以实现门的周边密封。门扇前沿装有一个特殊的中空胶条，以防夹住障碍物。胶条的烟火特性符合 DIN5510-3 标准。

5. 下部导向

如图 3.16 所示，下导轨 3 安装在门扇 1 下部并与安装在车体上的摆臂组件 2 配合工作，以保证门扇下部的导向运动。

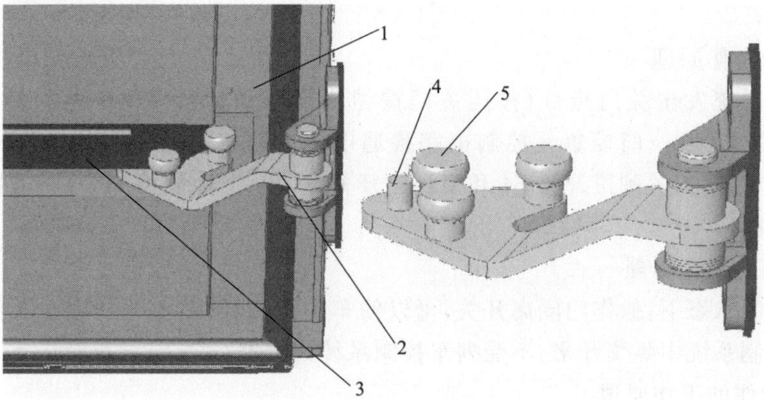


图 3.16　下部导向

1—门扇；2—摆臂组建；3—下导轨；4—防脱销；5—滚轮

摆臂组件 2 上设置有防脱销 4，即使发生滚轮 5 断裂的事故，防脱销仍然能够保证门扇下部不会脱离车体。

### 3.2.3　城市轨道交通车辆车门系统工作原理

城市轨道交通车辆塞拉门系统当门完全关闭时，门扇与车辆的外表面平齐。开门时，门扇一开始进行横向＋纵向的复合运动，然后沿着车体侧面滑动直到完全打开。客室车门系统的工作原理图如图 3.17 所示。

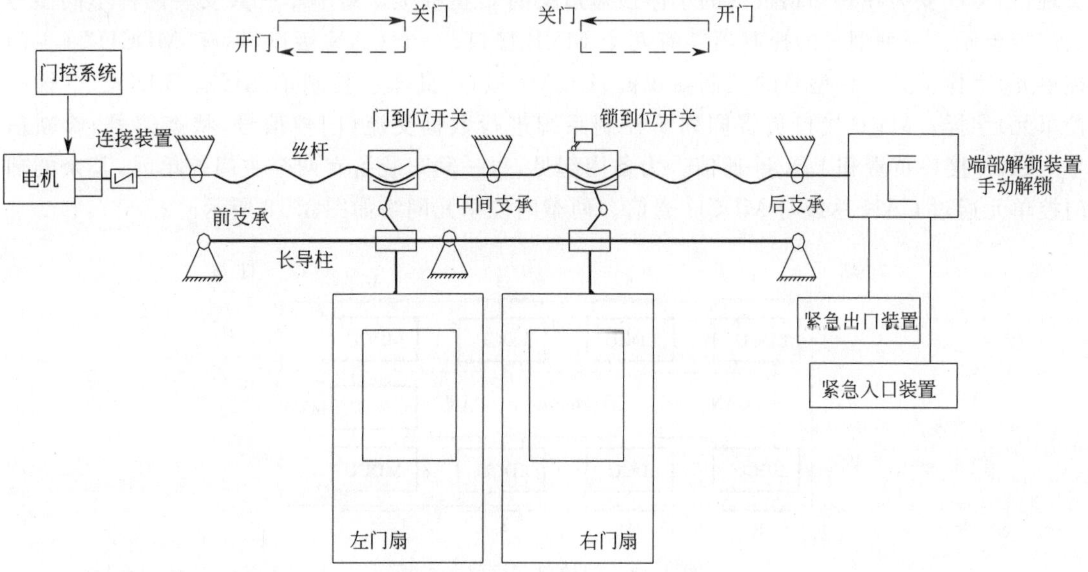


图 3.17　车门工作原理示意图

1. 开门的工作原理

列车控制系统发出开门指令(按压开门按钮或者自动运行模式下的自动开门指令)→列车

控制系统检测列车状态→门控单元接收到开门指令→门控单元控制电路接通电机电源→电机通电并工作→LS 锁闭装置解锁(螺母锁紧装置退出丝杆的锁闭段)→携门架上的滚轮、上滑道、摆臂、下滑道及短导柱配合,实现塞拉→携门架、长导柱、上下滑道配合,实现平移→车门开启直到完全打开。

2. 关门的工作原理

列车控制系统发出关门指令(按压关门按钮或者自动运行模式下的自动开门指令)→DCU 接收到关门指令→门控单元控制电路接通电机电源→电机通电并工作→车门开始关闭→检测列车状态(由关到位开关 S4 和锁到位开关 S1 检测、障碍检测等)→进行下一步动作直到门完全关闭。

3. 门隔离的工作原理

在车门关闭状态下,操作门隔离开关,可以使车门机械锁住,电气从安全环路上隔离。该门即从列车控制系统中隔离开来,不受列车控制系统的控制。

4. 紧急操作的工作原理

操作内紧急解锁装置手柄或外紧急解锁装置钥匙→钢丝绳带动端部解锁装置解锁,并启动紧急解锁行程开关 S3→门控器 EDCU 收到相应信号→门控器根据列车状态进行下一步动作→若零速信号有效,则车门解锁,可手动打开车门;若零速信号无效,则电机朝关门方向施加一个 300 N、持续 5 min 的力,以阻止车门被打开。

## 3.3 城市轨道交通车辆车门系统控制单元及功能介绍

### 3.3.1 门控单元系统

城市轨道交通车辆每个门的监控由电子门控单元 EDCU(Electronic Door Control Unit)实现,EDCU 安装在拐角顶板内的车体顶盖边梁的 C 型槽上。每节车一共安装两种不同型号的门控单元。一种型号的控制器装有两个 MVB 接口、一个 CAN 接口,标有“MDCU”(主门控单元)字样。另一种型号的控制器仅配备 CAN 接口,此车门控制单元标有“LDCU”(辅门控单元)字样。MVB 接口负责同列车控制系统进行数据交流(门控信号,状态信号,诊断信号),CAN 接口负责和 LDCU 通信。为备用起见,每一辆车装备有两个主门控单元,其余的辅门控单元通过 CAN 总线与 MDCU 通信。列车门控单元网络如图 3.18 所示。

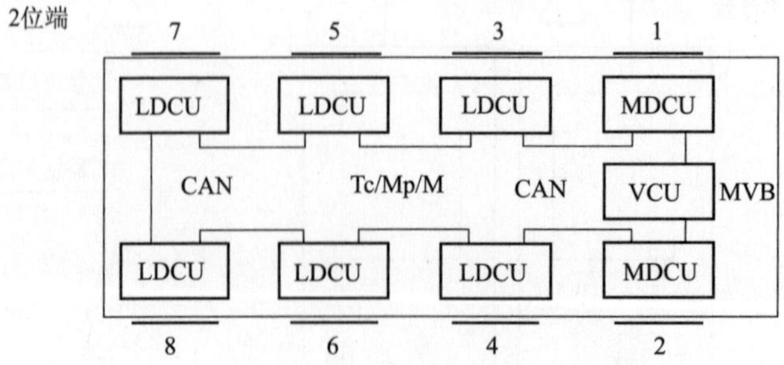


图 3.18 门控单元网络拓扑图

电子门控单元是可编程的,包含 16 路输入信号(I0-I15)和 6 路输出信号(00-05),由系统存储器中的软件控制,如图 3.19 所示。

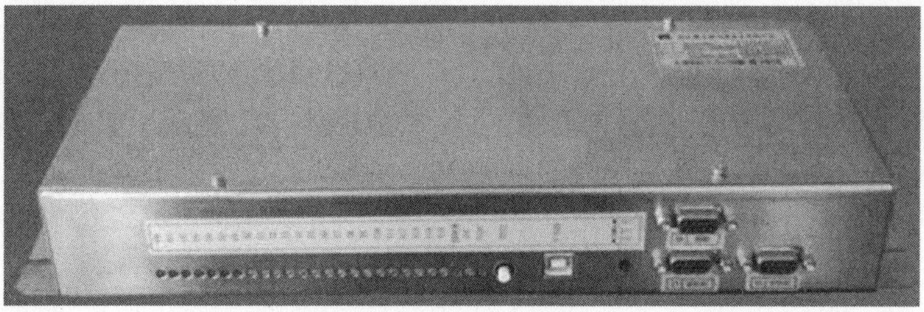

图 3.19　电子门控器

根据列车线控制信号（“门允许列车线”，“零速列车线”，“开门列车线”）和门驱动机构上元件（门锁紧开关，隔离开关，……）发出的信号，电子门控单元控制门开启和关闭。

中央门控指令（如门开/关）由司机按门控按钮或由 ATO 发出。此指令信号与 ATP 信号（如零速度）一起由列车硬线传送至门控单元。若门安全回路（门允许列车线）“所有门关闭”未闭合。即有一个或一个以上的门尚未关闭到位，联锁继电器会阻止牵引指令及气制动缓解。

### 3.3.2　门控单元系统功能介绍

城市轨道交通车辆开关门模式自动开/自动关、自动开/手动关、手动开/手动关三种。如图 3.20 所示，打开客室车门需要开门指令、门允许指令、门零速指令；关闭车门需要关门指令。

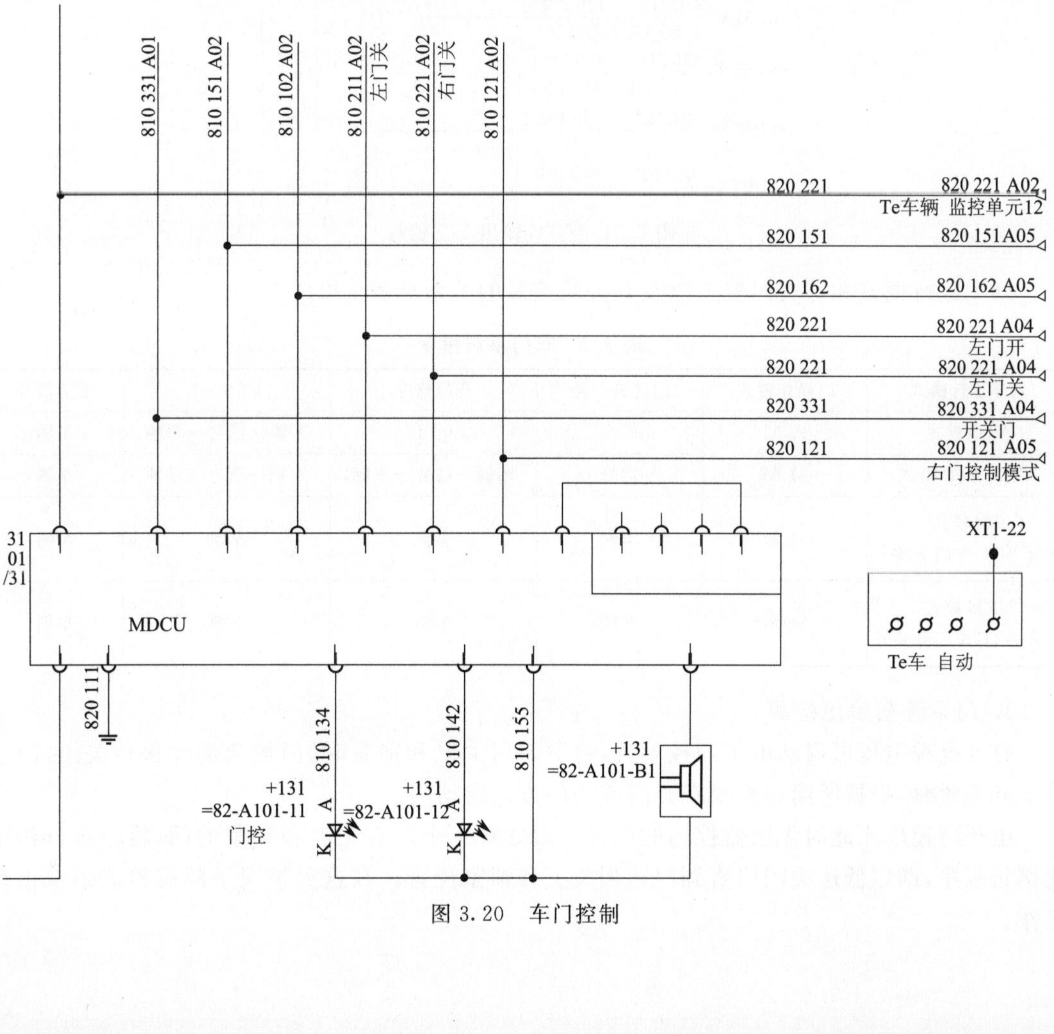


图 3.20　车门控制

列车选择 ATO、ATP、RM 驾驶模式时，ATC 车载控制器(信号控制设备)发送门允许和开、关门指令，如图 3.21 所示。RM 模式下 ATC 车载控制器出现故障时，选择 ATC 车门旁路，或者 NRM 模式下，车辆设备发出门允许和开、关门指令，如图 3.22 所示。无论何种驾驶模式，车门所需门零速信号均由车辆制动系统网关阀发出。

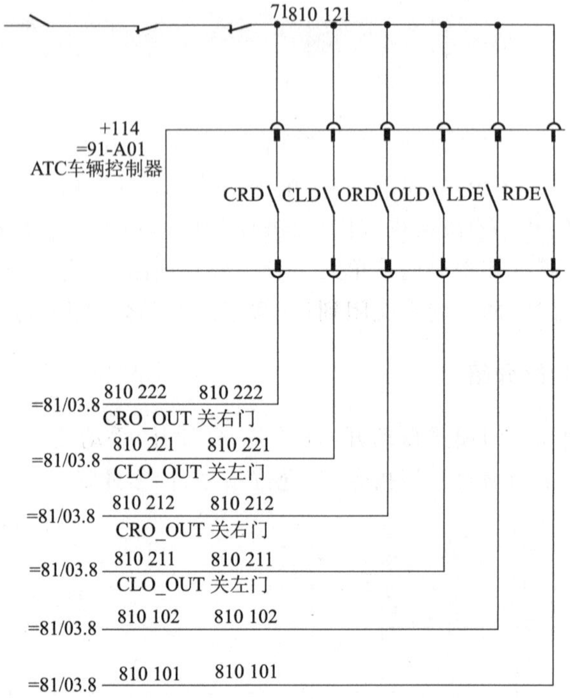


图 3.21 ATC 输出车门信号

列车运行模式和开关门模式以及开关门信号的关系见表 3.2。

**表 3.2 车门系统指令**

| 列车运行模式 | 门操作模式 | 门允许信号 | 开门指令 | 关门指令 | 零速信号 |
|---|---|---|---|---|---|
| ATO 模式 | A/M | 信号 | 信号 | 车辆→信号→车辆 | 车辆 |
| ATO、ATP 模式 | M/M | 信号 | 车辆→信号→车辆 | 车辆→信号→车辆 | 车辆 |
| RM 模式<br>(含 ATC 车门旁路) | M/M | 车辆 | 车辆 | 车辆 | 车辆 |
| NRM 模式<br>(含 ATC 车门旁路) | M/M | 车辆 | 车辆 | 车辆 | 车辆 |

1. 门系统初始化检测

打开电源电压可启动电子门控单元，将引起门关上和锁紧时，门被启动并保持关闭；门未关上和锁紧时，根据所给的指令在开门或关门方向启动门。

电子门控单元此时无法监控门的位置。因此对一个没有关上和锁紧的门，将会运行初始化例行程序，即以低速关闭门直到门达到关上和锁紧位置。在这种情况下障碍检测系统正常工作。

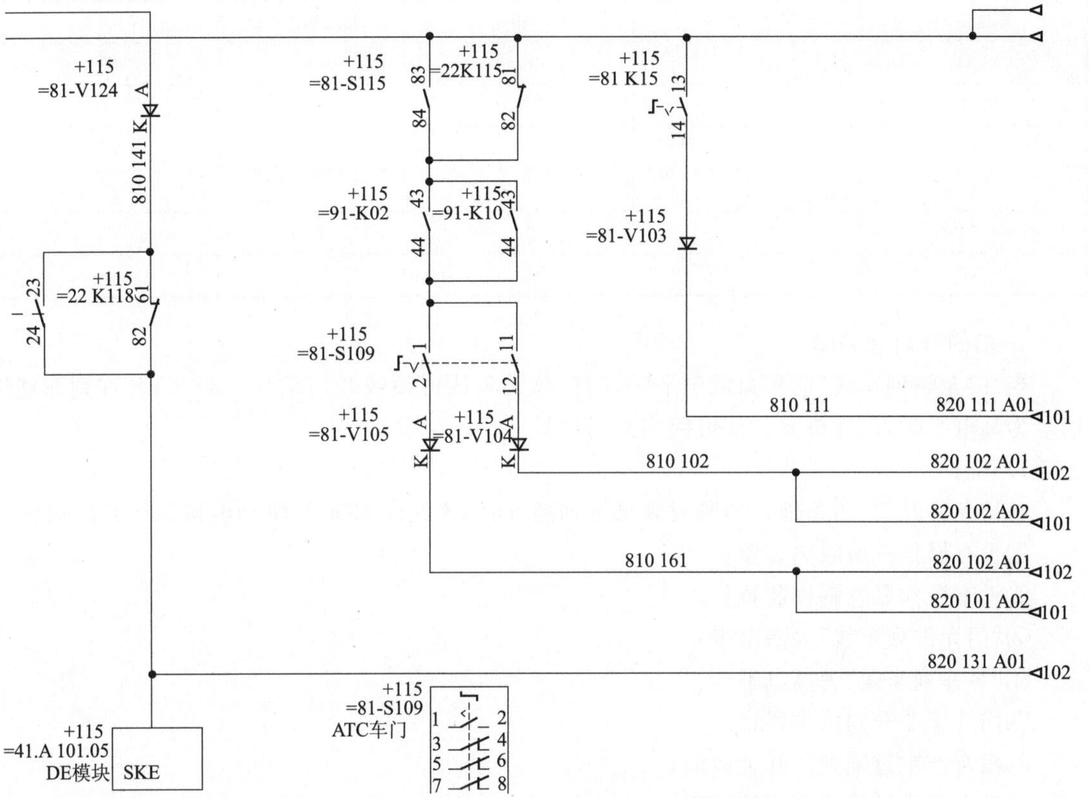


图 3.22 车辆输出车门控制信号

2. 门允许列车线

当“门允许列车线”信号有效时，允许执行开门操作。如果撤销“门释放列车线”信号，开着的门将立即开始关闭，这个时候，障碍检测功能仍有效。当“门允许列车线”信号有效时，操作紧急解锁装置，门将释放停。当同时满足开门条件和关门条件时，优先执行关门操作。

3. 零速保护

当检测到列车停稳时，零速列车线保持高电平。一般情况下，当零速列车线被激活时EDCU才执行开门命令；一旦检测到硬连线传输有故障，EDCU执行网络传输的指令。只有在MVB零速列车信号有效时，EDCU才执行开门命令。如果零速继电器出现故障，司机可以通过操作零速旁路开关来激活零速列车线。

列车处于非零速状态下，无论EDCU是否接收到关门指令，开着的门都将自动关闭，如果操作紧急解锁装置需要克服一个很大的反作用力才能手动开门。

4. 集控开关门

在正常状态下，开门需同时满足以下条件才动作：

(1)车速为零；

(2)接收到有效开门指令和门使能(允许)信号。

表 3.3 信号与车门状态对应关系

| 零速信号 | 门允许信号 | 开门指令 | 关门指令 | 门状态 |
|---|---|---|---|---|
| 0 | 0/1 | 0/1 | 0/1 | 关 |
| 0/1 | 0 | 0/1 | 0/1 | 关 |
| 1 | 1 | 0 | 0 | 保持 |
| 1 | 1 | 1 | 0 | 开 |
| 1 | 1 | 0 | 1 | 关 |
| 1 | 1 | 1 | 1 | 关 |

5. 门的开启和关闭

当“门允许列车线”信号为低电平时，门控单元只认可硬线开门信号。当“门允许列车线”信号为高电平时，门控单元只认可网络开门信号。

1)开门

(1)“允许开门”的条件。当同时满足下列条件时，才允许 EDCU 驱动电机执行开门操作。

①没有操作机械隔离装置；

②没有操作紧急解锁装置；

③“门允许列车线”为高电平；

④“零速列车线”为高电平；

⑤门处于非开到位位置；

⑥没有产生过锁到位开关故障；

⑦没有产生过关到位开关故障。

(2)“开门列车线”和“网络开门指令”的开门功能。检测到“开门列车线”或“网络开门指令”信号从低电平跳变到高电平，且保持高电平状态 200 ms 以上，那么“开门列车线”或“网络开门指令”信号有效；若满足“允许开门”的条件，则延时设定的时间后，车门开始开启。维护人员可以通过 TCMS 通信将开门时间，在 2.5～4 s 之间调节，将开门延时时间在 0～3 s 之间调节。

若门控单元接收到 MVB 网络发送的“紧急操作信号”，则整列车门将顺次开门，每节车单侧每 3 s 开一扇门。门开启到开门终点位置后保持当前位置，直到再次接收到关门指令。

如果在开门过程中，在满足“允许开门”的条件下，“开门列车线”或“网络开门指令”信号从高电平跳变为低电平，门仍然会开启到开门终点位置。

(3)“维护按钮”开门功能。在开门指令无效时，若零速信号有效，操作维护按钮，门会立即关闭，再次操作时将会打开。检测到“维护按钮”信号从低电平跳变到高电平，且保持高电平状态 100 ms 以上，那么“维护按钮”信号有效；若同时满足下列条件，则门将立即开启到开门终点位置，并保持在开到位的位置。

①没有操作机械隔离装置；

②没有操作紧急解锁装置；

③“零速列车线”为高电平；

④内部安全继电器得电。

若前一次门的电控运动方向为关门方向，或门处于关锁到位位置，再次操作“维护按钮”，若同时满足“维护按钮关门功能”的条件，则开门顺序会转变为关门顺序。

2)关门

当“门允许列车线”信号为低电平时，门控单元只认可硬线关门信号。当“门允许列车线”信号为高电平时，门控单元只认可网络关门信号。

(1)“关门列车线”和“网络关门指令”关门功能。检测到“关门列车线”或“网络关门指令”信号从低电平跳变到高电平，且保持高电平状态200 ms以上，则“关门列车线”或“网络关门指令”信号有效，若同时满足下述“允许关门列车线关门”条件，则延时设定的时间后，车门开始关闭。

①没有操作机械隔离装置；

②没有操作紧急解锁装置；

③门未关锁到位。

维护人员可以通过TCMS通信，将关门时间(出厂时为3.5 s)在2.5～4 s之间调节；将关门延时时间(出厂时为3 s)在0～3 s之间调节。

门关闭至关锁到位的位置后，保持当前位置。如果在关门过程中，在满足“允许关门”条件下，“关门列车线”或“网络关门指令”信号从高电平跳变为低电平，门仍然会关闭到关锁到位的位置。再次激活“关门列车线”或“网络关门指令”，已经关锁到位的门不动作，未关锁到位的门执行关门操作。

(2)“网络关门指令”的关门功能。检测到“网络关门指令”信号从0跳变到1，则“网络关门指令”信号有效，若同时满足下述“允许网络信号关门”的条件，且“门允许列车线”信号为高电平，则延时设定的时间后，车门开始关闭。

①没有操作机械隔离装置；

②没有操作紧急解锁装置；

③门未关锁到位。

维护人员可以通过TCMS通信，将关门时间(出厂时为3.5 s)在2.5～4 s之间调节；将关门延时时间(出厂时为3 s)在0～3 s之间调节；而且设定的参数可以通过服务软件查询。

门关闭至关锁到位的位置后，保持当前位置。如果在关门过程中，在满足“允许关门”的条件下，“网络关门指令”信号从1跳变为0，门仍然会关闭到关锁到位的位置。“网络关门指令”应保持“1＝有效”状态3 s以上。

(3)“维护按钮”关门功能。在关门指令无效，零速信号有效时，操作维护按钮可打开车门，门在收到关门指令之前一直保持开门状态。检测到“维护按钮”信号从低电平跳变到高电平，且保持高电平状态100 ms以上，认为“维护按钮”信号有效；若同时满足下列条件，门将关闭到位，并保持关锁到位的位置。

①没有操作机械隔离装置；

②没有操作紧急解锁装置；

③内部安全继电器得电；

④门未关锁到位。

若前一次门的电控运动方向为开门方向，或当前门已经处于开到位的位置，或“零速列车线”为低电平，再次操作“维护按钮”，若满足“维护按钮开门功能”的条件，则关门顺序会转变为开门顺序。

(4)丢失“零速列车线”信号的关门功能。未操作“机械隔离装置”,若“零速列车线”信号从高电平跳变至低电平,且保持 200 ms 以上,则未关锁到位的门将立即执行关门动作。在关门过程中,若检测到关门方向上有障碍物,障碍检测功能仍有效。

(5)复位“紧急解锁装置”的关门功能。未操作“隔离装置”的情况下,复位“紧急解锁装置”,未关锁到位的门将立即执行关门操作。

6. 指示灯

(1)内侧车门指示灯

在每个客室侧门的上方均设有一个橙色的指示灯。车门操作机械隔离时,该指示灯灭;车门被紧急解锁时,指示灯亮;车门未操作机械隔离,未操作紧急解锁时,若门开启,则指示灯亮;若门处在关门过程中,则指示灯闪烁;若门关闭到位,则指示灯灭。

(2)车门切除指示灯

在每个客室侧门上方还设有红色指示灯。车门操作机械隔离或操作紧急解锁时,该指示灯亮;门开到位或关锁到位或处在关门过程中或处在开门过程中,指示灯灭;门出现了故障,指示灯亮。

橙黄色的 LED 指示灯和红色 LED 指示灯的状态见表 3.4。

**表 3.4　车门状态与指示灯对应关系**

| 车门系统状态 | 橙黄色 LED 指示灯 | 红色 LED 指示灯 | 蜂鸣器状态 |
| --- | --- | --- | --- |
| 车门处于全开状态 | 亮 | 灭 | 停止鸣响 |
| 车门处于关门过程中 | 闪烁(1HZ) | 灭 | 鸣响 |
| 车门处于全关状态 | 灭 | 灭 | 停止鸣响 |
| 车门处于开门过程中 | 亮 | 灭 | 停止鸣响 |
| 车门切除 | 灭 | 亮 | |
| 车门故障 | 灭 | 亮 | |

7. 紧急解锁

为了在紧急状态下手动开门,设有紧急解锁装置。操作紧急装置使锁闭装置解锁,并使锁闭装置处的限位开关动作。操作紧急解锁装置后,装置将被定位在操作状态。

(1)当“门允许列车线”信号为高电平且“零速列车线”信号为高电平的情况下:

①通过钢丝绳操作锁闭装置,实现机械解锁;

②紧急解锁开关动作,将信号传递给 EDCU;

③“安全互锁回路”将被断开;

④门可通过手动在开门和关门方向上移动。

如果操作了紧急解锁装置,必须在列车重新启动之前将该装置复位。复位紧急解锁后,车门立即关闭,且障碍物检测功能有效。

(2)当“门允许列车线”信号为低电平或“零速列车线”信号为低电平的情况下。若没有操作隔离装置,将实现持续 5 min 关门力的功能,从而阻止门被打开。关门过程中,关门防挤压功能被禁止,作用于门扇的关门力将有如下变化:

①若门已经关锁到位,电机停在当前位置。

②若门未关锁到位,电机将试图驱动门扇回到关锁到位的位置附近。

8. 障碍检测

(1)关门过程障碍检测的监测系统。

①电机电流监控。每次关门过程中电机正常关门电流曲线被存储并自动调整；如果电机的实际电流超过额定值，障碍检测被激活。最大电流值并不恒定，由门的位置和前几次关门运动的电流决定。即使当电子门控单元的电源关闭时，最大电流值也被存储。如果将电子门控单元换到其他任何门上，需持续按下维护按钮进行初始设置，按下按钮的时间需超过 1.5 s(从打开电源开始计算)，如图 3.23 所示。

②路程/时间监测：通过门位置传感器的检测，将门的运动分成几个距离段，如果在给定的时间内门未通过这些距离段，则障碍检测被激活。

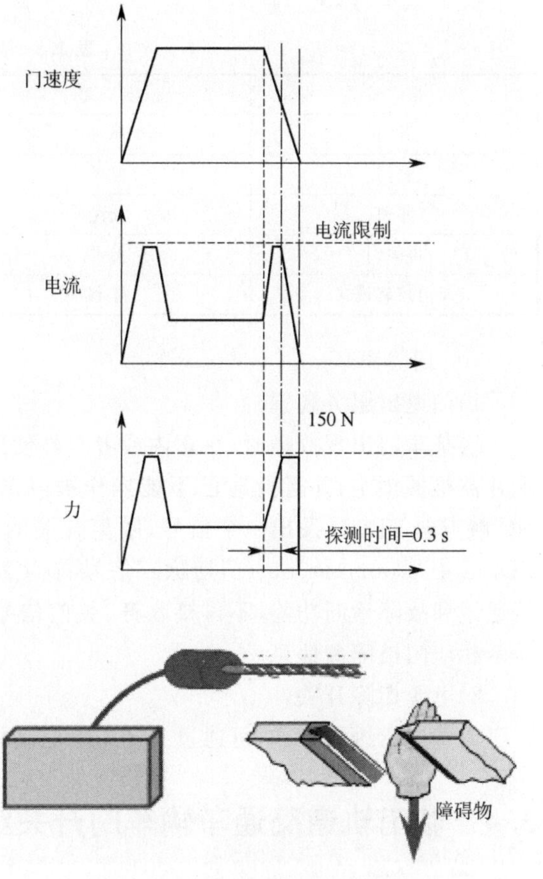

图 3.23　障碍物探测功能原理

当车门受到障碍物的阻挡时，按预先给 EDCU 设定的最大控制关门力关门(150～300 N 可调)。当门自动打开一段距离之前，关门力持续时间为 0.5 s，然后，经过 1 s(可调)后，将重新启动关门动作。若连续三次关门均激活障碍检测流程，那么门会自动完全打开。之后，将根据新的关门命令进入关门流程；障碍检测的次数(1～5 次)以及门的开度，障碍检测期间的停顿时间均可自行调节。任何关、开门指令都可使门重新启动。

检测到关门方向上有障碍物后，门自动打开的功能，当同时满足下列条件时方可执行：

①没有操作机械隔离装置；

②没有操作紧急解锁装置；

③“零速列车线”有效。

(2)开门过程的障碍检测

障碍检测可被激活三次。开门时若有障碍会使开门循环停止 1 s，在三次开门动作之后门将会停在当前位置，并且电子门控单元会认为此位置是最大可达开门位置，此时任何关门指令都可将门关闭。

9. 再关门功能

如果司机显示屏上显示并非所有车门均已关闭锁定(如在某车门处有障碍物)，列车就不能启动。司机可通过按压设备柜或继电器柜面板上的“再关门”按钮使这些未能关闭的车门重新打开，之后相应侧的这些未能关闭的车门将再次关闭，已关到位的车门不动作。

上述描述的开关门列车线信号，在发送过程中也被 SKS 采集，并通过 MVB 网络传送给 VCU 和 EDCU。

综上所述，从车门控制面板传至 EDCU 的列车线信号见表 3.5。

表 3.5 列车线信号

| 信号 | 类型 | 信号电平 |
|---|---|---|
| 开门 | 脉冲 | 1＝开门 |
| 关门 | 脉冲 | 1＝关门 |
| 零速 | 持续 | 1＝零速 |
| 再关门 | 脉冲 | 1＝再关门 |
| 车门控制模式 | 持续 | 0＝硬线控制开关门 1＝网络控制开关门 |

10. 门隔离

1)门退出服务装置

当某车门出现故障时，在车内或者车外使用方头钥匙操作隔离装置，将车门从服务状态切除并被机械锁定，并且此时已不能操作被隔离门上的紧急解锁装置。此时车门隔离开关的 NC 触点向 EDCU 发出一个信号，隔离开关的 NO 触点优先于安全互锁回路。门切除以后，EDCU 中"Door_cut_out(门切除)"信号将为高电平，此时 EDCU 将关门的所有运动，仅仅保留通讯和故障诊断功能，不再接收开、关门信号，车门切除指示灯保持持续明亮。在 HMI 上显示相应门被隔离信息。

2)电源切除开关

为了进行维修工作，可通过关闭位于驱动机构的电源隔离开关来切断一扇门区域的电源。

## 3.4 城市轨道交通车辆车门开关组件及控制原理分析

城市轨道交通车辆车门开关组件用于检测驱动螺母是否进入关闭或锁闭位置，并提供"门关闭或锁闭"信号。控制车门开关的元件组成及安装位置见表 3.6。

表 3.6 车门控制元件组成及其安装位置

| 元件 | 位置 |
|---|---|
| 主电子门控器(MDCU) | 门 1～2 的 EDCU 安装板 |
| 从电子门控器(LDCU) | 门 3～8 的 EDCU 安装板 |
| 电机 | 门机构 |
| 门位置传感器 | 集成在电机 M1 上 |
| 电源隔离开关 | 车厢内部 |
| 电源隔离开关 | EDCU 安装板 |
| 内侧车门指示灯(橙色) | 门入口 |
| 车门切除指示灯(红色) | 门入口 |
| 蜂鸣器 | 门入口 |
| 门锁到位开关 | 门机构 |
| 隔离开关 | 门入口 |
| 紧急解锁开关 | 门机构 |
| 门关到位开关 | 门机构 |

### 3.4.1　门关闭/锁闭开关

如图 3.24、图 3.25 和图 3.26 所示，车门检测装置包含两组限位开关，用于检测驱动螺母是否进入关闭或锁闭位置，并提供“门关闭/锁闭”信号。

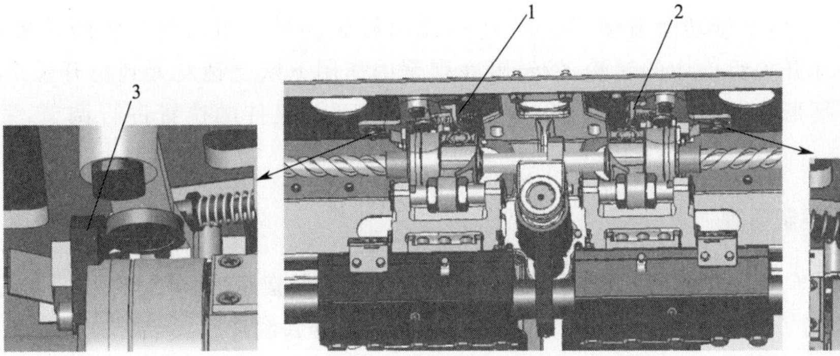


图 3.24　开关组件图

1—关到位开关组件；2—锁到位开关组件；3—左螺母撞板；4—右螺母撞板

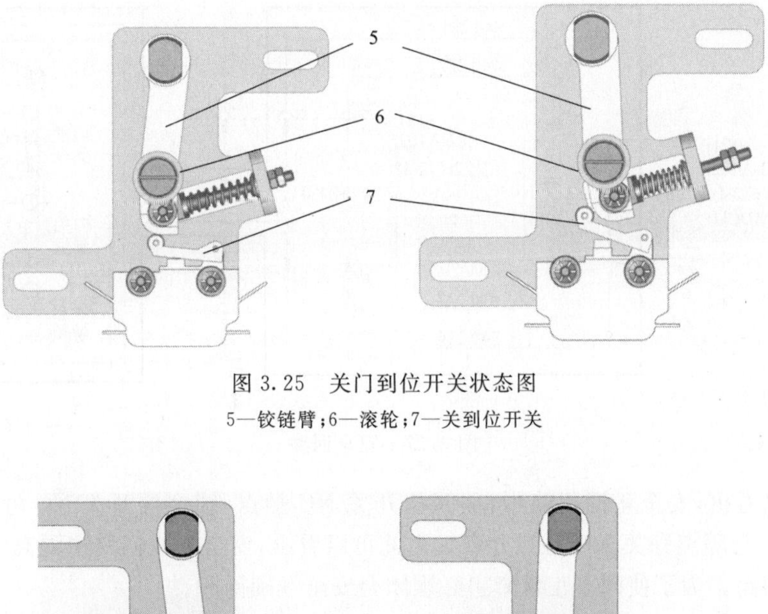


图 3.25　关门到位开关状态图

5—铰链臂；6—滚轮；7—关到位开关

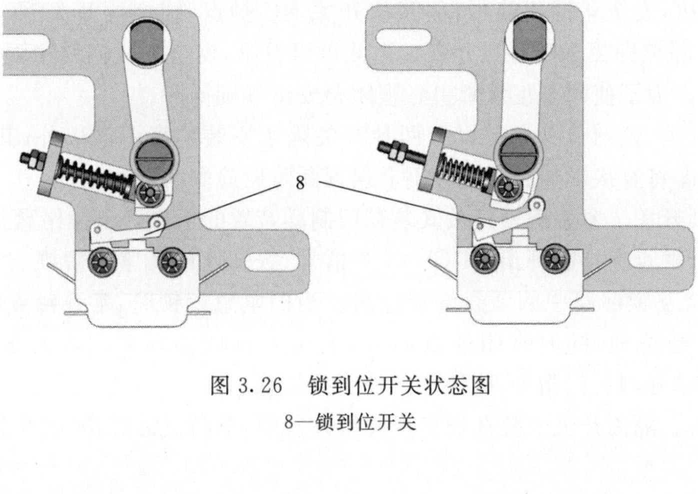


图 3.26　锁到位开关状态图

8—锁到位开关

在机构顶部安装有关到位开关组件1与锁到位开关组件2。当门到达关闭位置时，左螺母上的撞板3拨动开关组件中的滚轮6使铰链臂5旋转脱开，释放关到位开关7。当螺母中的滚动销进入锁闭位置时，右螺母上的撞板4拨动开关组件中的滚轮使铰链臂旋转，释放锁到位开关8。

开门时，当螺母中的滚动销离开锁闭位置时，右螺母上的撞板4脱开开关组件中的滚轮，铰链臂在弹簧的作用下旋转触发锁到位开关8，发出解锁信号。当门离开关闭位置时，左螺母上的撞板脱开开关组件中的滚轮，铰链臂在弹簧的作用下恢复触发关到位开关7，开关组件用螺钉通过腰形孔安装在机构顶部，松开螺钉可对开关组件的位置进行调节，发出开门信号。

### 3.4.2 安全回路及控制原理

安全互锁回路是车门系统的重要组成部分，它对车门的状态监控，行车安全可靠性的保障，以及故障判断起到了至关重要的作用。绝大部分车门故障都会牵扯到安全互锁回路。

如图3.27所示，车门安全互锁回路由关到位开关、锁到位开关、紧急解锁开关、隔离开关组成。

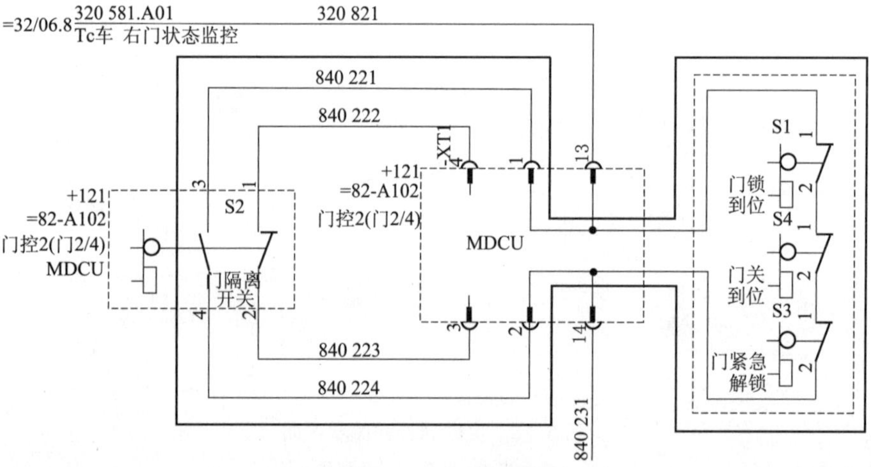


图3.27 安全回路

由图可以看出，安全互锁回路中，关到位开关NC触点、锁到位开关NC触点、紧急解锁NC触点串联，与隔离开关NO触点并联。由此可以看出，安全互锁回路中隔离开关回路优先于安全互锁回路。为了使列车正常牵引必须闭合安全互锁回路。

(1)关到位开关、锁到位开关。以上两种开关除了安装位置不同以外，其余没什么区别。这两个开关的状态将直接影响到车门会不会误判断障碍检测功能。

(2)紧急解锁开关。紧急解锁开关安装在门制动装置的下方。未操作紧急解锁时，开关处于松开状态，常开触点保持断开给EDCU一个信号，告知此门无紧急解锁。常闭触点保持闭合，接通此门安全互锁回路中的紧急解锁电路。当门紧急解锁时，常开触点的闭合给EDCU信号告知该门已经解锁，同时常闭触点断开，安全互锁回路断开。若列车非零速状态下，EDCU将立即启动强制关门指令，确保车门处于关闭状态。

(3)隔离开关。隔离开关安装在隔离开关组件盒中，车门正常时，隔离开关处于松开状态，常闭触点给 EDCU 一个信号告知 EDCU 无隔离操作，同时常开触点保持断开。车门故障无法使用时，在门关闭的状态下，操作隔离开关。此时常闭触点断开给 EDCU 一个信号告知门被隔离，同时常开触点闭合，旁路该门的关到位开关、锁到位开关以及紧急解锁开关，避免单个门故障影响到整个列车的牵引。

在互锁回路中并联一个隔离开关的常开触点的目的，是当并联回路中只要有一路畅通就不会给 EDCU 一个安全互锁回路断开的信号，再者，并联一个隔离开关的常开触点是为了避免单个车门遇到故障的时候，影响到整列车的运营服务，即当列车车门故障导致安全互锁回路断开时，将车门关闭并隔离，隔离开关的常开触点闭合，此时安全互锁回路中隔离开关这一路畅通进而可以继续给 EDCU 一个安全的信号(或者可以说此时安全互锁回路可以忽略不计)，不会因为安全互锁回路断开而丢失牵引。

## 任务 1　城市轨道交通车辆车门控制系统操作

1. HMI 车门状态显示

MDCU 上的所有数据通过 MVB 传送到 VCU 上。所有门的状态信息将根据需要显示在司控器显示屏上。车门状态在 HMI 上的显示如图 3.28 和图 3.29 所示。

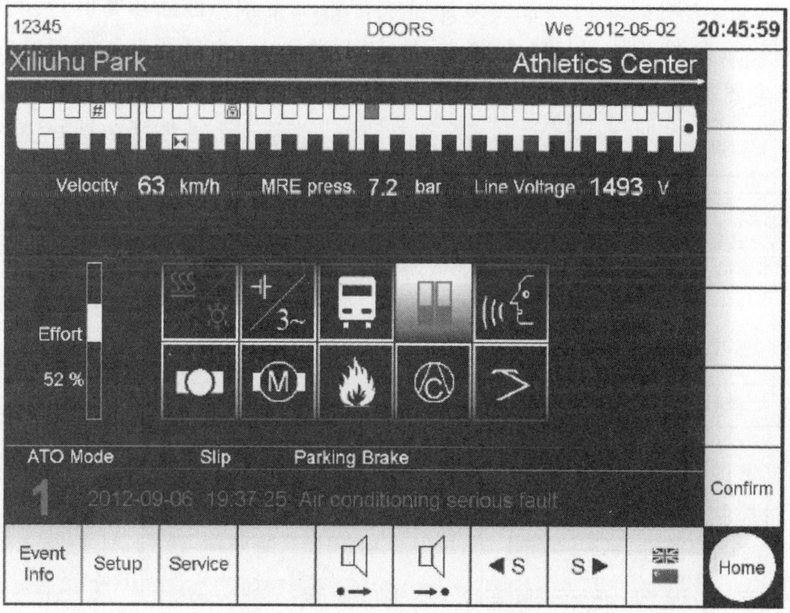


图 3.28　HMI 车门状态画面

2. 司机室内车门控制

(1)在司机台的左右两侧各设置开、关门按钮，即“右门开”、“右门关”、“左门开”、“左门关”4 个按钮，同时在司机台左边的按钮面板上有“门模式开关”，右边有“列车所有车门关好”指示灯。

(2)在司机室的左右两侧靠近司机室侧门处各设置车门控制板，即“右门开”、“右门关”、“左门开”、“左门关”、“重关门”5 个按钮，各按钮及指示灯状态见表 3.7。

| 优先级 | 符号 | 指示状态 |
|---|---|---|
| 1 |  | 紧急情况下门从里面或外面打开(黄底) |
| 2 |  | 门切除(灰底、显示橙色锁) |
| 3 |  | 维护按钮按下(蓝色) |
| 4 |  | 门故障(红色) |
| 5 |  | 门警告(黄色) |
| 6 |  | 门检测到障碍物(黄底显示两黑三角) |
| 7 |  | 门开,无故障(黑色) |
| 8 |  | 门关,无故障(灰色) |

图 3.29　HMI上车门状态画面

**表 3.7　车门开关指示灯信息**

| 开关/指示灯 | 类型 | 位置/数量 | 作用 |
|---|---|---|---|
| 开左/右门 | 带红色指示灯自复位按钮 | 开左门按钮:司机台、设备柜面板各一个。<br>开右门按钮:司机台、继电器柜面板各一个 | 接收到开左/右门允许信号时,可通过按下该按钮将列车上左/右侧车门开启。如开门允许信号有效,该按钮点亮 |
| 关左/右门 | 带绿色指示灯自复位按钮 | 开左门按钮:司机台、设备柜面板各一个。<br>开右门按钮:司机台、继电器柜面板各一个 | 按下该按钮,将发出关左/由门信号关闭左/右侧车门。当所有左/右侧车门关闭锁定,该按钮点亮 |
| 再关门 | 自复位按钮 | 设备柜、继电器柜面板各一个 | 接收到开门允许信号时候,可通按下再关门按钮,这时所有未能关闭的车门将重新打开并再次关闭 |
| 车门控制模式开关 | 二位自锁旋钮 | 司机操纵台 | 输出车门控制模式列车线信号。当选择"网络"档时,列车线为高电平,当选择"硬线"档时候,列车线为低电平 |
| 列车所有门关好 | 指示灯 | 司机操纵台 | 显示全列车车门关闭状态 |

(3)在司机室的继电器柜上设"车门控制、门控单元1～8、左门状态监控、右门状态监控"断路器和"车门控制模式、门关好旁路、门零速旁路"旋钮。

## 任务2　城市轨道交通车辆车门系统检查

1. 双日检(表3.8)

**表 3.8　双日检**

| 序号 | 项目 | 检修内容 | 检修标准 |
|---|---|---|---|
| 1 | 客室作业 | 检查客室车门门页玻璃、密封橡胶外观及玻璃黏接状态 | 玻璃无裂纹、密封橡胶安装牢固、无脱落 |
| | | 检查车门紧急解锁装置状态 | 紧急解锁盖板透明罩无破损 |

续上表

| 序号 | 项目 | 检修内容 | 检修标准 |
|---|---|---|---|
| 2 | 司机室有电作业 | 客室车门开关控制检查 | 在司机室操作开、关门按钮，确认车门开、关功能正常，门关好后关门灯亮。同侧车门开关门同步，HMI 显示正确。同时在客室确认开、关门顺畅，无异常声音 |

2. 双周检(表 3.9)

**表 3.9　双周检**

| 序号 | 项目 | 检修内容 | 检修标准 |
|---|---|---|---|
| 1 | 客室侧门无电作业 | 检查门驱盖板、盖板锁、指示灯状态 | (1)检查门驱盖板外观，要求盖板表面无裂纹，漆膜完好<br>(2)锁芯和锁舌转动灵活，固定螺母紧固无松动<br>(3)指示灯安装良好 |
| | | 检查门立柱盖板、门立柱扶手杆状态 | (1)检查门立柱盖板，要求表面无裂纹，无脱漆<br>(2)紧急解锁装置透明罩无破损<br>(3)扶手杆安装牢固无松动 |
| | | 检查门页表面 | 门页表面漆膜完好无破损，门页玻璃无裂损，护指胶条无裂损 |
| | | 检查关到位开关 S4、锁到位开关 S1 状态 | (1)安装牢固，表面状态良好，部件无缺损<br>(2)车门锁闭时，铰链臂压紧力度适度 |
| | | 检查坦克链状态 | (1)坦克链无损坏、脱出<br>(2)安装座固定螺栓紧固无松动 |
| | | 检查上滑道、滚轮状态 | (1)滑道无变形，紧固螺栓紧固无松动<br>(2)尼龙滚轮转动灵活、无破损，滚轮下边缘高于滑道下边缘 |
| | | 检查丝杆状态 | (1)丝杆表面无异物，推拉门页时转动灵活<br>(2)丝杆安装座紧固螺栓齐全，防松线清晰无错位，安装座表面无裂纹 |
| | | 检查门驱电机、安装座、电缆状态 | (1)电机外观无损伤，固定螺栓紧固无松动<br>(2)电机安装座无裂纹、损坏，紧固螺栓紧固无松动<br>(3)电机电缆绑扎无松动，连接插头无损坏，线缆在车门运动时与其他部件无干涉 |
| | | 检查端部解锁装置、解锁开关 S3 状态 | (1)解锁装置安装座紧固螺栓齐全，防松线清晰无错位<br>(2)S3 开关安装及外观良好 |
| | | 检查螺母副(2 个)状态 | 安装螺栓紧固无松动，撞块紧固螺栓紧固无松动 |
| | | 检查 H 形传动架、螺纹套状态 | 传动架销轴两端挡卡齐全，安装良好，螺纹套无裂损，限位螺母紧固无松动 |
| | | 检查直线轴承状态 | (1)表面无擦伤、脱漆，注油嘴外观良好，注油嘴滚珠无丢失<br>(2)孔用挡圈(卡簧)未脱出、缺失 |
| | | 检查长导柱状态 | 长导柱表面无划痕、锈迹，两端部件齐全 |
| | | 检查短导柱及挂架状态 | (1)短导柱表面无划痕、锈迹<br>(2)挂架表面无脱漆、裂纹<br>(3)挂架底部紧固螺栓紧固无松动 |
| | | 检查携门架状态 | (1)表面无开裂、无脱漆<br>(2)携门架与直线轴承和门页的连接螺栓及偏心轮紧固无松动，接地线固定螺栓紧固无松动，接地线在车门运动时与其他部件无干涉<br>(3)开门止挡外观良好，无破损 |
| | | 检查平衡轮、平衡轮压板状态 | (1)门页与平衡轮压板无碰伤<br>(2)安装座固定螺栓紧固无松动，压轮无破损、裂纹、松动，卡簧无丢失<br>(3)在关门位置拨动压轮，要求有明显阻力，解锁后，在两门页缝隙约为 1 cm 时，转动灵活 |

续上表

| 序号 | 项目 | 检修内容 | 检修标准 |
|---|---|---|---|
| 1 | 客室侧门无电作业 | 检查下滑道、下摆臂状态 | (1)下滑道紧固无松动，表面无变形<br>(2)下摆臂表面无裂纹、防脱销无丢失<br>(3)下滑道与摆臂滚轮配合良好 |
| | | 门页下部挡销、嵌块、门槛状态 | (1)部件表面无破损、裂纹，紧固螺栓紧固无松动<br>(2)门关闭后，挡销侧面与嵌块的间隙为 1～2 mm，挡销底面与嵌块的间隙为 2～3 mm |
| | | 手动开/关门及车门锁闭功能 | (1)门页运动时无卡滞、干涉、异音、异常晃动<br>(2)车门锁闭功能良好 |
| 2 | 客室侧门有电作业 | 检查电动开/关门功能 | 在司机室操作开、关门按钮，开、关门顺畅，无异常声音，同侧车门开、关门同步，门关好后关门灯亮 |
| | | 检查指示灯状况及蜂鸣器功能 | (1)开门时黄色指示灯亮<br>(2)关门时黄色指示灯闪烁，且伴有蜂鸣器报警声，门关好后报警声稍后即止 |

3. 三月检(表 3.10)

**表 3.10 三月检**

| 序号 | 项目 | 检修内容 | 检修标准 |
|---|---|---|---|
| 1 | 客室侧门无电作业 | 检查客室车门门页玻璃、护指胶条、密封胶条状态 | 门页表面漆膜完好无破损，门页玻璃无裂损，护指胶条无裂损 |
| | | 检查机架状态 | (1)机架表面无裂纹<br>(2)安装螺栓紧固无松动 |
| | | 检查蜂鸣器状态 | (1)蜂鸣器安装牢固<br>(2)安装座固定螺栓紧固无松动<br>(3)车门运动时蜂鸣器与门驱机构无干涉 |
| | | 检查关到位开关 S4、锁到位开关 S1 状态 | (1)行程开关组件安装牢固，表面状态良好，部件无缺损，功能良好<br>(2)车门锁闭时，铰链臂压紧力度适度<br>(3)行程开关接线端子插接牢固，线缆无破损 |
| | | 检查坦克链状态 | (1)坦克链无破损、脱出<br>(2)安装座固定螺栓紧固无松动 |
| | | 检查上滑道、滚轮状态 | (1)滑道无变形，紧固螺栓紧固无松动<br>(2)尼龙滚轮转动灵活、无破损，滚轮下边缘高于滑道下边缘 |
| | | 检查门驱电机、电机安装座、电机电缆状态 | (1)电机外观无损伤，固定螺栓紧固无松动<br>(2)电机安装座无裂纹、损坏，紧固螺栓紧固无松动<br>(3)电机电缆绑扎无松动，连接插头无损坏，线缆在车门运动时与其他部件无干涉 |
| | | 检查丝杆、丝杆安装座状态 | (1)丝杆表面无异物，推拉门页时转动灵活<br>(2)丝杆安装座紧固螺栓齐全，防松线清晰无错位，安装座表面无裂纹 |
| | | 检查端部解锁装置、解锁开关 S3 状态 | (1)解锁装置安装座紧固无松动，解锁装置右端限位卡簧无缺失，定位螺母防松线清晰无错位<br>(2)S3 行程开关安装紧固，部件无缺损，功能良好<br>(3)行程开关接线端子插接牢固，线缆无破损<br>(4)解锁钢丝绳无断股，正确缠绕于解锁轮内，钢丝绳压紧螺栓防松线清晰无错位 |
| | | 检查螺母副(2 个)状态 | (1)螺母副安装螺栓紧固无松动<br>(2)螺母副撞块紧固螺栓紧固无松动<br>(3)螺母副表面无裂纹，朝中间侧的卡簧无缺失 |

续上表

| 序号 | 项目 | 检修内容 | 检修标准 |
|---|---|---|---|
| 1 | 客室侧门无电作业 | 检查H形传动架、螺纹套状态 | 传动架销轴两端挡卡齐全，安装良好，螺纹套无裂损，限位螺母紧固无松动 |
| | | 检查直线轴承状态 | (1)表面无擦伤、脱漆，注油嘴外观良好，注油嘴滚珠无丢失<br>(2)孔用挡圈(卡簧)未脱出、缺失 |
| | | 检查长导柱状态 | (1)长导柱表面无划痕、锈迹<br>(2)长导柱两端白色塑料端盖及限位卡簧无缺失 |
| | | 检查短导柱及挂架状态 | (1)短导柱表面无划痕、锈迹<br>(2)短导柱前端卡簧无缺失<br>(3)安装座表面无裂纹，紧固螺栓紧固无松动<br>(4)挂架表面无脱漆、裂纹<br>(5)挂架底部紧固螺栓紧固无松动<br>(6)挂架套筒沿短导柱运动顺畅无卡滞，两端孔用挡圈(卡簧)无缺失 |
| | | 检查携门架状态 | (1)携门架表面无开裂、无脱漆<br>(2)携门架与直线轴承、门页的连接牢固，接地线安装紧固，接地线在车门运动时与其他部件无干涉<br>(3)开门止挡外观良好，无破损 |
| | | 检查平衡轮、门页压板状态 | (1)门页与平衡轮压板无碰伤<br>(2)安装座固定螺栓紧固无松动，压轮无破损、裂纹、松动，卡簧无丢失<br>(3)在关门位置拨动压轮，要求有明显阻力，解锁后，在两门页缝隙约为1 cm时，转动灵活<br>(4)压轮轴台阶与门扇上的压板台阶之间的间隙为1～3 mm<br>(5)压轮轮缘与门页无干涉<br>(6)门页上的压板无松动 |
| | | 检查门隔离开关状态 | (1)隔离开关安装盒固定螺栓紧固，安装盒外观良好<br>(2)隔离开关白色挡片动作灵活<br>(3)隔离开关方孔锁芯转动灵活，功能正常 |
| | | 检查下滑道、下摆臂状态 | (1)下滑道紧固无松动，表面无变形<br>(2)下滑道固定螺钉紧固<br>(3)下摆臂安装螺栓紧固，摆臂体表面无裂纹、防脱销无丢失，转轴挡卡无缺失<br>(4)摆臂滚轮转动灵活与下滑道配合良好 |
| | | 检查门页下部挡销、嵌块、门槛状态 | (1)部件表面无破损、裂纹，紧固螺栓紧固无松动<br>(2)门关闭后，挡销侧面与嵌块的间隙为1～2 mm，挡销底面与嵌块的间隙为2～3 mm<br>(3)嵌块槽内清洁、无异物 |
| | | 检查门控器插头及接线端子排状态 | (1)检查门控器各连接插头外观良好，轻摇无晃动<br>(2)端子排接线整齐，无破损、松脱 |
| | | 测量门页V形、护指胶条宽度 | V形尺寸范围为2～5 mm。胶条宽度范围为44.5～46.0 mm |
| | | 检查手动开关门及车门锁闭功能 | (1)门页运动时无卡滞、干涉、异音、异常晃动<br>(2)车门锁闭功能良好 |
| 2 | 客室侧门有电作业 | 检查电动开/关门功能 | 在司机室操作开、关门按钮，开、关门顺畅，无异常声音，同侧车门开、关门同步 |
| | | 检查指示灯状况及报警功能 | (1)指示灯外观良好<br>(2)开门时黄色指示灯亮<br>(3)关门时黄色指示灯闪烁，且伴有蜂鸣器报警声，门关好后报警声稍后即止 |
| | | 检查车门防夹功能 | 关门时，在两个门页间距离地板1 000 mm处放置一个(30×60)mm的障碍物(长边在竖直方向)，车门碰到故障物时将会自动开门，循环3次后，车门完全打开 |

续上表

| 序号 | 项目 | 检修内容 | 检修标准 |
| --- | --- | --- | --- |
| 2 | 客室侧门有电作业 | 检查再关门功能 | 部分车门因防夹打开后，按压再关门按钮，打开的车门关闭，关闭的车门不动作 |
| | | 检查车门内部紧急解锁功能 | (1)车门在关闭和锁定状态，拉下紧急开门手柄，车门应能手动打开，黄色和红色指示灯亮<br>(2)拉下紧急开门手柄后，在司机室发出一个开门或关门指令，车门应不能根据指令打开或关闭<br>(3)复位内部紧急解锁手柄，解锁的车门自动关闭 |
| | | 检查车门外部紧急解锁功能 | (1)车门在关闭和锁定状态，用方孔钥匙转动外部紧急解锁装置，车门应能手动打开<br>(2)复位外部紧急解锁装置，解锁的车门自动关闭至正常状态 |
| | | 检查车门切除功能 | (1)车门在关闭并处于锁闭状态时，将门切除，车门应不能够手动或根据开关门指令动作，同时红色指示灯亮<br>(2)恢复门切除装置，车门接收开关门指令时能根据开、关门指令动作 |
| 3 | 动态调试作业 | 进行客室车门紧急解锁性能试验 | 拉下紧急解锁把手，HMI 屏状态及位置显示正确，列车运行状态响应及时(每单元随机抽取 3 个进行检查) |
| | | 开门牵引封锁及门关好旁路试验 | 门打开是不能建立牵引，合上门关好旁路后才可以牵引 |

4. 年检(表 3.11)

**表 3.11　年检**

| 序号 | 项目 | 检修内容 | 检修标准 |
| --- | --- | --- | --- |
| 1 | 客室侧门无电作业 | 检查客室车门门页玻璃、密封橡胶外观及玻璃粘接状态 | 门页表面漆膜完好无破损，门页玻璃无裂损，护指胶条无裂损，车门玻璃粘接无脱胶 |
| | | 检查上压条、侧压条状态 | 压条外观良好，安装紧固 |
| | | 检查机构安装架状态 | (1)机构安装架表面无裂纹<br>(2)安装螺栓紧固无松动 |
| | | 检查蜂鸣器状态 | (1)蜂鸣器安装牢固<br>(2)安装座固定螺栓紧固无松动<br>(3)车门运动时蜂鸣器与门驱机构无干涉 |
| | | 检查关到位开关 S4、锁到位开关 S1 状态 | (1)行程开关组件安装牢固，表面状态良好，部件无缺损，功能良好<br>(2)车门锁闭时，铰链臂压紧力度适当<br>(3)行程开关接线端子插接牢固，线缆无破损 |
| | | 检查坦克链状态 | (1)坦克链无破损、脱出<br>(2)安装座固定螺栓紧固无松动 |
| | | 检查上滑道、上滑道滚轮状态 | (1)滑道无变形，紧固螺栓紧固无松动<br>(2)尼龙滚轮转动灵活、无破损，滚轮下边缘高于滑道下边缘 |
| | | 检查门驱电机、电机安装座、联轴器、电机电缆状态 | (1)电机外观无损伤，固定螺栓紧固无松动<br>(2)电机安装座及联轴器无裂纹、损坏，紧固螺栓紧固无松动<br>(3)电机电缆绑扎无松动，连接插头无损坏，线缆在车门运动时与其他部件无干涉 |
| | | 检查丝杆、丝杆安装座状态 | (1)丝杆表面无异物，推拉门页时转动灵活<br>(2)丝杆安装座紧固螺栓齐全，防松线清晰无错位，安装座表面无裂纹 |

续上表

| 序号 | 项目 | 检修内容 | 检修标准 |
|---|---|---|---|
| 1 | 客室侧门无电作业 | 检查端部解锁装置、解锁开关S3状态 | (1)解锁装置安装座紧固无松动，解锁装置右端限位卡簧无缺失，定位螺母防松线清晰无错位<br>(2)S3行程开关安装紧固，部件无缺损，功能良好<br>(3)行程开关接线端子插接牢固，线缆无破损<br>(4)解锁钢丝绳无断股，正确缠绕于解锁轮内，钢丝绳压紧螺栓防松线清晰无错位<br>(5)操作解锁拉手，拉手定位及恢复功能良好<br>(6)操作紧急解锁拉手后，S3行程开关滚轮能被压下(能听到咔嗒声音) |
| | | 检查螺母副(2个)状态 | (1)螺母副安装螺栓紧固无松动<br>(2)螺母副撞块紧固螺栓紧固无松动<br>(3)螺母副表面无裂纹，朝中间侧的卡簧无缺失 |
| | | 检查传动架(H形)、螺纹套状态 | 传动架销轴两端挡卡齐全，安装良好，螺纹套无裂损，限位螺母紧固无松动 |
| | | 检查直线轴承(套筒)状态 | (1)表面无擦伤、脱漆，注油嘴外观良好，注油嘴滚珠无丢失<br>(2)套筒孔用挡圈(卡簧)未脱出、缺失 |
| | | 检查长导柱状态 | (1)长导柱表面无划痕、锈迹<br>(2)长导柱两端白色塑料端盖及限位卡簧无缺失 |
| | | 检查短导柱及挂架状态 | (1)短导柱表面无划痕、锈迹<br>(2)短导柱前端卡簧无缺失<br>(3)安装座表面无裂纹，紧固螺栓紧固无松动<br>(4)挂架表面无脱漆、裂纹<br>(5)挂架底部紧固螺栓紧固无松动<br>(6)挂架套筒沿短导柱运动顺畅无卡滞，两端孔用挡圈(卡簧)无缺失 |
| | | 检查携门架状态 | (1)携门架表面无开裂、无脱漆<br>(2)携门架与直线轴承、门页的连接牢固，接地线安装紧固，接地线在车门运动时与其他部件无干涉<br>(3)开门止挡外观良好，无破损，紧固螺母紧固无松动，防松线清晰无错位 |
| | | 检查平衡轮、门页压板状态 | (1)门页与平衡轮压板无碰伤<br>(2)安装座固定螺栓紧固无松动，压轮无破损、裂纹、松动，卡簧无丢失<br>(3)在关门位置拨动压轮，要求有明显阻力，解锁后，在两门页缝隙约为1 cm时，转动灵活<br>(4)压轮轴台阶与门扇上的压板台阶之间的间隙为1～3 mm<br>(5)压轮轮缘与门页无干涉<br>(6)门页上的压板无松动 |
| | | 检查门隔离开关状态 | (1)隔离开关安装盒固定螺栓紧固，安装盒外观良好<br>(2)隔离开关白色挡片动作灵活<br>(3)隔离开关方孔锁芯转动灵活，功能正常 |
| | | 检查下滑道、下摆臂状态 | (1)下滑道固定螺钉紧固无松动，表面无变形<br>(2)下摆臂安装螺栓紧固无松动，摆臂体表面无裂纹、防脱销无丢失，转轴挡卡无丢失，用手拨动时挡卡能够转动<br>(3)摆臂滚轮转动灵活，与下滑道配合良好<br>(4)摆臂体上表面到滑道下边缘的距离大于8 mm，滚轮下表面高于滑道下边缘，门页动作时滚轮上表面与滑道的安装螺栓无干涉 |
| | | 检查门页下部挡销、嵌块、门槛状态 | (1)部件表面无破损、裂纹，紧固螺栓紧固无松动<br>(2)门关闭后，挡销侧面与嵌块的间隙为1～2 mm，挡销底面与嵌块的间隙为2～3 mm<br>(3)嵌块槽内清洁、无异物 |

续上表

| 序号 | 项目 | 检修内容 | 检修标准 |
|---|---|---|---|
| 1 | 客室侧门无电作业 | 检查门控器安装及连接状态 | (1)检查门控器安装螺栓齐全,防松线清晰无错位<br>(2)检查门控器各连接插头外观良好,轻摇无晃动<br>(3)端子排接线整齐,无破损、松脱 |
| | | 检查客室内紧急解锁装置状态 | (1)紧急解锁装置透明罩无破损<br>(2)紧急解锁装置紧固螺栓齐全,防松线清晰无错位 |
| | | 检查客室外紧急解锁装置状态 | 外操作装置紧固螺栓齐全,试验装置功能正常 |
| | | 部件清洁 | (1)清洁上滑道圆弧及直线段的润滑油<br>(2)清洁长、短导柱的非运动区域及直线轴承两端的润滑油<br>(3)清洁丝杆螺旋槽、中部支承轴承内侧及螺母副两端的润滑油<br>(4)清洁压轮表面润滑油<br>(5)用抹布清洁门页密封胶条和护指胶条<br>(6)清洁内紧急解锁装置透明罩及解锁手柄 |
| | | 部件润滑 | 用克虏伯润滑脂(LDS18)或RM-M润滑脂润滑传动部件,用硅基脂润滑胶条:<br>(1)润滑上滑道圆弧段(厚度约2 mm)<br>(2)润滑长导柱中间及两端的非运动区域及短导柱表面(厚度不超过1 mm),用油枪向直线轴承注油孔中注油(压3～4次即可)<br>(3)润滑丝杆及中部支承轴承,用润滑油均匀涂抹整个丝杆及中部支承轴承内侧<br>(4)润滑压轮周边<br>(5)润滑门页周边密封胶条和护指胶条,保持24 h后,用干净的抹布擦拭护指胶条上的硅基脂<br>(6)用抹布清洁携门架、传动架、门驱盖板、电机体等非润滑部件上溅到的润滑油 |
| | | 测量并调整车门开度、对中、上部摆出、平行度、V形、及护指胶条宽度 | (1)车门开度尺寸(1 300±4)mm<br>(2)左右门页对中尺寸偏差不大于2 mm<br>(3)门页上部到上压条的距离范围为$73^{+2}_{-4}$ mm,左右门页差值不大于2 mm<br>(4)门页平行度尺寸范围为0～2 mm<br>(5)V形尺寸范围为2～5 mm<br>(6)胶条宽度范围为44.5～46.0 mm |
| | | 检查手动开关门及车门锁闭功能 | (1)门页运动时无卡滞、干涉、异音、异常晃动<br>(2)车门锁闭功能良好 |
| 2 | 客室侧门有电作业 | 检查电动开、关门功能 | 在司机室操作开、关门按钮,开、关门顺畅,无异常声音,同侧车门开、关门同步 |
| | | 检查指示灯状态及报警功能 | (1)指示灯外观良好,安装紧固<br>(2)开门时黄色指示灯亮<br>(3)关门时黄色指示灯闪烁,且伴有蜂鸣器报警声,门关好后报警声稍后即止 |
| | | 检查车门防夹功能 | (1)关门时,在两门页间,距离地板1 000 mm处放置一个(30×60)mm的障碍物(长边在竖直方向),车门碰到故障物时将会自动开门,循环3次后,车门完全打开<br>(2)按压关门按钮使车门关闭时,将夹紧力测试仪置于一对门页中间(距地板面1 000 mm高),查看测试仪示数是否符合要求,关门夹紧力峰值≤300 N |
| | | 检查再关门功能 | 部分车门因防夹打开后,按压再关门按钮,打开的车门关闭,关闭的车门不动作 |

续上表

| 序号 | 项目 | 检修内容 | 检修标准 |
| --- | --- | --- | --- |
| 2 | 客室侧门有电作业 | 检查车门内部紧急解锁功能 | (1)车门在关闭和锁定状态,拉下紧急开门手柄,车门应能手动打开,黄色和红色指示灯亮<br>(2)拉下紧急开门手柄后,在司机室发出一个开门或关门指令,车门应不能根据指令打开或关闭<br>(3)复位内部紧急解锁手柄,解锁的车门自动关闭 |
| | | 检查车门外部紧急解锁功能 | (1)车门在关闭和锁定状态,用方孔钥匙转动外部紧急解锁装置,车门应能手动打开<br>(2)复位外部紧急解锁装置,解锁的车门自动关闭至正常状态 |
| | | 检查车门切除功能 | (1)车门在关闭并处于锁闭状态时,将门切除,车门应不能够手动或根据开关门指令动作,同时红色指示灯亮<br>(2)恢复门切除装置,车门接收开关门指令时能根据开、关门指令动作 |
| 3 | 动态调试作业 | 进行客室车门紧急解锁性能试验 | 运行时(60 m内)拉动车门紧急解锁手柄,列车紧制,运行时(60 m外)拉动车门紧急解锁手柄,列车惰行。HMI故障显示屏显示正确,包括故障类型、位置(整列车随机抽取3个进行检查) |

## 任务3　城市轨道交通车辆车门系统电气典型故障分析及处理

1. 车门系统故障处理流程

城市轨道交通车辆在正线运营中,当出现车门系统故障时,处理故障流程建议如图3.30所示。

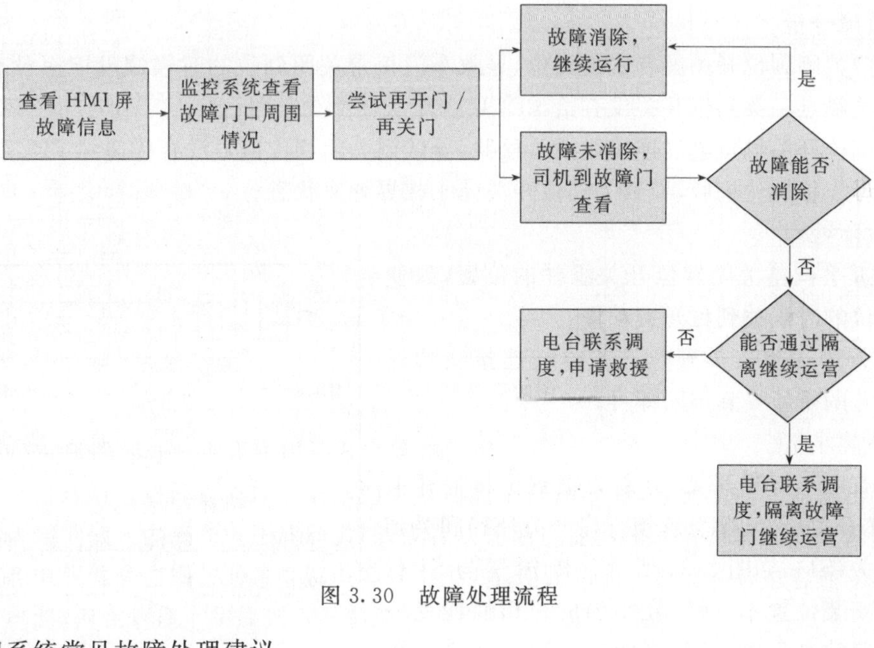


图3.30　故障处理流程

车门系统常见故障处理建议:

1. 单个车门图标显红

1)故障出现于区间,若列车运行未受影响,门关好灯亮,则继续运行至下一站台后处理;若列车受影响产生紧制或 FSB,区间内停车且门关好灯不亮,前往切除故障车门后继续运营。

2)故障出现于站台,重新开关车门,若图标恢复正常,则继续运营。若图标未恢复,则切除故障车门后继续运营。

3)若车门无法切除或切除后无法动车,则报告 OCC 派人监控该车门,合上门关好旁路开关(=81-S110),运行至就近站清客退出服务。

单节车同侧有三个或四个车门因故障切除后,建议列车运行至终点站退出服务。

2. 对标停车后整列车单侧车门无法打开

1)检查车门控制空开(=81-F101)是否跳闸,若跳闸则闭合,闭合后恢复正常,继续运营。

2)若未跳闸,则转换车门操作模式开关至 MDO/MDC 模式,按压开门按钮(备用开门按钮)尝试开门,正常则继续运营。

3)若无效,将驾驶模式开关(=91-S101)转至 RM 位,并闭合 ATC 车门旁路开关(=81-S109),再次尝试开门,成功则根据信号方相关文本安排运营。

4)若仍不能打开,则将车门控制模式开关(=81-S15)打至网络控制,再次尝试开门,成功则继续运营。

5)若仍无效,则闭合门零速旁路开关(=81-S115),再次尝试开门,成功则继续运营。若无效则手动解锁车门,清客退出服务。

3. 车门系统典型故障分析

故障一　HMI 屏始终显示车门没有关闭到位。

(1)故障现象

车门可以正常关闭到位,但是 HMI 屏显示车门没有关闭到位,并且车门启动防挤压功能。

(2)故障分析

①车门关闭到位开关没有安装到位,导致车门正常关闭到位的时候螺母撞板没有碰触到关到位开关触点。关到位开关没有给 EDCU 一个关闭到位信号。

②关到位开关触点电气连接线插头松脱,导致门关闭到位信号没有传递到 EDCU。

③螺母撞板螺丝松脱,导致关到位开关处于临界触发状态。

(3)故障处理

①用扳手调整关闭到位开关组件的位置,致使门关闭到位的时候关到位开关动作。

②用万用表检查关到位开关电气连接线的通断。将断开的重新安装牢固即可。

(4)故障小结

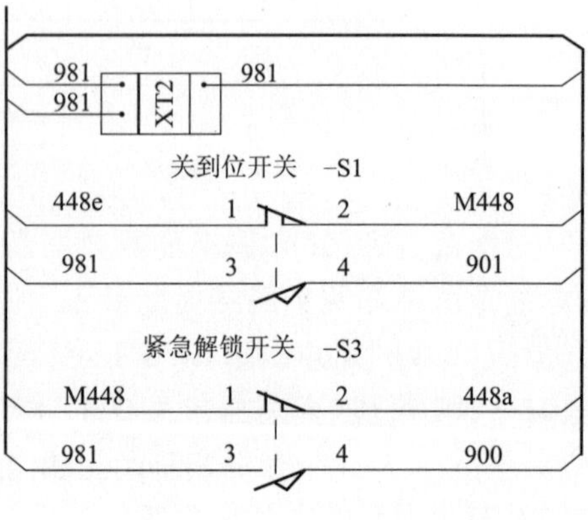


图 3.31　行程开关电路图

车门有四个行程开关,分别为锁到位行程开关(S4)、隔离开关(S2)、紧急解锁行程开关(S3)和关到位行程开关(S1),如图 3.31 所示。其中 S1 与 S4 行程开关除安装位置不一样,在车门的逻辑性能上一样。在关门的过程中,车门有两种情况可能产生防夹:一是遇到障碍物,电机电流过大;二是在门关到位后,没有触发 S1 和 S4 两个行程开关或者 EDCU 没能有效地接收到这两个信号。上述的故障，是因为S1行程开关没能有效触发，激发自动防夹功能；如果S4行程开关没有触发，也会产生相同故障。

故障二 电控状态下无法实现开关门，EDCU I2指示灯亮。

(1)故障现象

电控状态下无法实现开关门，外侧门红色指示灯常亮，屏幕显示门被隔离。手动操作车门可以正常开关。

(2)故障分析

可以手动开关车门，可以推断此门应该被电气隔离而非机械隔离；用万用表检查线路以及隔离信号接线是否正常。得知隔离开关中的常开触点接线和常闭触点接线对调接错。

(3)故障处理

查看EDCU故障代码，拆开隔离开关将常开触点和常闭触点接线安装正确。调试车门故障消除。

故障三 电控状态下，车门打开一段立即停止。

(1)故障现象

电控状态下，车门打开一段立即停止，外侧车门红色指示灯亮，HMI屏显示门被紧急解锁，车门无法用手动打开。

(2)故障分析

用万用表检测紧急解锁信号，发现紧急解锁信号来自于车门关到位开关。即当车门关闭到位时，常闭触点失电。车门刚打开，常闭触点恢复。紧急解锁信号得电，EDCU采集到紧急解锁信号。

(3)故障处理

将紧急解锁信号和关到位开关信号正确安装接线，调试正常。

故障四 门关到位以后，执行障碍检测功能。

(1)故障现象

电控状态下操作关门动作，门正常关闭到位以后，电机不会停转继续执行障碍检测功能。

(2)故障分析

门关闭到位以后不会停止动作，是因为EDCU没有采集到门关闭到位的信号，继续执行关门动作，在门关闭到位的情况下继续关门，门扇之间相互挤压反馈EDCU一个挤压的电流信号，使得EDCU判断门挤压到异物，从而执行障碍检测功能。

(3)故障处理

用万用表检查门关闭到位开关的信号。发现关闭到位信号接线脱落，重新安装接线。调试正常。

故障五 门允许信号给出以后，无法实现电动开门。

(1)故障现象

电控状态下，给出门允许信号，无法实现电动开门，操作紧急解锁以后无法手动打开车门。

(2)故障分析

电控状态下，虽然操作了门允许信号，但是EDCU没有采集到这个信号。此时操作紧急解锁，虽然机械解锁已经释放，但是在EDCU没有得到门允许信号的前提下，EDCU会给出一个信号让电机给车门在关门方向施加一个至少300 N的力使车门保持关闭。

(3)故障处理

万用表检查门允许信号。发现门允许信号接线脱落导致 EDCU 没有采集到该信号。重新接线,调试正常。

故障六 车门显红导致列车产生 FSB(Full Service Brake 全常用制动)。

(1)故障现象

车辆在站与站区间运行时,突然产生 FSB,HMI 显示屏显示 Tc 车两门图标显红,司机台此侧关门灯不亮。司机切除故障车门后运行正常,如图 3.32 所示。

(2)故障分析

如图 3.33 所示,关闭车门时,释放关到位开关 S4 和锁到位开关 S1,当单节车此侧所有车门完全关闭后,安全互锁回路导通,右门状态监控继电器(=84-K118)得电,如图 3.34 所示。两单元右侧车门完全关闭后,列车右门关好继电器(=81-K109)得电,其 23/24 引脚关闭,“右门关”指示灯亮,如图 3.35 所示。

列车回库后,上车对故障门进行检查,发现门关好时锁到位开关 S1 处于临界触发状态,判断故障原因为列车在运行中 S1 开关异常触发,导致车门安全回路断开,列车产生 FSB。进一步检查发现右侧螺母副撞块位置偏低,门锁闭时开关无法完全释放,调整螺母副开关撞块位置后故障消失,测量车门其他尺寸正常,试验开关门功能正常。

下载门控器故障记录,如图 3.32 所示,故障时间点报有主要故障“安全互锁回路异常”,与门图标显红的故障现象相符。此时列车已离站超过 60 m,车辆 VCU 不再施加紧急制动,信号系统施加 FSB 使列车停车。

| | | | | | | | | |
|---|---|---|---|---|---|---|---|---|
| 48 | 001056 | 12 | 32 | Event | 机械隔离事件 | 1 | 产生 | 2014-10-19 17:35:52 |
| 49 | 001056 | 12 | 8 | Major | “安全互锁回路异常” 故障 | 1 | 消除 | 2014-10-19 17:35:52 |
| 50 | 001056 | 12 | 8 | Major | “安全互锁回路异常” 故障 | 1 | 产生 | 2014-10-19 17:33:43 |
| 51 | 001056 | 12 | 8 | Major | “安全互锁回路异常” 故障 | 1 | 消除 | 2014-10-19 17:33:36 |
| 52 | 001056 | 12 | 8 | Major | “安全互锁回路异常” 故障 | 1 | 产生 | 2014-10-19 17:33:35 |
| 53 | 001056 | 12 | 8 | Major | “安全互锁回路异常” 故障 | 1 | 消除 | 2014-10-19 17:31:57 |
| 54 | 001056 | 12 | 8 | Major | “安全互锁回路异常” 故障 | 1 | 产生 | 2014-10-19 17:31:56 |

图 3.32 门控器故障记录

(3)故障原因

故障车门撞块位置偏下,车门锁闭时 S1 开关仍处于临界触发状态,是造成本次故障的主要原因。

(4)故障处理

对故障车门 S1 开关进行调整,建议日常检查作业中重点检查。

故障七 门控器失电。

(1)故障现象

正线运营在站台作业时,发现 HMI 显示屏显示 5B 车 8 号车门显红无法打开,重新开门仍无法打开。关门后司机将此车门切除,HMI 显示屏 5B 车 8 号车门仍显红色,关门灯亮,列车有速度码。司机确认安全后以 ATO 模式动车。

(2)故障分析

列车回库后,检查发现 8 号门控器面板上 LED 灯全部不亮,门控器未得电,进一步检查发现集成门控器电源线(243 线)的 XT1 插头轻微脱出,如图 3.36 所示,将其重新拔插后,故障消失。

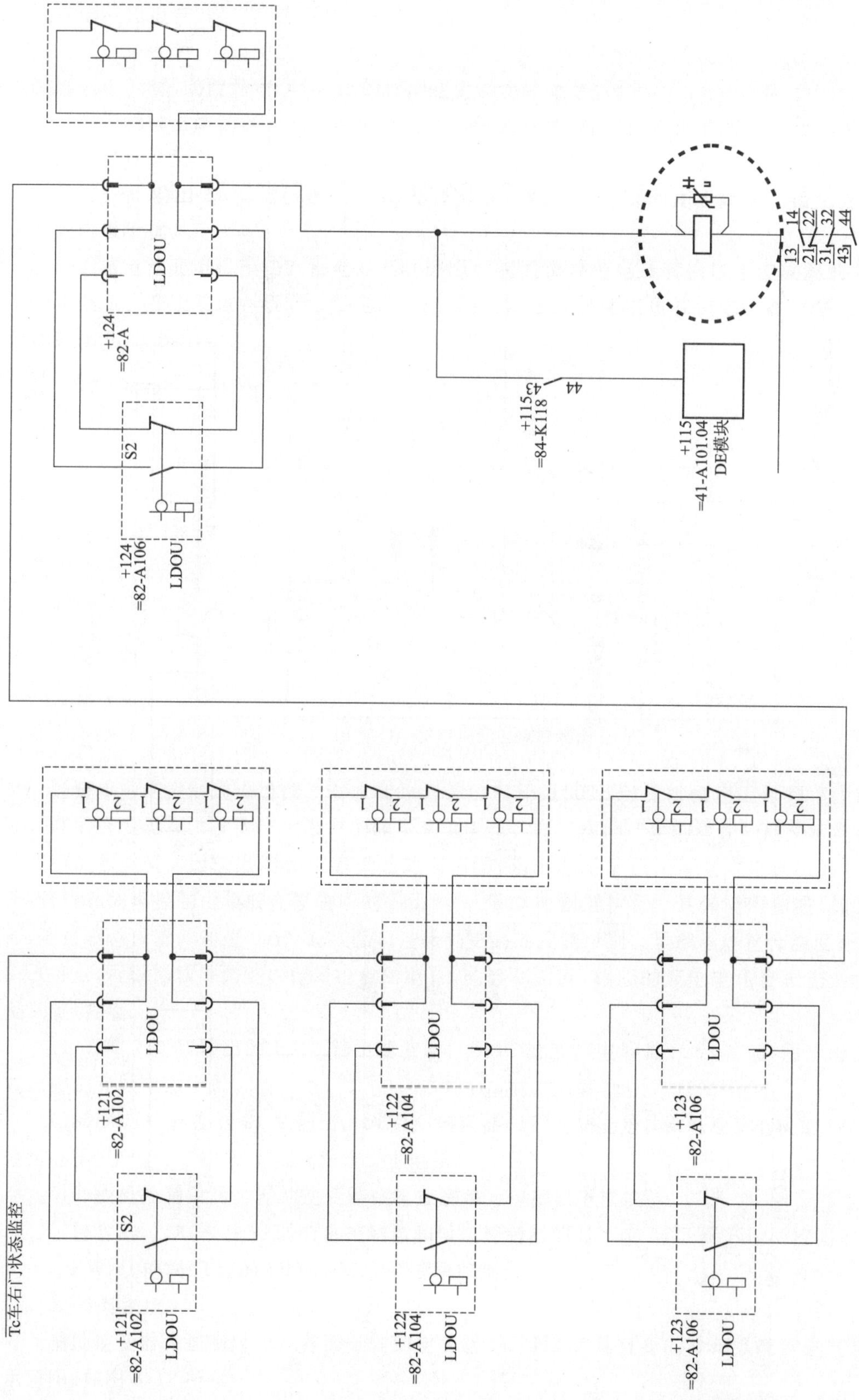
Tc车右门状态监控
+121
=82-A102
LDOU
S2
+122
=82-A104
+123
=82-A106
+124
=82-A
=82-A106
+115
=84-K118
43
44
+115
=41-A101.04
DE模块
13
14
21
22
31
32
43
44

图 3.33　右门状态监视

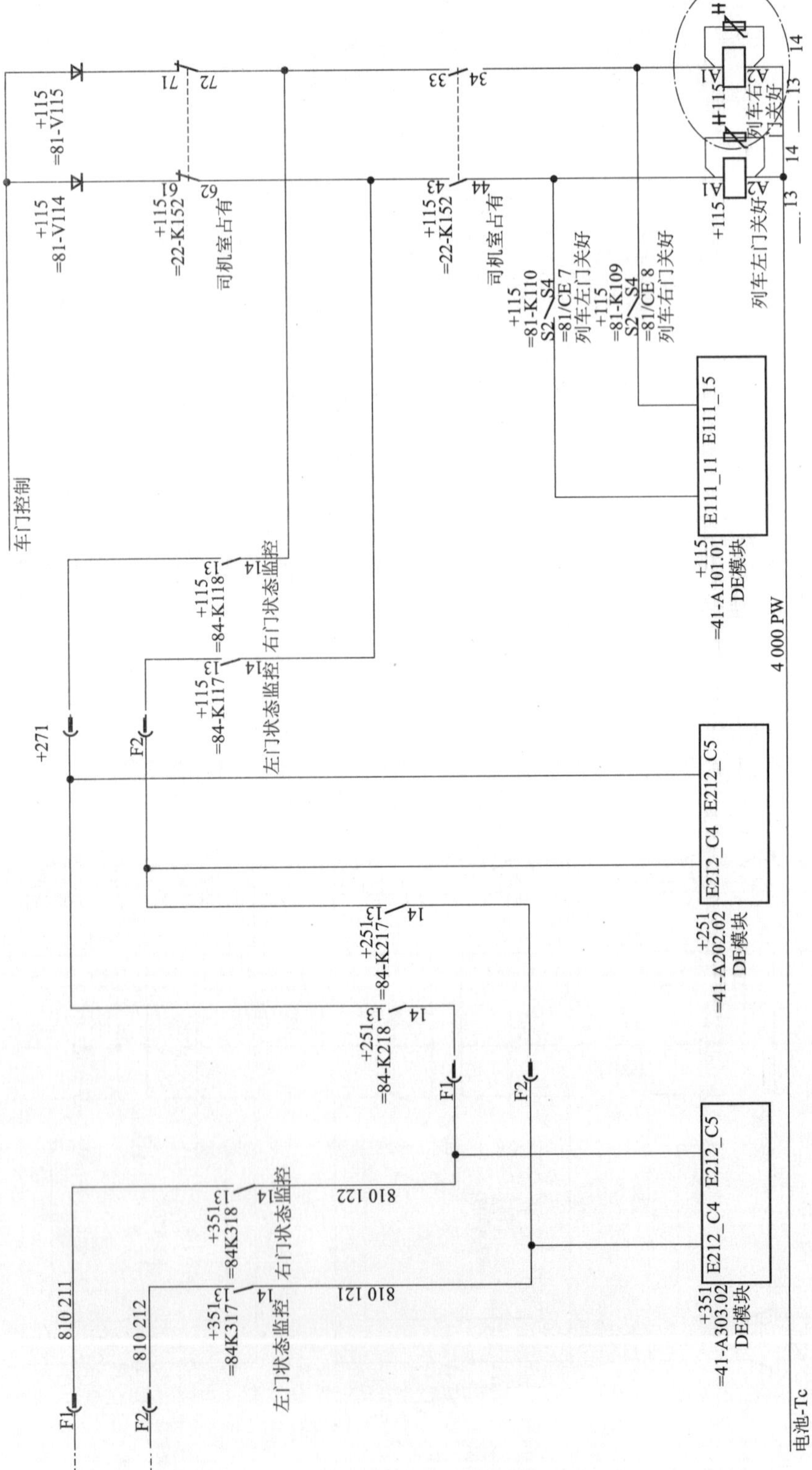

车门控制
+115 =81-V115
+115 =81-V114
+115 =22-K152
司机室占有
+115 =22-K152
司机室占有
+115 =81-K110
S2 S4
=81/CE 7
列车左门关好
+115 =81-K109
S2 S4
=81/CE 8
列车右门关好
+115
列车右门关好
+115
列车左门关好
E111_11 E111_15
+115 =41-A101.01
DE模块
4 000 PW
+271
+115 =84-K118
右门状态监控
+115 =84-K117
左门状态监控
E212_C4 E212_C5
+251 =41-A202.02
DE模块
+251 =84-K217
+251 =84-K218
+351 =84K318
右门状态监控
+351 =84K317
左门状态监控
810 122
810 121
810 211
810 212
E212_C4 E212_C5
+351 =41-A303.02
DE模块
电池-Tc


图 3.34 全列车门监视

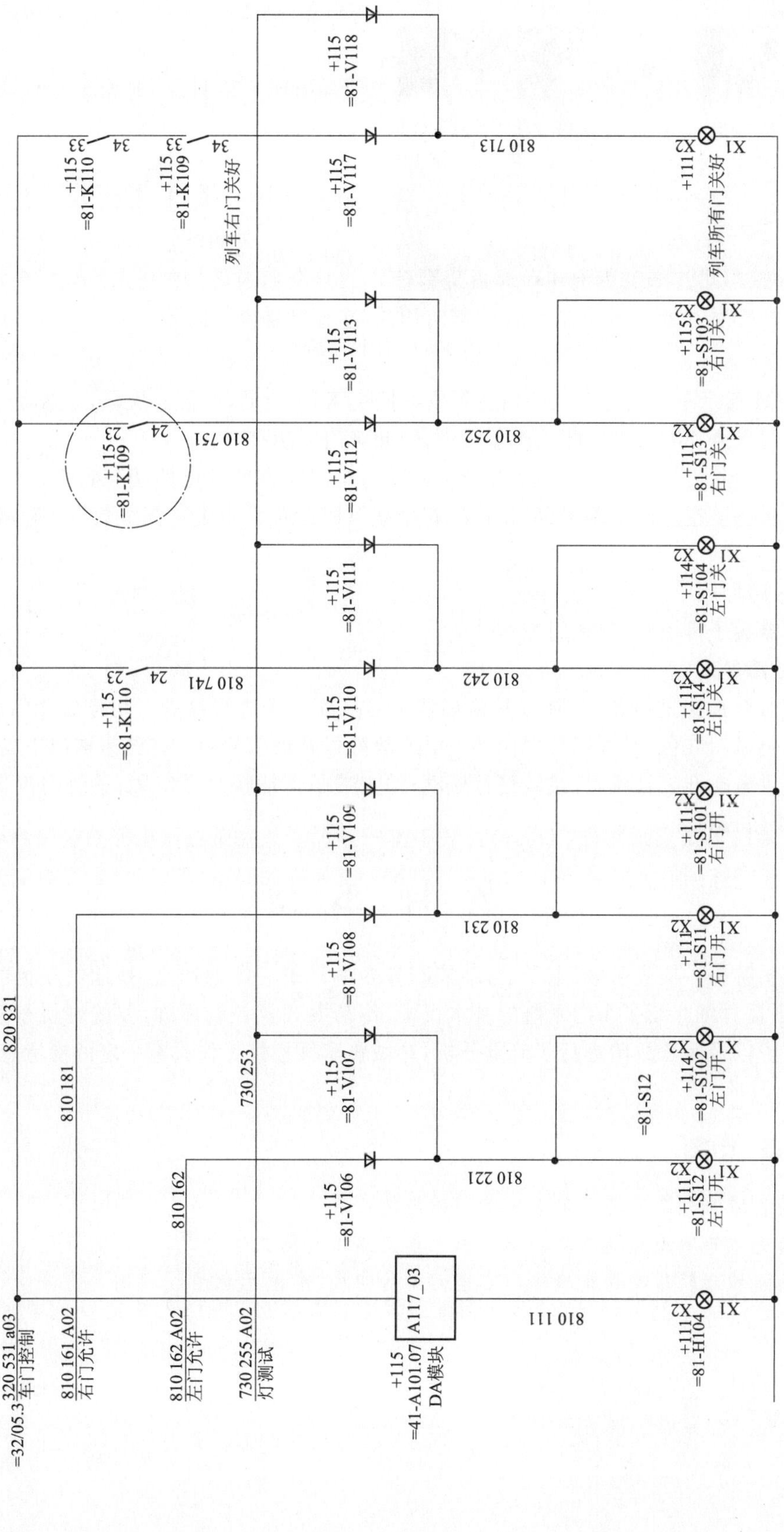
=32/05.3 320 531 a03
车门控制
810 161 A02
右门允许
810 162 A02
左门允许
730 255 A02
灯测试
+115
=41-A101.07
DA模块
A117_03
820 831
810 181
810 162
730 253
810 111
810 221
810 231
810 242
810 252
810 713
810 741
810 751
+115
=81-K110
+115
=81-K109
列车右门关好
33
34
23
24
+115
=81-V106
+115
=81-V107
+115
=81-V108
+115
=81-V109
+115
=81-V110
+115
=81-V111
+115
=81-V112
+115
=81-V113
+115
=81-V117
+115
=81-V118
+111
=81-H104
+111
=81-S12
左门开
+114
=81-S102
左门开
=81-S12
+111
=81-S11
右门开
+111
=81-S101
右门开
+111
=81-S14
左门关
+114
=81-S104
左门关
+111
=81-S13
右门关
+115
=81-S103
右门关
+111
列车所有门关好
X1
X2

图 3.35　门指示灯

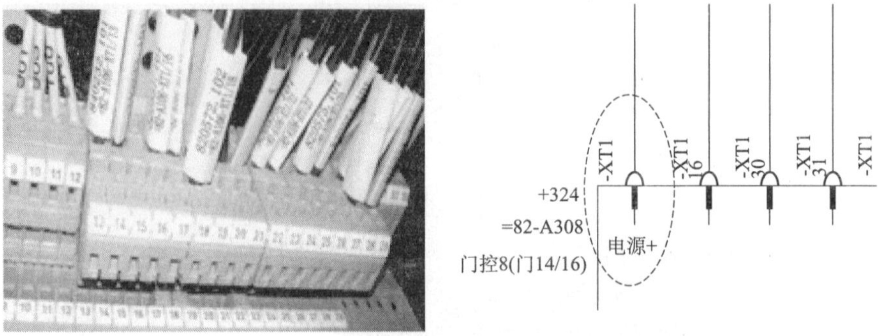


图 3.36 门控器插头

①HMI 显示车门图标显红。门控器供电插头 XT1 松动，门控器失电，导致通信中断不能接收开关门指令，VCU 判别此门严重故障，因此车门无法打开。

②车门切除后关门灯亮。门控器供电电路与车门状态监控电路相互独立，门控器失电不影响车门状态监控。由电路图可知，右门安全互锁回路正常得电，“门关好”灯亮，电客车可以正常牵引。

(3)故障原因

门控器端子排松动，导致门控器失电。

(4)故障处理

回库后对插头进行紧固，在三月检规程中对接线端子进行检查。切除故障门后，若 HMI 车门图标仍显示红色，有可能是门控器失电或故障以及通信故障。往往采取以下处理方式：检查门控器供电空开是否跳闸，接线是否松动；检查端子排插接是否牢固；检查门控器插头是否牢固；更换门控器。

## 项 目 小 结

车门系统是一项集机械、电子、自动控制等多学科于一体的产品，是地铁车辆的重要组成部分，本项目详细介绍了车门系统的基本机构、传动方式及控制原理，并就城轨车辆客室车门的日常维护以及运营故障进行了着重分析，对城轨车辆检修工作具有一定的参考意义。

### 思考题

1. 简述城市轨道交通车辆客室车门系统的组成。
2. 简述城市轨道交通车辆门驱盖板上车门指示灯的工作情况。
3. 简述城市轨道交通车辆车门安全回路的组成(画出示意图)。

# 项目4　城市轨道交通车辆空调系统

城市轨道交通车辆运行时处于全封闭状态,其内部空气环境对乘客的健康和列车的舒适性有重要影响,车辆空调装置将一定量的车外新鲜空气和车内再循环空气混合,经过过滤、冷却或加热、减湿(加湿)等处理后,以一定的流速送入车内,并将车内的污浊空气排出车外,从而控制车辆客室内的温度、湿度、风速、清洁度,并使之达到规定标准,以提高车内的舒适性,改善乘客的乘车环境。

## 4.1　城市轨道交通车辆空调系统基础知识

### 4.1.1　城市轨道交通车辆空调系统发展概况

世界上首条地下铁路系统——伦敦大都会铁路于1863年开始运营,旨在解决交通堵塞机城市环境污染,而此时的地铁车辆还没有空调通风系统。直到20世纪30年代,工业的进步促使铁路空调系统出现,工业革命成果开始影响人们的乘车环境。1950年后,铁路空调客车已经较为普遍,并在工业革命的推动下于之后的10年里得以快速发展,空调系统的形式及供电方式也更趋多样化。

我国1990年以前制造的地铁客车以强迫通风为主,安装空调机组的不多;2000年前后开始批量制造城轨地铁空凋客车,并且对以前没有空调机组的地铁客车进行了安装空调机组改造。现在运营的城轨地铁客车已全部安装了空调机组。

### 4.1.2　城市轨道交通车辆空调系统的基本类型

城市轨道交通车辆空调系统根据机组安装方式不同分为分装式和单元式两种,分装式空调机组是将制冷压缩机、冷凝器、冷凝风机等集中安置在一个箱体中,悬挂于车体底架下,而将蒸发器、通风机、膨胀阀等安置在车顶内部,各设备间以铜管连接,从而构成完整的密闭循环系统。所谓单元式空调机组则是把压缩机、冷凝器、节流装置、蒸发器、通风机、冷凝风机等部件封装于同一箱体单元中,安装于车体顶部。安装于车内顶棚中部的送风道设有规则排列的送风口,以保障送风均匀。

按制冷剂的种类来分,有R22、R134A、R410A和R407C等多种制冷剂,目前城市轨道交通空调系统主要以R407C制冷剂为主。R22由于对大气臭氧层有破坏作用,按照《蒙特利尔议定书》的要求,已被禁止使用。R134A是单一组份制冷剂,但由于其比容较大,为获取同样的制冷能力需要使用较大排气量的压缩机,使空调机组的重量明显增大,会对空调机组的可靠性产生一定的影响。R407C为三种非共沸点混合冷媒,具有环保作用,目前城市轨道交通空调系统主要以R407C制冷剂为主。

按压缩机控制方式分有变频空调和定频空调的区别,目前地铁车辆空调系统多采用定频空调技术。其缺点是:单制冷无制暖,起动时冲击电流大从而易损伤电源,制冷能力无法实时调节，导致空调能耗大，电力资源浪费严重。同时客室内温度波动范围大，舒适性较差；而变频空调机组具有冷暖两用，起动电流小，冷热量随负荷实时调节，客室温度控制精确，舒适性高等特点。随着变频空调技术的逐渐成熟，变频空调技术将逐步广泛应用于城轨车辆中。

## 4.2 城市轨道交通车辆空调设备分布及工作原理

### 4.2.1 城市轨道交通车辆空调系统各个设备在地铁列车的位置

空调系统简称 HVAC(Heating Ventilation，Air-conditioning and Cooling)空调机组及其控制系统、送风道、回风道、客室电加热器以及废排装置等组成。

如图 4.1 所示，每个客室装有两台空调机组，安装于列车车顶，位于整个客室顶部的 1/4 和 3/4 的位置上。每个司机室配备一台通风单元，车厢空调的控制单元及控制板安装在车内的电气柜内，如图 4.1 所示。

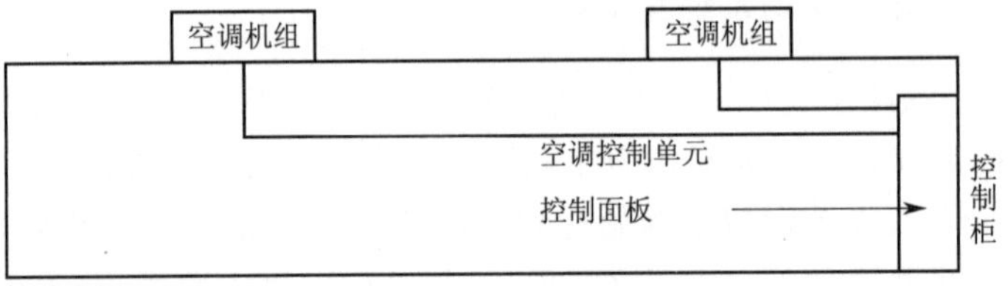


图 4.1 空调配置示意图

空调及通风系统在车辆中的布置图如图 4.2 所示。

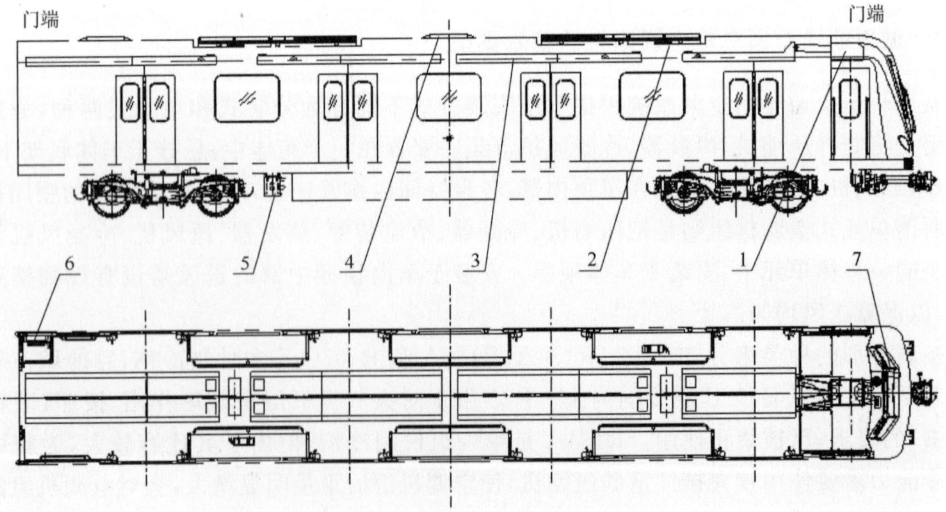


图 4.2 空调系统各部件安装

1—司机室通风单元；2—空调机组；3—风道；

4—废排装置；5—紧急逆变器；6—空调控制盘；7—足部取暖器

### 4.2.2　城市轨道交通车辆空调系统主要部件及气流组织介绍

1. 单元式空调机组

单元式机组采用不锈钢外壳，蒸发腔盖板通过方孔锁紧固，易于拆卸维修。每个空调机组包含一个压缩冷凝单元和一个空气处理单元，各部件名称见表 4.1。机械连接方式为：通过 8 个带橡胶减振器的安装座安装在车体结构上。电气连接为两个电气连接器，分别设在空调机组两侧。空调机组结构如图 4.3 所示。

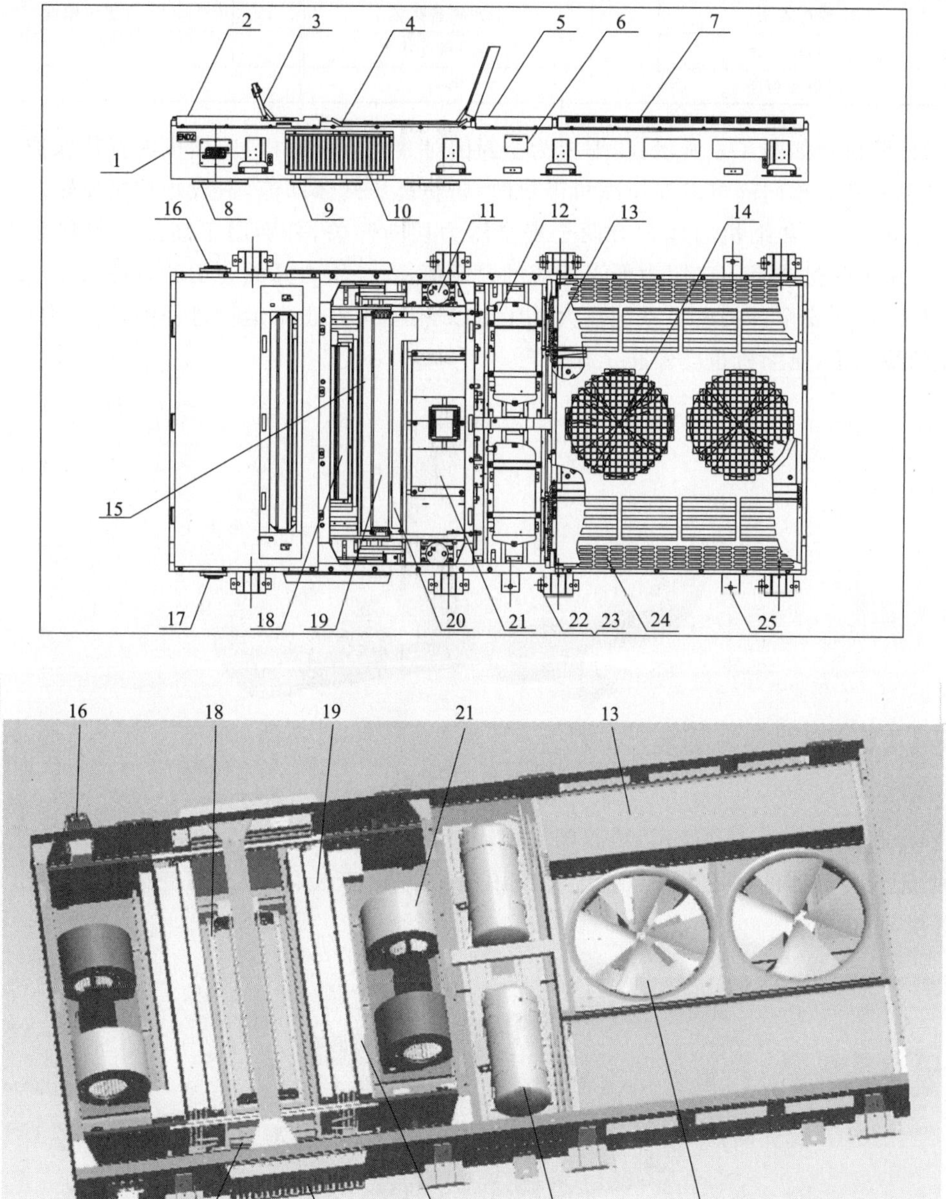


图 4.3　空调机组外形图

表 4.1 各部件名称

| 位置 | 零件名称 | 位置 | 零件名称 | 位置 | 零件名称 |
|---|---|---|---|---|---|
| 1 | 箱体总成 | 10 | 新风口 | 19 | 蒸发器 |
| 2 | 大盖板组成 | 11 | 气液分离器 | 20 | 电加热器 |
| 3 | 小盖板组成 | 12 | 压缩机 | 21 | 蒸发风机 |
| 4 | U 型橡胶嵌条 | 13 | 冷凝器 | 22 | 安装座 |
| 5 | 压缩机腔盖板 | 14 | 冷凝风机 | 23 | 减震器 |
| 6 | 铭牌 | 15 | 混合风滤网 | 24 | 干燥过滤器 |
| 7 | 冷凝腔盖板 | 16 | 主回路连接器 | 25 | 定位销座 |
| 8 | 送风口密封条 | 17 | 控制回路连接器 | | |
| 9 | 回风口密封条 | 18 | 风阀 | | |

(1)压缩机。如图 4.4 所示,压缩机为全封闭卧式涡旋压缩机,压缩机内置热保护、相序保护模块、单向阀。单向阀可以在压缩机停机时,防止高压气体回流,造成压缩机反转。

在靠近每一个压缩机的地方有两个安全压力切断开关,分别用于高压保护和低压保护。如果出口压力超过或者入口压力低于相应的设定值,安全压力开关会切断电源回路,使压缩机停止工作。低压安全开关避免系统在大气压力以下运行,在正常运行过程中,若压力低于一个大气压的情况下,压缩机也会停止工作。

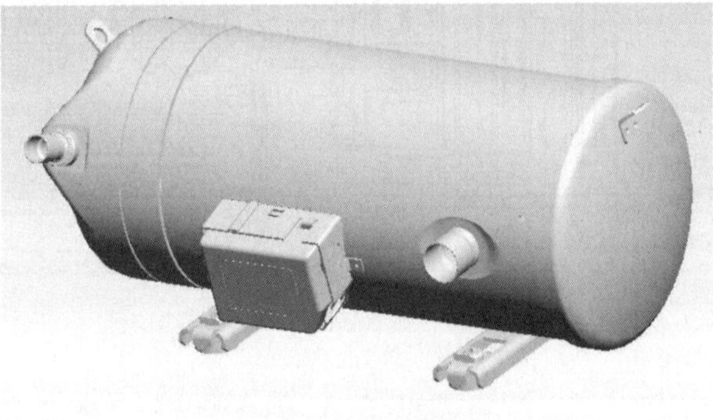

图 4.4 压缩机

(2)冷凝器。如图 4.5 所示,冷凝器采用铜盘管、铝翅片,换热性能好,铝翅片能经受酸雨的侵蚀,延长冷凝器的使用寿命。冷凝器使用螺栓紧固,安装、拆卸无需特殊工具,进出口使用铜管焊接,易更换。

图 4.5 冷凝器

(3)冷凝风机。冷凝风机采用轴流式风机,风量大、噪声小,电机和扇页都采用铝合金,表面喷漆,重量轻、耐腐蚀性能好;风机设置了导流罩,使冷凝风流动平稳;风机盖板处设置了保护罩,防止风机转动时被杂物碰伤及维修时保护维修人员,如图 4.6 所示。

图 4.6　冷凝风机

(4)蒸发器。如图 4.7 所示,蒸发器采用铜盘管、亲水铝翅片,亲水铝翅片对冷凝水有很好的吸附作用,不会使冷凝水随风机吹至客室内,翅片的形式为直翅片,风阻小、不易脏堵、清洗方便。蒸发器使用螺栓紧固,安装、拆卸无需特殊工具,进出口使用铜管焊接,易更换。

(5)蒸发风机。如图 4.8 所示,蒸发风机采用双蜗离心风机,风压高,噪声小;外壳采用不锈钢材质,耐腐蚀性好;风机由底板固定螺栓固定,拆卸无需使用特殊工具,维护方便。

图 4.7　蒸发器

图 4.8　蒸发风机

(6)干燥过滤器。干燥过滤器的功能是过滤制冷管路中的杂质,如图 4.9 所示,干燥过滤器的进、出口均为铜接口,方便维护更换。

(7)视液镜。视液镜安装在干燥过滤器出口液管段,通过视液镜指示器的颜色和外部法兰所贴标签上的参照色进行比较,可了解系统中是否有过多的水分,如图 4.10 所示。

(8)液路电磁阀。液路电磁阀的作用是在压缩机停机后,关闭冷凝器和蒸发器之间的管路,防止冷凝器中的液体迁移到蒸发器后到压缩机中,造成压缩机启动时出现液击和润滑不好的情况,液路电磁阀的进、出口均为铜接口。

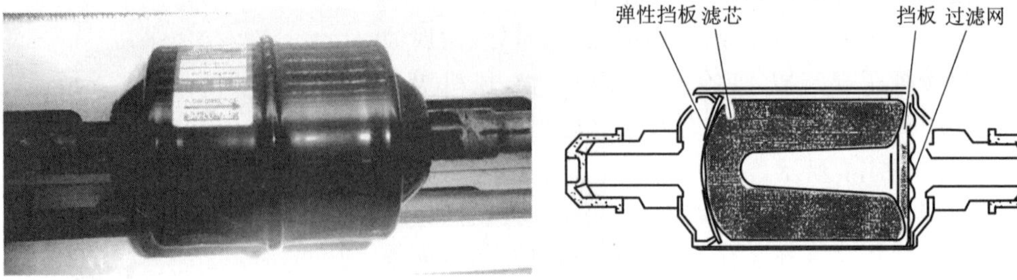


图 4.9　干燥过滤器

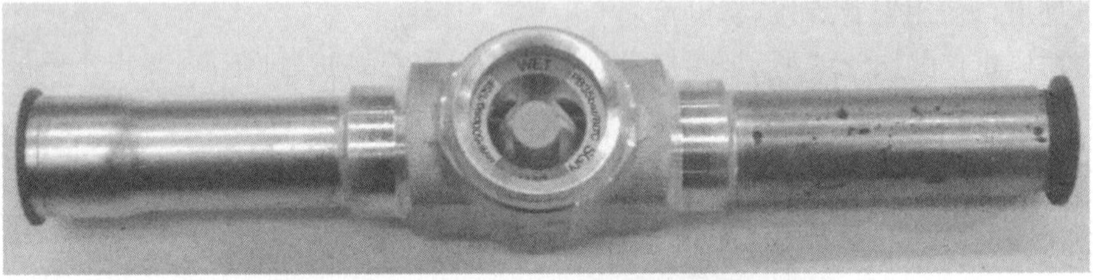

图 4.10　视液镜

(9)逆止阀。逆止阀(图 4.11)安装在压缩机和冷凝器之间，当压缩机关机时防止冷凝剂流回压缩机。

图 4.11　逆止阀

(10)高压开关、低压开关和高压负荷开关。高压开关、低压开关是系统压力发生异常时，切断压缩机，以此保护压缩机。高压负荷压力开关是在系统高压过高时动作，打开压缩机的旁通阀，减小压缩机的负载。压力开关均为螺纹接口，方便更换和维护，如图 4.12 所示。

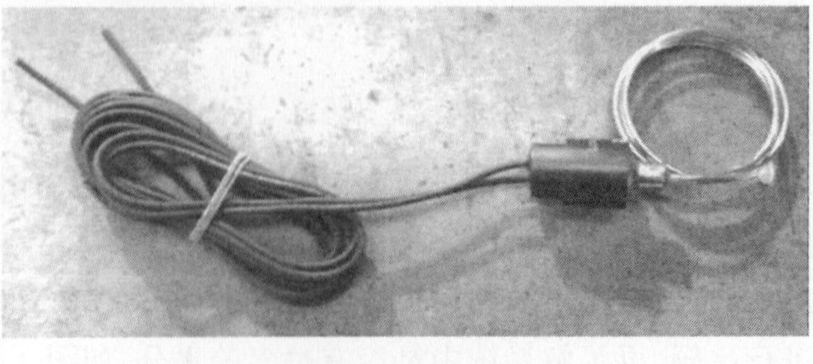

图 4.12　压力开关

(11)电动式回风门。如图 4.13 所示，回风风门由铝合金制成，电机根据控制系统的信息打开或者关闭回风风门，电机外部设置了一个罩壳，可以防止在清洗蒸发腔时水溅在电机上。

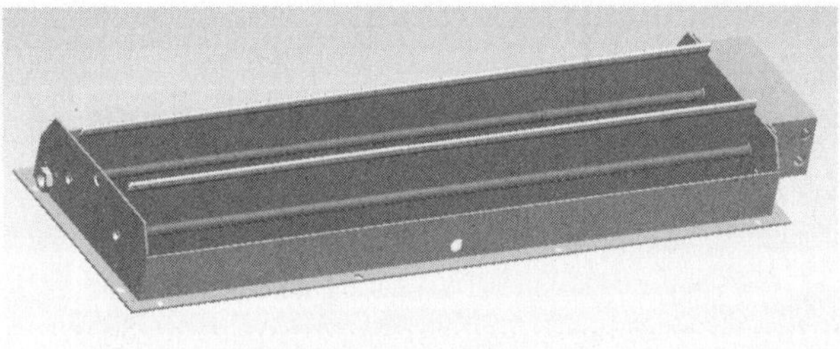

图 4.13　电动式回风门

(12)混合风过滤网。在蒸发器的前部,设置了一个混合风过滤网,如图 4.14 所示,用于过滤来自客室内部和外部新风中的杂质和灰尘颗粒,保持蒸发器翅片的清洁。

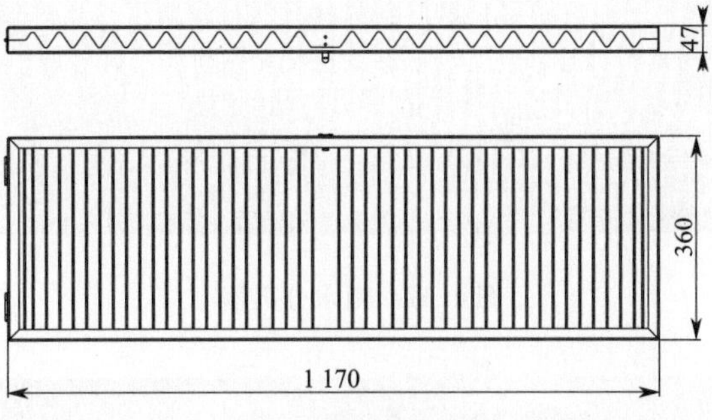


图 4.14　混合风过滤网(单位:mm)

(13)电动新风风门。新风风门也是由铝合金制成的,风门电机可以根据来自控制系统的信号来调节新风门的开度,从而控制新风量的多少,如图 4.15 所示。电动马达外设置了保护罩,防止雨水直接溅射到电机上。

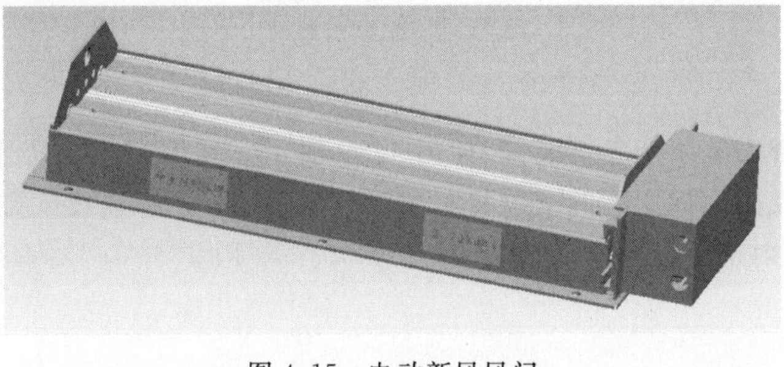

图 4.15　电动新风风门

(14)新风滤网。新风滤网用来阻止环境中的杂质和粗大的灰尘颗粒进入空调机组内部,新风滤网由不锈钢制成,具有良好的耐腐蚀性,并且新风滤网设置在机组外部,清洗和更换时不用打开机组即可完成,如图 4.16 所示。

(15)雨水分离器。雨水分离器主要是阻止雨水和细小的灰尘颗粒进入空调机组内部,雨水分离器为铝合金材料,外部喷漆,具有良好的耐腐蚀性,并且设置在机组外部,方便清洗和维护,如图 4.17 所示。

(16)温度传感器。如图 4.18 所示,通过温度传感器感应新风、回风或者送风温度,然后将温度信息反馈到空调控制器,由空调控制器根据不同的温度值来调控空调的运行模式。

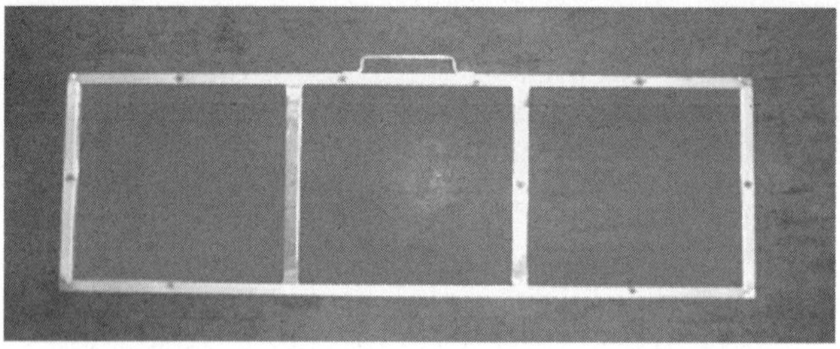

图 4.16 新风滤网

图 4.17 雨水分离器

图 4.18 温度传感器

2. 废排装置

每节车车顶中部安装 4 个废排装置，如图 4.19 所示。利用车内正压通过座椅下空间、内墙板与车体外墙板及内顶板之间的空隙将车内与新风量相等的车内废气排出车外。空调系统正常运行时，利用车内正压排风，车内正压保持在 30～50 Pa。

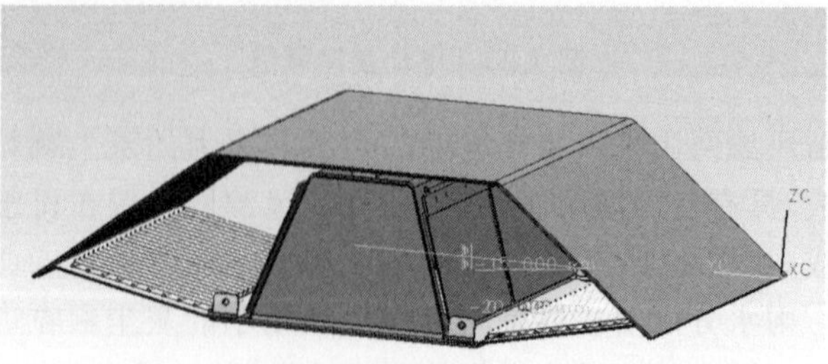


图 4.19 废排装置示意图

3. 风道系统

风道采用铝合金材料，外部敷设防寒棉以减小传热系数，内部粘贴阻燃吸声材料以降低噪声。为保证风速的均匀性，主风道采用均匀静压送风风道。为保证车厢内送风的均匀性，空调机组下方也设置了送风风道，车厢内无送风死角，使车内温度场更加均匀，如图 4.20 所示。

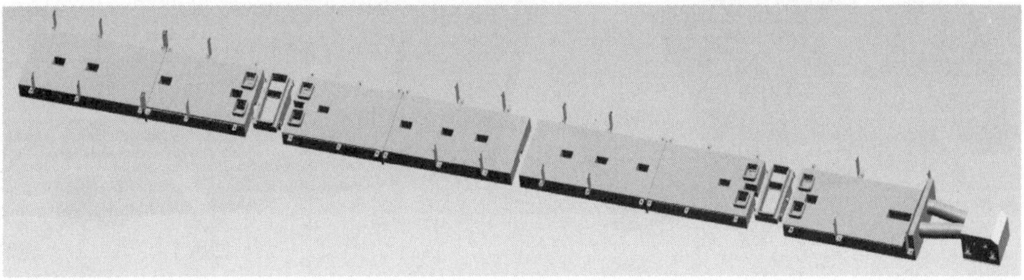

图 4.20　风道系统示意图

4. 空调控制柜

每节车设有一个空调控制单元，安装在客室空调电气柜中的空调控制板上。空调控制单元以及其他所有空调控制所需要的元器件均安装在控制板上。紧急逆变器安装在控制板下方。控制板上设有温度调节旋钮开关，设有自动、停机、测试 1、测试 2、24 ℃、25 ℃、26 ℃、27 ℃、28 ℃等。

5. 紧急逆变器

当车载辅助交流电源系统发生故障时，通过蓄电池供电的紧急逆变器自动开始工作，向空调机组通风机提供交流电源，使通风机向车内送风。此时回风调节阀被关闭，空调通风机向车内输送不少于 45 min，约 3 000 $m^3/h$ 的全新风。当空调交流电源恢复正常后，空调和通风系统将自动恢复正常运行状态。紧急逆变器安装在每节车的空调电气柜中。

6. 司机室通风单元

司机室内配备一个通风单元，安装在 A 车司机室天花板上。空调风从相邻客室的风道经通风单元引入到司机室，同时为司机室提供制冷。司机室通风单元中装有通风机，送往司机室的风量可有三级（200 $m^3/h$、450 $m^3/h$、645 $m^3/h$）手动可调，司机室能获得的最大冷量可超过 5 kW，因此能满足不同条件下的要求。客室送风经通风机增压后通过 8 个可调喷嘴送出，送风方向可多向调节。

7. 气流组织

（1）送风。在空调机组通风机的作用下，车外新风进入空调机组，与从车内吸入的回风混合过滤，经冷却后，通过风道和沿着车体长度方向布置的送风格栅均匀地送到客室各处。

（2）回风。从安装在客室顶板的回风格栅吸入，经过回风道和空调机组底部的回风口进入空调机组，经处理后供循环使用。

（3）排风。与新风量等量的车内空气（2 600 $m^3/h$）从室内顶板缝隙处通过侧墙排风风道、侧墙板与车体外墙之间的空隙以及侧顶板与侧墙板之间的缝隙进入客室内顶板上方空间，再通过车顶的废排装置排出车外。

（4）空调机组的气流组织。如图 4.21 所示，空调机组采用下部送风、底部回风的形式，新风口设在机组两侧。冷凝风进出口、新风口的合理布置使空调机组外部气流组织分配合理，避免了冷凝出风直接进入新风的短路情况。

（5）客室气流组织如图 4.22 所示。

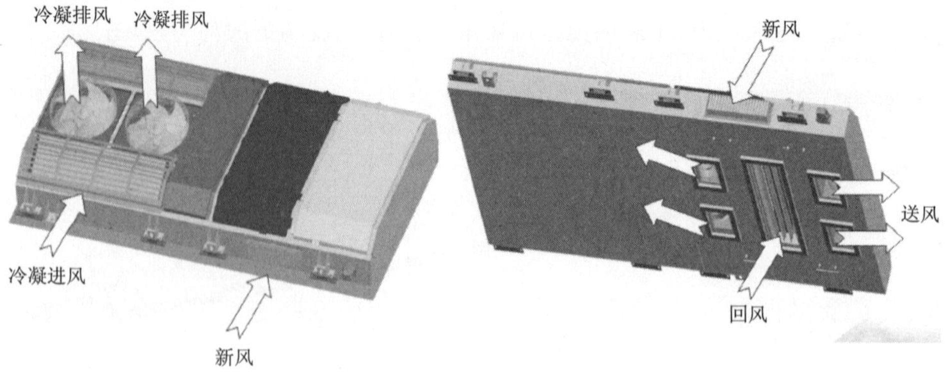


图 4.21　空调机组气流组织图

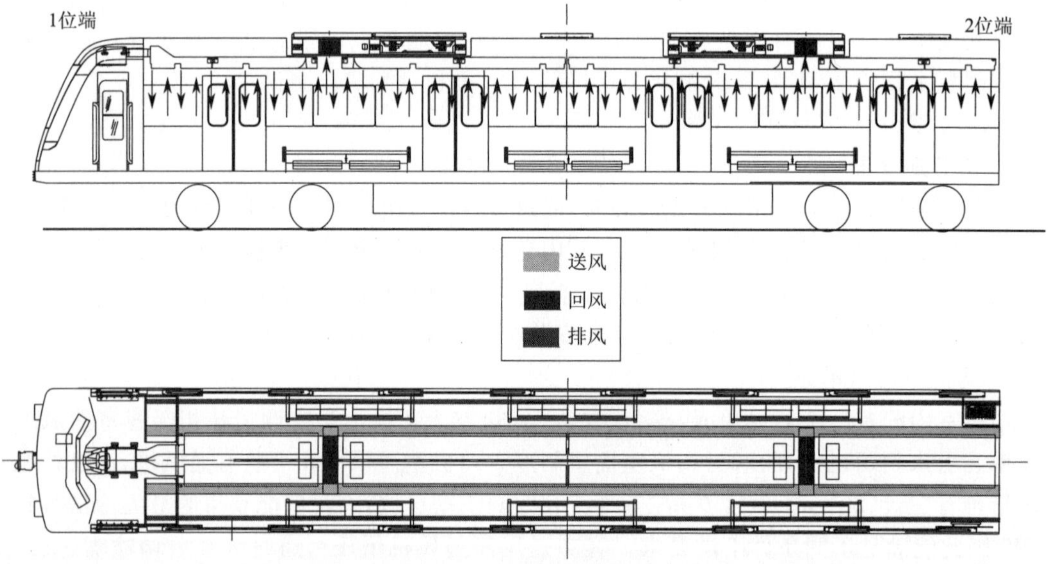


图 4.22　客室整体气流组织

## 4.3　城市轨道交通车辆空调系统工作及控制原理分析

### 4.3.1　空调系统制冷工作原理

空调机组工作时，制冷系统内的低压、低温制冷剂蒸汽被压缩机吸入，压缩为高压、高温的过热蒸汽后送至冷凝器；同时室外风扇吸入的室外空气流经冷凝器，带走制冷剂放出的热量，使高压、高温的制冷剂蒸汽凝结为高压液体。高压液体经过节流毛细管降压降温流入蒸发器，并在相应的低压下蒸发，吸取周围热量；同时室内风扇使室内空气不断进入蒸发器的肋片间进行热交换，并将放热后的冷气体送向室内。如此，室内外空气不断循环流动达到降低室温的目的。

空调制冷原理如图 4.23 所示。

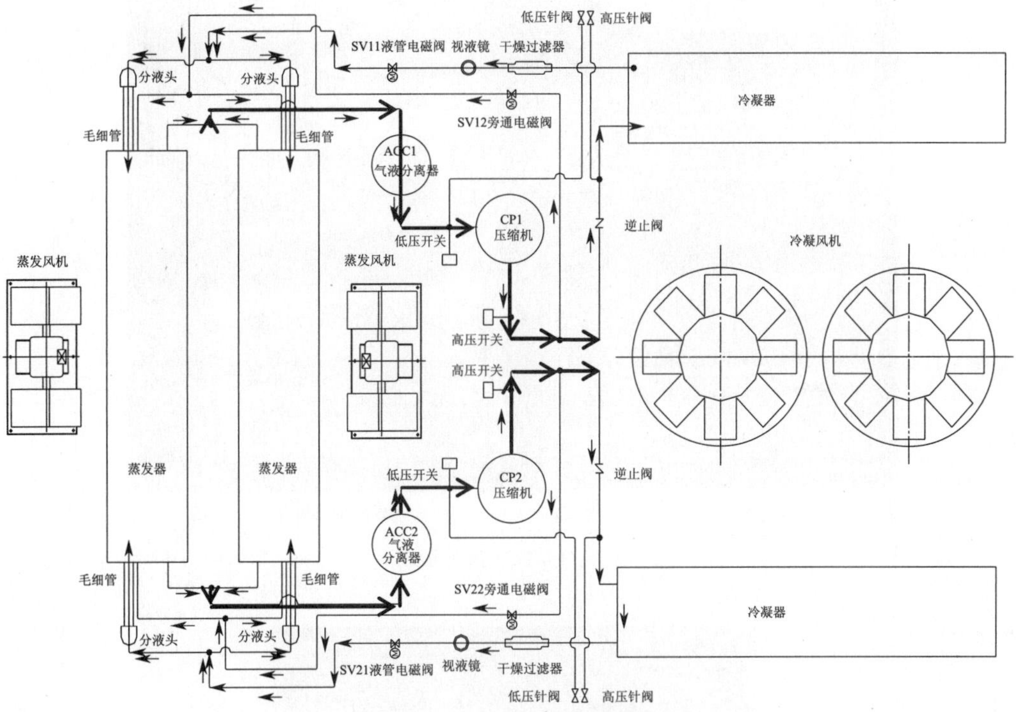


图 4.23　空调系统制冷原理

## 4.3.2　空调工作原理及操作

1)客室空调控制盘

空调控制系统采用 KPC 控制器作为核心控制单元,一台控制盘控制两台空调机组,外围采用接触器、断路器、继电器等控制元件,集成安装在客室内空调电气柜的控制板上,共同完成空调系统的控制、保护和故障诊断功能。控制器采集各传感器以及各元件的保护信息,进行数据的运算、处理,并与车辆控制系统通过 MVB 网络进行通信。空调控制系统通过控制空调机组,将车内保持在舒适的环境下。同时,控制系统将对空调机组进行诊断,将空调系统各元件的状态信息以及故障信息发送给车辆控制器,并可在司机室显示屏显示。

控制盘外形图如图 4.24 所示。

2)控制盘主要部件

(1)微机控制器(图 4.25)

微机控制器的工作原理:根据规定的设定温度、室内温度、结合新风温度等,确定制冷需求,控制空调机组工作在通风、制冷等各工况。微机控制器带有 MVB、RS232、USB 通信接口,通过 MVB 接口与车辆网络进行连接;通过 RS232 接口下载 MVB 网卡程序;通过 USB 接口与 PTU 进行连接或下载控制器程序。

(2)接触器(图 4.26)

接触器的工作原理:接触器位于空调控制盘上,是空调控制系统的操作部件,通过接触器的吸合与断开,可控制其相应设备的工作或停机。

(a) 控制盘合上　　(b) 控制盘打开

图 4.24　控制盘外形图

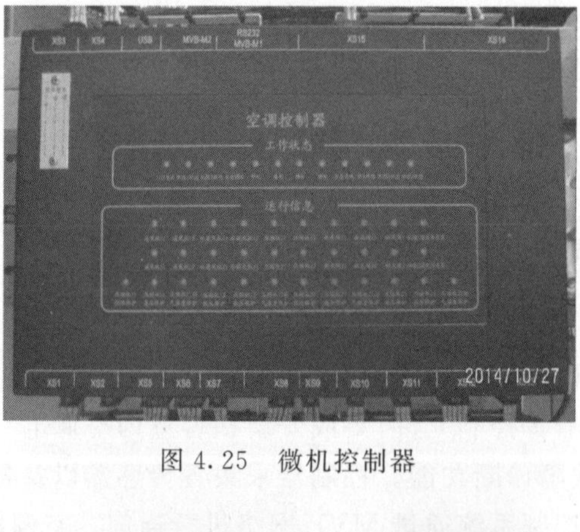


图 4.25　微机控制器

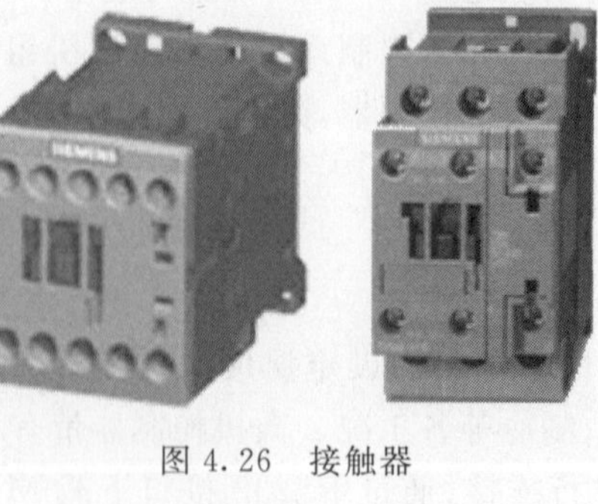

图 4.26　接触器

(3)热继电器(图 4.27)

热继电器的工作原理:热继电器位于空调控制盘上,是空调控制系统的保护部件,当冷凝风机过载时,可切断冷凝风机电源,实现过载保护。过载恢复后热继电器自动复位。热继电器的整定值为 2.1 A 。

图 4.27 热继电器

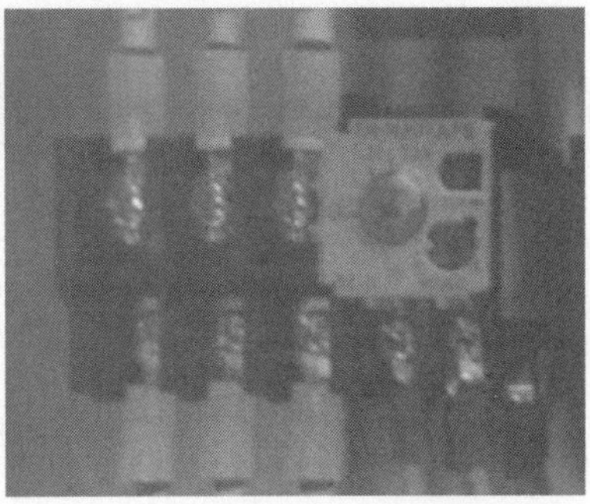

图 4.28 速动热继电器

(4)速动热继电器(图 4.28)

速动热继电器的工作原理:速动热继电器位于空调控制盘上,是空调控制系统的保护部件,当压缩机过载时,可切断压缩机电源,实现过载保护。过载恢复后压缩机速动热继电器自动复位。速动热继电器的整定值为 19 A。

(5)热磁断路器(图 4.29)

热磁断路器的工作原理:热磁断路器位于空调控制盘上,是空调控制系统的保护部件,当通风过载时,可切断通风机电源,实现过载保护。过载恢复后通风机热磁断路器需手动复位。热磁断路器的整定值为 2.2 A。

图 4.29 热磁断路器

图 4.30 断路器

(6)断路器(图 4.30)

断路器的工作原理:断路器位于空调控制盘上,是空调控制系统的手动操作部件,可实现短路保护、过载保护、控制及隔离功能。当断路器由于短路或过载保护跳闸后,需手动重新合闸。

(7)漏电保护器(图 4.31)

漏电保护器的工作原理:断路器位于空调控制盘上,是空调控制系统的手动操作部件,可实现漏电保护功能。当保护后,需手动重新将配套断路器合闸。

(8)三相监控继电器(图 4.32)

三相监控继电器的工作原理:三相监控继电器位于空调控制盘上,是空调控制系统的保护部件,可实现过压、欠压、缺相、相序等保护功能。

(9)转换开关(图 4.33)

图 4.31　漏电保护器

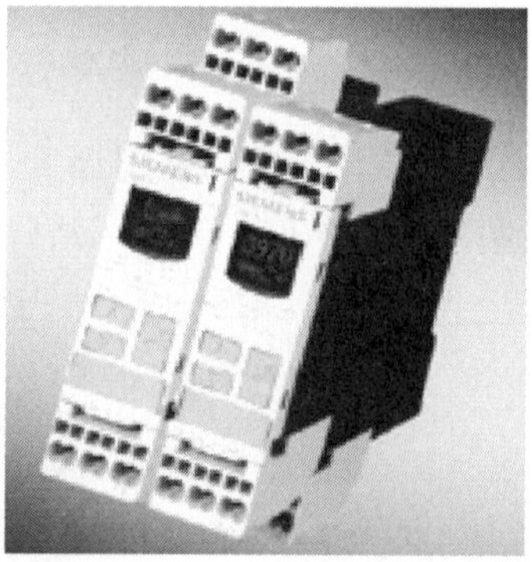

图 4.32　三相监控继电器

转换开关的工作原理:功能选择开关位于空调控制盘上,是空调控制系统的手动操作部件,可实现各模式切换。

图 4.33　转换开关

3. 原理图

主回路、控制回路、空调系统控制电路如图 4.34、图 4.35、图 4.36 所示。

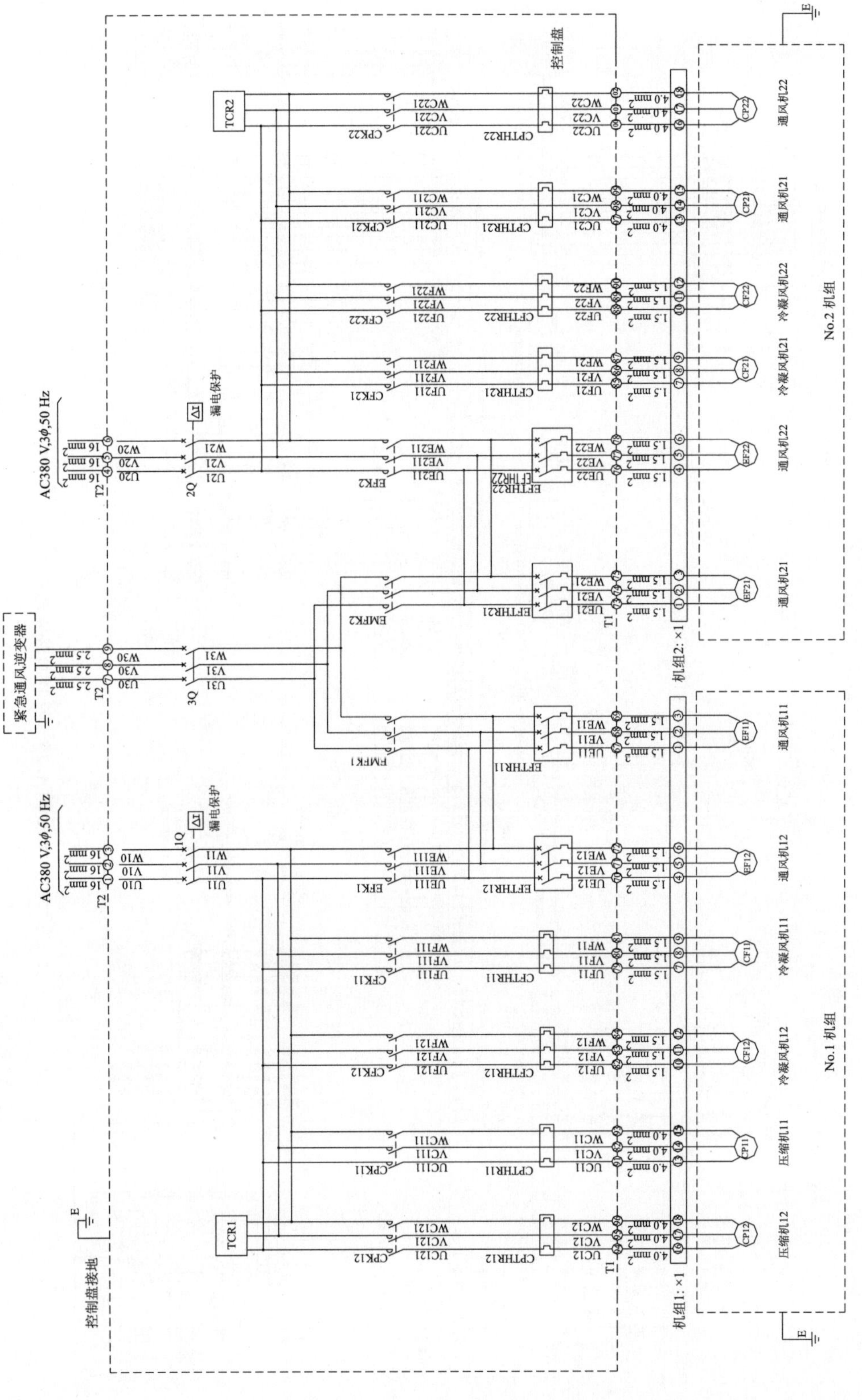
控制盘接地
控制盘
紧急通风逆变器
AC380 V,3φ,50 Hz
AC380 V,3φ,50 Hz
漏电保护
漏电保护
TCR1
TCR2
机组1: ×1
机组2: ×1
压缩机12
压缩机11
冷凝风机12
冷凝风机11
通风机12
通风机11
通风机21
通风机22
冷凝风机21
冷凝风机22
通风机21
通风机22
No.1 机组
No.2 机组

图 4.34 主回路原理图

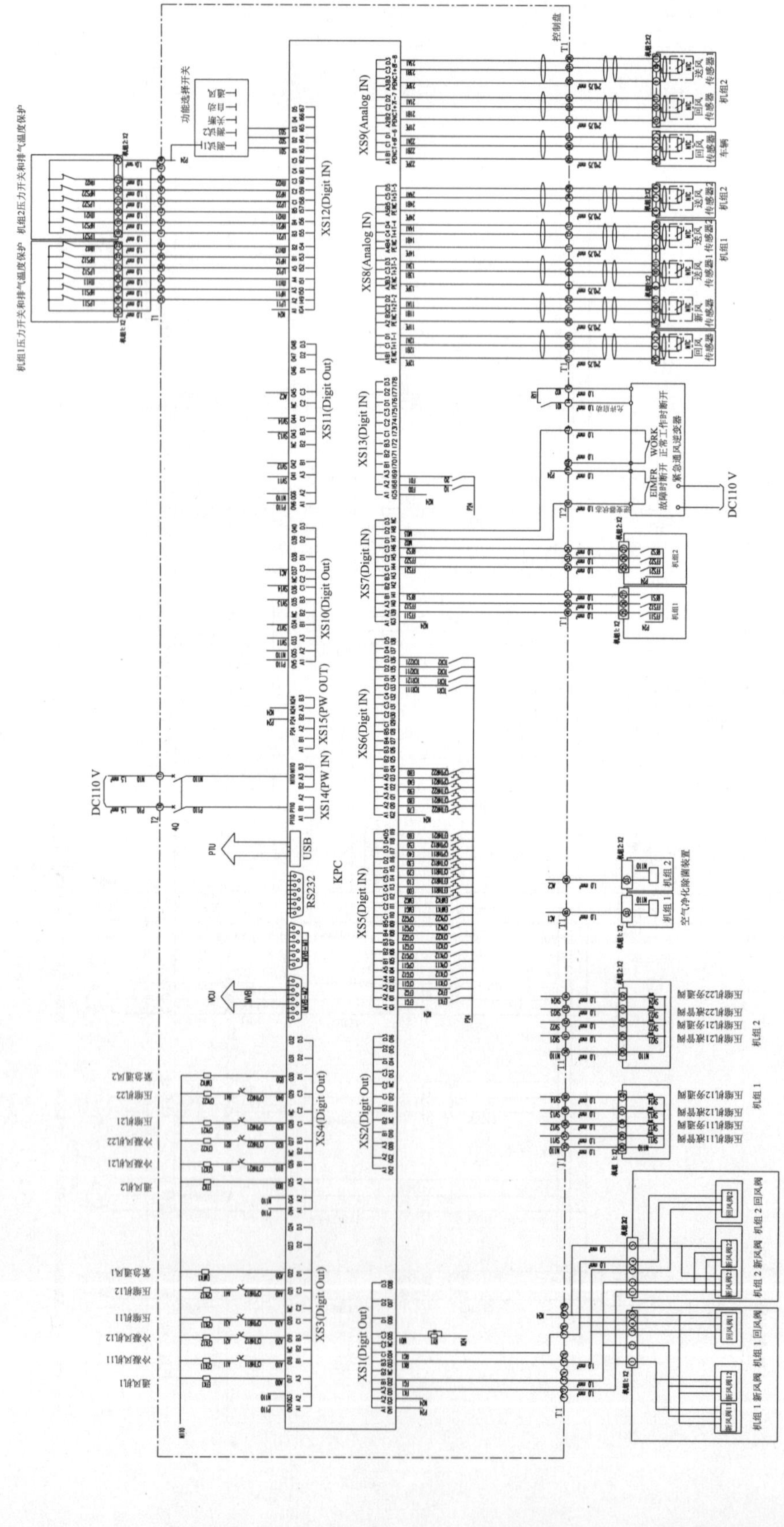


图 4.35　控制回路原理图

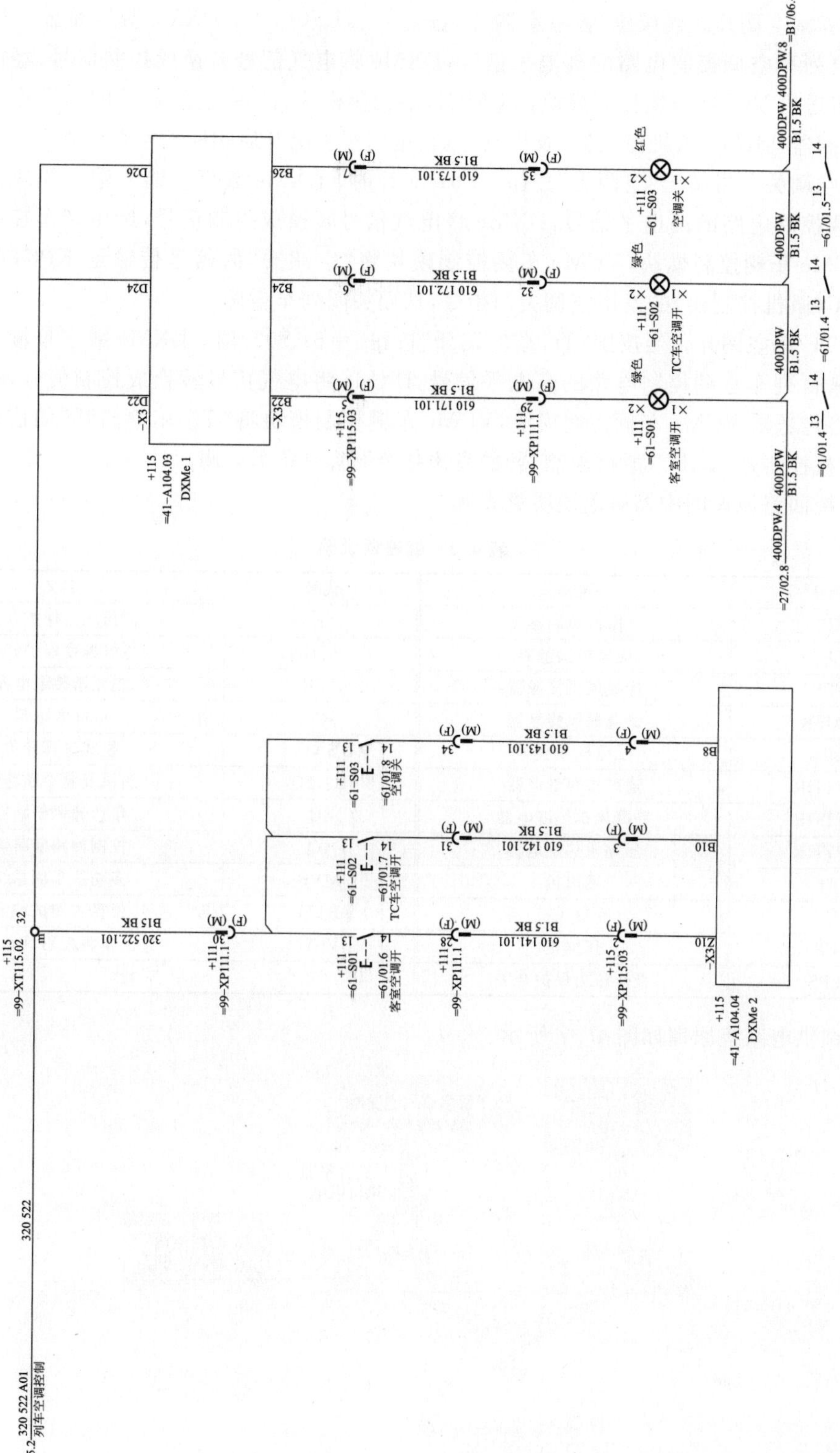


图 4.36　空调系统控制电路

图 4.36 几点说明：

(1)客室空调开。当按压“客室空调开”按钮(＝61-S01)时，DXMe 数字量输入输出模块得到来自列车空调控制电路的高电平信号，DXMe 将电气信号转换成控制信号，经由列车控制网络传送给 VCMe 车辆控制模块，VCMe 车辆控制模块将“客室空调开”的信号传输至 KPC(微机控制器)，KPC(微机控制器)发出指令，根据列车工况开启相应的空调设备。

(2)空调关。当按压“空调关”按钮(＝61-S03)时，DXMe 数字量输入输出模块得到来自列车空调控制电路的高电平信号，DXMe 将电气信号转换成控制信号，经由列车控制网络传送给 VCMe 车辆控制模块，VCMe 车辆控制模块将“空调关”的信号传输至 KPC(微机控制器)，KPC(微机控制器)的发出空调关闭指令，从而关闭列车空调。

(3)TC 车空调开。当按压“TC 车空调开”按钮(＝61-S02)时，DXMe 数字量输入输出模块得到来自列车空调控制电路的高电平信号，DXMe 将电气信号转换成控制信号，经由列车控制网络传送给 VCMe 车辆控制模块，VCMe 车辆控制模块将“TC 车空调开”的信号传输至 KPC(微机控制器)，KPC(微机控制器)的发出指令开启 TC 车空调。

主、控回路原理图中缩略语说明见表 4.2

**表 4.2　缩略语说明**

| 代号 | 定义 | 代号 | 定义 |
|---|---|---|---|
| KPC | 微机控制器 | HPS | 高压压力保护开关 |
| EFK | 通风机接触器 | ITH | 排气温度保护开关 |
| CFK | 冷凝风机接触器 | TCR | 三相监控继电器 |
| EMFK | 紧急通风接触器 | RY | 中间继电器 |
| CPK | 压缩机接触器 | SA1 | 模式选择开关 |
| EFTHR | 通风机热继电器 | 1Q,2Q | 通风及制冷断路器 |
| CFTHR | 冷凝风机热继电器 | 3Q | 紧急通风断路器 |
| CPTHR | 压缩机热继电器 | 4Q | 控制回路断路器 |
| EF | 通风机 | MVB | 多功能车辆总线 |
| CF | 冷凝风机 | PTU | 便携式测试单元 |
| CP | 压缩机 | VCU | 车辆控制单元 |
| LPS | 低压压力保护开关 | | |

空调供电系统原理如图 4.37 所示。

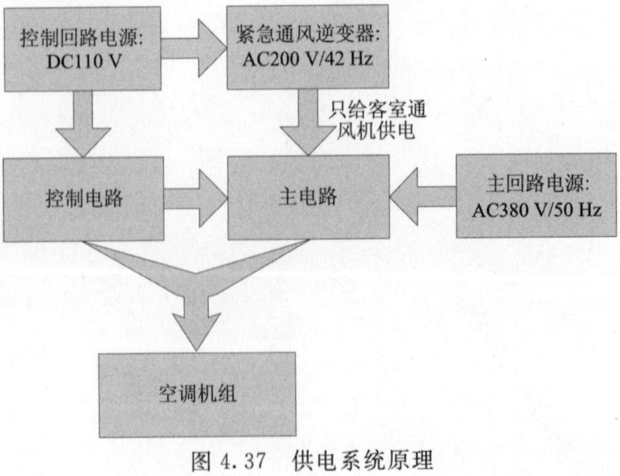


图 4.37　供电系统原理

4. 空调控制原理及操作

(1)空调控制功能说明

控制盘是客室空调系统的控制中心，每个控制盘控制一节车厢内的两台空调机组。按照设定程序准确控制着空调系统的正常工作，完成通风、制冷、停机等各项操作。

每个空调机组在送风口和新风口处设置NTC型温度传感器检测送风温度和新风温度，在车上布NTC型温度传感器检测回风温度，空调控制系统采集温度信号，并取两回风温度平均值作为客室温度，取两新风温度平均值作为室外温度。

①控制盘操作。闭合主回路空气开关1Q～3Q以及控制回路空气开关4Q，功能选择开关置于"自动"位，空调系统即自动进入工作状态。由传感器检测到车内温度，与KPC内部设定的温度比较后，自动进行通风、制冷等各工况。

②软件流程图如图4.38所示。

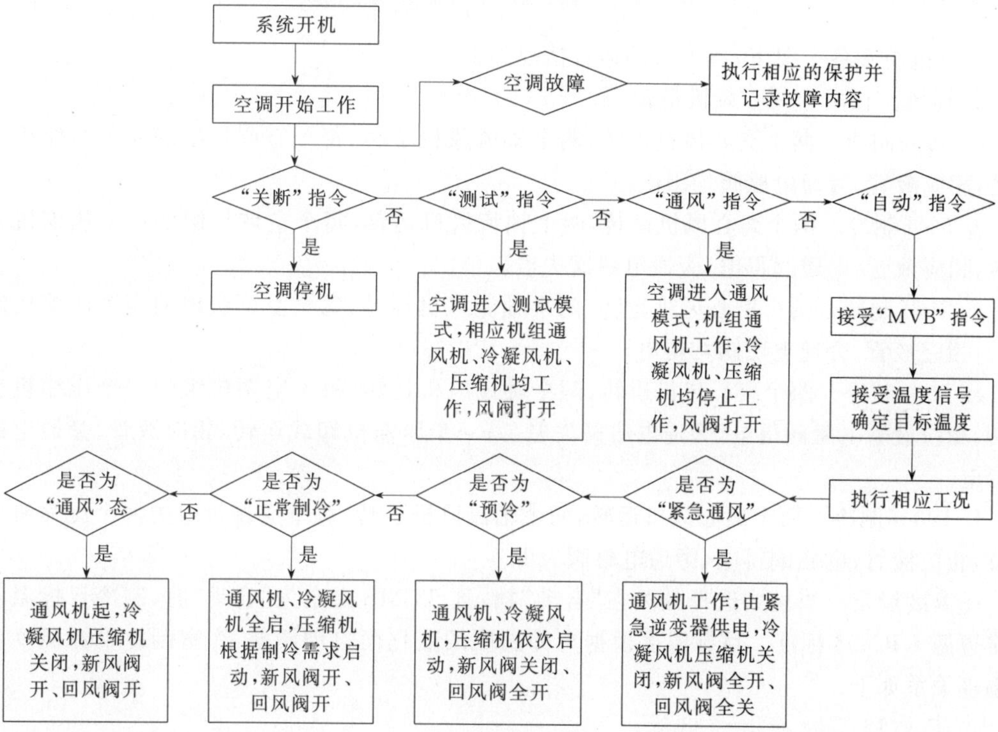


图4.38　软件流程图

③工作模式。

在每个控制盘上设有功能选择开关SA，SA设有自动、测试1、测试2、关断、通风等五个档位，调节空调机组工作在不同的工作模式，具体如下：

a. 测试1/测试2。当功能选择开关处于此挡位时，系统处于测试模式，控制系统单独强制1号机组/2号机组100%制冷运行，压缩机启动过程同自动模式下的100%制冷，运行时间为15 min，用以对两台机组主要部件进行测试，空调在测试模式下压缩机启动不受允许启动信号限制。

b. 关断。当功能选择开关处于"关断"时，空调机组停止工作。

c. 通风。当功能选择开关处于"通风"时，空调机组强制工作在通风模式。

d. 自动。当功能选择开关处于"自动"挡位时，控制器通过MVB接受来自TMS的运行信号，此时，空调工作模式受 MVB 网络控制，根据 TMS 发送的不同指令，工作在相应模式。

空调自动模式下制冷温度曲线如图 4.39 所示。

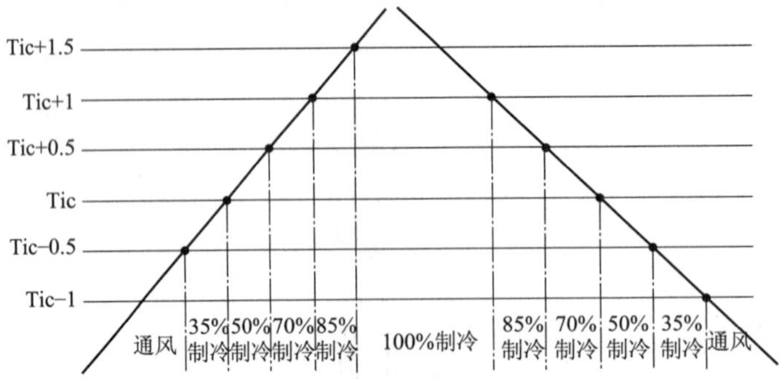


图 4.39 空调自动模式下制冷温度曲线

空调机组在各工况下，各电机的运行情况如下：

a. 通风。仅两个离心风机运转。

b. 35%制冷。两个离心风机运转，两个轴流风机运转，每个空调机组的一个压缩机卸载运转，相应液管、旁通电磁阀均得电。

c. 50%制冷。两个离心风机运转，两个轴流风机运转，每个空调机组的一个压缩机全载运转，相应液管、电磁阀得电，旁通电磁阀失电。

d. 70%制冷。两个离心风机运转，两个轴流风机运转，每个空调机组的两个压缩机卸载运转，相应液管、旁通电磁阀均得电。

e. 85%制冷。两个离心风机运转，两个轴流风机运转，每个空调机组的一个压缩机全载运转，相应液管电磁阀得电，旁通电磁阀失电，另一个压缩机卸载运转，相应液管、旁通电磁阀均得电。

f. 100%制冷。两个离心风机运转，两个轴流风机运转，每个空调机组的两个压缩机全载运转，相应液管、电磁阀得电，旁通电磁阀失电。

④温度设定。当模式选择开关在“自动”挡，且 TCMS 设定为“自动”时，制冷目标温度的设定遵循 UIC553 标准。目标温度根据车外温度的变化而自动调整，客室制冷目标温度与车外温度关系如下：

当 $Te<19$ ℃时，$Tic=23$ ℃。

当 35℃ $>Te\geqslant 19$ ℃时，$Tic=(23+0.25)$℃$+(Te-19$ ℃)。

当 $Te\geqslant 35$℃，$Tic=27$ ℃。

其中：$Te$——车外温度。

$Ti$——室内温度。

$Tic$——室内目标温度计算值。

制冷目标温度根据上式计算的 $Tic$ 再按下述要求进行取整。

当 $Tic<23.5$ ℃，取 $Tic=23$ ℃。

当 $23.5\leqslant Tic<24.5$ ℃，取 $Tic=24$ ℃。

当 $24.5\leqslant Tic<25.5$ ℃，取 $Tic=25$ ℃。

当 $25.5\leqslant Tic<26.5$ ℃，取 $Tic=26$ ℃。

当 26.5≤$Tic$，取 $Tic$=27 ℃。

另外，目标温度可根据 TCMS 的 −2、−1、+1、+2 命令在上述 $Tic$ 基础上进行调节，但自动模式下制冷目标温度最高设定为 27 ℃。

当 TCMS 设定为手动设定目标温度时，制冷目标温度设定为固定值，包括 23 ℃、24 ℃、25 ℃、26 ℃、27 ℃设定 5 个挡位。

④紧急通风模式。

a. 紧急通风启动。当系统处于自动模式，且满足下列任意条件之一时，系统启动紧急通风模式：

MVB 网络正常，且收到“空调启动信号”时，空调控制系统检测到 AC 380 V 主电源故障。

MVB 故障，且空调控制系统检测到 AC 380 V 主电源故障。

紧急通风模式下回风门关闭，新风门完全打开，离心风机由紧急逆变器供电工作。其他设备停止运行。

b. 紧急通风结束。当满足以下条件之一时，空调结束紧急通风模式：

a)空调控制系统检测到 AC 380V 主电源正常。

b)收到停机命令。

空调在紧急通风模式，不满足紧急通风结束条件时，持续工作直至紧急通风逆变器亏电。

⑥风阀控制。风阀标称的全开时间为 35 s。为保证完全打开或关闭，设定全开或全关时间为 40 s。新风量的调节通过自动控制新风阀的开度实现。根据 TCMS 发送来的载客量信号，分为三挡调节：

a. 若接收到载客量信号为 AW1，风阀开度为 1/3 开。

b. 若接收到载客量信号为 AW2，风阀开度为 2/3 开。

c. 若接收到载客量信号为 AW3，风阀廾度为全廾。

各工况下新、回风阀状态见表 4.3。

**表 4.3 各工况下新、回风阀状态**

| 模式 | 回风阀 | 新风阀 |
|---|---|---|
| 预冷 | 全开 | 全关 |
| 正常状态 | 全开 | 根据载客量调节风阀不同开度 |
| 紧急通风 | 全闭 | 全开 |
| 停机 | 全闭 | 全关 |
| 火灾模式 | 全开 | 全关 |

(2)司机室空调控制操作

司机室操作台上设有主控钥匙开关。当司机使用主控钥匙激活列车后，空调系统得电。

司机台上设有按钮开关，可供司机开启和关闭列车空调。

司机室 HMI 上包含空调监控界面，可以设置和监控整列车空调系统的工作状态，在主运行界面下可进入空调界面。空调界面分为状态显示部分与空调设置部分，空调设置部分可对列车空调模式及目标温度进行设置，空调界面如图 4.40 所示。

空调状态包括室内温度、空调目标温度、各车空调模式。

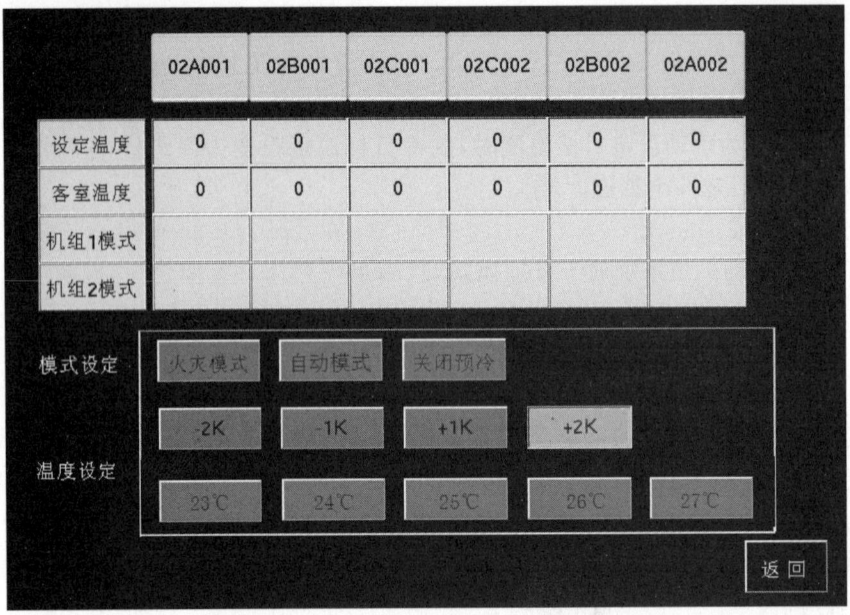


图 4.40　司机室 TCMS 空调控制界面

## 任务 1　城市轨道交通车辆空调系统操作

司机台上 HMI 人机交互显示器空调系统操作,“空调状态”画面如图 4.41 所示。

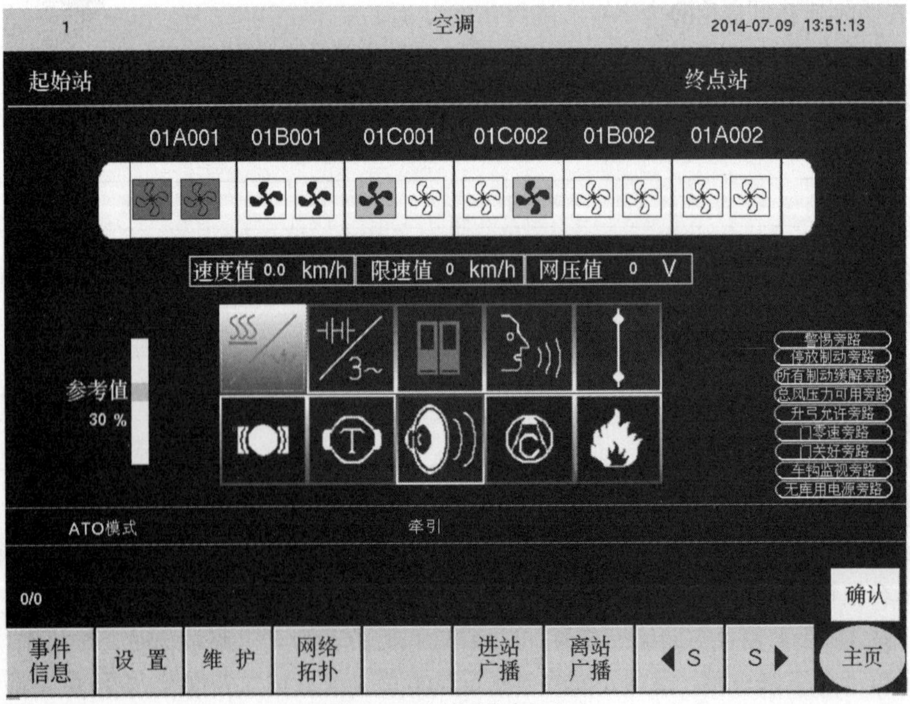


图 4.41　“空调状态”画面

“空调状态”画面显示图形符号说明见表 4.4。

**表 4.4　“空调状态”画面显示图形符号**

| 优先级 | 符　　号 | 指示的状态 |
| --- | --- | --- |
| 1 | (红底白色) | 空调故障 |
| 2 | (黄底白色) | 空调警告 |
| 3 | (橙底黑色) | 空调运行于“紧急通风”模式，由蓄电池供电 |
| 4 | (白底黑色) | 空调运行于“通风”模式，由辅助电源供电 |
| 5 | (紫底黑色) | 空调运行于“限制制冷”模式，由辅助电源供电 |
| 6 | (绿底红色) | 采暖开启，无故障 |
| 7 | (绿底黑色) | 空调运行于制冷模式，无故障 |
| 8 | (白底白色) | 空调关闭，无故障 |

空调故障信息传输：空调控制器将发送故障及状态信号到 VCU。这些故障及状态信号将被记录，VCU 对故障进行评估后在 HMI 的信息区域显示该故障信息。同时空调单元在 HMI 上的符号变成黄色(轻微或中等故障)或红色(严重故障)。

## 任务 2　城市轨道交通车辆空调系统电气日常状态检查

1. 双日检(表 4.5)

**表 4.5　双日检**

| 序号 | 项目 | 检修内容 | 检修标准 |
| --- | --- | --- | --- |
| 1 | 客室作业 | 检查客室通风格栅 | 玻璃无裂损，通风格栅安装良好 |
| 2 | 司机室有电作业 | 空调功能检查 | 在司机室操作空调开、关按钮，检查空调开、关功能正常，HMI 显示空调无故障，可以明确听到客室空调启动声音 |

2. 双周检(表 4.6)

**表 4.6　双周检**

| 检修内容 | 检修标准 |
| --- | --- |
| 更换混合风滤网 | 新装混合风滤网无损坏，安装准确到位 |
| 清洁新风滤网 | 新风滤网无损坏，并安装入滤网安装槽内 |
| 检查视液镜显示状态 | 正常为绿色；不正常为黄色或无色 |
| 检查冷凝风机盖板、蒸发室盖板 | (1)冷凝风机盖板、蒸发室盖板无裂纹、无变形<br>(2)蒸发室盖板合页无裂纹、无脱焊，销子无脱出，开口销无断裂 |

续上表

| 检修内容 | 检 修 标 准 |
| --- | --- |
| 检查冷凝风机防护格栅 | (1)防护格栅无变形、无脱焊<br>(2)安装螺栓齐全,防松线清晰无错位 |
| 检查冷凝风机叶片 | (1)冷凝风机叶片无裂纹、无变形<br>(2)冷凝风机叶片转动灵活、无异响、无干涉 |
| 检查机组安装状态 | 机组安装螺栓防松线清晰无错位 |
| 检查空调接地线 | 接地线螺栓防松线清晰无错位 |
| 检查压缩机盖板 | (1)压缩机盖板螺栓齐全,防松线清晰无错位<br>(2)压缩机盖板无裂纹、无损伤 |
| 检查司机室通风功能 | (1)盖板锁闭良好<br>(2)司机室通风旋钮无松动<br>(3)喷嘴安装紧固<br>(4)司机室增压器通风在各挡位工作正常 |
| 检查紧急通风功能 | 列车未升弓或切除所有辅助逆变器,按司机台上的“列车空调开”,各客室送风口有新风送出,HMI上未报空调故障 |

3. 三月检(表4.7)

**表4.7 三月检**

| 检 修 内 容 | 检 修 标 准 |
| --- | --- |
| 检查机组安装状态 | 机组安装螺栓齐全,防松线清晰无错位 |
| 检查接地线 | 接地线无断裂,接地线螺栓齐全,防松线清晰无错位 |
| 更换混合风过滤网 | 新装混合风过滤网无损坏,安装准确到位 |
| 清洁新风过滤网 | 新风过滤网无损坏,并安装入滤网安装槽内 |
| 检查并清洁蒸发器、冷凝器。(注:每年4月1日至6月30日内首个三月检执行该条) | (1)检查蒸发器、冷凝器外观,冷凝腔内部,要求干净无异物,散热片无变形<br>(2)用清水对新风格栅、蒸发器和冷凝器的散热片进行清洗。清洗散热片时应防止水冲到电磁阀及电机上<br>(3)列车送电后开空调10 min以上,将空调机组内的水吹干 |
| 检查空调机组各排水孔(注:每年4月1日至6月30日内首个三月检执行该条) | 机组各排水孔(包括蒸发室底部排水孔)未被异物堵塞 |
| 检查视液镜显示状态 | 正常为绿色;不正常为黄色或无色 |
| 检查冷凝风机电机安装状态。(注:每年4月1日至6月30日内首次三月检执行该条) | (1)各螺栓齐全,防松线清晰无错位<br>(2)安装座无裂纹、变形 |
| 检查冷凝风机防护格栅 | (1)防护格栅无变形<br>(2)防护格栅无脱焊<br>(3)安装螺栓防松线无错位<br>(4)禁止踩踏冷凝风机网罩 |
| 检查冷凝风机叶片 | (1)冷凝风机叶片无裂纹、无变形<br>(2)冷凝风机叶片转动灵活、无异响、无干涉<br>(3)叶片在轴上无轴向位移 |
| 检查空调机组管路(注:每年4月1日至6月30日内首个三月检执行该条) | (1)毛细管无断裂,包扎牢固,与其他部件无干涉<br>(2)各管路及连接处无泄漏制冷剂现象 |

续上表

| 检修内容 | 检修标准 |
|---|---|
| 高低压开关检查(注:每年4月1日至6月30日内首个三月检执行该条) | 高低压开关安装座安装紧固,接线无破损 |
| 检查送风机安装座及固定螺栓。(注:每年4月1日至6月30日内首个三月检执行该条) | 安装座无裂损,各螺栓齐全,防松线清晰无错位 |
| 检查空调机组的各电源线和控制线。(注:每年4月1日至6月30日内首个三月检执行该条) | (1)各电源线和控制线无破损<br>(2)各电源线和控制线与其他部件无干涉 |
| 检查冷凝风机盖板、蒸发室盖板 | (1)冷凝风机盖板、蒸发室盖板无裂纹、无变形<br>(2)冷凝风机盖板、蒸发室盖板合页无裂纹、无脱焊,销子无脱出,开口销无断裂<br>(3)冷凝风机盖板、蒸发室盖板各紧固螺栓齐全,防松线清晰无错位 |
| 检查压缩机盖板 | (1)压缩机盖板螺栓齐全,防松线清晰无错位<br>(2)压缩机盖板无裂纹、无变形 |
| 检查空调柜 | (1)检查KPC显示状态,各指示灯未报红现象<br>(2)检查各空开处于合位,无断开<br>(3)空调控制盘各螺栓齐全,无松脱<br>(4)紧急逆变器安装螺栓齐全,防松线清晰无错位,接地线安装牢固<br>(5)空调档位设置在自动挡位 |
| 检查司机室通风功能 | (1)盖板各锁位于锁闭位<br>(2)司机室通风旋钮无松动<br>(3)喷嘴安装紧固、转动灵活<br>(4)司机室增压器通风在各挡位工作正常 |
| 检查空调功能 | 空调各单元工作正常,HMI上未报空调故障 |
| 检查紧急通风功能 | 列车未升弓,按副司机台上的"列车空调开",各客室送风口有新风送出,HMI上未报空调故障 |

## 4. 年检(表4.8)

**表4.8 年检**

| 检修内容 | 检修标准 |
|---|---|
| 检查机组状态 | (1)机组安装螺栓齐全,防松线清晰无错位<br>(2)机组减振装置无裂损,安装螺栓紧固齐全<br>(3)机组箱体无裂纹、损伤<br>(4)接地线无脱股、断裂,安装螺栓齐全,防松线清晰无错位 |
| 检查机组盖板状态 | (1)冷凝风机盖板、蒸发腔盖板、压缩机盖板无裂纹、无变形;紧固螺栓齐全,防松线清晰无错位<br>(2)蒸发腔盖板合页无裂纹、无脱焊,销子无脱出,开口销无断裂<br>(3)小盖板方孔锁无松脱,无损坏,二次防护锁拉簧部件无损坏,功能均正常<br>(4)冷凝风机防护格栅无变形,无脱焊;安装螺栓齐全,防松线清洗无错位 |

续上表

| 检修内容 | 检 修 标 准 |
|---|---|
| 更换混合风滤网 | 新装混合风滤网无损坏，安装准确到位 |
| 清洁新风滤网 | (1)新风滤网无损坏，安装准确到位<br>(2)新风格栅清洁，无脏堵 |
| 检查并清洁蒸发器、冷凝器 | (1)检查蒸发器、冷凝器外观，冷凝腔内部，要求干净无异物<br>(2)清洗蒸发器和冷凝器<br>(3)对机组内部积水槽、排水孔进行清洗，无异物堵塞<br>(4)列车送电后开启空调，将空调机组内的水预风干<br>(5)清洗过程应防止水冲到接线盒、电机等电气元件上 |
| 检查送风机 | (1)安装座无裂损，螺栓齐全，防松线清晰无错位<br>(2)手动转动电机轴，电机转动灵活、平稳、无异响；风扇在轴上无轴向位移<br>(3)接线盒安装螺栓齐全紧固；各接线紧固、无破损、无干涉 |
| 检查压缩机 | (1)安装座无裂损，螺栓齐全，防松线清晰无错位<br>(2)压缩机制冷剂无泄露，表面无裂纹<br>(3)高低压开关安装紧固，接线无破损 |
| 检查冷凝风机 | (1)冷凝风机电机安装螺栓齐全，防松线清晰无错位；支架无裂纹、无变形<br>(2)冷凝风机叶片无裂纹、无变形<br>(3)冷凝风机叶片转动灵活、无异响、无干涉；叶片在轴上无轴向位移<br>(4)接线盒安装螺栓齐全紧固；各接线紧固、无破损、无干涉 |
| 检查视液镜显示状态 | 正常为绿色；不正常为黄色或无色 |
| 检查空调机组的各电源线和控制线 | 各电源线和控制线无破损，与其他部件无干涉 |
| 检查空调机组温度传感器 | 新风、回风、送风温度传感器安装牢固，探头表面无尘垢 |
| 检查新风门、回风门安装状态 | 新风门、回风门安装牢固，传动部件紧固件齐全 |
| 检查空调机组管路 | (1)毛细管无断裂，包扎牢固，与其他部件无干涉<br>(2)空调机组管路各管夹安装螺栓齐全，紧固<br>(3)各管路及连接处无泄漏制冷剂现象 |
| 检查空调废排装置 | 空调废排装置外观无裂纹、螺栓齐全紧固、铆钉无脱落，废排口无异物黏附 |
| 检查空调柜 | (1)检查 KPC 显示状态，各指示灯未报红现象<br>(2)检查各空开处于合位，无断开<br>(3)空调控制盘各螺栓齐全，无松脱<br>(4)紧急逆变器安装螺栓齐全，防松线清晰无错位，接地线安装牢固<br>(5)空调挡位设置在自动挡位<br>(6)各接线接头安装牢固，无松脱，接线无异常<br>(7)检测送风机、压缩机(环境温度达到 19 ℃以上)、冷凝风机三相接线电流无异常 |
| 检查座椅加热器外观状态 | (1)加热器格栅安装牢固，无异响<br>(2)电加热器格栅中无异物 |
| 检查紧急通风功能 | 列车未升弓，按副司机台上的“列车空调开”，各客室送风口有新风送出，HMI 上未报空调故障 |

续上表

| 检修内容 | 检 修 标 准 |
|---|---|
| 检查空调功能 | 空调各单元工作正常，HMI 上未报空调故障 |
| 检查足部取暖器外观状态 | 紧固螺栓齐全紧固，表面无裂纹、损坏 |
| 检查司机室通风单元 | (1)检查通风机腔内各部件安装牢固，各接线连接正常<br>(2)盖板表面无裂纹、脱漆，各锁功能正常，位于锁闭位<br>(3)喷嘴安装紧固、转动灵活<br>(4)司机室通风旋钮无松动<br>(5)司机室通风机在各挡位工作正常 |

## 任务 3　城市轨道交通车辆空调系统电气典型故障分析及处理

### 1. 空调系统故障处理流程

故障现象 → 分析故障原因 → 确定故障判断方法 → 故障处理

图 4.42　空调系统故障处理流程

### 2. 空调系统的故障分析与处理(表 4.9)

**表 4.9　空调系统故障处理提示**

| 故障内容 | 故 障 的 原 因 | 故障的判断方法 | 处 理 | 引用代号 |
|---|---|---|---|---|
| 1 不出风 | (1)离心风机的配线方面<br>①连接器处断线<br>②配线处螺丝松弛 | <br>查看电路接通情况<br>查看电路接通情况 | <br>修理<br>拧紧 | 专用工具 W005 |
| | (2)电动机烧损或断线 | 测量线圈电阻 | 更换电机 | |
| | (3)控制线路及电器故障 | 检查电路及电器元件 | 修理或更换 | |
| 2 风量小 | (1)离心风机电机反转<br>(2)混合风滤网堵塞<br>(3)蒸发器结霜或冰<br>(4)蒸发器散热片脏堵<br>(5)送风道等处堵塞<br>(6)风机叶片积垢 | 检查离心风机转向<br>检查过滤网<br>检查(目视)<br>检查(目视)<br>检查<br>检查 | 调换相线<br>清洗滤网<br>送风运转化冰、霜<br>清洗<br>修理<br>清洁 | 专用工具 W005<br>化学清洗剂 R001 |
| 3 不冷 | (1)压缩机不转<br>①电机断线、烧损<br>②高压压力开关动作<br>③低压压力开关动作<br>④配线端子安装螺丝松弛<br>⑤电气控制柜电器件不良<br>⑥接触器、线圈烧毁或触头故障<br>⑦压缩机故障<br>⑧轴流风机热继电器动作<br>⑨轴流风机电机烧损或断线<br>⑩离心风机电机烧损或断线<br>⑪压缩机热继电器动作 | <br>测定线圈电阻<br>见第⑥项<br>见第⑦项<br>查看接通情况<br>检查电气件<br>检查元件<br>检查压缩机<br>检查电机电流<br>测线圈电阻<br>测线圈电阻<br>检查压缩机电流 | <br>更换压缩机<br><br><br>拧紧<br>查明原因后修理<br>修理或更换<br>修理或更换<br>修理或更换<br>修理或更换<br>修理或更换<br>修理或更换 | 测量和试验设备 M002 |

续上表

| 故障内容 | 故障的原因 | 故障的判断方法 | 处理 | 引用代号 |
|---|---|---|---|---|
| 3 不冷 | (2)压缩机运转<br>制冷剂泄漏 | ①室内吸入和排出空气温差小<br>②回气温度过高<br>③压缩机运转电流小 | 修理制冷循环系统<br>重新充注制冷剂 | |
| 4 冷量不足 | (1)回风滤尘网堵塞 | 检查滤尘网(目视) | 除去筛孔堵塞物 | 测量和试验设备 M006 |
| | (2)蒸发器、冷凝器过脏 | 检查(目视) | 清扫 | |
| | (3)蒸发器结冰 | 检查(目视) | 送风化冰 | |
| | (4)空调设定温度过高 | 检查 | 调整或修理 | |
| | (5)少量制冷剂泄漏 | 压缩机运转电流比其他压缩机略小 | 修理制冷剂循环系统 | |
| | (6)制冷剂充注过多 | 电流过大 | 重新充注制冷剂 | |
| | (7)风量不足 | 见第 2 项 | | |
| 5 振动噪音大 | (1)风机电机轴承异常 | | 修理风机 | 专用工具 W005 |
| | (2)风机叶轮不平衡 | 检查风机的平衡性 | 调整或更换 | |
| | (3)紧固部位松驰 | 检查各紧固部位 | 拧紧 | |
| 6 高压压力开关动作 | (1)冷凝器过脏 | 检查冷凝器 | 清扫 | 专用工具 W005<br>化学清洗剂 R001 |
| | (2)制冷剂充注过多 | 电流比正常值大 | 重新充注制冷剂 | |
| | (3)轴流风机反转 | 检查 | 将相序调整正确 | |
| | (4)排气管段堵塞 | 检查高压管路及配件等 | 修理 | |
| | (5)轴流风机不转<br>①电机烧损<br>②电机的轴承损伤 | 测定线圈电阻是否平衡<br>检查 | 更换电机<br>更换球轴承 | |
| | (6)空气或不凝性气体混入系统中 | 电流比正常值大 | 查明原因,修复后重新充注制冷剂 | |
| 7 低压压力开关动作 | (1)制冷剂泄漏 | 压缩机电流小 | 检查、修理制冷系统 | 测量和试验设备 M006 |
| | (2)度传感器感温不正确 | 电阻值与温度不对应 | 校准传感器或更换 | |
| | (3)风量不足 | 见第 2 项 | | |
| | (4)低压管路堵塞 | 检查(目视) | 检查、修理制冷系统 | |
| | (5)蒸发器散热片堵塞 | 检查 | 清扫 | |
| 8 漏水 | (1)回风口漏水<br>回风短风道密封不良 | 检查 | 进行正确安装、密封 | 化学清洗剂 R001 |
| | (2)出风口漏水 | ①蒸发器脏堵<br>②送风面密封处漏水 | 清洗蒸发器或滤尘网修理<br>检查送风面密封情况,正确安装机组。 | |
| | (3)车内风道内凝露形成水珠,从出风口吹出 | | 风道保温 | |

3. 空调系统典故障分析

故障一 HMI 空调图标显黄。

(1)故障现象:空调图标显黄,复位微动开关后恢复正常。

(2)故障分析:列车回库后,下载该车相关数据发现 CFK22(冷凝风机 22)接触器故障,故障信息见表 4.10。检查了 CFK22 接触器及活动辅助触头电阻、各接线电流(图 4.43),各部件未发现异常,库内多次试验均无异常,空调机组制冷功能正常,不影响运行。

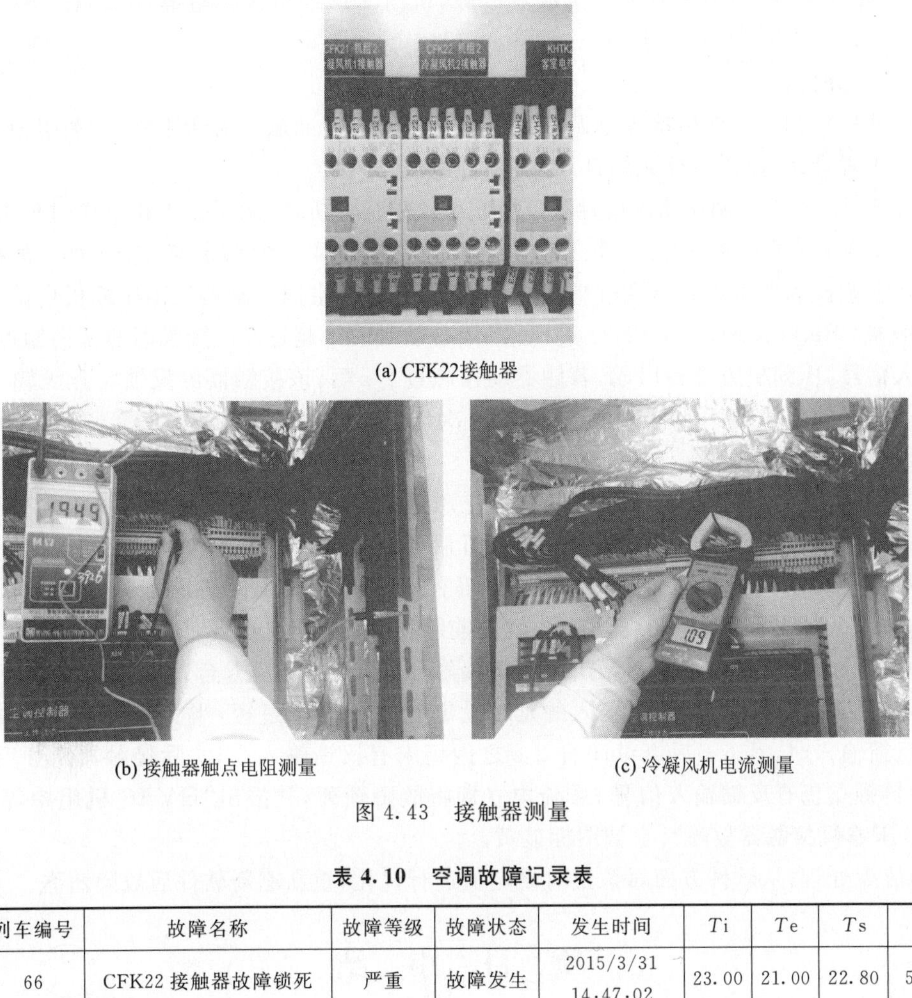


(a) CFK22接触器

(b) 接触器触点电阻测量　　(c) 冷凝风机电流测量

图 4.43　接触器测量

**表 4.10　空调故障记录表**

| 记录 | 列车编号 | 故障名称 | 故障等级 | 故障状态 | 发生时间 | *Ti* | *Te* | *Ts* | 模式 |
|---|---|---|---|---|---|---|---|---|---|
| 15 | 66 | CFK22 接触器故障锁死 | 严重 | 故障发生 | 2015/3/31 14:47:02 | 23.00 | 21.00 | 22.80 | 50%制冷 |
| 16 | 66 | CFK22 接触器吸合故障 | 中等 | 故障发生 | 2015/3/31 14:47:02 | 23.00 | 21.00 | 22.80 | 50%制冷 |
| 17 | 66 | CFK22 接触器吸合故障 | 中等 | 故障消失 | 2015/3/31 14:47:02 | 23.00 | 21.00 | 22.80 | 50%制冷 |
| 18 | 66 | CFK22 接触器吸合故障 | 中等 | 故障发生 | 2015/3/31 14:46:56 | 23.00 | 21.10 | 22.80 | 50%制冷 |

空调系统根据环境温度及载客量自动设定目标温度,根据制冷需求判定空调系统是否开启或开启半冷/全冷模式。冷凝风机接触器动作仅发生在制冷系统开启或停止时,由故障记录可发现故障首次发生和消失时为 50%制冷,可判定该故障正是在制冷系统开启时冷凝风机接

触器动作时发生。由故障记录可发现冷凝风机接触器故障时间持续较短，可判定为冷凝风机接触器吸合不畅。

(3)故障原因：接触器吸合不畅，导致接触器锁死，造成正线车辆空调故障，HMI显示空调黄点。

(4)故障处理：更换故障接触器，空调系统工作正常。

故障二 机组压缩机接触器故障

(1)故障现象：机组1压缩机1接触器故障，机组1压缩机2接触器故障，HVAC机组中等故障

(2)故障分析：

硬件分析。列车回库后检查空调机组压缩机接触器辅助触点通断正常、检测阻值正常、反馈信号线正常导通、连接器处无缩针，相关设备检查无异常。

软件分析。结合空调压缩机接触器控制原理图进行分析，空调压缩机在工作过程中会随着外界温度及客室温度变化进行启/停交替的工作，该交替过程中，空调系统可报出如下两种故障。

①当空调控制器检测到温度过高需要启动压缩机时，空调控制器发出压缩机启动指令，压缩机接触器CFK11、CFK12、CFK21、CFK22闭合后延时不超过2 s，接触器的反馈触点才会接收到输入信号，压缩机方开始启动，若触器动作超过2 s后，该接触器的反馈触点无输入(第一次)，断开相应的接触器。延时6 s该接触器再次动作，延时2 s后，仍无反馈(第二次)接触器断开，报出故障并锁死故障。

②当空调控制器检测到温度过低需要停止压缩机时，空调控制器发出压缩机停机指令，压缩机接触器CFK11、CFK12、CFK21、CFK22断开后延时不超过2 s，接触器的反馈触点应无反馈输入信号，若接触器断开2 s后，该接触器触点仍有反馈输入，系统检测断开未成功，则报出故障并锁死故障，此时如果设备有前级限制设备，则前级设备应该能自动启动，保证系统的安全性。

(3)故障原因：空调系统频繁报出压缩机接触器故障(卡分及卡合)、空调系统中等故障原因为压缩机接触器在闭合之后有输入的延时设定值(2 s)时间过短，当实际接触器闭合2 s之内未有反馈输入时，且6 s后继续闭合2 s之内仍未有反馈输入；当实际接触器断开后2 s之内，接触器触点仍有反馈输入信号，系统均立即将故障锁死，并报出“HVAC机组中等故障”、“HVAC压缩机接触器故障”，空调图标显黄。

(4)故障处理：从软件方面对该延时设定值进行优化，重新刷新软件后故障消失。

## 项 目 小 结

本项目主要介绍了城市轨道交通车辆空调系统的发展和空调与制冷装置的基本类型，并对空调系统的主要设备、功能原理、操作方法以及典型故障类型和处理方法做了简要阐述。

## 思考题

1. 简述城市轨道交通车辆空调系统的组成。
2. 简述城市轨道交通车辆空调系统启动的控制方式。
3. 简述城市轨道交通车辆空调系统的气流组织(送风、回风、排风)。

# 项目5　城市轨道交通车辆乘客信息系统

城市轨道交通车辆乘客信息系统，简称 PIS 系统（Passenger Information System）的基本功能包含客室广播、自动报站、乘客紧急对讲、音频播放、音频监控和客室噪声检查等，而客室广播和自动报站功能是与车辆接口的最为重要的面向乘客界面的基本功能，如图 5.1 所示。乘客信息系统依托多媒体网络技术，以计算机系统为核心，以车站和车载显示终端为媒介，为乘客提供乘车须知、服务时间、列车时刻表、列车到发时间、政府公告、管理者公告等实时动态的多媒体信息，使乘客通过正确的服务信息引导，安全、便捷地乘坐轨道交通。

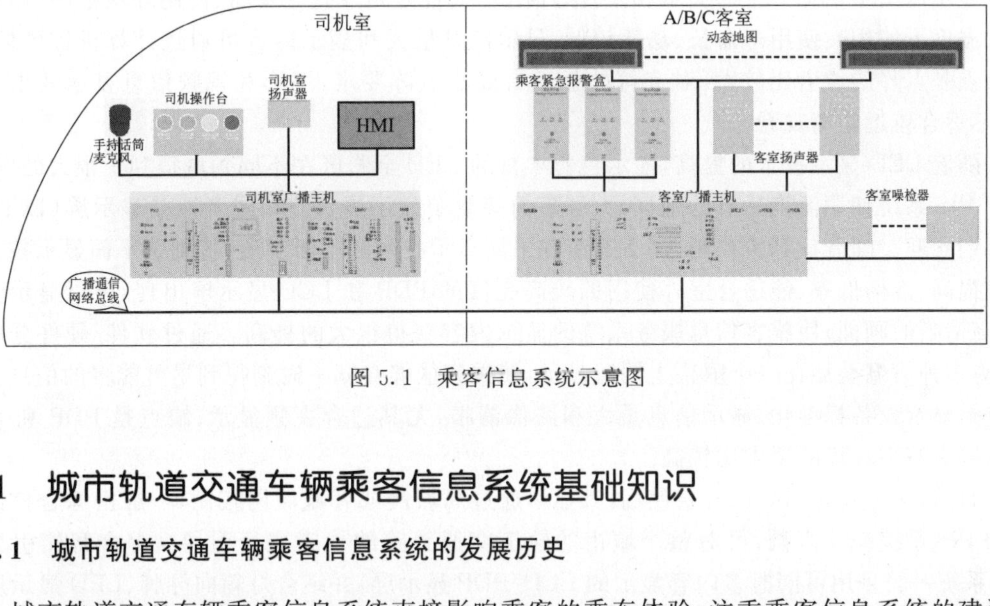


图 5.1　乘客信息系统示意图

## 5.1　城市轨道交通车辆乘客信息系统基础知识

### 5.1.1　城市轨道交通车辆乘客信息系统的发展历史

城市轨道交通车辆乘客信息系统直接影响乘客的乘车体验，注重乘客信息系统的建设才能为乘客提供直观、高效和人性化的服务，通过正确的服务信息引导，使乘客安全、便捷地乘坐轨道交通，并提高城市轨道交通的服务水平、运营效率、应急处理能力及市场竞争力。

PIS 系统依托于电子产业的发展，随着电子科技的发展而不断进步。城市轨道交通乘客信息系统发展阶段如图 5.2 所示，从最初的人工引导、固定信息引导，到 LED 显示屏可变化信息引导，多媒体信息引导，最终发展为综合智能引导，多种乘客信息综合引导。

早期的 PIS 系统信息来自人工和固定指示灯、导向牌，利用简单的文字、图标和宣传告示以指引乘客乘车，被称为固定信息引导。其优点是简洁、明了、安全、可靠；缺点是功能简单信息量比较小、形式单一、信息更换麻烦。

随着发光二极管（LED）显示技术的发展，由微处理器控制的，具有高亮度、低功耗的 LED 点阵显示屏在城市轨道交通 PIS 领域中得到大量的使用。LED 点阵显示屏可以根据需要显示不同的文本、图形，被称为可变换信息引导。它除了可以显示固定信息所提供的内容外，还

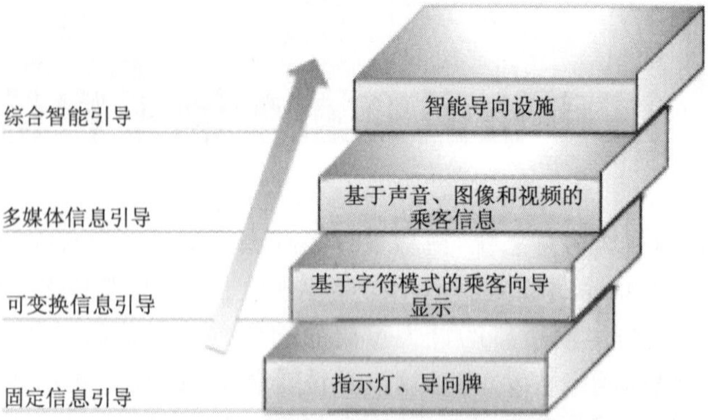


图 5.2　城市轨道交通乘客信息系统发展阶段

可以显示以文本信息为主的提示和公告等信息。其优点是发光亮度高、使用环境范围广(可在较低温度下使用)、使用寿命长、功耗较低、显示信息量大和显示内容可通过计算机程序控制。其缺点是点阵的像素比较大,对字符的显示有最小点阵要求,图形和视频信息显示效果比较差,不适合较近距离观看。

随着LED显示技术的提高,显示色彩丰富的LED全彩屏在不同领域得到了很大的发展。对于PIS系统使用温度适宜的地区,大屏幕的等离子显示屏(PDP)或者液晶显示屏(LCD)更受人们欢迎。随着计算机控制、网络通信和平面显示技术的不断发展,特别是平面显示技术的快速提高,价格低廉、能适合室外使用的较高亮度的PDP和LCD显示屏出现,可以显示大容量、高清晰的画面,使旅客信息服务系统的显示内容获得很大的提高。通过软件/硬件分屏技术,将多种信息叠加在一个屏幕上同时显示,使乘客能够在同一时刻得到尽可能多的信息。其优点是显示设备标准化、显示信息量大和图像清晰,尤其适合视频显示;缺点是PDP和LCD显示屏对使用环境的要求比较高。

目前,综合智能引导已普遍使用,其显示通过局域网或者城域网控制,一般由综合控制中心的PIS系统统一协调,可对整个城市的轨道交通线路的乘客进行引导。综合智能引导的PIS系统一般采用可同时多内容显示的LCD/PDP显示屏,并结合灯箱向导牌、LED显示屏和CRT显示器等其他信息播放设备。综合智能引导以多个系统为PIS系统提供信息支持,通过PIS显示播放终端将信息提供给乘客。

### 5.1.2　城市轨道交通车辆乘客信息系统网络结构

乘客信息系统与VCU(Vehicle Control Unit VCU是西门子公司采用的主控系统,南车时代电气用的是VCM主控系统)互相通信协调管理下能够实现自动行车时播报到站信息;PIS系统的广播功能采用了对讲与广播独立的传输总线,这样能够在广播的时候也进行司机与司机之间的对讲,或者司机与乘客之间的对讲。对讲的内容被录在司机室广播机柜中的数字报站器上,内容存储在报站语音文件的CF卡(CF卡是一种用于便携式电子设备的数据存储设备)中。数字报站器上集成有USB接口,可以与电脑连接下载录音文件和上传报站语音文件。

乘客信息系统由两台司机室广播主机和6台客室广播主机(分机)组成。每台司机室广播主机与本节司机室中其他外部设备相连进行通信与语音信号的传输。每台客室广播主机与本节客室的扬声器、噪声检测器、报警盒、动态地图相连。司机通过司机室操作台上的按键，完成客室广播、司机室对讲、紧急对讲等功能；客室中安装的紧急对讲器为乘客提供与司机紧急对讲的功能。司机室广播主机板件有冗余功能，有一台广播主机出现故障时，另一台可以做补充，使广播系统能够继续运行。

乘客信息系统采用了总线形式的网络拓扑结构，如图 5.3 所示，共有以下 4 类总线：

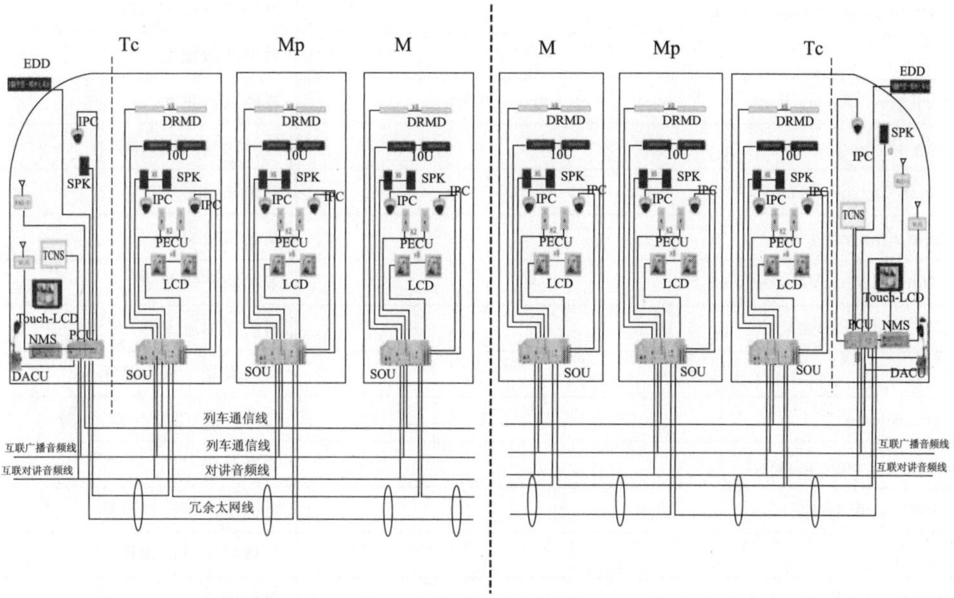


图 5.3 PIS 系统拓扑结构图

(1)广播音频总线：用于列车广播音频信号，如话筒音频信号、MP3 数字报站音频信号、Radio 无线音频信号等在车辆间的传输。

(2)对讲音频总线：用于司机室-司机室之间(C-C)对讲音频信号、司机室-客室之间(P-C)紧急报警音频信号的传输，实现列车对讲及紧急对讲功能。

(3)列车通信总线：用于列车通信控制信号。

(4)以太网总线：用于列车 CCTV 视频监控图像视频流的数据传输，实现乘客信息 LCD 的显示和客室状态监视功能。

PIS 系统相关名词术语定义如表 5.1。

**表 5.1 PIS 系统相关名词术语的定义**

| 英文名称 | 中文名称 |
|---|---|
| PAM(Power Amplification Module) | 功放模块 |
| CAPU | 音频处理模块 |
| CC(Cab Intercom) | 司机室对讲 |
| CCTV(Close Circuit Television) | 闭路电视系统 |
| CDAU | 操作控制模块 |

续上表

| 英 文 名 称 | 中 文 名 称 |
| --- | --- |
| DACU(Driver Audio Communication Unit) | 广播控制盒 |
| DRMD(Dynamic Route Map Display) | 动态地图 |
| DVA ( Digital Voice Announcer) | 数字报站器 |
| DVAR | 数字录放模块 |
| EDD(External Destination Display) | 外部终点站显示器 |
| ICU | 对讲功能模块 |
| IDU(Intelligent Display Unit) | 智能显示单元 |
| I/O(Input/Output) | 信号的输入输出端口 |
| LCD(Liquid Crystal Display) | 液晶显示器 |
| LED(Light Emitting Diode) | 发光二极管 |
| MVB(Multifunction Vehicle Bus) | 多功能车辆总线 |
| NMS(Net Media Server) | 网络媒体服务器 |
| OLED(Organic Light-Emitting Diode) | 有机发光二极管显示屏 |
| PA(Public Address) | 公共广播(客室广播) |
| PC(Passenger Communication) | 乘客对讲 |
| PCU(PIS Control Unit) | 司机室广播控制机柜 |
| PSU | 广播系统电源模块 |
| PTT(Push To Talk) | 即按即说 |
| PECU(Passenger Emergency Communication Unit) | 紧急报警器 |
| PIDS(Passenger Information Display System) | 乘客信息显示系统 |
| PIS(Passenger Information System) | 乘客信息系统 |
| PISC(Passenger Information System Controller) | 中央控制器 |
| SCU(Saloon Control Unit) | 客室广播控制机柜 |
| TVSS(Train Video Surveillance System) | 车载视频监控系统 |
| USB(Universal Serial Bus) | 通用串行总线 |

## 5.2 城市轨道交通车辆乘客信息系统介绍

### 5.2.1 乘客信息系统主要装置介绍

1. 广播系统组成

城市轨道交通车辆广播系统采用分散式 PIS 系统，由司机室广播主机、客室广播主机、话筒、紧急报警器、扬声器、电子动态地图显示屏及噪声检测器等设备组成。完成了列车的广播、报警和广播信息动态显示等功能，如图 5.4 所示。广播系统采用智能化控制，网络化管理，数字化处理，模块化结构，操作简便，并具有高效性。

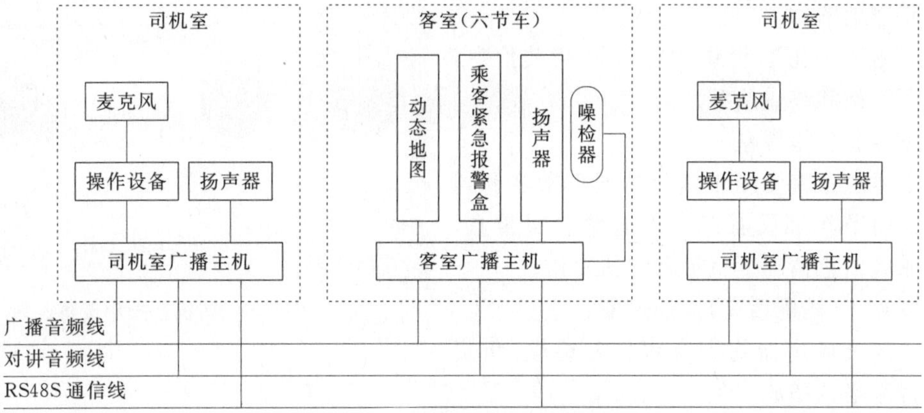


图 5.4　广播系统组成示意图

**表 5.2　广播系统设备分布汇总表**

| 设备名称 | 数量/列 | | | | | | 数量/列 | 安装位置 | 用途 |
|---|---|---|---|---|---|---|---|---|---|
| | A | B | C | C | B | A | | | |
| 司机室广播主机 | 1 | | | | | 1 | 2 | ATC 机柜内 | 广播系统管理控制 |
| 话筒 | 1 | | | | | 1 | 2 | 主司机台上 | 广播/对讲 |
| 司机室扬声器 | 2 | | | | | 2 | 4 | 司机室座椅顶部盖板上 | 用于广播/监听 |
| 客室广播主机 | 1 | 1 | 1 | 1 | 1 | 1 | 6 | A 车在信号柜内；B,C 车在继电器柜内 | 广播系统控制 |
| 客室扬声器 | 10 | 10 | 10 | 10 | 10 | 10 | 60 | 客室座椅顶部盖板 | 客室声音输出 |
| 噪声检测器 | 3 | 3 | 3 | 3 | 3 | 3 | 18 | 安装在座椅盖板处 | 客室噪声监测 |
| 乘客紧急报警盒 | 3 | 3 | 3 | 3 | 3 | 3 | 18 | 安装在车门立柱处 | 紧急对讲 |
| 电子动态地图 | 10 | 10 | 10 | 10 | 10 | 10 | 60 | 安装在座椅盖板处 | 到站、下一站等乘客信息显示 |
| 司机台广播控制盒(紧急对讲、客室广播、司机对讲、PTT) | 1 | | | | | 1 | 2 | 主司机台面 | 实现司机人工广播、司机室对讲、司机与乘客对话等功能。 |

1)司机室广播主机

司机室广播主机是广播系统的大脑，负责该系统主要工作，广播系统各功能的实现均要通过该部件，且系统主机具有冗余功能。

2)客室主机(分机)

客室主机主要负责本节车厢的音频播放、信息显示及乘客紧急报警，其功能主要是将音频信号放大、控制动态地图显示和乘客紧急报警的信息传递。另外还根据客室内的噪检功能，负责自动调整本节车的广播音量。

3)操作设备

操作设备主要为操作人员提供一个操作平台，以实现人机对话，如选择线路、列车报站、人工广播等。根据整车实际情况，该功能部件可以设计成一个独立部件，也可以将一些功能放到列车控制系统中，从而使该部件更简单。列车的操作设备有 HMI 操作屏及主司机台面板上的报警复位键、客室广播键、司机室对讲键、紧急对讲键/PTT 等，如图 5.5 所示。

4)动态地图

动态地图为乘客提供旅行线路相关信息，如指示下一站和终点站等。

5)乘客紧急报警盒

乘客紧急报警盒用于紧急情况下乘客和司机通话。每节车厢设有三个乘客紧急报警盒，以方便乘客紧急情况下就近和司机对讲。

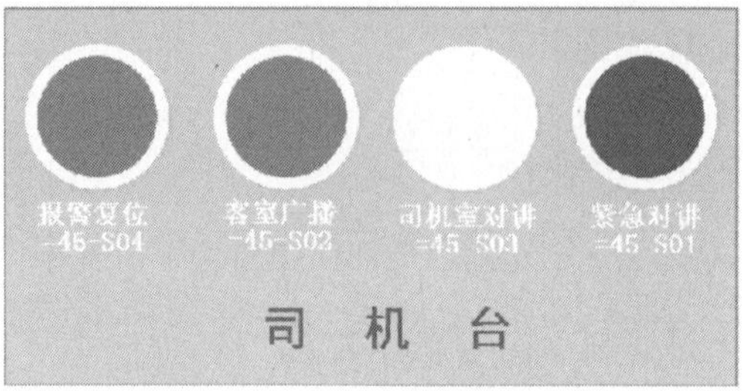


图 5.5 司机台操作设备

6)麦克风(鹅颈话筒)及扬声器

麦克风及扬声器均为音频信号终端，负责音频信号采集及播放。

2. 广播各部件介绍

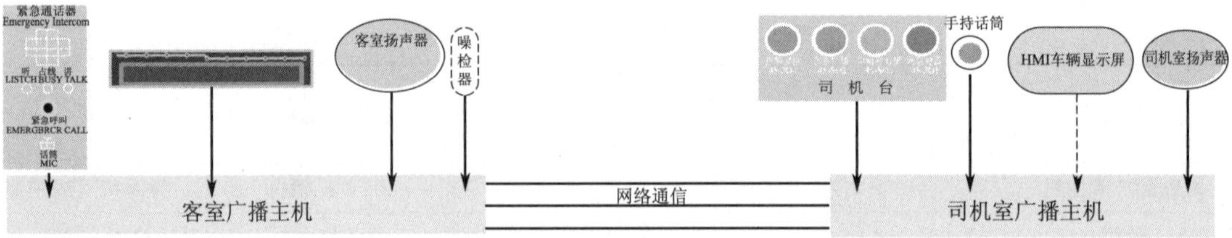


图 5.6 广播系统结构框架图

1)司机室广播主机

城市轨道交通车辆每列车共有两个司机室广播主机，它是广播系统的核心设备，由中央控制器 PISC、音频处理模块 CAPU、数字语音播放和录音模块 DVAR、电源 PSU、MVB 通信接口、I/O 接口、操作控制模块 CDU 和一些接口设备构成。司机室广播主机的功能是完成广播系统的通信控制、音频处理、音源选择以及与车辆线及广播控制盒的接口，如图 5.7 所示。

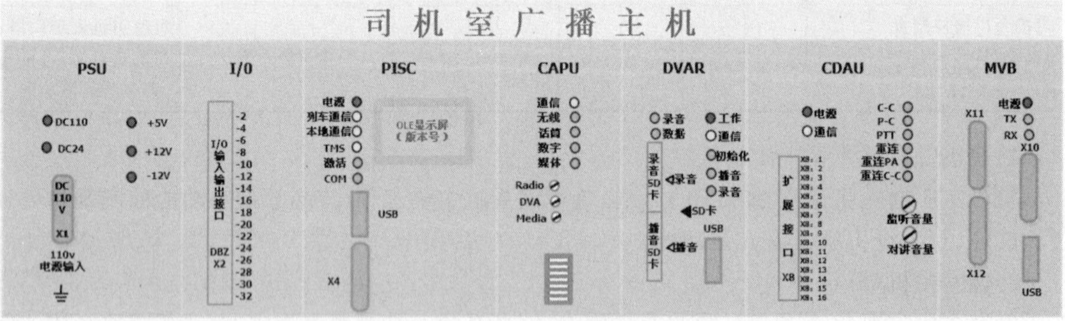


图 5.7 司机室广播主机各板件分布图

(1)PSU 电源转换模块。电源模块(PSU)主要是将 DC 110 V 的直流电变换为各单元所需的 DC 24 V,DC±12 V 和 DC 5 V 供电电源。其中转化的 24 V 电源是用于后面板件内的继电器吸合供电，±12 V 电源是用于后面板件内的运放电路供电，5 V 电源是用于后面板件内的单片机及控制电路供电。其特点是模块化，易拆装，便于维护。采用高可靠性工业用电源，保证了在恶劣电磁环境下的可靠工作。作为电磁兼容性考虑，通过电源模块中的 DC/DC 变换器将广播系统与列车进行电气隔离。为了保证输出电压的稳定性，采用两级转化电路，其中一级为DC 110 V转化为DC 24 V模块，二级为DC 24 V转化为DC±12 V和DC 24 V转化为DC 5 V。在模块的面板设计中有对应各转换电源的工作指示灯，如图5.8所示。

(2)司机室I/O接口板。司机室输入输出接口是用来连接列车监控系统、无线电台、车载控制器、媒体播放主机和广播系统的列车线。司机室I/O接口功能如下：①列车监控接口；②无线电台接口；③车载控制器；④媒体播放接口；⑤广播系统列车线接口，如图5.9所示。

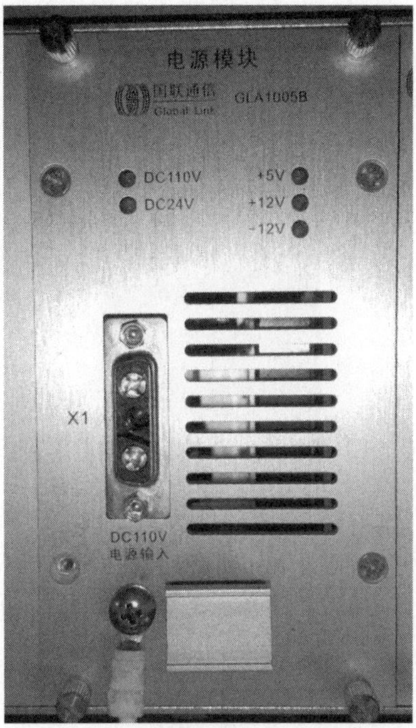


图5.8　PSU电源板转换模块实物图

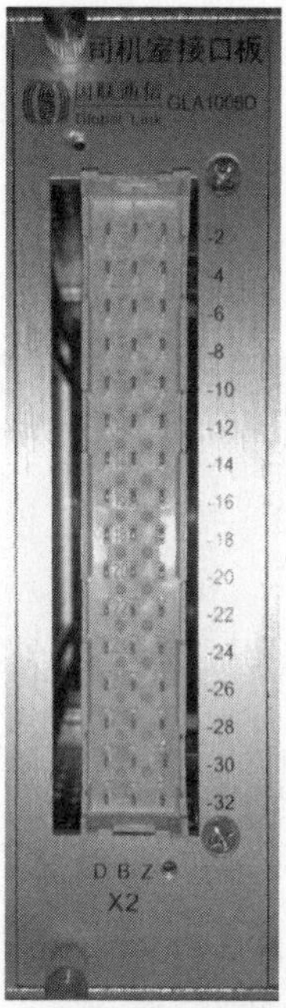


图5.9　I/O接口板实物图

(3)PISC中央处理模块。广播中央控制器负责整个系统的管理和调配，能够集中控制列车广播、无线电广播、数字式语音广播等功能，并作为设备间系统控制总线的通信管理。

广播中央控制器可根据通信控制命令选择信源来控制切换广播通路进行客室广播；通过MVB、车载控制台、媒体播放系统、列车监控系统等通信来完成各种广播与运营有关的信息，同时可以实现热备份的功能；广播中央控制器还作为整个系统的总线通信管理，负责整个系统各设备间通信的正常运行。在PISC上使用了USB接口，方便下载日志修改参数等设置。

PISC面板有对应指示灯，如图5.10所示，正常通电情况下，“工作”指示灯(红色)长亮，“MVB”通信指示灯(黄色)有规律闪烁，表示MVB通信正常；列车司机台激活情况下“TCOM”(列车通信)指示灯(黄色)有规律的慢闪烁，“LCOM”(本地通信)指示灯(黄色)有规律快闪烁，“ACTIVE”(激活)指示灯(绿色)正常激活端才能点亮，非激活端不被点亮。整个广播系统中PISC具有冗余功能，当本端的PISC出现故障时，切换到对面的PISC为激活端，同时对面的PISC板上“ACTIVE”激活状态指示灯被点亮，维持整个广播系统继续正常运行且记录和上传广播故障信息。“CCTV”指示灯(绿色)接收到CCTV数据通信时，这个指示灯也会闪烁；OLED(有机发光二极管显示屏，用于显示广播主控系统版本号的显示屏)显示屏显示PISC板件系统版本信息；USB接口用于连接PISC，下载数据端口。

(4)CAPU音频处理模块。CAPU的功能是实现对无线电台语音、MIC口播音频、数字报站器的音频和 LCD 伴音等信号源的选择和切换，如图 5.11 所示。信源选择器还与列车广播音频总线连接，将选择的音频信号（RADIO、DVA、CCTV）转接至广播音频总线，且有对应的音频指示灯被点亮。工作在 CAPU 模块前面板中的有 MIC 输入、广播/对讲监听扬声器接口（在 CDAU 板件的扩展键盘上）。CAPU 板针对音频通道有优先权选择判断功能，可按照设定的优先级别选择输出对应的音频内容。

CAPU 板中部对应的三个音频调节旋钮的功能：Radio 旋钮对应调节无线广播音频大小；DVA 旋钮对应调节整列车的客室广播音频大小；Media 旋钮调节多媒体音频大小。最下面的条形 LED 显示屏是随着音量大小波动而出现动态闪烁（红色数码管）。

图 5.10　PISC 中央处理模块实物图

图 5.11　CAPU 信源板实物图

(5)DVAR 数字录放模块。DVAR 是集数字语音播放和录音等功能于一体的高密度集成设备，存储介质为 CF 卡，DVAR 的存储卡里可存储包括系统参数信息、语音信息、路线信息和动态路线地图描述信息等，同时存储乘客紧急报警时与司机之间的通话内容，如图 5.12 所示。根据报站控制代码自动播放相应的语音信息或下站路线信息和动态路线地图描述信息。语音报站器采用了嵌入式语音播放设计方案，为系统的自动语音提供了更佳的播音效果和更好的音质，在此基础上还增加了一个更加先进的播放功能——通过读存储卡里的配置文件，可以实现语音合成功能。同时，也大大提高了语音报站器的稳定性和可靠性，自身具有播音检测功能。DVAR 设备带有 USB 在线下载和上传音频文件功能。

DVAR 面板上的指示灯对应的功能和状态分别为“工作”指示灯（红色）时，正常通电后长亮；“通信”指示灯（黄色）钥匙激活端处于有规律的慢闪烁状态；“初始化”指示灯（绿色），DVAR 板件刚得电时会有 1 s 左右的点亮，完成对 DVAR 板件内部程序的自检工作之后关闭；“播音”指示灯(绿色),在接收到调用 DVAR 板件内的数字音频时会长亮,收到音频调用完成或强制中断音频调用信号时才会关闭;“录音”指示灯(绿色),乘客紧急报警盒报警信号被司机室接收后长亮,此时开始录音;“数据”指示灯(绿色),成功调用 DVAR 板内部数字音频文件或与被激活的乘客紧急报警盒建立通信后处于闪烁状态。

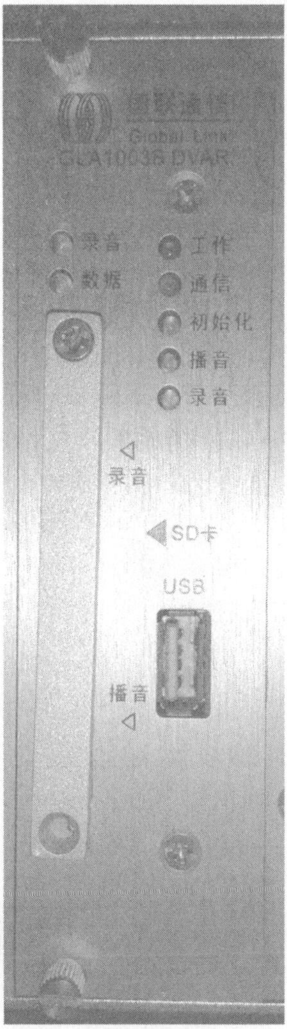

图 5.12　DVAR 音频处理器实物图

CF 卡中存储有数字音频,其中包括车门提示“叮咚”声,语音报站内容和紧急广播内容。上传和下载语音文件是利用 DVAR 板上集成的 USB 接口,可以通过 USB 线缆与电脑连接进行语音拷贝,CF 卡的存储设备和 U 盘上传下载的方式是一样的。CF 存储设备中有一个 Playlist. txt 文件、一个 audio 文件夹和一个 record 文件夹,两个文件夹中分别存放的是报站语音文件和录音文件,playlist. txt 文件是本列车语音文件的播放列表,系统通过读取此目录后去 audio 文件夹中寻找相应的语音文件。

①语音文件命名。数字报站器能够识别的语音文件为 . wav 或 mp3 格式。语音文件用 4 个大写字母或 3 个数字代码命名,但是语音文件不能重名。

②record 文件夹中文件的读取。广播系统能够实现乘客与司机对讲过程中的全程录音,并且存放到 CF 卡中的 record 目录里,存储的语音文件为 MP3 格式,录音文件的命名由开始录音时的日、时、分、秒构成。例如:2014-09-05　9:22:21 开始录音,则此录音文件名称为:05092221. MP3。

(6)CDAU 操作控制模块。CDAU 模块是人机交互的管理中心,通过面板上扩展键盘接收到的人工操作信息与 PISC 协调处理,实现司机与司机的对讲、乘客与司机的紧急对讲、司机对乘客的人工广播和对讲、广播监听扬声器输出音量的控制等功能,如图 5. 13 所示。也是负责两个车重联后司机与司机之间的对讲以及控制被重联列车的广播,具有选择被重联车辆司机室通话的功能,同时在该模块上留有设置司机室地址与主副工作模式和监听/对讲声音输出接口。

CDAU 面板上的指示灯对应的功能和状态分别为“工作”指示灯(红色),通电后长亮;“通信”指示灯(黄色),钥匙激活后处于有规律的慢闪烁;“C-C”指示灯(绿色),主司机台上的“司机室对讲”按键按下后长亮,松开“司机室对讲”按键,该指示灯关闭,如果列车上缺少一个 CDAU 模块或司机室激活端的 CDAU 模块损坏时,另一端该指示灯长亮,此时不能完成接收紧急报警盒激活指令;“P-C”指示灯(绿色),列车上有乘客紧急报警盒被激活时,正常钥匙激活端的 CDAU 模块的“P-C”指示灯处于闪烁状态,司机台按下“紧急对讲”按键后,该指示灯长亮,再次按下“紧急对讲”按键,该指示灯熄灭;“重联”指示灯(绿色),两列车全自动车钩连挂完成后,两操作端的司机室内 CDAU 板件上的“重联”指示灯常亮,连挂分开后该指示灯熄灭;“广播”指示灯(绿色),无连挂状态下不被点亮,连挂后的主操作端进行报站或广播时,“广播”指示灯常亮,广播结束后该指示灯熄灭;“对讲”指示灯(绿色),无连挂状态下不被点亮，连挂完成后，两列车进行对讲操作时，“对讲”指示灯点亮，关断对讲后，“对讲”指示灯熄灭。

CDAU 面板上的插头对应外围设备连接及其功能。扩展键盘接口，列车主司机台上的紧急对讲按键、司机对讲按键、客室广播按键、PTT 按键和话筒；扬声器，列车司机室扬声器，主要输出对讲音频和监听音频；开关量 X10，音频输入输出通道终端信号。

CDAU 面板的旋钮对应功能。监听音量，本端调节司机室的监听音量，当本端的 CDAU 板的监听功能损坏时，由对面的 CDAU 板的监听音量旋钮来操控两端的监听音量调节；对讲音量，调节本列车司机室对司机室对讲或连挂时两列车的对讲音量。

(7)MVB 板。MVB 是 PISC 与 TMS 通信的接口设备，如图 5.14 所示。MVB 板面板上有三个指示灯，分别为“电源”指示灯(红色)，“TX”指示灯(绿色)，“RX”指示灯(绿色)，其中“电源”指示灯表示 MVB 板处于通电的状态，TX，RX 指示灯表明 MVB 板 RS232 的通信状态指示。MVB 板的插头有：MVB 通信 A 通道“X11”，MVB 通信 B 通道“X12”和 RS232 通信插头，还有一个 USB 插头用于读取 MVB 板的内存储数据。

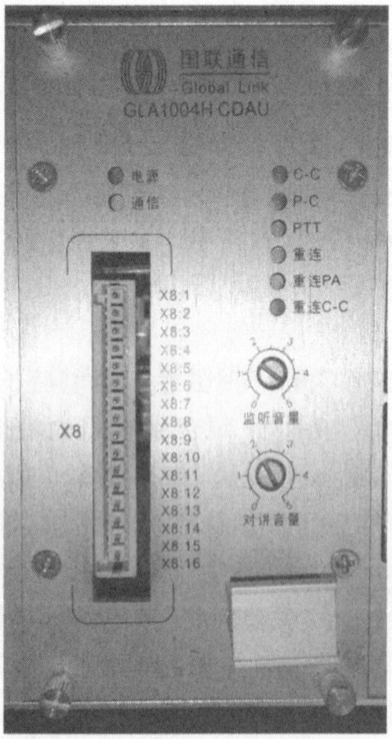


图 5.13 CDAU 对讲控制板实物图

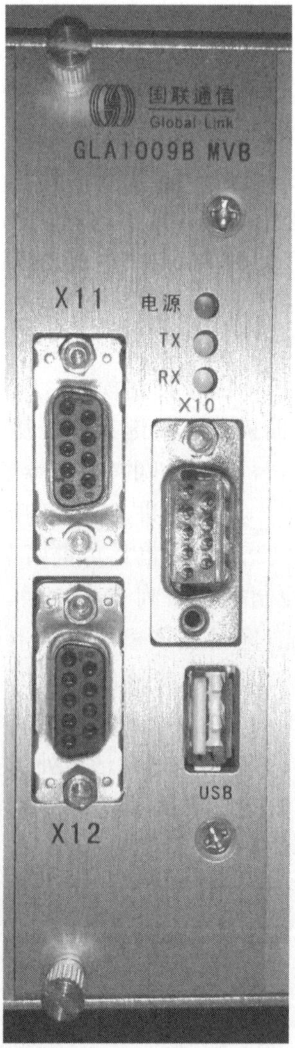


图 5.14 MVB 板实物图

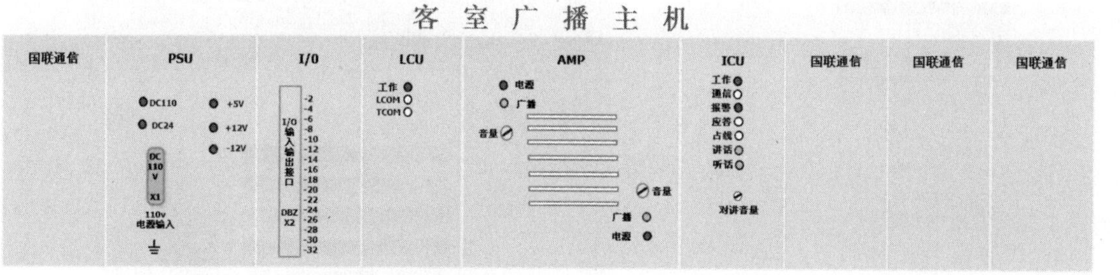


图 5.15　客室广播主机各板件分布图

2)客室广播主机

二号线每列车共有 6 节客室广播主机,每节车一台。它是客室广播系统的核心设备主要与广播主机通信,负责与客室乘客紧急报警器、噪声检测器、电子动态地图等设备进行通信,并控制信息功能转换,如图 5.15 所示。客室广播主机接收和执行司机室广播主机发来的操作指令,同时上传客室广播主机接收的故障信息和反馈数据。为了方便控制、操作和维护,每个模块均采用独立控制与单任务功能。

(1)PSU 电源转换模块。客室广播主机的 PSU 电源转换模块的结构与功能同司机室广播主机的 PSU 电源转换模块是一样的。

(2)LCU 板(客室广播控制器)。LCU 主要负责对本节车厢内的设备进行管理与通信,同时负责与列车司机室广播主机上的 PISC 板通信的功能,控制对应车厢中的紧急报警盒、电子动态地图及功放音频控制器的处理,能够实现对车厢中其他设备故障的纪录和上传到 PISC,如图 5.16 所示。

LCU 面板上的指示灯分别是“工作”指示灯(红色),正常通电状态下长亮;“LCOM”指示灯(黄色),本地通信指示灯,表述接收和上传给 PISC 板件的信息通信,通信正常时,“LCOM”指示灯处于有规律的快闪烁状态;“TCOM”指示灯(黄色),接收 PISC 板件中的列车通信,正常情况下是有规律的慢闪烁(相对于 LCOM 指示灯)。

(3)AMP 功放模块。用于对广播的音频信号进行放大,驱动扬声器发出声音。模块内部是两块对称的功放板,每一块板件负责本节车的单侧音频的输出,如图 5.17 所示。功率放大器可连接两路扬声器(车厢中的扬声器可采用奇偶分布),当一路出现故障时,另一路能够继续工作,提高系统的冗余度。功率放大器中具有过流、过压、过温等多种保护电路,能够自动调整功放的工作状态,保持广播信号不会间断,适合于长期连续运行。

AMP 面板指示灯和旋钮说明。AMP 面板上有对称的两组指示灯和旋钮,分别是“工作”指示灯(红色),AMP 功放模块正常通电后,指示灯就会常亮;“广播”指示灯(绿色),只有 AMP 接收到广播音源信号时,广播指示灯被点亮,当音源信号结束后,广播指示灯熄灭;音量调节旋钮,用于调节单节车对应侧的输出音频大小。

(4)ICU 板(对讲处理模块)。ICU 板是报警紧急对讲控制器,用于直接连接本节车的三个“乘客紧急报警盒”,控制乘客紧急报警盒与 CADU 之间的对讲控制模块与列车对讲音频总线连接,一方面接收列车对讲音频总线的音频信号转接至紧急报警器,另一方面,接收紧急报警器的音频信号转接至对讲音频总线,如图 5.18 所示。

图 5.16　LCU 板实物图

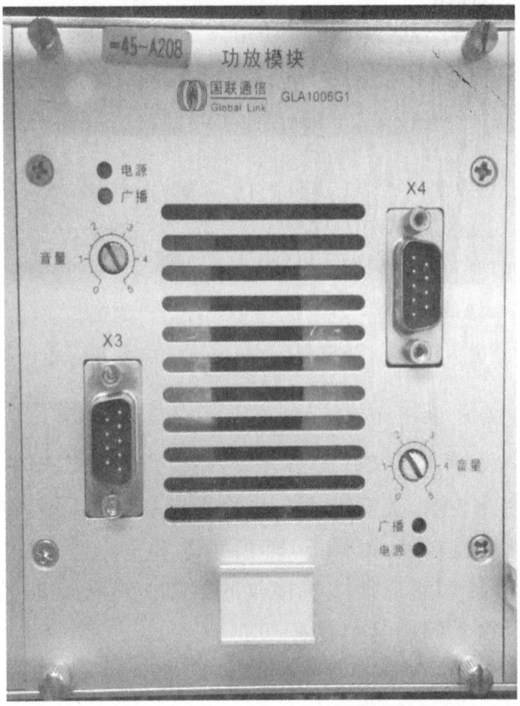


图 5.17　AMP 功放模块实物图

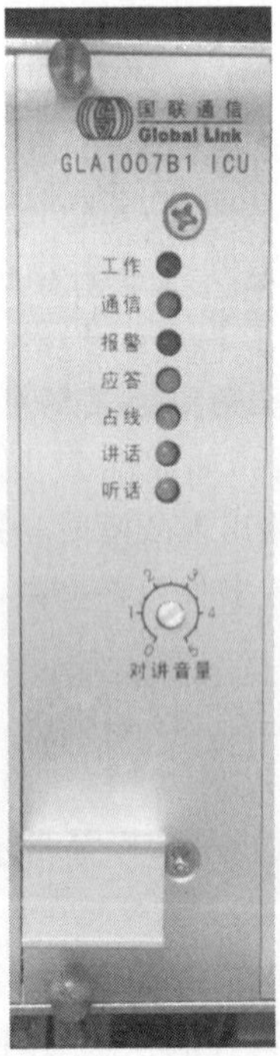


图 5.18　ICU 板实物图

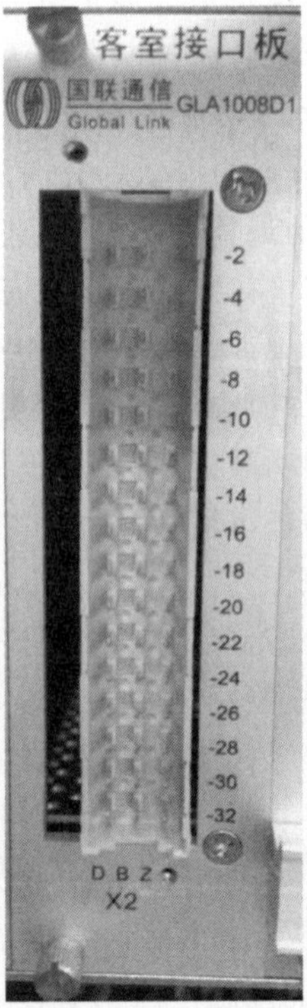


图 5.19　客室 I/O 接口板

ICU面板上的指示灯和旋钮说明。“工作”指示灯(红色),ICU板正常通电后长亮;“通信”指示灯(黄色),本节车的通信正常时,“通信”指示灯处于有规律的快闪烁状态(同LCU板上的LCOM指示灯),本节车的三个“乘客紧急报警盒”都正常连挂在ICU板件上,通信正常时,ICU板件上的“通信”指示灯为正常快闪烁状态,否则一旦与乘客紧急报警盒发生通信故障,ICU面板上的“通信”指示灯就出现不规则慢闪烁现象;“报警”指示灯(红色),当本节车有乘客紧急报警盒被激活司机室未接通之前,“报警”指示灯处于1 Hz闪烁状态,如果接通或强行取消报警,“报警”指示灯熄灭;“应答”指示灯(黄色),当本节车有乘客紧急报警盒被激活且与司机室接通后,“应答”指示灯长亮,结束报警信号或强行中断报警信号后,“应答”指示灯熄灭;“占线”指示灯(黄色),当列车上有激活两个或以上的乘客紧急报警盒,且本节车有对应的未接通激活的乘客紧急报警盒,“占线”指示灯闪烁提醒(占线信号是通过LCU板的TCOM通信传输来的),当本节车所有的激活的报警信号接通后,“占有”指示灯熄灭;“讲话”指示灯(绿色),本节车的乘客紧急报警激活且被司机室接收后,乘客可以讲话,讲话指示灯长亮,否则不会被点亮;“听话”指示灯(绿色),本节车的乘客紧急报警盒被激活且司机室接收后,司机发出讲话信息时,ICU板件上的“听话”指示灯长亮,否则不会被点亮;对讲音量旋钮,是用来调节本节车上三个乘客紧急报警盒的对讲音量大小。

(5)客室I/O接口板。客室输入输出接口是用来连接单节车的乘客报警、列车总线、CCTV、动态地图、客室扬声器、噪声检查和客室广播主机的地址设置,如图5.19所示。具体客室I/O接口与功能如下:①乘客紧急报警接口;②动态地图指示接口;③媒体播放接口(暂未开方使用);④客室广播主机的地址接口;⑤客室扬声器接口;⑥列车总线接口;⑦噪声检查接口。

3)扬声器

列车广播系统扬声器分为司机室监听扬声器、客室扬声器两种。

(1)司机室监听扬声器。司机室监听扬声器安装在司机室内装顶板上,如图5.20所示,每个司机室两个(其中有一个扬声器属于无线电台系统,如图5.21所示),主要实现三方面的功能:①播放广播语音信号;②播放乘客与司机对讲时的语音;③播放司机与司机之间通话的语音。

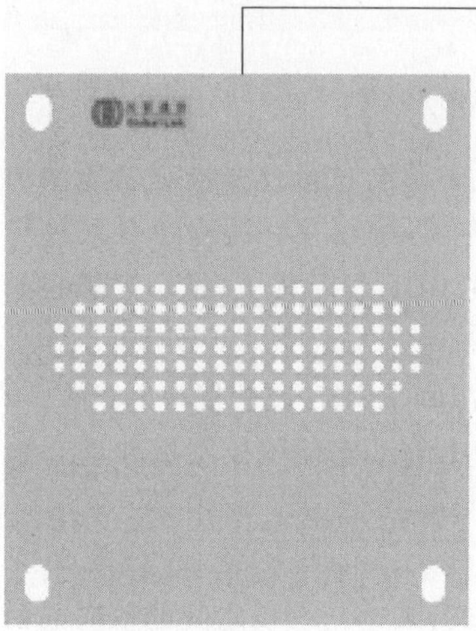


图5.20 司机室广播监听/对讲扬声器

图5.21 无线电台监听扬声器

(2)客室扬声器。客室扬声器安装在客室侧顶板上，如图 5.22 所示，每个客室 10 个，主要播放广播语音信号。

图 5.22　客室扬声器

4)话筒/麦克风

麦克风(又称话筒)是司机与司机通话、司机与乘客紧急报警通话、司机对乘客进行口播的输入接口。

5)电子动态地图

电子动态地图主要由动态地图显示板、动态地图控制板、动态地图电源板三部分构成，采用 RS485 通信协议。其主要功能是为乘客提供到站点信息和紧急广播动态文字显示，比较直接方便，有助于乘客及时了解站点信息和语音播报内容，如图 5.23 所示。

(1)动态地图显示板。动态地图显示板大多采用单色 LED 点阵屏(红色)。按照程序设计要求，可以显示所需报站信息文字和数字。LED 显示板是用三块自带驱动板件的点阵屏组装而成，点阵屏只要接线正确可以互换使用，没有对应位置要求。

LED 电子地图上下两部分。上半部分只是贴纸膜，直接贴在门侧顶板上，没有 LED 灯，贴纸部分显示整条线路站点。下半部分则是 LED 点阵文字屏，可以同时显示多个汉字，及两个“本侧开门”指示箭头。点阵屏尽可能在同一屏中显示所有“下一站:站名”中文或英文字符，如超出一屏，将进行滚动显示。对于这种 LED 电子地图，只需更换动态地图贴膜及更新动态地图程序就可以支持不同线路和站名要求，方便线路或站名的修改和扩展，如图 5.23 所示。

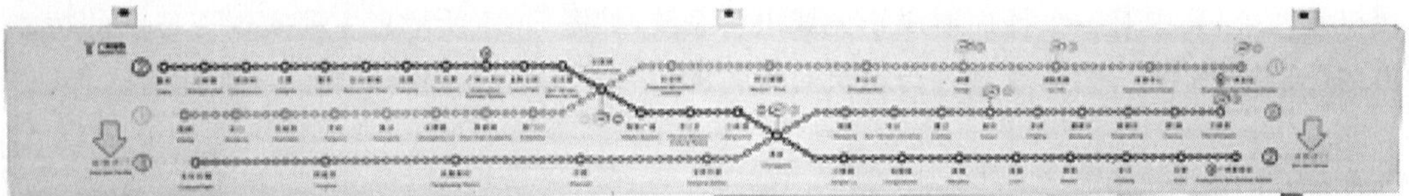

图 5.23　动态地图站点指示图

(2)动态地图控制板。LED 电子地图控制板有动态地图站名显示及变换等功能的控制芯片。控制板内有存储字库文件的芯片。利用单片机编程控制，按编写好的程序要求进行调用字库内的文字，并扫描点亮点阵屏，把所需文字效果呈现在 LDE 显示板上，指示广播报站站点信息(中英文)和紧急广播内容(中文)。

(3)动态地图电源板。主要是为动态地图提供工作电源和 RS485 通信接口。把 DC 110 V 的电压通过 DC/DC 模块转化为 DC 5 V电源，供后级电路中的动态地图控制板和动态地图面板使用，如图 5.24 所示。

6)乘客紧急报警盒(PECU)(图 5.25)

用于车厢内出现紧急情况时乘客向司机室报告。可进行乘客与司机之间的双向通话。乘客报警后，通过报警器上的麦克风和扬声器与司机室进行通话，通话结束后，由主司机室按键取消报警状态，或者到客室的报警器处用钥匙复位，取消报警。当多个车厢同时进行报警时，

图 5.24　动态地图电源板

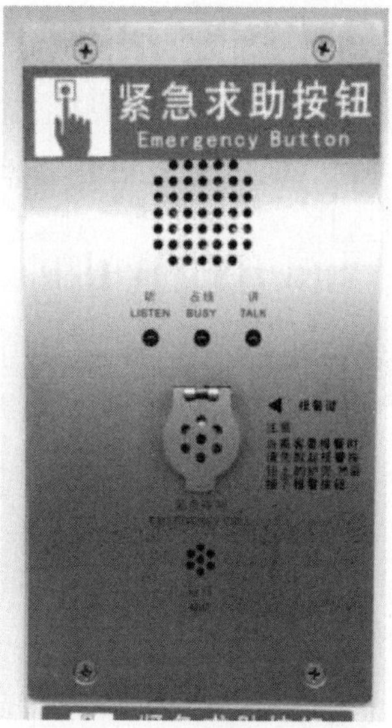


图 5.25　乘客紧急报警盒

系统对各个车厢的报警信号具有储存功能。一个车厢的报警被接通时其他车厢的报警处于排队状态。当前一个车厢的报警挂断后,后面的报警会自动接入。在报警盒上安装了三个状态指示灯,分别是“听话”指示灯(绿色),“占线”指示灯(黄色),“讲话”指示灯(绿色)。当乘客按下报警盒上的红色报“警按钮”后,报警按键指示灯(红色)闪烁,若有其他报警盒在通话中时“占线”指示灯闪烁,提示需排队等待司机室接通报警信息,司机室操作“紧急对讲”按键接通对应报警盒的报警信息,“讲话”指示灯长亮,此时客室人员可以对着报警盒的 MIC 与司机室进行对讲,对应报警盒的“占线”指示灯熄灭,司机室按下“PTT”按键,发出与乘客讲话信息时,报警盒上的“听话”指示灯点亮,“讲话”指示灯熄灭,司机松开“PTT”按键,报警盒上“讲话”指示灯点亮,“听话”指示灯熄灭,客室人员可再次与司机室对讲,司机室按下报警复位按键则结束报警信息,对应报警控制盒上所有指示灯熄灭。

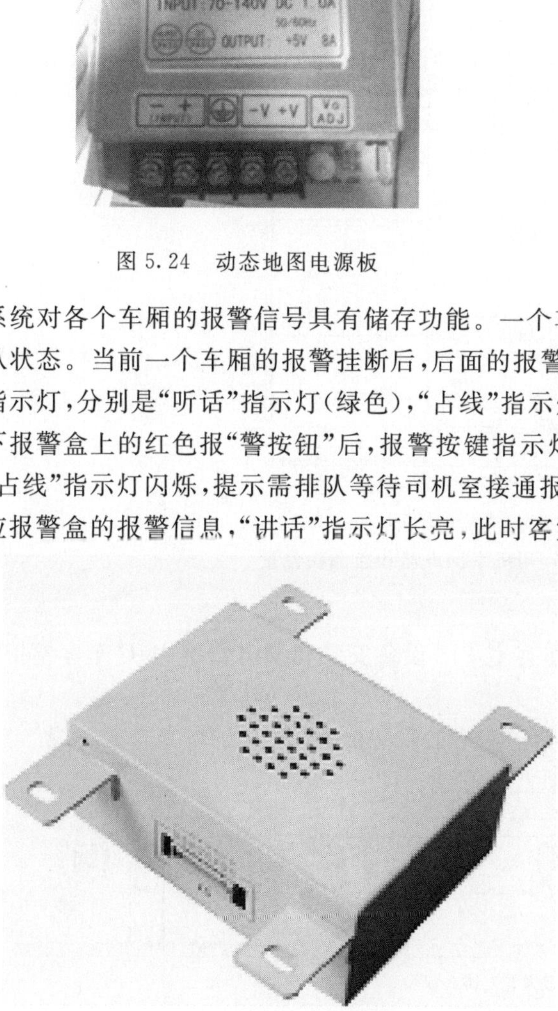

图 5.26　噪检器实物图

7)噪检器(图 5.26)

噪声检测器在每个客室安装有三个,它是由噪声采集器,放大器,电压电流变换器构成,采用 12 V 供电电压,通过实时采集客室内噪声并且回传到客室 AMP 控制模块中,AMP 处理后会对广播输出音量进行自动调节。

### 5.2.2　乘客信息系统主要装置分布说明

1. 司机室终点站显示器和扬声器的安装位置(图 5.27)

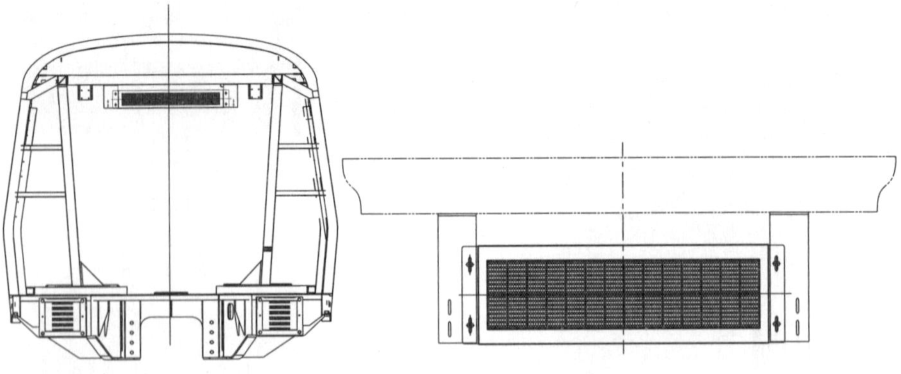

(a) 目的地显示屏

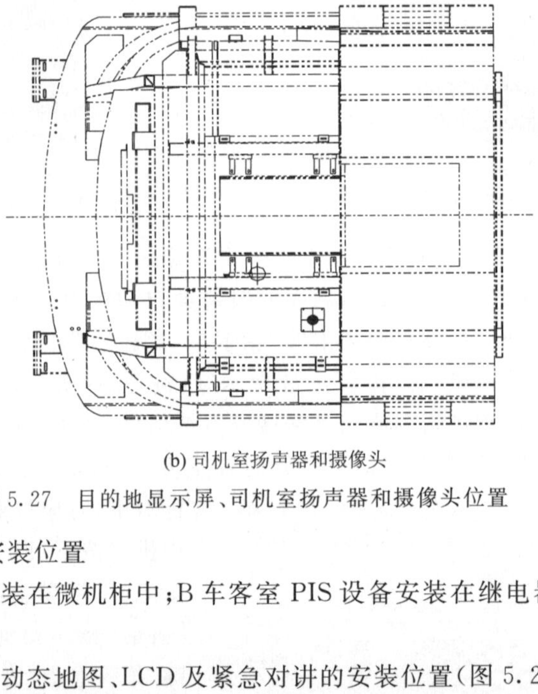

(b) 司机室扬声器和摄像头

图 5.27　目的地显示屏、司机室扬声器和摄像头位置

2. 客室 PIS 设备的安装位置

A 车客室 PIS 设备安装在微机柜中；B 车客室 PIS 设备安装在继电器柜中；C 车客室 PIS 设备安装在继电器柜中。

3. 客室扬声器、LED 动态地图、LCD 及紧急对讲的安装位置（图 5.28）

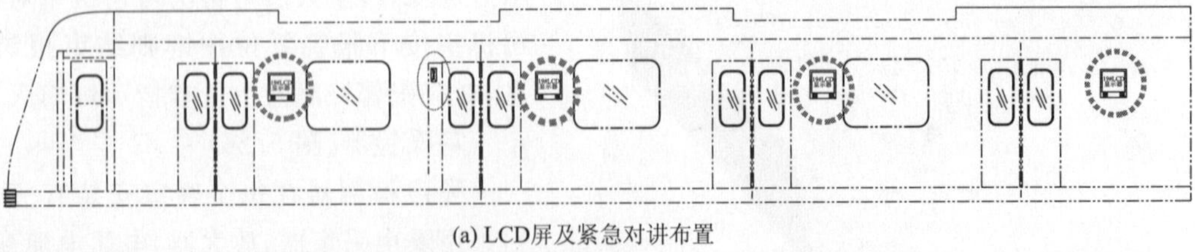

(a) LCD屏及紧急对讲布置

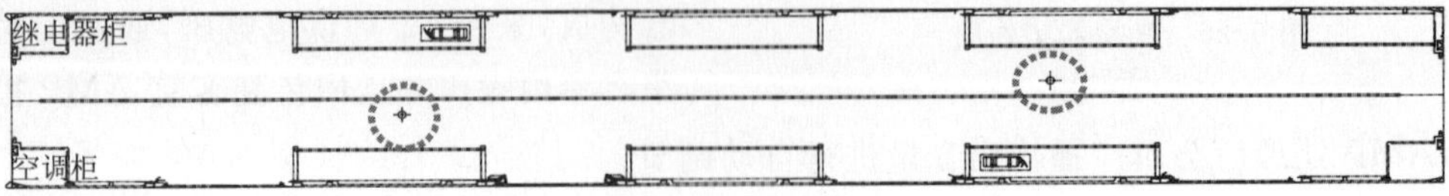


(b) 客室摄像头布置

图　5.28

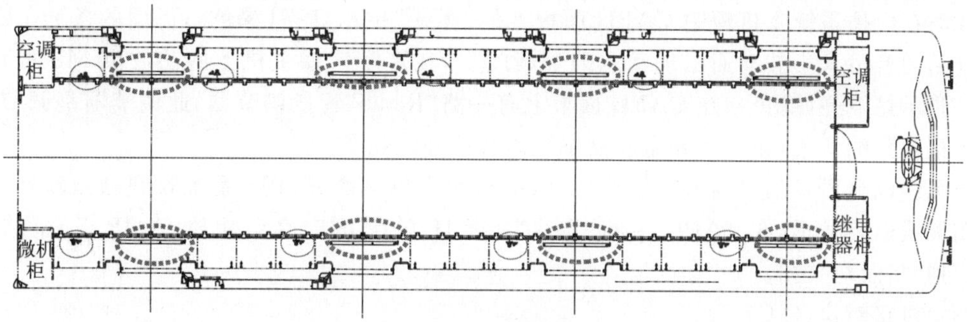


(c) 动态地图及扬声器布置

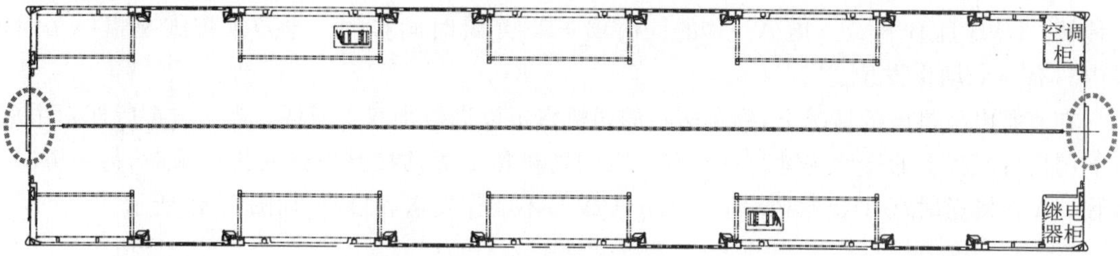


(d) 客室LED显示屏布置

图 5.28　安装位置图

### 5.2.3　乘客信息系统工作原理及操作介绍

1. 乘客信息系统控制原理

在乘客信息系统设备均正常的情况下，由列车控制系统向系统供入 110 V 电源，广播主/分机 PSU 模块上电源对应指示灯点亮，系统启动；当操作者将一端司机室激活（有钥匙操作），广播激活信号跟随列车主控发出，主控开启时，系统同时接收到激活信号，广播主机上的中央处理控制器（PISC）上激活（Activate）指示灯点亮（绿色），此时可以对 PIS 系统进行各项功能操作。

PIS 系统的操作有三种模式：无线电台语音广播、人工广播、数字语音条目广播。

1）无线电广播（OCC 广播）

PIS 系统对无线语音电台的控制是通过无线电台提供的闭合信号实现的，当无线电台有信号输出时，无线电台的触点（该触点为一种软开关，为程序内的 I/O 结点。）闭合，PIS 系统收到闭合信号后，通过 CAPU 板件音源处理优先级，播出时自动将广播通道切换到无线语音电台通道上，并从客室扬声器输出，如图 5.29 所示。

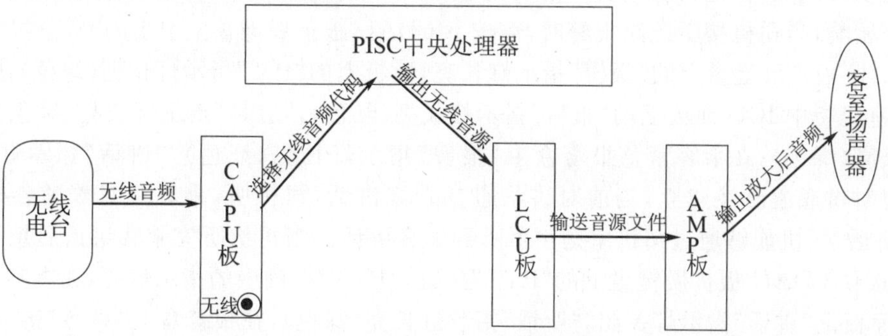


图 5.29　无线电广播流程图

此时在广播系统主机柜中 CAPU 面板上的“无线”指示灯亮(绿色),下面的条形 LED 显示屏开始随音量大小波动而出现动态闪烁(红色),在客室广播主机上的功放(AMP 板)上的“广播”指示灯点亮(绿色),在 CAPU 面板上有一路“Radio”音量调节器,此调节器是调节从无线电台接收到的音频,输出到客室广播主机语音信号的强弱。

当无线电台语音信号播放完毕后,无线电台闭合触点断开,PIS 系统收到触点断开后,自动关闭无线电台通道,在 CAPU 上的“无线”指示灯关闭,同时客室功放(AMP 板)也结束播放,“广播”指示灯关闭。

2)司机室对讲(C-C)

PIS 系统的对讲模式有全双工和半双工两种。全双工模式可以同时(瞬时)进行信号的双向传输(A→B 且 B→A)。指 A→B 的同时 B→A,是瞬时同步的。半双工模式是指一个时间段内只有一个动作发生。

在有蓄电池供电的情况下,列车两端的司机室可以进行半双工通话。当一方要呼叫对方时,按下司机台面板上的通话按键。只要有一端的司机按下通话按键发送对讲要求时,另一方只能接收。A 在发送时,B 只能接收,同一时间 A 或 B 不能作发送和接收,如图 5.30 所示。

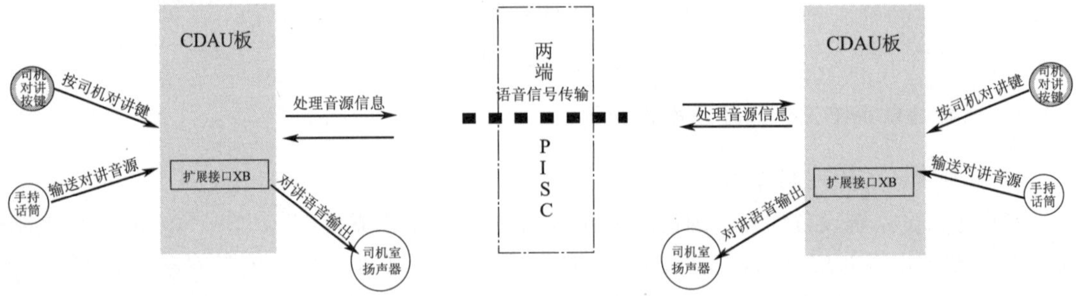


图 5.30 司机室对讲流程图

3)司机室与乘客紧急对讲(P-C)

每个客室安装有乘客紧急报警盒,用于在紧急情况下,司机与乘客对讲通话,如图 5.31 所示。司机与乘客紧急对讲采用半双工双向通话方式。

(1)当乘客要与司机进行紧急情况汇报时,乘客须掀开报警盒上的报警按钮保护罩,然后按一下红色“报警键按钮”,此时“报警按钮”中的指示灯开始闪烁(红色),在客室 ICU 面板上的“报警”指示灯闪烁(红色),同时在激活端司机室广播主机 CDAU 板扩展键盘上的“报警”按键中的指示灯闪烁,在此司机室机广播主机中 CDAU 面板上的“P-C”指示灯闪烁(绿色),并且蜂鸣器开始响,当司机接听此路报警时,需按下 CDAU 板扩展键盘上引出的“紧急报警”按键,此时 CDAU 板扩展键盘上的“报警”指示灯长亮,面板上的“P-C”指示灯长亮(绿色),蜂鸣器停止响;客室机柜中 ICU 面板上的“报警”指示灯长亮(红色),“应答”指示灯长亮(绿色),“讲话”指示灯长亮(绿色);在乘客紧急报警盒上“报警”指示灯长亮(红色),“讲话”指示灯长亮(绿色),此时对讲通道已经建立,当前对讲状态是乘客讲话,司机听,乘客须对着紧急报警盒上 MIC 处讲话,司机能够通过司机室扬声器听到乘客讲话。当司机听完乘客讲话后想对乘客说话时,需按住 CDAU 板扩展键盘上的“PTT”按键,“PTT”按键中的指示灯亮,在客室广播主机中 ICU 面板上“讲话”指示灯关闭,“听话”指示灯长亮(绿色),在报警盒上“讲话”指示灯关闭,“听话”指示灯长亮(绿色),此时系统处于司机讲话,乘客听的状态。司机可以对着鹅颈话筒讲话，乘客能够通过紧急报警盒上的扬声器听到司机讲话。司机讲话完毕后放开 CDAU 板扩展键盘上的“PTT”按键，此时“PTT”指示灯关闭，系统又恢复到乘客讲话，司机听的状态。当司机要挂断此次报警时，只需再次按一下扩展键盘上的“紧急报警”按键，此时“紧急报警”按键中的指示灯关闭，司机室机柜中 CDAU 面板上的“P-C”指示灯关闭，客室机柜中 ICU 面板上的“报警”指示灯、“应答”指示灯和当前报警通话状态的指示灯关闭，在报警盒上的“报警键”指示灯和当前报警通话状态的指示灯关闭。

(2)当上述乘客报警过程中还有另外几路有报警时，接通和挂断方法与上述一样，只是在排队等待接听报警的报警盒上会有指示灯提示，且接听是按照报警的先后顺序依次排队，先报先接听的顺序。下述操作是建立在已经有一路报警接通的情况。

当乘客按下紧急报警盒上的红色“报警键”后，报警键指示灯闪烁(红色)，同时能够看到“占线”指示灯长亮(黄色)，在本节报警车厢中客室广播主机的 ICU 面板上“报警”指示灯闪烁(红色)，“占线”指示灯长亮(黄色)，当司机接听完其他报警响应此路报警后，报警盒上的“占线”指示灯关闭，“讲话”指示灯长亮(绿色)，恢复到乘客讲，司机听的状态，同时在本节车客室广播主机的 ICU 面板上“占线”指示灯关闭，“报警”指示灯长亮(红色)，“应答”指示灯长亮(绿色)，“讲话”指示灯长亮(绿色)。

(3)每次报警结束后，在司机室按下司机台上报警复位按钮可远程复位乘客紧急报警盒，也可在客室由工作人员用复位专用钥匙在乘客紧急报警盒上作复位操作。

(4)当乘客报警 2 min 后(可调整)仍无应答，本次报警自动结束，同时紧急通话器复位。

(5)当有乘客报警时，司机室 LCD 触摸显示屏(CCTV 监控屏)将以单画面轮循方式或四画面方式(可调)显示相应客室监控画面。

(6)通话功能激活时，系统的司机室广播控制主机就会自动开始录制报警音频，音频文件存储于司机室广播主机 DVAR 板件的 CF 卡内，可通过查看该 CF 卡或 DVAR 板件上的 USB 接口查询和下载。

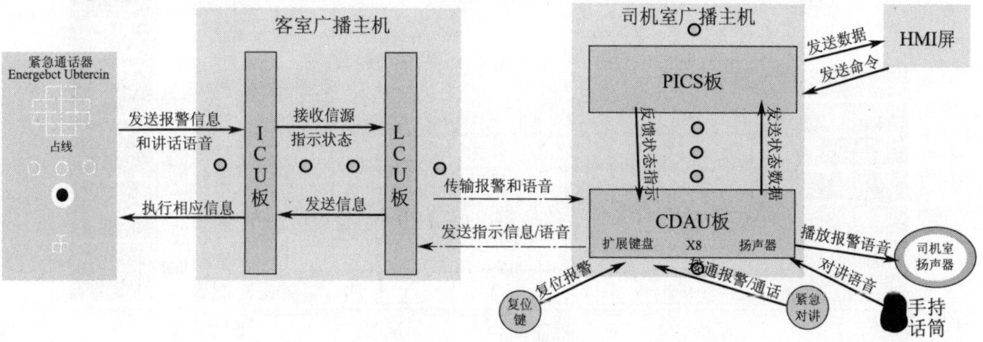


图 5.31　司机室与乘客紧急对讲流程图

4)司机室对乘客广播(人工广播)

司机室要操作人工广播，可以通过按一下司机室控制台上扩展键盘中的“客室广播”按键，此时可以看到此按键中的指示灯亮，在司机室广播主机 CAPU 面板上的“话筒”指示灯点亮(绿色)，此时在客室功放面板上的“广播”指示灯点亮(绿色)，在司机室可以对着话筒对乘客进行广播；松开司机室控制台上扩展键盘中的“客室广播”按键，此按键中的指示灯关闭，在司机是广播主机 CAPU 面板上的“话筒”指示灯关闭，在客室广播主机功放(AMP)面板上的“广播”指示灯关闭，此时司机室对乘客广播结束。流程图如图 5.32 所示。

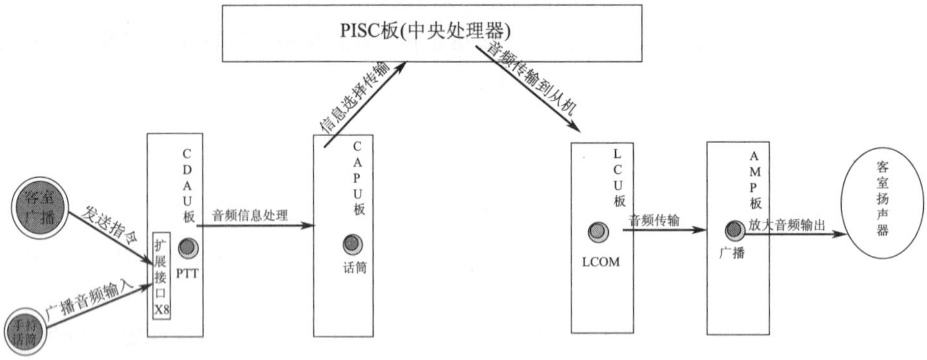


图 5.32　司机室对乘客广播流程图

5)数字语音条目广播

当要播放司机室广播主机 DVAR(数字录放模块)板 CF 卡内存储的语音数字音频(包括数字报站语音广播，数字紧急语音广播)的情况有两种：一是全自动报站，二是手动报站。全自动报站是广播系统实时接收来自 ATC 系统的报站触发信号，包括目的站、当前站、下一站、开门侧等信息，可实现全自动数字语音广播。在手动报站模式下，司机在起点站时设置好线路和站点，每到一站通过按下“下一站”或“上一站”软键调整站点，按下“手动报站”软键激活报站广播，如图 5.33 所示。

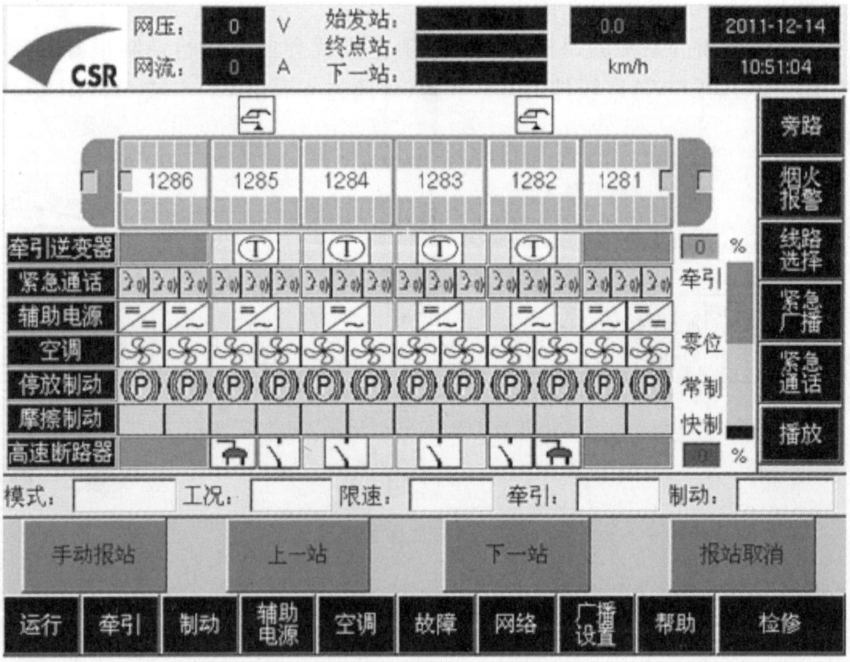


图 5.33　HMI 显示手动报站模式

列车播报自动广播时，需要从行车系统接收到站命令或从 TMS 处接收到速度信号命令(如：全自动报站)，也可以从 HMI 显示屏处得到报站代码(如：手动报站)，传输给司机室广播主机的 PISC 面板后，经过分析代码，转化为广播主机内部代码，输送给 DVAR 面板，从 DVAR 面板内部寻找对应的所需音源或音源组合，此时 DVAR 面板的"播音指示灯"(绿色)长亮，整合后的音源发送出对应的代码到 CAPU，此时 DVAR 面板上的"数据指示灯"(绿色)出现规律闪烁，CAPU 面板接收到从 DVAR 面板发来的音源代码，需要优先权处理所有需要播报的音频信息，当无其他高优先权的音频时，PISC 会将音源代码分析处理后传送给 PISC 中央处理器，此时 CAPU 面板的"数字指示灯"(绿色)长亮，CAPU 面板下面的条形 LED 显示屏开始随音量大小波动而出现动态闪烁(红色)，PISC 接收 CAPU 面板处理的音源代码，由 I/O 板通过本地通信输送给客室广播主机的 LCU 面板，LCU 面板会再次把音源信号传输给 AMP 功放面板，此时 AMP 面板的"广播指示灯"(绿色)长亮，音源在 AMP 模块内音频信号放大后，输送给扬声器。当自动广播播放完毕后，CAPU 面板无 DVAR 面板信源接收，会自动关闭数字报站通道，"数字指示灯"(绿色)关闭，CAPU 面板下的条形 LED 动态指示无显示(红色)，DVAR 面板上的"数据指示灯"(绿色)关闭，"播音指示灯"(绿色)关闭，客室广播主机里的 AMP 功放面板上的"广播指示灯"关闭。从而完成整个自动广播的报站流程如图 5.34 所示。

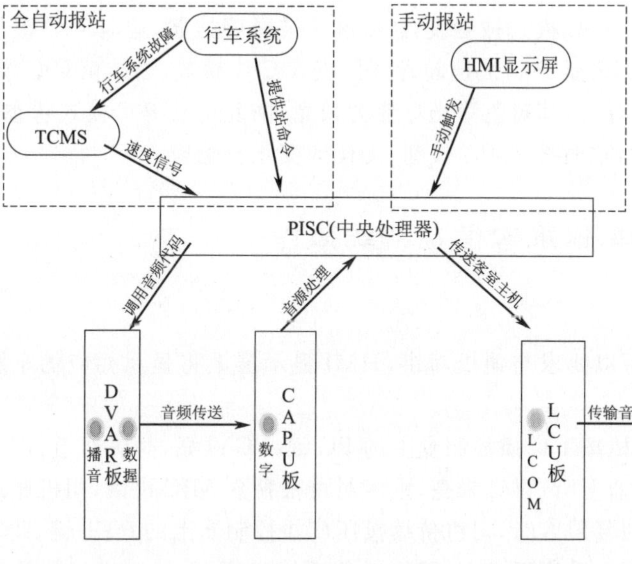


图 5.34　广播全自动报站/手动报站流程图

2. 广播系统操作优先级介绍

广播系统供电成功且初始化完成后，操作人员为一端司机室提供激活信号，广播系统进入工作模式。广播系统优先级默认是：无线电台广播、人工口播、乘客紧急对讲、司机与司机对讲、数字报站广播(广播系统优先级也可以通过电脑连接进行设置)。

1)广播挂起

广播优先权顺序是：车门报警信号＞无线电台广播(OCC 广播)＞人工口播(MIC 广播)＞紧急广播(EPA 紧急广播)＞自动报站(DVA 广播)高优先级别的广播可切断正在进行的低优先级别的广播。

当正在进行 EPA 或 DVA 数字广播时，按下 PA 按键，即停止当前广播，从而进行 MIC 广播，按键及背光灯状态同 MIC 音频模式下的状态。

当正在进行 MIC 广播时，OCC 广播被触发。这时，系统自动停止 MIC 广播(按键状态自动被复位，绿色背光灯熄灭)，从而进入 OCC 广播状态。

当正在 MIC 广播或 EPA 紧急广播或 DVA 广播中某一模式的广播时，车门报警钟信号被触发。这时，系统自动停止当前模式下的广播，从而进入车门报警钟状态。

当正在进行 OCC 广播时，车门报警钟信号被触发。这时，系统自动切换至车门报钟状态下；当车门报钟信号结束时，系统将重新连接 OCC 广播(须在 OCC 广播仍在触发的过程)。

当高优先级别的广播正在进行时，低优先级别的广播则不能被触发。

2)对讲挂起

对讲优先权顺序是：司机对讲(C-C)＞乘客紧急对讲(P-C)＞人工口播(MIC 广播)。高优先级别的对讲模式可切断或暂停挂起低优先级别的对讲/MIC 广播。

当正在 MIC 广播时，这时 P-C 模式被触发，MIC 广播被立即终断(按键自动复位、绿色背光灯熄灭)；从而进入 P-C 对讲模式下。

当正在 MIC 广播时，这时 C-C 模式被触发，MIC 广播被立即终断(按键自动复位、绿色背光灯熄灭)；从而进入 C-C 对讲模式下。

当正在 P-C 模式下时，这时 C-C 模式被触发，P-C 模式被暂停挂起，这时 P-C 键的黄色背光灯会以 2Hz 的频率进行闪烁，表示 P-C 被挂起；这时，进入 C-C 模式；当结束 C-C 模式时，系统自动恢复刚才被挂起的 P-C 对讲，其黄色背光灯变为长亮，恢复正常 P-C 模式状态。

当正在 C-C/P-C 模式下时，这时按下 PA 按钮，无任何变化和响应。

## 任务 1　城市轨道交通车辆乘客信息系统操作

1. 紧急对讲系统操作

当紧急情况发生时，乘客可以要求与司机对讲，HMI 显示屏上将显示相应的车厢报警器编号及其状态，如图 5.35 所示。

(1)单个紧急报警对讲：司机按下广播控制盒上的 PC 键，PC 键亮，对讲通道打开，默认状态为乘客讲，司机听，此时报警盒上听/讲灯未亮，乘客对着报警盒 MIC 讲话，司机通过司机室扬声器可监听到讲话；当司机回复乘客时，司机持续按压广播控制盒上的 PTT 键，此时报警盒上的听/讲灯亮，系统处于司机讲，乘客听状态，司机对着话筒讲话，乘客可通过报警盒上的扬声器听到司机讲话。司机讲话完毕后松开 PTT 键，系统又恢复到乘客讲话，司机听的状态。当司机要挂断此次报警时，再次按下 PC 键，PC 键灯灭，乘客与司机对讲结束。

(2)多个紧急报警对讲：当同时有多个紧急报警器呼入时，司机可按下广播控制盒上的 PC 键按照先到先通的原则顺序接通每个乘客报警。接通后乘客对讲流程同上。未接通的报警器按钮将闪烁显示占线中。紧急报警器的工作状态可通过 PIS 系统传送给 TCMS，在 HMI 操纵界面上显示如图 5.35 所示。

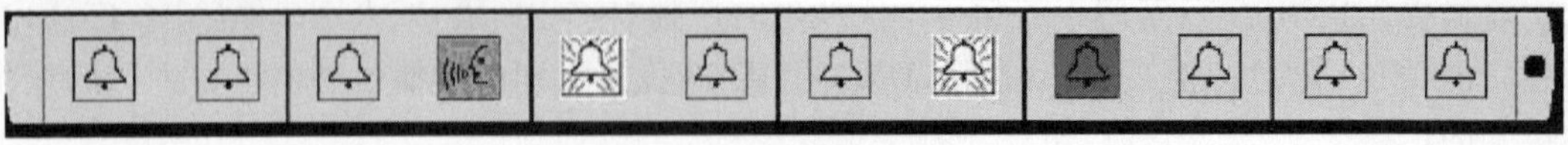

图 5.35 “紧急通信”画面

紧急对讲显示图形符号说明见表 5.3。

表 5.3　紧急对讲显示图形符号说明

| 优先级 | 符号 | 指示状态 |
|---|---|---|
| 1 |  | 乘客紧急通信单元故障 |
| 2 |  | 乘客紧急通信单元激活，乘客要求紧急对讲 |
| 3 |  | 乘客紧急通信单元激活，司机已打开通信通道 |
| 4 |  | 乘客紧急通信单元正常，未激活 |

当通话功能激活时，系统的司机室广播控制主机就会自动开始录制报警音频，音频文件存储于司机室广播控制主机 CF 卡内，可通过查看 CF 卡或 USB 接口查询和下载。

同时，在网络媒体服务器记录与报警联动的监控图像(音视频录像)，用户可通过司机室触摸屏对录像内容进行回放(仅视频)，也可通过维护 PTU 对录音进行音视频回放。无论是报警相关的音视频录像还是未报警时的视频录像均实时上传到 OCC。

2. 视频监控系统操作

列车视频监控系统主要包括：网络媒体服务器、LCD 触摸显示屏(CCTV 监控屏)、司机室/客室编码器、摄像机等。

司机可通过 CCTV 监控屏实时监视列车上各车厢及另一司机室的人员活动状况。如图 5.36 所示，视频画面有全屏、4 分屏等显示方式，视频显示画面切换方式有手动切换和自动切换，自动切换的轮循显示时间可自行设定。列车视频监控系统在显示视频图像时还能将文字信息叠加到视频图像上，如：车次号、车辆编号、摄像头编号、显示方式、触发类型、日期时间等。

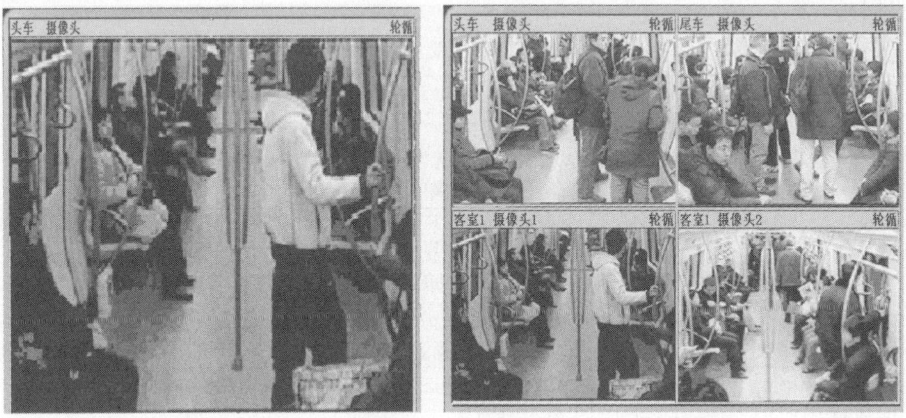


(a) 监控全屏　　(b) 监控四分屏

图 5.36　视频画面

当有报警发生时，显示屏立刻全屏显示报警点的视频图像。网络媒体服务器自动记录与报警联动的监控图像(音视频录像)，可通过 CCTV 监控屏对录像内容进行回放(仅视频)，也可通过维护 PTU 对录音进行音视频回放。无论是报警相关的音频、视频录像还是未报警时的视频录像均实时上传到 OCC。

列车视频监控系统具有屏保功能，CCTV监控屏如长时间未进行任何操作时即进入屏保模式(屏保启动时间可由用户设定)，进入屏保后显示屏为黑屏(无图像显示)，操作人员点击显示屏或联动触发(任一车门紧急解锁装置触发、任一紧急对讲装置触发、任一火灾报警装置触发等)时可解除屏保。

## 任务2 城市轨道交通车辆乘客信息系统电气日常状态检查

1. 双日检(表5.4)

**表5.4 双日检**

| 序号 | 项目 | 检修内容 | 检修标准 |
|---|---|---|---|
| 1 | 司机室无电作业 | 检查广播控制盒状态 | 检查话筒和控制盒安装牢固，无损坏 |
| | | 检查CCTV及摄像头状态 | 检查CCTV、摄像头安装牢固，无损坏 |
| | | 检查车辆HMI | 检查HMI安装螺栓齐全，表面无裂纹，无污渍 |
| 2 | 司机室有电作业 | 检查PA功能 | 进行人工语音广播，客室扬声器应响起提示声音，各节车客室均能听到广播声音，声音清晰、无中断、无杂音。司机室扬声器保持静默状态 |
| | | 检查C-C功能 | 两司机室对讲，按压一端司机室通过麦克风说话，则另一端司机室扬声器功能正常，客室扬声器保持静默状态 |
| | | 检查数字化报站功能 | 在手动模式下广播报站，广播播报完整、正确、连续无中断、无破音，动态地图、LED屏、LCD屏显示报站内容正确 |
| | | 检查扬声器 | 在广播状态下检查客室扬声器播音功能正常，扬声器声音清晰、无中断、无杂音。司机室监听功能正常 |
| | | 检查LCD屏、LED屏功能 | 播放功能正常，LCD屏无马赛克、黑屏、花屏现象，LED屏无乱码、黑屏现象 |
| | | CCTV监控功能 | CCTV监控图像各界面切换正常，画面清晰 |
| | | 检查司机室外部终点站LED屏 | LED屏显示正常，无乱码、黑屏现象 |

2. 双周检(表5.5)

**表5.5 双周栏**

| 序号 | 项目 | 检修内容 | 检修标准 |
|---|---|---|---|
| 1 | 客室作业 | 检查动态地图、LED屏、LCD屏、紧急报警器及摄像头状态 | (1)安装牢固<br>(2)外观整洁无污迹<br>(3)外表无裂损 |
| 2 | PIS系统功能检查 | 检查PA功能 | 司机室对客室广播功能正常，客室扬声器声音清晰、无中断、无杂音；司机室扬声器保持静默状态 |
| | | 检查C-C功能 | 两司机室对讲功能正常，声音清晰、无中断、无杂音，客室扬声器保持静默状态 |
| | | 检查数字化报站功能 | 设置广播模式为TCMS模式，选择线路，播报广播报站，广播播报完整、正确、连续无中断、无破音，动态地图、LED屏、LCD屏报站显示正确 |
| | | 扬声器检查 | 在紧急广播状态下逐一检查各扬声器播音功能正常，扬声器声音清晰、无中断、无杂音 |
| | | 检查LCD屏、LED屏功能 | 播放功能正常，LCD屏无马赛克、黑屏、花屏现象，LED屏无乱码、黑屏现象 |
| | | 检查司机室外部终点站LED屏 | LED屏显示正常，无乱码、黑屏现象 |
| | | 紧急报警器功能 | 全车抽查3个紧急报警器，紧急报警功能正常 |
| | | 视频监控功能 | CCTV监控屏安装牢固，表面无裂纹，无污渍；通电后视频监控图像各界面切换正常，画面清晰 |

3. 三月检(表5.6)

表5.6 PIS系统作业三月检

| 检修内容 | 检修标准 |
|---|---|
| 司机室终点站LED显示屏、CCTV监控屏、广播控制盒、摄像头、广播主机、媒体主机与扬声器状态 | (1)检查终点站LED显示屏、CCTV监控屏、广播控制盒、摄像头、广播主机、媒体主机与扬声器安装牢固,各紧固螺栓防松线清晰无错位<br>(2)检查终点站LED显示屏、CCTV监控屏、广播控制盒、摄像头、广播主机、媒体主机与扬声器表面干净、无污渍、无裂损<br>(3)终点站LED显示屏、CCTV监控屏、扬声器、广播主机、媒体主机各电气接线牢固、无破损<br>(4)广播控制盒话筒无断裂 |
| 客室动态地图、LED显示屏、LCD屏、扬声器、摄像头、视频编码器、广播主机及紧急报警器状态 | (1)检查动态地图、LED显示屏、LCD屏、扬声器、摄像头、视频编码器、广播主机及紧急报警器安装牢固,各紧固螺栓防松线清晰无错位<br>(2)检查动态地图、LED显示屏、LCD屏、扬声器、摄像头、视频编码器、广播主机及紧急报警器表面干净、无污渍、无裂损<br>(3)动态地图、视频编码器、广播主机各电气接线牢固、无破损 |
| CCTV视频监控屏及客室LCD屏功能 | (1)CCTV监控屏视频图像清晰、连续无中断,检查各车厢摄像能够监控到整个客室(包括贯通道)无监控盲点。烟雾报警及紧急解锁车门时,CCTV跳转至相应监控界面<br>(2)客室LCD屏显示正常,无花屏、黑屏现象 |
| 检查PA功能 | 进行人工语音广播,客室扬声器应响起提示声音,各节车客室均能听到广播声音,声音清晰、无中断、无杂音 |
| 检查C-C功能 | 两司机室对讲,按压一端司机室通过麦克风说话,则另一端司机室扬声器功能正常,广播盒音量调节功能正常。客室扬声器保持静默状态 |
| 检查数字化报站及紧急广播功能 | (1)在HMI显示屏上设置好广播模式、线路、起始站和终点站后,确认客室开始播报起始站广播语音,司机室监听及各节车客室广播播报完整、正确、连续无中断、无破音,动态地图、LED显示屏及LCD显示屏对应广播报站且显示正确<br>(2)司机室端部终点站LED显示器显示正常<br>(3)紧急广播功能正常,广播内容与HMI显示一致,司机室监听正常;广播控制盒音量调节功能正常 |
| 检查P-C功能 | 分别激活两端司机台,检查各车PECU功能,PECU激活时,PECU上指示灯亮,司机台上PC指示灯亮并发出报警声。HMI显示激活的PECU位置正确,对讲功能正常,CCTV监控跳转至激活的PECU监控界面 |

4. 年检(表5.7)

表5.7 PIS系统作业年检

| 检修内容 | 检修标准 |
|---|---|
| 检查广播控制盒状态 | (1)检查广播控制盒安装牢固,防松线清晰无错位,标识清晰完好;话筒无断裂;表面干净、无污渍、无裂损<br>(2)接线牢固,无毛刺,无破损,部件及接线无电蚀过热发黑痕迹,部件无破损,线号标识完整清晰;电气插头安装到位;螺栓无松动缺失;清洁各部件 |
| 检查CCTV监控屏状态 | (1)检查CCTV监控屏安装牢固,防松线清晰无错位,标识清晰完好;表面干净、无污渍、无裂损;清洁各部件<br>(2)接线牢固,无毛刺,无破损,部件及接线无电蚀过热发黑痕迹,部件无破损,线号标识完整清晰;电气插头安装到位;螺栓无松动缺失;清洁各部件 |
| 检查广播控制主机状态 | (1)清洁广播控制主机内部及外部<br>(2)检查广播控制主机安装牢固,防松线清晰无错位,标识清晰完好;表面干净、无污渍、无裂损<br>(3)接线牢固,无毛刺,无破损,部件及接线无电蚀过热发黑痕迹,部件无破损,线号标识完整清晰;电气插头安装到位;螺栓无松动缺失;清洁各部件 |

续上表

| 检修内容 | 检修标准 |
| --- | --- |
| 检查媒体主机状态 | (1)清洁媒体主机内部及外部<br>(2)检查司机室媒体主机安装牢固,防松线清晰无错位,标识清晰完好;表面干净、无污渍、无裂损<br>(3)接线牢固,无毛刺,无破损,部件及接线无电蚀过热发黑痕迹,部件无破损,线号标识完整清晰;电气插头安装到位;螺栓无松动缺失;清洁各部件 |
| 检查 LED 显示屏、终点站显示屏状态 | (1)检查 LED 显示屏、终点站显示屏安装牢固,防松线清晰无错位,标识清晰完好,表面干净、无污渍、无裂损;LED 显示屏安装螺栓堵头齐全<br>(2)终点站显示屏接线牢固,无毛刺,无破损,部件及接线无电蚀过热发黑痕迹,部件无破损,线号标识完整清晰;电气插头安装到位;螺栓无松动缺失;清洁各部件 |
| 检查 LCD 屏状态 | 检查 LCD 屏安装牢固,标识清晰完好;表面干净、无污渍、无裂损;清洁各部件 |
| 检查动态地图状态 | (1)检查动态地图安装牢固,防松线清晰无错位,标识清晰完好;表面干净、无污渍、无裂损;清洁各部件;敷设彩膜无破损<br>(2)接线牢固,无毛刺,无破损,部件及接线无电蚀过热发黑痕迹,部件无破损,线号标识完整清晰;电气插头安装到位;螺栓无松动缺失;清洁各部件 |
| 检查 PECU 状态 | 检查 PECU 安装牢固,标识清晰完好;表面干净、无污渍、无裂损、无缺失;清洁各部件 |
| 检查扬声器状态 | (1)检查扬声器安装牢固,防松线清晰无错位,标识清晰完好;表面干净、无污渍、无裂损<br>(2)接线牢固,无毛刺,无破损,部件及接线无电蚀过热发黑痕迹,部件无破损,线号标识完整清晰;电气插头安装到位;螺栓无松动缺失;清洁各部件 |
| 检查摄像头及视频编码器状态 | (1)检查视频编码器及摄像头安装牢固,防松线清晰无错位,标识清晰完好;表面干净、无污渍、无裂损<br>(2)视频编码器接线牢固,无毛刺,无破损,部件及接线无电蚀过热发黑痕迹,部件无破损,线号标识完整清晰;电气插头安装到位;螺栓无松动缺失;清洁各部件 |
| 配置媒体主机软件 | 重新配置媒体主机软件 |
| LCD 屏功能检查 | 检查 LCD 屏播放视频清晰、连续无中断,无花屏、马赛克、黑屏现象 |
| CCTV 视频监控屏功能 | (1)CCTV 监控屏视频图像清晰、连续无中断,检查各车厢摄像能够监控到整个客室(包括贯通道)无监控盲点。紧急报警、烟雾报警及紧急解锁车门时,CCTV 跳转至相应监控界面<br>(2)司机室摄像能够覆盖司机台车辆主管部分 |
| 检查 PA 功能 | 进行人工语音广播,客室扬声器应响起提示声音,各节车客室均能听到广播声音,声音清晰、无中断、无杂音;松开 PTT 按钮,此时应不能进行 PA 广播 |
| 检查 P-C 功能 | 分别激活两端司机台,检查各车 PECU 功能,PECU 激活时,PECU 上指示灯亮,司机台上 PC 指示灯亮并发出报警声。HMI 显示激活的 PECU 位置正确,对讲功能正常,CCTV 监控跳转至激活的 PECU 监控界面 |
| 检查 C-C 功能 | 两司机室对讲,按压一端司机室通过麦克风说话,则另一端司机室扬声器功能正常,广播盒音量调节功能正常。客室扬声器保持静默状态;松开 PTT 按钮应不能进行对讲 |

续上表

| 检修内容 | 检修标准 |
| --- | --- |
| 检查数字化报站功能 | (1)激活司机台，本端广播主机中央控制器主机灯闪烁备机灯熄灭，另一端广播主机中央控制器主机灯熄灭备机灯闪烁<br>(2)在 HMI 显示屏上设置好广播模式、线路、起始站和终点站后，确认客室开始播报起始站广播语音，司机室监听及各节车客室广播播报完整、正确、连续无中断、无破音，动态地图、LED 显示屏及 LCD 显示屏对应广播报站且显示正确<br>(3)司机室端部终点站 LED 显示器显示正常<br>(4)紧急广播功能正常，广播内容与 HMI 显示一致<br>(5)司机室监听正常；广播控制盒音量调节功能正常<br>(6)关闭本端广播主机电源，主机跳转至另一端，此时依然可以在本端司机室进行数字化报站 |
| 检查扬声器并调节客室广播音量 | (1)分别激活两端司机台，使用分贝仪测量每节车客室广播音量平均值，客室音量在标准范围 75～83 dB 之间(测量位置：客室第 4 根立柱，距离地板面高度 1.2 m)。若音量不在标准范围内，则进行调节<br>(2)分别激活两端司机台对各节车客室进行紧急广播并用分贝仪进行音量检查，各节车客室广播最大音量在 75～83 dB 之间，否则须调整音量<br>(3)逐个检查扬声器播音功能正常，无沙哑、无破音。 |

## 任务 3　城市轨道交通车辆乘客信息系统电气典型故障分析及处理

1. 故障一　半自动广播错误。

(1)故障现象

列车在会展中心站-民航路站上行区间自动广播错误，司机进行人工广播，重新设置广播后恢复正常。

(2)故障分析

列车回库后下载故障车司机室视频、中央控制器日志及 MVB 接口数据；通过中央控制器日志数据(图 5.37)分析发现在 10：57：12 接收到跳站信号(14　01　11　10)，其中 14 代表市体育中心站，01 代表西流湖站，在终点站设置列车广播时，站点数据信息前两位为 14　01(市体育中心站至西流湖站)或者 01　14(西流湖站至市体育中心站)，在列车运行中出站时触发下一站站点信息例如图 5.41 所示 11　10，列车到站时触发到站广播信息例如图 5.41 所示 10　10，其中每一个站点对应一个十六进制的两位数；故障发生前即 10：57：12 列车正运行在农业南站至黄河南站上行区间(14　01　10　0F)，当接收到跳站信号后列车广播自动跳转至东风南站至农业南站上行区间。

通过分析列车中央控制器日志的故障时间，查看相应时间点的司机室视频文件，发现故障时间点司机并未对 HMI 屏幕跳站按钮做任何操作，所以据此判断跳站信号来源为 HMI 错误触发跳站信号导致。

(3)故障原因

中央控制器通过 MVB 总线接收到跳站信号导致广播错误，其为 HMI 错误触发跳站信号。

(4)故障处理

控制器厂家修改 VCU 软件程序，采取 2 s 内两次跳站指令视为一次跳站信号的方式来防止 HMI 错误触发。

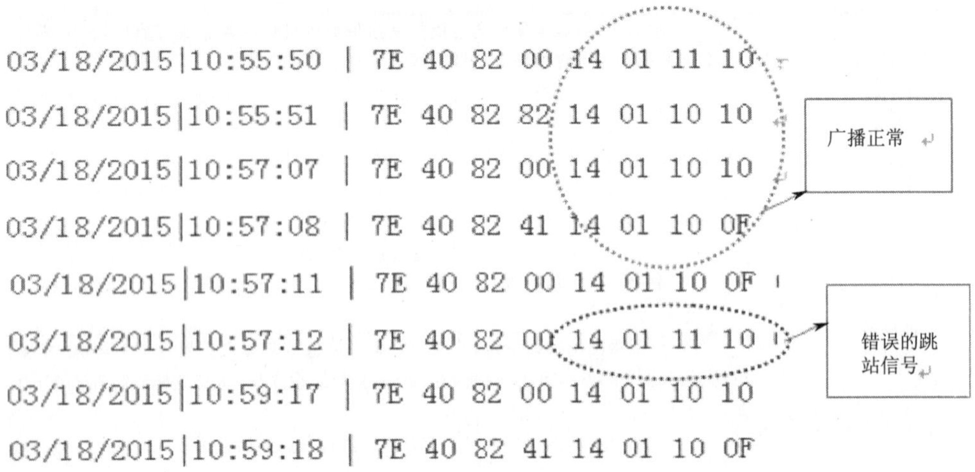


图 5.37　中央控制器日志数据

2. 故障二　司机室 PACU 微动开关跳闸。

(1)故障现象

司机发现 1A 车司机室设备柜内 PACU 微动开关在分位，1A 车客室无自动及人工广播，列车动态地图不正常，车厢内 LCD 屏无显示 ，其他车厢正常。复位 ACSU 微动开关，合 PACU 微动开关后再次自动跳闸，故障仍存在。

(2)故障分析

列车回库后，尝试重新闭合 PACU 微动开关，故障依然存在。通过查找电气原理图发现与 PACU 微动开关连接的为客室广播主机 X1 航空插头(图 5.38、图 5.39)，尝试将 X1 航空插头拆下，重新闭合 PACU 微动开关，微动开关未出现跳闸现象，根据此情况初步判断为客室广播主机某个模块故障导致跳闸。将客室广播主机电源模块插头安装到位，依次拆下其余 8 个模块及两个电源板，判断是哪一个模块故障，最终将故障点锁定在 DC 24 V 转 DC 12 V 的电源板，更换新的 DC 24 V 转 DC 12 V 电源板后，试验 PIS 系统各项功能正常。

(3)故障原因

1 车客室广播主机 DC 24 V 转 DC 12 V 电源板故障。

(4)故障处理

更换新的 DC 24 V 转 DC 12 V 电源板。

3. 故障三　列车正线错报站。

(1)故障现象

2015/7/8 08：10 广州地铁二号线 1608 次列车在南浦上行进站前出现自动广播故障(人工广播正常)，复位广播后，依然无效。行调通知司机及车站做好乘客服务，将故障报检调，组织该车运行至嘉禾望岗，退出服务，将组织计划回厂的 3302 次不回厂调整运营。故障没有造成列车晚点，故障原因有待跟进。

(2)故障分析

①广播板件通信灯检查。车回库后，进行人工手动报站时发现：在 1608 次列车的偶数端

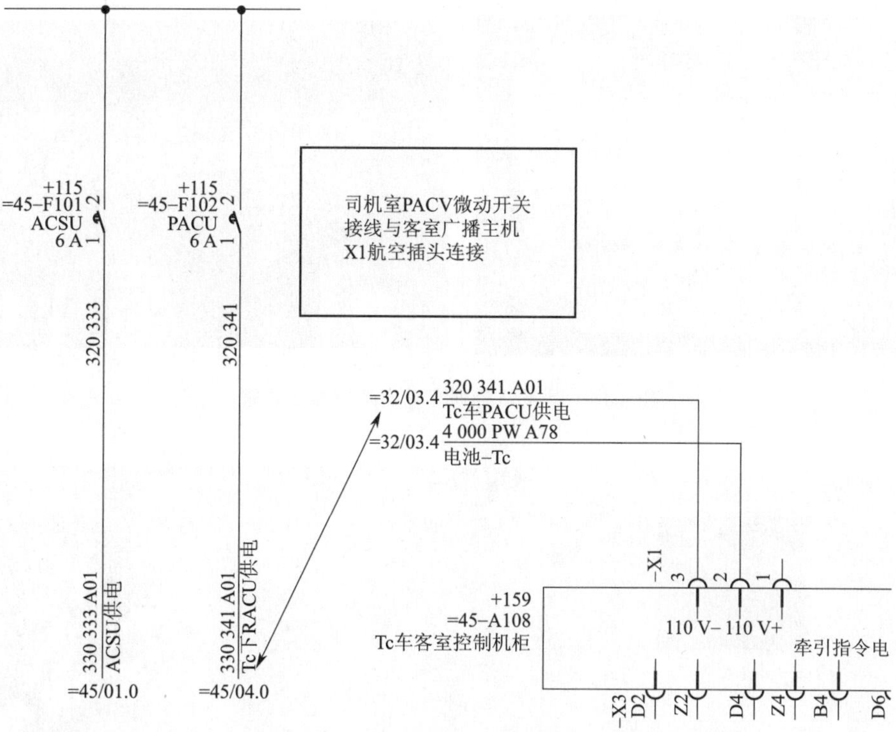


图 5.38　电路连接

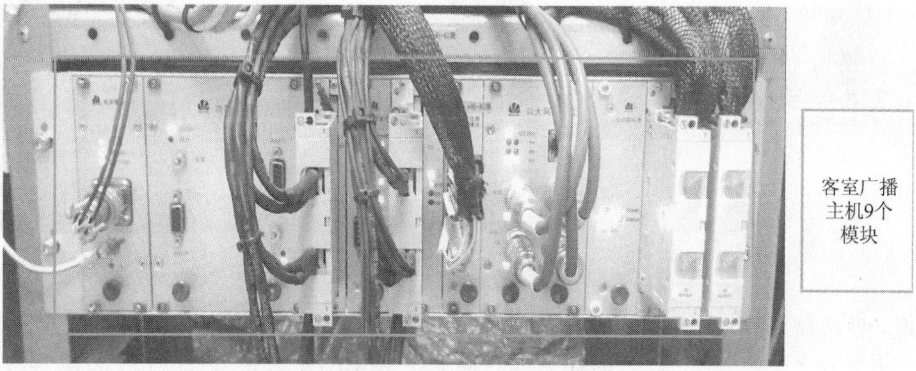


图 5.39　客室广播主机

进行播报报站，故障依然存在且播放语音时反应迟钝。LED 屏和车辆屏同步显示为“嘉禾望岗”，而语音却播报“白云文化广场”的报站信息。多次试验报站，发现播报出的语音与显示屏上的报站信息都是提前四站播报；在该车的奇数端进行播报报站，语音和显示均正常。由此可以判定在偶数端广播主机存有故障，如图 5.40 所示。

通过对板件指示灯的状态分析：激活偶数端司机台，进行司机室对客室广播时，本端 CAPU 板的“话筒”未被点亮，另一端 CAPU 板的“话筒”点亮；进行自动广播时，本端 CAPU 板的“数字”未被点亮，另一端 CAPU 板的“数字”点亮。其余的板件通信灯均正常，如图 5.41 所示。

② MVB 日志数据下载分析。偶数端在“广州火车站”错报成“海珠广场站”，而观察

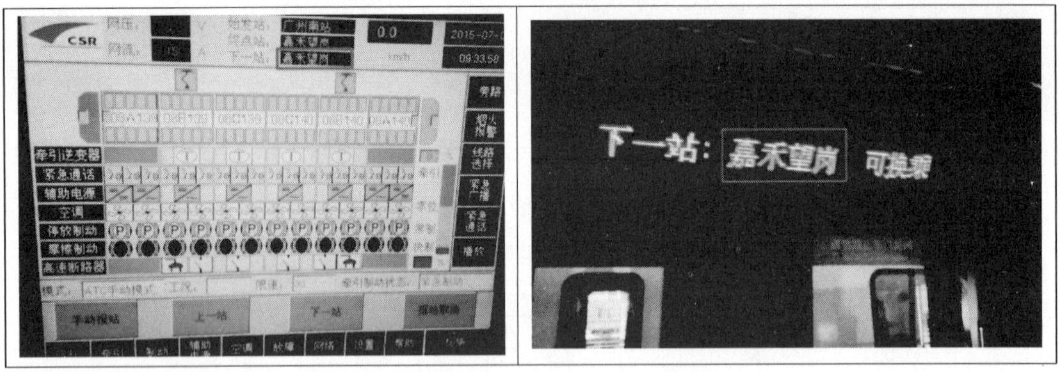


图 5.40　错报站时列车动态地图显示正常

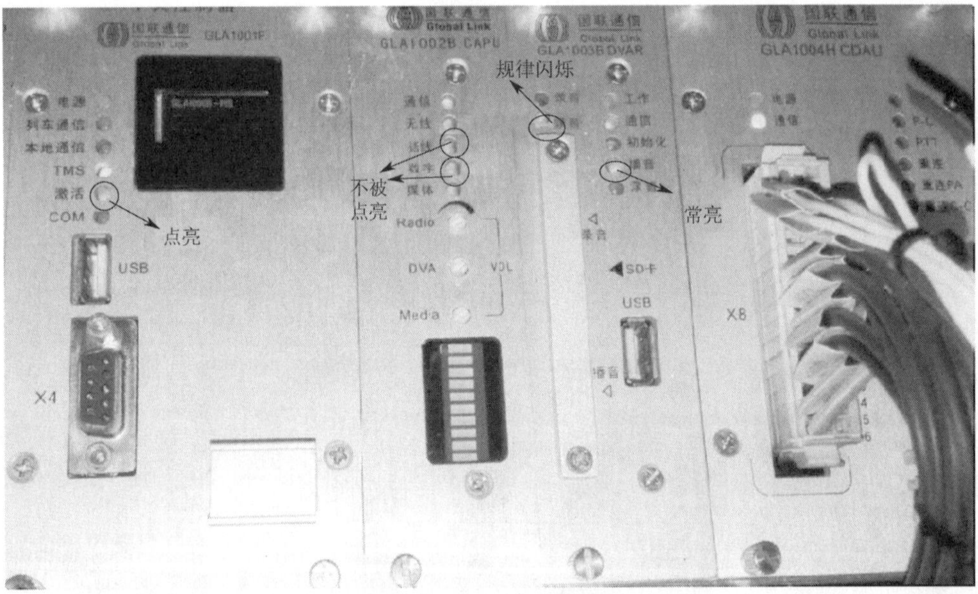


图 5.41　偶数端的广播主机各板件通信情况

录像发现，此站显示的站名是“广州火车站”。同时下载数据分析，发现 PISC 发送的站代码是 20，表示为“广州火车站”，如图 5.42 所示。MVB 日志记录对执行的操作无错误。因此，此次错报站只是语音错报站，而对于动态地图显示和播站执行指令的发出均是无误的。

(3)故障原因

如图 5.43 所示，通过分析 MVB 日志，偶数做主控端 PISC 能够正确发出报站代码命令。动态地图显示与显示屏发出命令一致，本端的 DVAR 板的“数字”和“数据”指示灯点亮，说明音频被调用，可以推断出本地通信没有问题。而偶数端的 CAPU 板在司机室对客室广播和自动广播时，其指示灯均未被点亮。因此，故障点可以锁定在 CAPU 板上。偶数端的 CAPU 板故障时，由于广播系统的冗余功能，利用本端的 PISC 为主控，通过列车网络通信，调用奇数端的 CAPU 和 DVAR 板件内容，播放出报站信息。之所以会出现固定性相差四站的错报站信息，是因为国联自身板件的冗余机制不够完善，在偶数端 PISC 通过列车网络调用奇数端的

State_PA

| PICU2激活 | 6车PICU3报警 | 6车PICU3激活 | 起始站 | 终点站 | 下一站 | lineID | RouteID |
|---|---|---|---|---|---|---|---|
| 0 | 0 | 0 | 28 | 5 | 23 | 2 | 4 |
| 0 | 0 | 0 | 28 | 5 | 23 | 2 | 4 |
| 0 | 0 | 0 | 28 | 5 | 23 | 2 | 4 |
| 0 | 0 | 0 | 28 | 5 | 22 | 2 | 4 |
| 0 | 0 | 0 | 28 | 5 | 22 | 2 | 4 |
| 0 | 0 | 0 | 28 | 5 | 21 | 2 | 4 |
| 0 | 0 | 0 | 28 | 5 | 21 | 2 | 4 |
| 0 | 0 | 0 | 28 | 5 | 20 | 2 | 4 |
| 0 | 0 | 0 | 28 | 5 | 20 | 2 | 4 |
| 0 | 0 | 0 | 28 | 5 | 20 | 2 | 4 |
| 0 | 0 | 0 | 28 | 5 | 20 | 2 | 4 |
| 0 | 0 | 0 | 28 | 5 | 20 | 2 | 4 |
| 0 | 0 | 0 | 28 | 5 | 20 | 2 | 4 |
| 0 | 0 | 0 | 28 | 5 | 19 | 2 | 4 |
| 0 | 0 | 0 | 28 | 5 | 19 | 2 | 4 |
| 0 | 0 | 0 | 28 | 5 | 19 | 2 | 4 |
| 0 | 0 | 0 | 28 | 5 | 19 | 2 | 4 |
| 0 | 0 | 0 | 28 | 5 | 18 | 2 | 4 |
| 0 | 0 | 0 | 28 | 5 | 18 | 2 | 4 |
| 0 | 0 | 0 | 28 | 5 | 18 | 2 | 4 |

广州火车站代码

图 5.42　MVB 日志记录

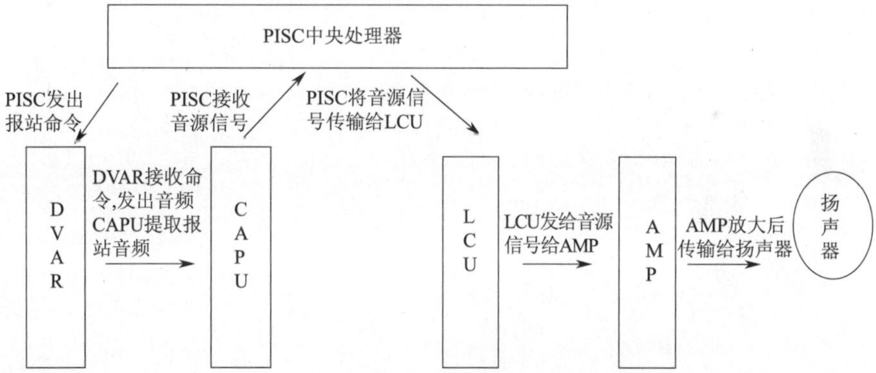


图 5.43　自动报站音频播报过程流程图

DVAR 音频文件时,信号传输过程中存有程序耦合校验的缺陷导致调用的不稳定性。

(4)故障处理

更换偶数端广播主机的 CAPU 板件后,广播功能恢复正常。针对错报站的故障问题,后续采取的措施如下。

①后期厂家在 PISC 软件方面做了相应的改进,当列车通信板件(PISC,CAPU,DVAR 板)中,任何一块板件出现故障,直接让对面的广播主机作为工作的广播主机。这样就不会存在列车通信过程中来回调用时,因通信不稳定性,而造成音频播报错误故障。

②在检修过程中,遇到此类故障不可直接复位,首先要检查各板件指示灯的通信状态是否正常,然后可通过录像来观察动态地图的站名是否正确,通过数据来分析站代码是否正确,从而缩小故障范围。

③在处理广播故障时，需用广播专用电脑进行下载数据和灌输音频，切勿用非广播专用电脑进行上述操作。

## 项 目 小 结

PIS作为窗口系统，很大程度上展示了轨道交通所具有的人性化特点，抬升轨道交通形象，并拉近公众距离，增强认同感，此外，还能够在保障安全运营之外获取经济效益。本项目主要介绍了城市轨道交通车辆乘客信息系统的基本结构、功能及实现原理，对乘客信息系统网络控制、功能、日常维护、常见故障处理进行了重点讲解。

### 思考题

1. 简述城市轨道交通车辆司机室广播控制机柜由哪些模块组成。
2. 简述城市轨道交通车辆乘客信息系统广播及对讲优先级。
3. 简述城市轨道交通车辆广播控制盒安装在司机台面板上的按键及其功能。

# 项目 6　城市轨道交通车辆辅助控制系统

城市轨道交通车辆上除牵引电机所需的电能由牵引逆变器提供外，其他设备用电均通过车辆辅助供电系统提供，因此辅助供电系统在车辆上是一个非常重要的部分。辅助逆变器是辅助供电系统的核心，它将接触网 DC 750 V 或 DC 1 500 V 电压转化为 AC 380 V 和 DC 110 V 电压。通过列车贯穿线传输给车辆的各个用电设备，保证列车上各设备的正常运作。辅助电源系统工作的安全性、可靠性对车辆正常运营具有重要影响。

## 6.1　城市轨道交通车辆辅助系统基础知识

### 6.1.1　城市轨道交通车辆辅助系统的发展历史

随着城市轨道交通运营向乘客提供服务项目的增多，以及为提高乘车舒适性而增加的空调容量等情况的出现，车辆辅助电源系统容量的要求逐渐增大。辅助电源容量的需求由分散供电方式时的几十千伏安提高到集中供电方式时的一百多到二百多千伏安级。随着辅助电源产品的愈加成熟、可靠性的不断提高，车辆辅助电源系统的供电方式也发生了改变，由最初采用的分散供电发展到现在普遍采用的集中供电方式。采用静止逆变器供电方式的辅助电源系统随国外进口地铁车辆于 20 世纪 90 年代进入国内，同时辅助电源的研究从单一的辅助电源产品，到辅助电源系统的系统设计、全系统产品、全系列产品研制，目前逐步形成了通用化、系列化产品，并实现了工程化、批量化生产、试验、装车运行。

### 6.1.2　城市轨道交通辅助系统逆变的基本类型

城市轨道交通车辆辅助逆变器通过受电弓从接触网取电，电能经过变换，为列车的用电设备供给所需形式的电能。这种方式具有输入电压范围大、输入电压高、输出电压和频率稳定、输出电压谐波含量低等特点。辅助逆变器是否能够正常工作将直接影响到城轨车辆的安全运行，因此对辅助逆变器的输出性能、可靠性、使用寿命等指标有严格的要求，因此逆变器方案的选择至关重要。

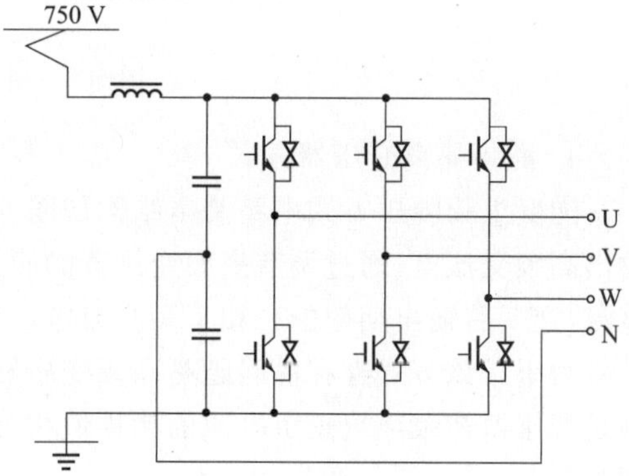


图 6.1　直接逆变方式

1. 直接逆变方式

直接逆变方式通常使用于 DC 750 V 城轨供电系统，其基本电路结构如图 6.1 所示，开关器件可采用 GTO 或 IGBT，控制策略可选择恒电压，向负载输出脉宽调制电压。该方式的优点是控制容易，结构简单，需要的功率开关器件少；缺点是输出电压容易受网侧直流电压波动影响，输出电压谐波含量大，输入输出没有电气隔离，需要完全承受直流侧电压。

2. 斩波降压逆变方式

斩波降压逆变方式电路的基本结构如图 6.2 所示，电路由单管 DC/DC 斩波电路、三相桥式逆变电路、滤波电路和三相变压器组成。该方式的优点是隔离变压器的引入实现了电网输入与负载输出之间的电气隔离，安全性能提高。另外 DC/DC 斩波可以保持逆变器输入电压的恒定，逆变器输出电压不受输入电网电压波动的影响，逆变器上的 IGBT 耐压应力减小。缺点是 DC/DC 斩波的一个 IGBT 需要完全承受直流侧电压，工频变压器体积和质量偏大。

3. 逆变工频降压方式

逆变工频降压方式电路的基本结构如图 6.3 所示，供电网经过一级滤波环节，直接与逆变器相连，输出三相交流电压，通过工频变压器隔离、降压，最后输出三相电流。该方式的优点是逆变器结构和控制较为简单，变压器没有偏磁问题，还可以设计不同的变压器匝数比来满足不同的电压值需要。该方式的不足之处在于：工频隔离变压器的质量和体积偏大，随着输入侧网压增加，开关管的耐压等级需要相应提高。

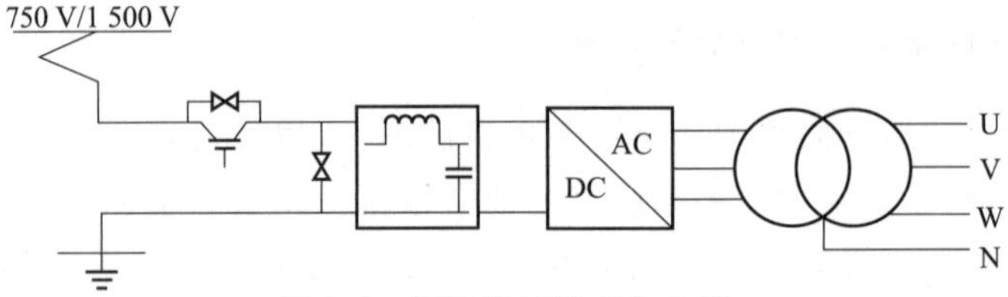


图 6.2 斩波降压逆变方电路

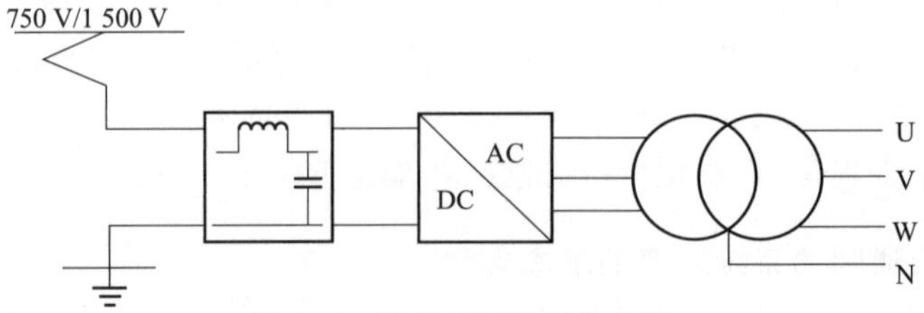


图 6.3 逆变工频降压方电路

4. 高频隔离变压器方式

逆变工频降压方式电路基本结构如图 6.4 所示，经过滤波后的直流电压经过第一级逆变，输出高频交流电，通过调节高频变压器的原、副边匝数比，得到需要的次级高频交流电压，经过整流，逆变后输出期望的三相工频交流电。该方式的优点是变压器质量轻，体积小，开关管耐压应力小。该方式存在的问题是高频变压器容易产生饱和，需要对逆变器的脉冲严格控制，以满足变压器初级绕组正负电流的伏秒值相等，避免变压器磁饱和；增加了一个整流和一个逆变环节。

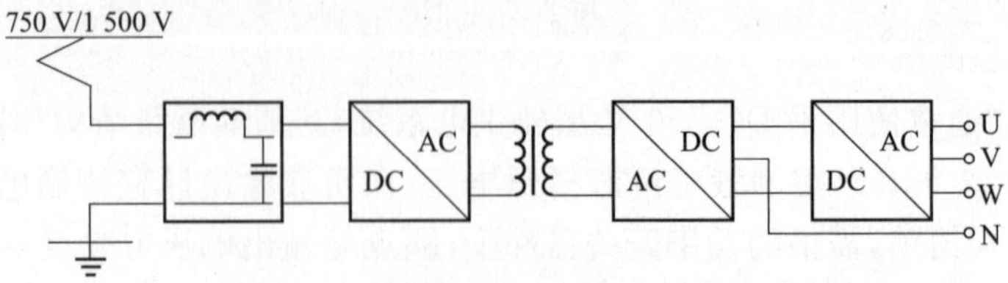


图 6.4 高频隔离变压器方式电路

目前城市轨道交通车辆辅助逆变系统主要采用斩波降压逆变方式。辅助逆变器将DC 1 500 V转换成 AC 380 V 给整列车的交流负载供电，并将 AC 380 V 转换成 DC 110 V 或 DC 24 V 给整列车的直流负载供电。

## 6.2 城市轨道交通车辆辅助设备分布及工作原理

### 6.2.1 辅助控制系统各个设备在地铁列车的位置

列车辅助供电系统主要为除牵引系统以外的所有用电系统供电，其供电的主要负载有：空调、客室照明、设备通风冷却、电器电子装置、蓄电池充电等。整个辅助电路由辅助逆变器、蓄电池及相应的部件组成。

列车辅助系统供电采用集中布置、集中供电方式，每个 Tc 车布置一个辅助逆变器箱，每个辅助逆变器箱中集成有两套辅助逆变器和两套 DC/DC，每个辅助逆变器的输入容量为 110 kV・A。为列车提供三相 AC 380 V 电源和 DC 110 V 电源。DC1 500 V 电源经防逆流二极管和两个熔断器分别为两个辅助逆变器供电，并通过车端连接器与另一单元相连，从而实现 4 台辅助逆变器并网运行，提高了系统的可靠性。每节车上的一台 380 V/220 V 变压器为单相 AC 220 V 负载供电，容量 2.3 kV・A。此变压器安装在每节车的低压箱中。

蓄电池充电机和蓄电池通过解耦二极管为辅助系统直流负载提供 DC 110 V 电源，蓄电池充电机集成在辅助逆变器箱中，功率为 12 kW，并通过 110 V 列车线实现并网运行。对于 DC 24 V 负载则通过在每个司机室内单独安装一个 2 kW 的 DC/DC 变流器实现供电。列车辅助系统高压配电原理如图 6.5 所示。

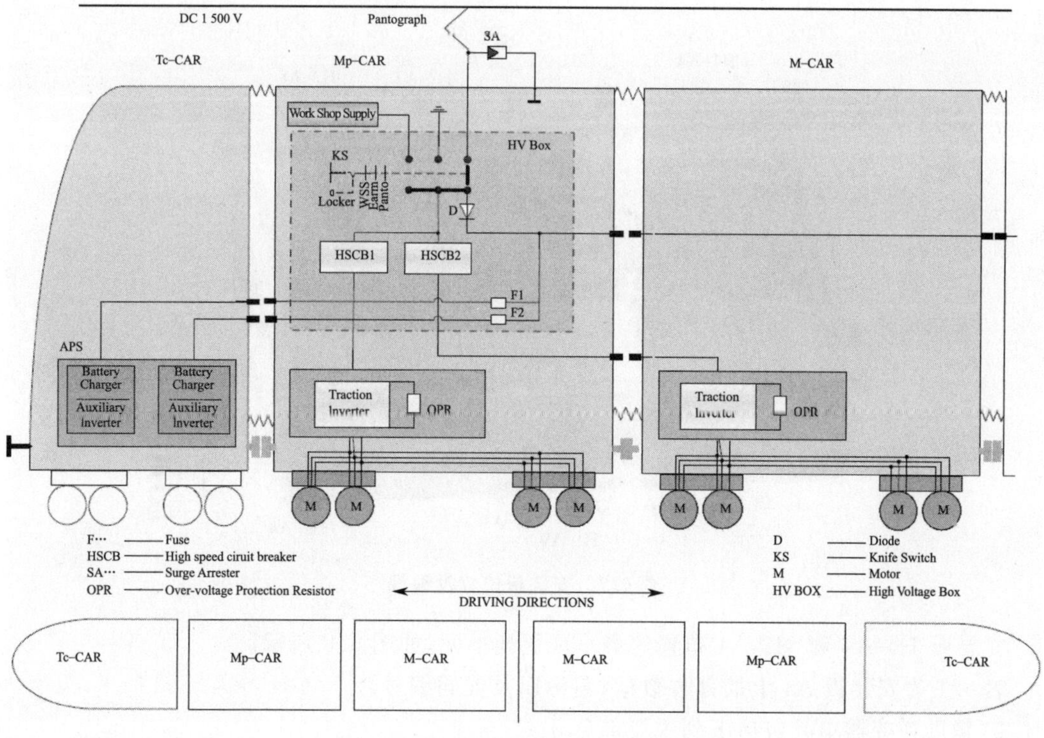


图 6.5 列车辅助系统高压配电原理图

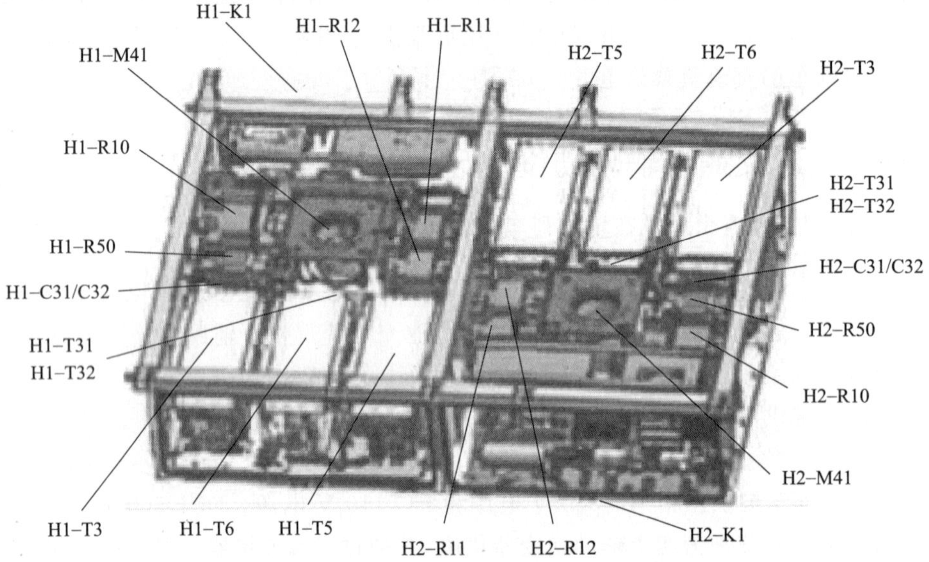


图 6.6 机箱中主部件位置

M41—主风机；R10—进线滤波器；R11、R12—升压扼流圈；R50—正弦滤波器扼流圈；T3—DC/DC 转换器；T5—脉宽调制逆变器；T6—可选：蓄电池充电机；T31、T32—MF 变压器；K1—Sibcos-M2500；C31/C32—共振电容器

两个辅助逆变器通过 H1 或 H2 识别。图 6.6 显示了单个辅助逆变器机箱中的主部件。图 6.7 所示为安装板的位置及编号。

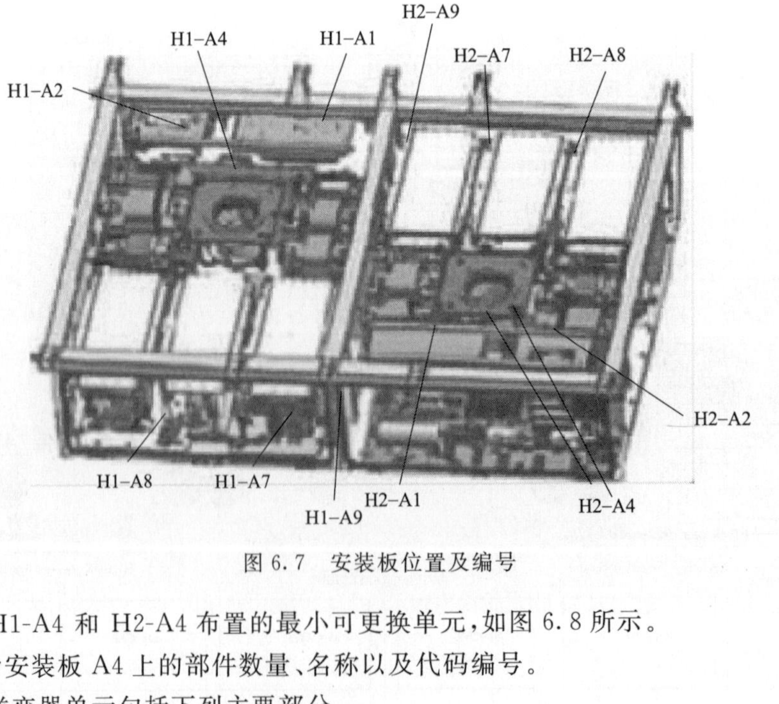


图 6.7 安装板位置及编号

安装板 H1-A4 和 H2-A4 布置的最小可更换单元，如图 6.8 所示。

表 6.1 为安装板 A4 上的部件数量、名称以及代码编号。

1. 辅助逆变器单元包括下列主要部分

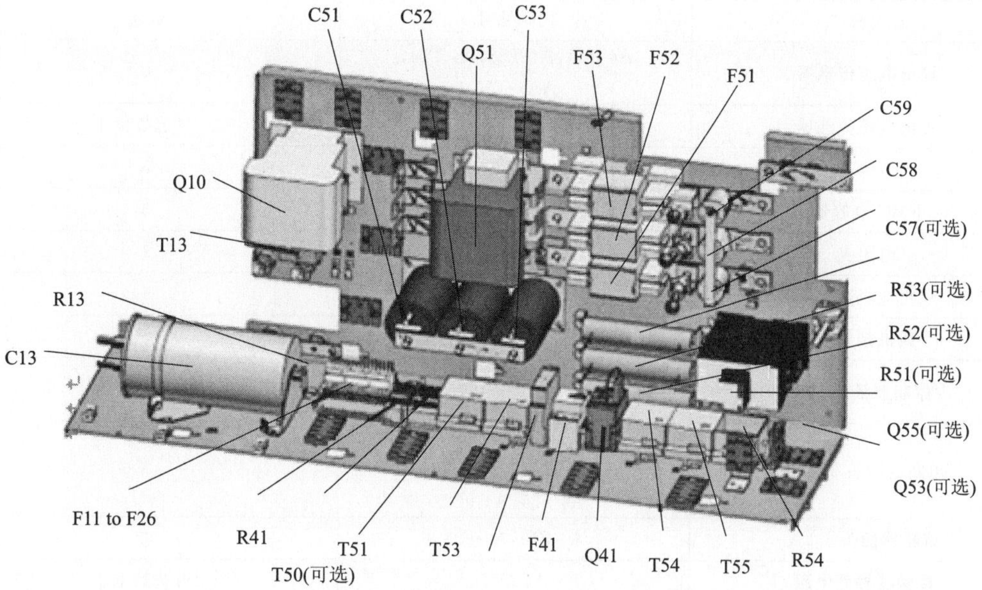


图 6.8 安装板 A4 上的部件布局

(1)带 DC 进线端子的 DC 输入部分：输入熔断器、进线滤波器扼流圈、进线接触器、电压和电流传感器、EMC 和输入滤波器。

(2)预充电/过压保护。

(3)电池欠压保护启动单元。

(4)带 DC/DC 转换器的 DC/DC 变压器系统包括中频变压器、共振电容器、整流器。

(5)带直流环节电容的直流环节电路包括电压传感器、接地故障检测。

(6)脉宽调制逆变器

(7)带输出接触器三相交流输出部分包括输出电容器、EMC 滤波器、正弦滤波器、电流传感器、3AC 输出端。

(8)蓄电池充电机。

(9)带接地故障检测的 DC 110 V 输出部分包括 EMC 电容器、DC 110 V 出入端。

(10)带 DC/DC 转换的 DC 24 V 输出部分。

**表 6.1 安装板部件的参数**

| 名称 | 代码编号 | 数量 |
|---|---|---|
| 进线接触器 | A4-Q10 | 1 |
| 滤波电容器 | A4-C13 | 1 |
| 输入电流传感器 | A4-T13 | 1 |
| 滤波电阻 | A4-R13 | 1 |
| 正弦滤波电容器 | A4-C51，A4-C52，A4-C53 | 3 |
| 电阻器 | A4-R54 | 1 |
| 接触器 | A4-Q51 | |

续上表

| 名称 | 代码编号 | 数量 |
|---|---|---|
| 输出电压传感器 | A4-T51,A4-T53,A4-T54,AA4-T55 | 4 |
| 输出电压传感器 | A4-T50 | 可选数量 1 |
| 熔断器 | A4-F51,A4- F52,A4-F53 | 3 |
| EMC 电容器 | A4-C57,A4-C58,A4-C59 | 3 |
| 电阻夹 | A4-R41 | 1 |
| 风机电机断路器 | A4-F41 | 1 |
| 风机接触器 | A4-Q41 | 1 |
| 熔断器插头 1A | A4-F17,A4-F18,A4-F23 A4-F24,A4-F25,A4-F26 | 6 |
| 熔断器插头 3.15A | A4-F11,A4-F12,A4-F13 A4-F14,A4-F15,A4-F16,A4-F21,A4-F22 | 8 |
| 熔断器插头 6.3A | A4-F19,A4-F20 | 2 |
| 接触器外部电源 | A4-Q55 | 可选数量 1 |
| 保护装置 | A4-K55 | 可选数量 1 |
| 外部电源预充电电阻 | A4-R51,A4-R52,A4-R53 | 可选数量 3 |
| 外部电源预充电接触器 | A4-Q53 | 可选数量 1 |

(11)带风机接触器的冷却系统包括保护开关、内部风机。

(12)微机控制器系统包含:Sibcos-M2500、Sibcos-M2000、Sibcos-M9000、MVB 或以太网接口。

(13)带预充电电阻器、预充电接触器、接触器、电压继电器的外部电源。

2. 主要部件的作用

(1)进线端子-X02、DC 1 500 V 线电压在进线端子-X2、L+和 X2、L-处连接到辅助逆变器。

(2)输入熔断器。如出现短路,输入熔断器(F10)将辅助逆变器从接触网断开。

(3)输入电压传感器(T11)将输入网压转换成可由 Sibcos 控制的测量电流(类型 50 mA),以精确测量网压值。

(4)进线滤波器扼流圈(R10)的作用是消除由于切除 IGBT 操作而造成的输入电流波动,并吸收线路上的浪涌电压,防止对逆变器造成损坏。同直流环节一起,输入扼流圈将输入电流的谐波量保持在非常低的水平。

(5)EMC 输入滤波器包括电容器(V3)、(V4)和环形线芯(V1),用来抑制接触网系统上逆变器的开关反应,因而保证了电网自身的电磁兼容性。

(6)带预充电电阻器的过压保护单元。该单元用于执行瞬态保护任务,保护辅助逆变器免受接触网的电涌。瞬态保护由一个限制电涌的 IGBT 和预充电电阻器组成。如直流环节电路达到一个确定值,IGBT 将短暂关闭,以使线路电源的能量通过电阻器消耗,防止直流环节电路出现电涌。

(7)电池欠压启动单元。正常情况下,辅助逆变器箱中每一个辅助逆变器中都配有一个电池欠电压启动单元。电池欠压启动单元起着 DC/DC 转换的作用。该单元将输入的 DC 1 500 V 电压，经过内部的 DC/DC 转换后，单独输出一路 DC 110 V，此时可以运行主控单元 M2500 和蓄电池充电机。

(8)DC/DC 转换器。DC/DC 模块(T3)具有功率密集度高、设计紧凑的特点。两个彼此独立转换器以混联方式安装在终端带开关的散热片上。采用外部连接，两个转换器也可单独运行。模块首先将可变输入 DC 1 500 V 电压转换成准调整的直流环节电压。随后通过中频逆变器转换成矩形交流电压。外部变压器进行电气隔离。整流二极管下游连接至变压器。因而产生的直流电压可为下游模块供电。电源转换器的功能单元分别为升压式转换器、间接电压环节、具有 6 通道的驱动模块和转换器。如升压式转换器的 IGBT 打开，外部上游升压式转换器扼流圈充电，扼流圈吸收能量，同时也使上部二极管失效。如果 IGBT 被激活，扼流圈维持电流，二极管导通。之前存储在扼流圈的能量传递至环节电路电器。因此扼流圈中的输入电流减少。为避免环节电路过载，输入电压始终低于环节电路电压。电解电容器形成能量存储和间接电压环节。电解电容器吸收 DC 电压电路中出现的由 IGBT 定时产生的交流部件的更大部分能量。环节电路电容器通过整流器二极管进行充电。如断开输入电压，环节电路电容器通过后面的转换器和持续放电电阻器放电。转换器部分由 4 个 IGBT 组成。4 个 IGBT 为全桥式开关。两个负载输出都经一个电容器连接至串联连接，外部中频变压器的原边线圈产生一个串联谐振电路。此连接的目的是达到转换器 IGBT 的最高潜在开关频率，因为相对于硬开关，转换器 IGBT 的打开具有较低的损耗。DC/DC 原理图如图 6.9 所示。

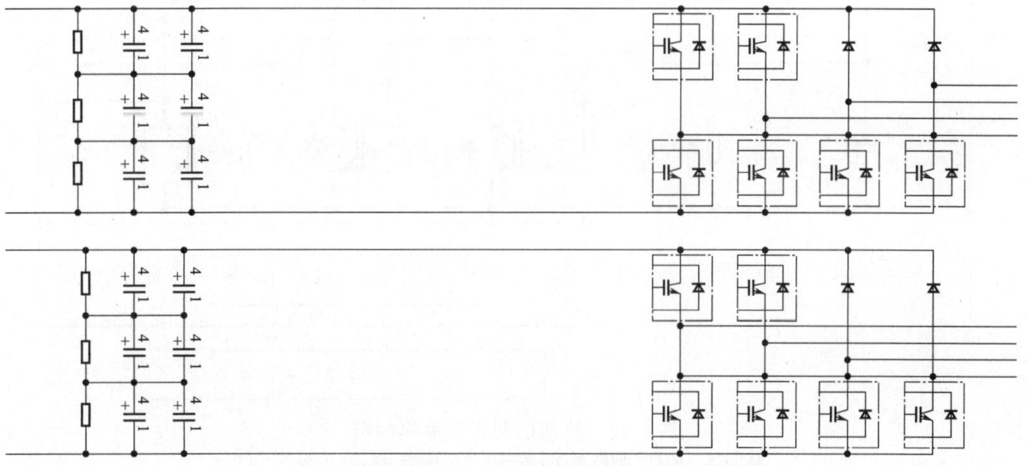

图 6.9　DC/DC 原理图

(9)DC 变压器部分。主要作用是电气隔离作用。

(10)直流环节电路。直流环节电路的主要功能是存储电能，从辅助逆变器输出端对辅助逆变器输入端的输入电流和电压波动去耦，或者从辅助逆变器输入端对辅助逆变器输出端的输出电流和电压波动去耦。通过电解电容(C40)可实现此功能。直流环节电容在功能上属于直流环节电路，但在物理上集成到 MF 整流器模块中。

(11)脉宽调制逆变器。脉宽调制逆变器为紧凑式电源模块。脉宽调制逆变器的任务是将直流环节电压转换成三相 AC 380 V/50 Hz 输出电压。位于输入端的电解电容器构成能量存储装置及中间直流环节电压电路。这些电容器吸收因 IGBT 开关而出现在中间直流环节电压电路中的交流文波电流的最大部分。电容器也将无功功率传送至连接在 PWMI 输出端的交流负载上，因为只有有功功率可从输入电流传输至中间直流环节电压电路。中间电路电容器通过输入转换器进行充电。如输入电压断开，则电容器通过后续电流逆变器(仅用于功能“直流环节放电”)和持续放电电阻器进行放电。逆变器部分包括 6 个阀门，而各相位由一个 IGBT 二极管模块组成。电流逆变器的任务是由输出端 U、V、W 处中间电路中的直流生成三相交流电压。原则上，IGBT 可描述为具有高频率的简易开关。因此，可以任何方式将三个输出端 U、V、W 连接至中间电路电压的"+“或“-"，由此即选择了调整输出电流(基本模式)正弦时间周期的开关条件。控制单元 Sibcos-M2000 [A9-K2]集成在辅助逆变器中。控制单元为 IGBT 产生驱动脉冲，并承担所有的调整和控制任务以及保护和监测功能。驱动板将控制单元产生的 IGBT 驱动信号的功率放大。此外，IGBT 的短路保护和过压保护位于 PWMI 模块上。除整流器散热片的温度传感器外，PWMI 不包括其他传感器。执行逆变器部分功能所需的所有电流和电压互感器位于辅助逆变器内部。这些传感器测量由逆变器系统控制和保护所需的所有过程变量，并将这些变量转换为具有低测量电压或测量电流的控制单元的可读模拟变量。脉宽调制逆变器原理图，如图 6.10 所示。

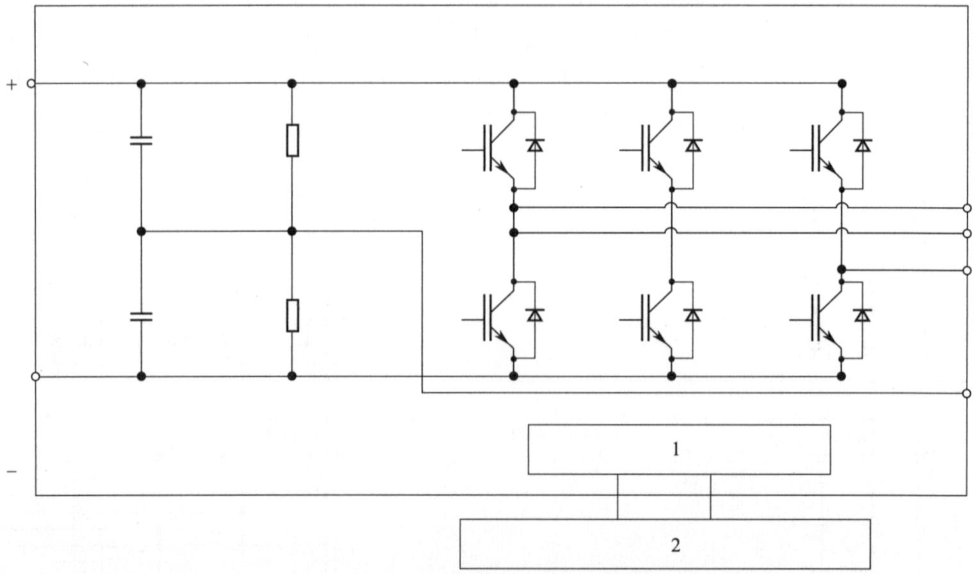


图 6.10 脉宽调制逆变器原理图

模块 1—IGBT 驱动单元；模块 2—控制器 Sibcos-M2000

(12)三相 AC 输出正弦滤波器。正弦滤波器由正弦滤波器扼流圈(R50)和正弦滤波器电容器(A4-C51)至(A4-C53)组成，位于 PWMI 的输出端。正弦滤波器扼流圈限制正弦滤波器电容中 PWMI 电流($di/dt$)的增加。正弦滤波器电容器降低 PWMI 输出电压($du/dt$ 限制)的频率。两个部件互相形成一个滤波器，通常将失真系数(THD 总谐波失真)提高 5%～10%，确保滤波器的电压以及随后的已连接的三相交流负载实际上为正弦曲线。

(13)3AC 输出接触器。3AC 输出接触器的作用是将逆变器输出的三相 AC 电压连接到列车 3AC 母线上。其闭合条件为，①当 PWMI 与车辆的三相列车线路的既有电压同步或 PWMI 在列车上第一次启动期间。②当辅助逆变器的三相输出退出高级控制级别，辅助逆变器无内部故障报告，同时具有有效输入电压时。

其断开条件为，①辅助逆变器检测到输入逆变器/PWMI 故障；②辅助逆变器未检测到有效的输入电压时，或受到 VCU 发出的辅助逆变器切除命令后。

(14)三相输出熔断器。三相输出熔断器起到线路保护作用，防止辅助逆变器三相输出出现过压。

(15)3AC 输出 EMC 滤波器。EMC 滤波器电容器(C57～C59)用于降低三相交流输出端的高频电磁干扰。

(16)蓄电池充电机模块。蓄电池充电机(T6)将直流环节电压转换成电位隔离的 DC 110 V 输出电压。在正常运行模式下给电池充电，同时向输出侧连接负载供电。蓄电池充电机原理图如图 6.11 所示。

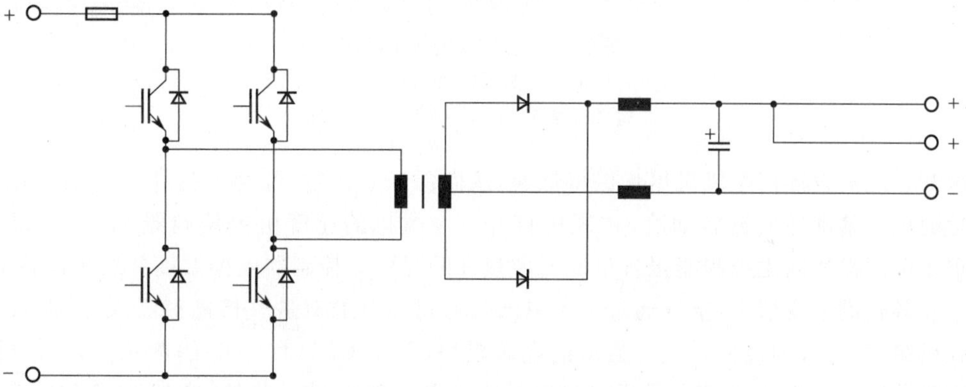


图 6.11　蓄电池充电机原理图

通过单独的控制通道给位于输入端的电子功率开关(IGBT)提供恒定工作频率。带中频变压器的逆变器在二次侧产生潜在的隔离交流电压。在二次侧产生的潜在隔离交流电压通过输出整流器整流。因输出端和压缩机处的电感器，输出电压平稳。蓄电池充电机的数字、电子、开环和闭环控制由集成在模块中的 Sibcos-M2000 控制器执行。具体应用参数(如充电电压)通过软件设置。通过 CAN 总线接口连接到更高的控制级别。负载程序符合温度补偿 IU-OU-特点，可根据软件调整。记录电池的电压、电流和温度，相应的充电电压会根据逆变器驱动调整、控制。

(17)DC 110 V 输出的 EMC 输出滤波器。EMC 滤波器电容器(C6～C63)用于降低直流输出中的高频电磁干扰。

(18)DC/DC 转换器 24 V 输出。DC/DC 转换器(T7)的功能是从蓄电池充电机的 DC 110 V 输出电压中产生 DC 24 V 非隔离恒定供电电压。

(19)微机控制单元。辅助逆变器微机控制单元包括以下模块。

①包含 DC/DC 模块(T3)的主控制器和模块控制器的 Sibcos-M2500(K1)型控制单元。

②PWMI 模块(T5)的 Sibcos-M2000 模块控制。

3. 冷却系统

辅助逆变器为强制风冷。各部分辅助逆变器 H1/H2 有其自身的冷却系统。进气与出气示意图，如图 6.12 所示。

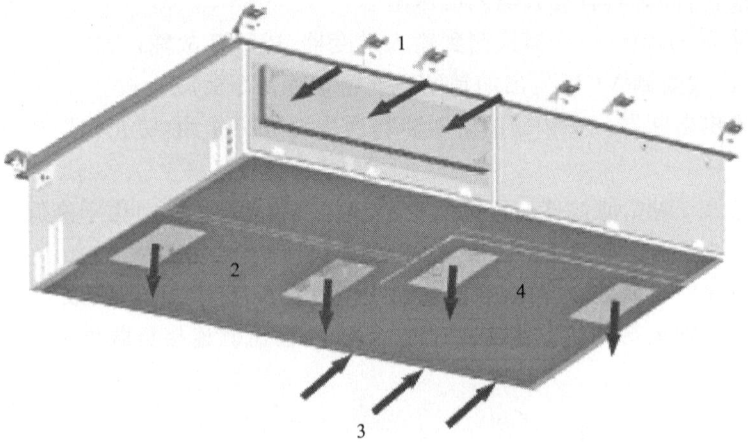


图 6.12 进气与出气示意图

1—进气格栅 AI-H1；2—出气格栅 AI-H1；

3—进气格栅 AI-H2；4—出气格栅 AI-H2

冷却系统的设计使主风机尽量保持低速，从而保证了污物、噪声和操作次数最小化，并保证优化通风。辅助逆变器启动后，主风机打开。主风机的速度由主控制器 Sibcos-M2500 控制。单个电源模块向主控制器报告整流器散热片的温度。控制器监控温度并逐步调整主风机速度。在各辅助逆变器中，空气通过一个纵向与通道相对的双进气格栅被吸入，并馈入 AI 机箱。在机箱内，空气通过伸入空气通道的电源模块(T3)、(T5)和(T6)的散热片，并沿叶片导入中间机箱区域。空气通过主风机(M41)导入下部机箱区域。此处，空气通过 MF 整流器、MF 变压器、正弦滤波器扼流圈和升压转换器扼流圈的散热片到达出气格栅。空气通过出气格栅向下吹出。

4. 蓄电池箱

如图 6.13、图 6.14 所示，蓄电池箱由 80 个蓄电池单体组成，采用烧结式镉镍碱性蓄电池。每节 TC 车底架安装有两个蓄电池箱——蓄电池箱 1 及蓄电池箱 2，蓄电池箱 1 带有温度传感器及外挂熔断器箱，箱子采用悬挂安装模式。

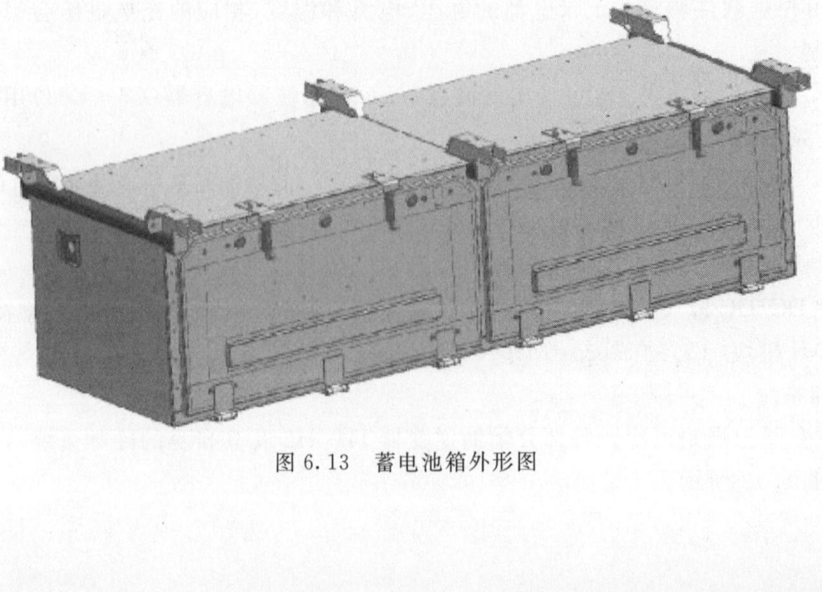

图 6.13 蓄电池箱外形图

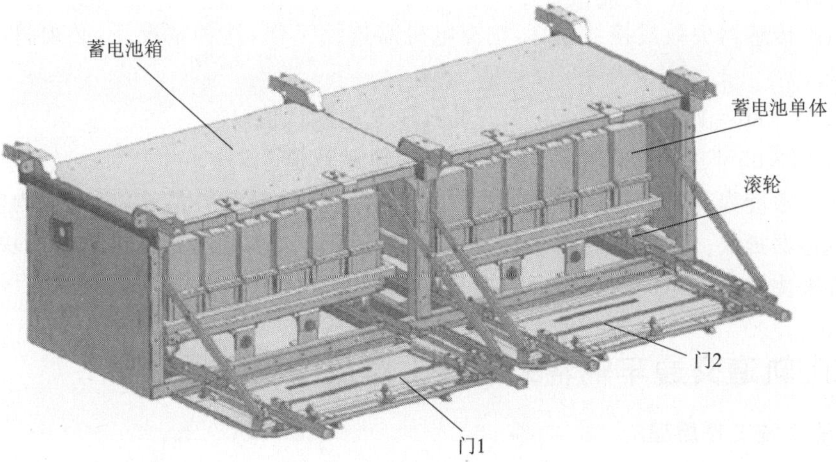

图 6.14 蓄电池箱门打开示意图

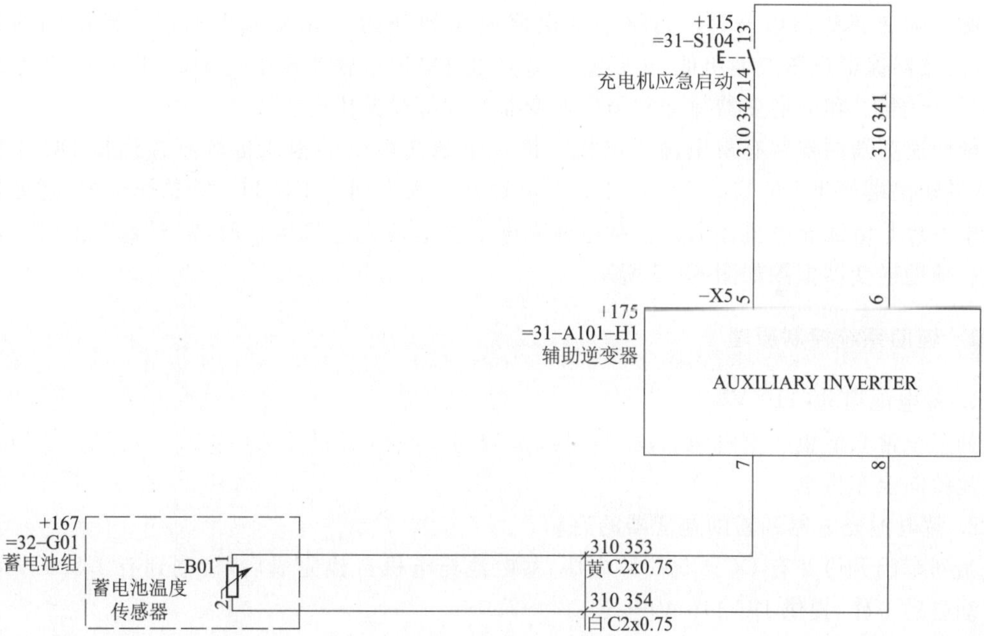

图 6.15 蓄电池温度信号采集原理

蓄电池箱 2 结构与蓄电池箱 1 结构类似，仅比蓄电池箱 1 少一个外挂熔断器箱。蓄电池箱 1 内有 40 个电池单元，蓄电池箱 2 内也有 40 个电池单元，总标称电压为 110 V，作为列车 DC 110 V 供电系统的备用电源，充电模式为：

(1)升压充电。首先，使用 50 A 电流为电池充电，直到达到 $U_1$；之后，充电电压持续保持在 $U_1$ 恒定；当温度＞40 ℃时，充电电压将减至 $U_2$。

(2)浮充电。如果充电电流减小到 6 A 以下，则电压从 $U_1$ 恒定转为 $U_2$ 恒定，充电电流进一步减小并保持持续充电。

(3)转为升压充电。当充电电流增加至 9.6 A 以上时，则转换为升压充电。

(4)当温度>60 ℃时,停止充电。

如果温度传感器失效或接线损坏,则充电机需连续工作,这种情况下,必须将充电电压控制在 110 V。

$U_1=1.52\times80=121.6$ V,为 20 ℃时的升压充电默认值;

$U_2=1.42\times80=113.6$ V,为 20 ℃时的浮充电默认值。

为了最大限度提高蓄电池的寿命,减少维护周期,实行温度补偿充电,电池内电解液的温度由温度传感器提供。温度传感器采集的模拟信号被送入蓄电池充电机控制模块中,充电机根据此信号来决定补偿后的充电电压与电流,如图 6.15 所示。

## 6.3 城市轨道交通车辆辅助系统工作及控制原理分析

### 6.3.1 辅助系统工作原理

辅助逆变器机箱装有两台相同的辅助逆变器。DC1 500 V 输入电压通过 DC/DC 转换器、中频变压器和桥式整流器转成可控中间电路电压。

脉宽调制逆变器(PWMI)将该中间电路电压转换为三相交流电输出。输出侧的正弦 EMC 滤波器保证正弦波输出值,正弦波输出值通过输出接触器连接到 3AC 母线上,为空调系统、空气压缩机、辅助逆变器冷却和牵引逆变器冷却等设备供电。

辅助逆变器内安装有蓄电池充电机。该蓄电池充电机的输入电源直接连接 DC 中间电路,在其输出端产生 DC 110 V 的电压。蓄电池充电机为列车 DC 110 V 总线供电,逆变器箱内其中一台蓄电池充电机还为车辆蓄电池充电。蓄电池充电机运行时,需对蓄电池进行温度补偿。辅助逆变器框图如图 6.16 所示。

### 6.3.2 辅助系统控制原理

1. 蓄电池启动(110 V)

列车正常激活也叫蓄电池启动,当司机室的列车激活旋钮开关(72-S101)打到“合”位时,蓄电池就向全车供电。

2. 蓄电池充电器和辅助逆变器的启动

当列车已升弓并有 DC 1 500 V 电压,蓄电池充电机自检完成后,检测到有 1 500 V 电压就自动启动工作,提供 DC 110 V 电压。

列车已升弓并有 DC 1 500 V 电压,VCU 与辅助逆变器的控制单元的通信正常和辅助逆变器无故障信息时,VCU 向辅助逆变器发出工作指令,辅助逆变器自动启动,提供三相交流电压。当 MVB 车辆总线故障时,只要有 DC 110 V 和 DC 1 500 V 供电时,辅助逆变器自动启动。

Sibcos-M2000 模块集成在蓄电池充电机中。主控制单元 Sibcos-M2500 通过 MVB 向车辆控制单元发送信号。辅助逆变器的内部控制单元之间的通信通过 CAN 总线(控制器局域网)进行。辅助逆变器的内部控制单元之间通信示意图如图 6.17 所示。

3. Sibcos-M2500 主控制器简述

控制器 Sibcos-M2500 代表主控制和模块控制的组合,负责全面系统控制与高级控制等级的通信,以及不同类型电源转换器的控制和调整(如 PWMI)。

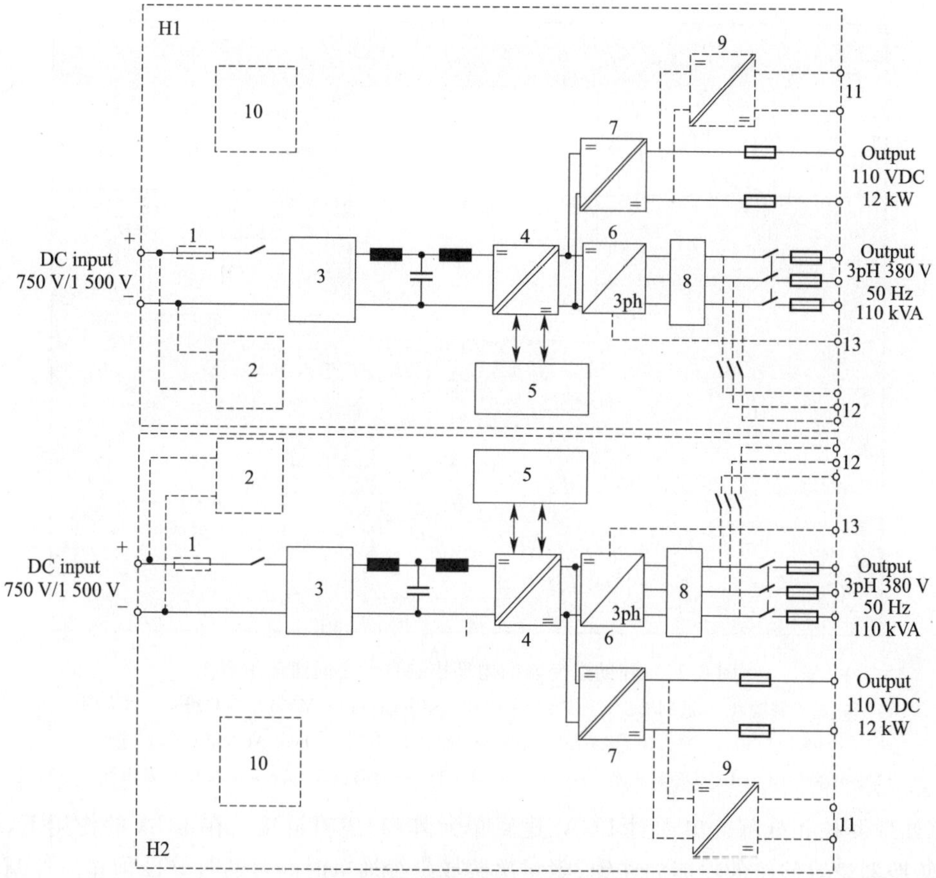


图 6.16　辅助逆变器框图

1—输入熔断器；2—应急启动；3—EMC 滤波器和瞬态脉冲保护；4—DC/DC 模块；5—Sibcos 控制；6—PWMI 逆变器；7—蓄电池充电机；8—正弦滤波器；9—DC/DC 转换器；10—可选：火灾报警；11—DC 24 V 输出(1 kW)；12—可选：车间供电；13—可选：中线线路

该控制器具有 16 个 IGBT 控制通道和 14 个 IGBT 核对输入以及 8 个数字输入和 4 个数字输出。而且，该控制器具有模拟电源输入和电压输入以连接变压器。控制器的附加接口为：

(1)MVB 接口负责与综合控制等级的通信。该接口符合 TCN 标准。

(2)CAN 接口负责与其他 CAN 节点的通信。

(3)笔记本电脑的连接可通过 RS232 接口。该接口用于调试和启动、诊断和程序下载。

控制器的温度检测通过外部 PT100 元件或通过温度电阻 NTC10 kΩ 进行。

4. Sibcos-M2000 模块控制器简介

Sibcos-M2000 控制器控制 PWMI 模块(和可选蓄电池充电机)。有 11 个 IGBT 门极驱动输出和 10 个 IGBT 反馈输入。控制模块还有模拟电流和电压输入以连接互感器。模块上有一个 C167CR 处理器(20MHz，512KB Flash-EPROM 和 64KB SRAM)。

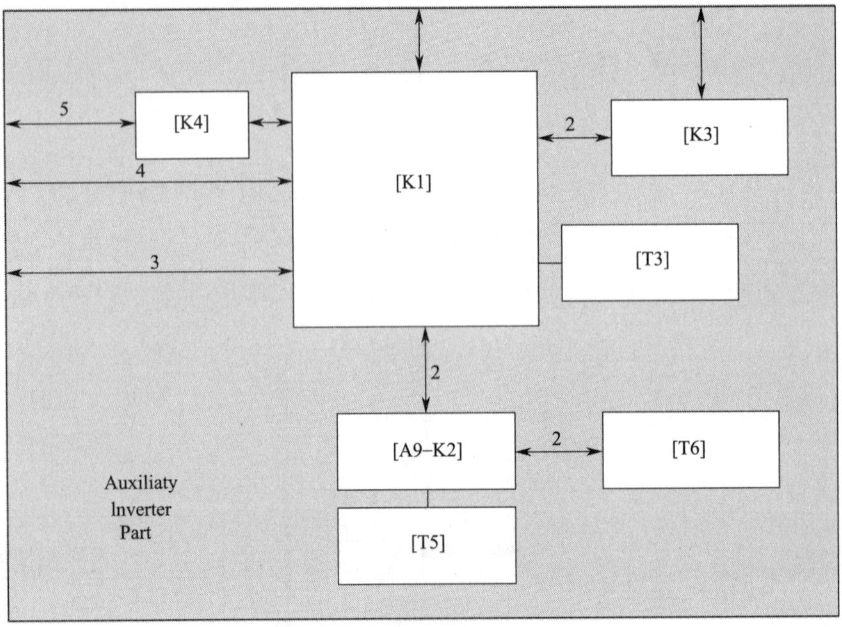


图 6.17 辅助逆变器的内部控制单元之间通信示意图

1—二进制输入/二进制输出；2—CAN 总线；3—服务端口；4—MVB 车辆总线；5—以太网；[K1]—Sibcos-M2500；[A9-K2]—Sibcos-M2000；[K3]—Sibcos-M9000；[K4]—接口转换器；[T3]—DC/DC 转换器；[T5]—PWMI；[T6]—内部包含 Sibcos-M2000 的蓄电池充电机

该处理器核和外部接口通过 LCA(逻辑单元阵列)逻辑链接。在 LCA 的作用下，根据该应用，转换器逻辑回路的功能如联锁、闭塞次数或最少通电时间可通过软件创建。控制单元的其他接口为：

(1)CAN 接口用于将 Sibcos-M2000 模块控制连接至主控制单元或其他从控制单元。

(2)局域总线接口为串联数据总线(RS485)用于同其他模块控制单元通信。

(3)该控制模块可通过 RS232 接口连接至笔记本电脑。该接口用于启动和诊断。温度通过 NTC 元件检测。

5. 故障诊断

诊断系统能对故障进行快速而正确的定位，故障分析利用了 Sibmon 诊断和可视化系统，调试人员能用带串行接口的 PTU 直接连接到辅助逆变器中 Sibcos-M2500 主控制器的 RS232 串行接口，如图 6.18 所示。

Sibmon 软件的功能：

(1)使设备状态及块形流程图中的进程数据可视化；

(2)广泛的基于超文本的在线帮助，对模块、故障消息等提供直接帮助；

(3)字母数字混合的数据输入和显示；

(4)图形功能；

(5)读取并分析控制器的诊断数据；

(6)载入软件到控制器上并显示所载入的软件版本。

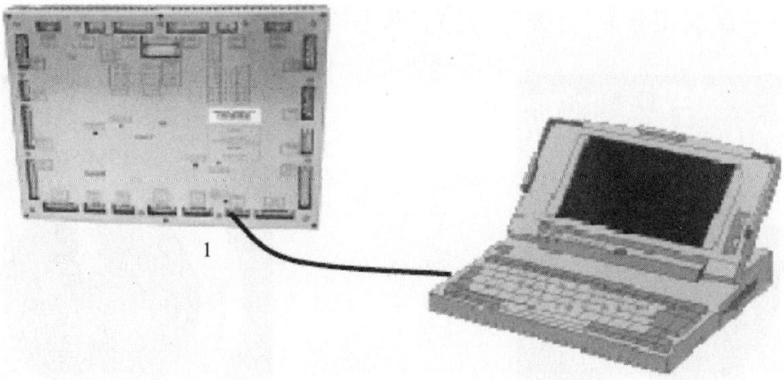


图 6.18　PTU 与 Sibcos-M2500 连接图

## 6.4　城市轨道交通车辆辅助系统其他附属设备

列车辅助电源系统还包括对列车“客室照明”、“司机室灯”、“头灯”、“电笛”、“刮雨器”等。

1. 客室照明按钮

“客室照明”按钮有“分”“0”“合”三个位置，打至“合”位，客室照明 LED 灯点亮，客室灯亮标志灯点亮，开关自复位至“0”位；打至“分”位，客室照明 LED 灯灭，开关自复位至“0”位，客室灯亮标志灯熄灭。

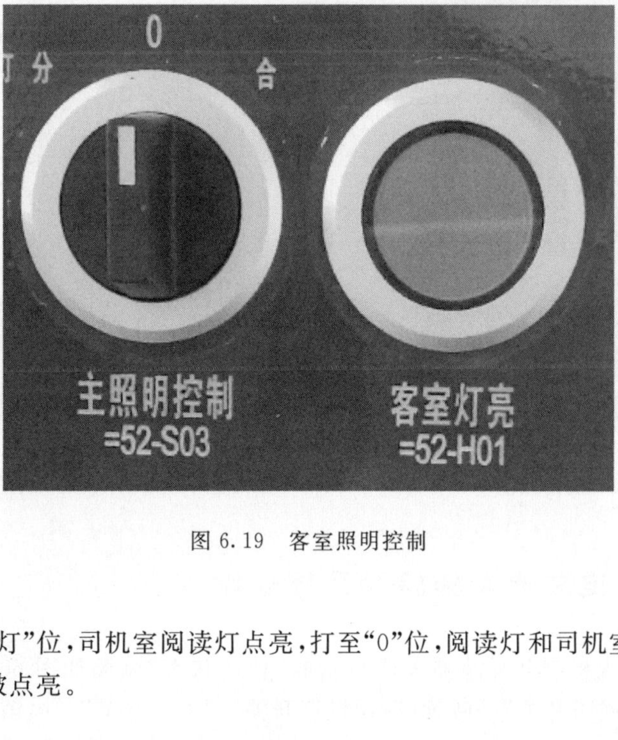


图 6.19　客室照明控制

2. 司机室灯

开关打至“阅读灯”位，司机室阅读灯点亮，打至“0”位，阅读灯和司机室灯均熄灭；打至“顶棚灯”位，司机室灯被点亮。

3. 头灯

司机室头灯控制旋钮分为“远光”、“近光”两个挡位。

图 6.20 司机室灯控制

图 6.21 头灯控制

4. 电笛按钮

“电笛”按钮控制电笛的响、停。

5. 刮雨器

雨刮器控制旋钮分为“洗车”位、“间歇”位、“停止”位、“低速”位、“高速”位。

图 6.22 电笛控制

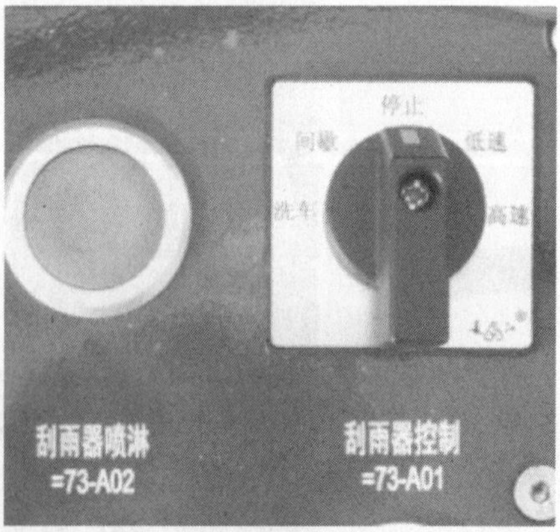


图 6.23 刮雨器控制

## 任务 1 城市轨道交通车辆辅助系统操作

主司机台 HMI 人机交互显示器上所显示的“辅逆状态”画面如图 6.24 所示。辅助电源故障信息包括“客室照明开关”、“阅读灯/司机灯开关”、“头灯开关”、“电笛”的操作。说明如图

6.25 所示。

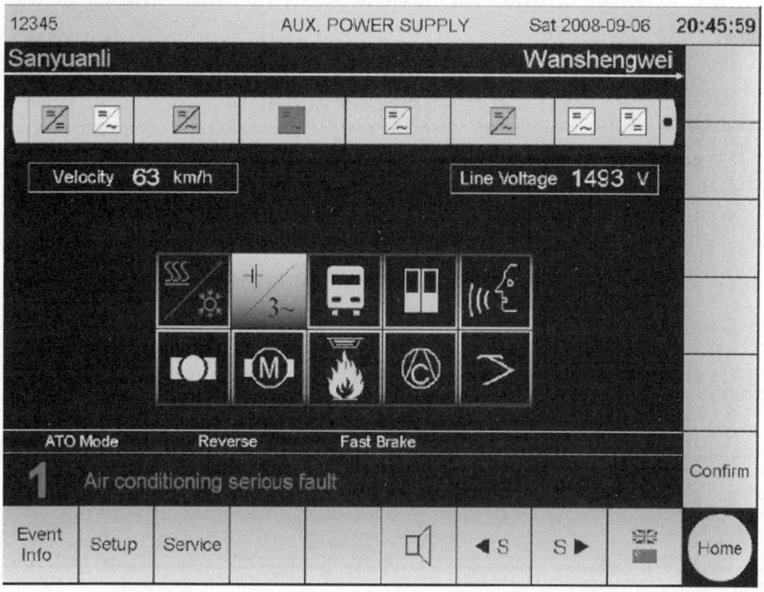


图 6.24 “辅逆状态”画面

| 优先级 | 符号 | 指示的状态 |
|---|---|---|
| 1 |  | AC/DC 辅助电源“切除” |
| 2 | 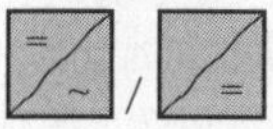 | AC/DC 辅助电源故障 |
| 3 | 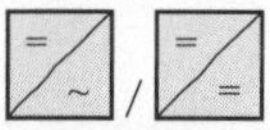 | AC/DC 辅助电源警告 |
| 4 | 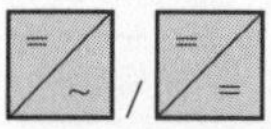 | AC/DC 辅助电源运行，无故障 |
| 5 | 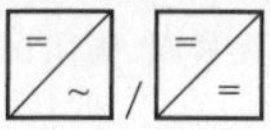 | AC/DC 辅助电源关闭，无故障 |

图 6.25 辅助电源故障信息说明

1. 客室照明按钮

“客室照明”按钮分“关”“0”“开”三个位置，打至“开”位，客室照明 LED 灯点亮，开关自复位至“0”位；打至“关”位，客室照明 LED 灯灭，开关自复位至“0”位。

2. 阅读灯/司机室灯开关

开关打至“阅读灯”位，司机室阅读灯点亮，打至“0”位，阅读灯和司机室灯均熄灭；打至“司机室”位，司机室灯被点亮。“头灯”开关分为远光、近光两个挡位。

3. 电笛按钮

“电笛”按钮控制电笛的响、停。

## 任务2 城市轨道交通车辆辅助系统电气状态检查

1. 双日检(表6.2)

**表6.2 车底设备双日检**

| 检修内容 | 检修标准 |
|---|---|
| 检查辅助逆变器箱外观状态 | (1)箱体支撑架无变形、无裂纹,紧固件齐全、防松线清晰无错位<br>(2)箱体各部件无脱漆、裂纹、变形,所有紧固件齐全、防松线清晰无错位,盖板锁锁闭到位,接地线无断股<br>(3)通风格栅表面无堵塞<br>(4)箱体外部电缆旋紧件、线插等安装紧固无松动 |
| 检查蓄电池箱外观状态 | (1)箱体支撑架无变形、无裂纹,紧固件齐全、防松线清晰无错位<br>(2)箱体各部件无脱漆、裂纹、变形、变色,所有紧固件齐全、防松线清晰无错位,盖板锁/二次防护锁锁闭到位,接地线无断股<br>(3)箱体外部电缆旋紧件、线插等安装紧固无松动 |

2. 双周检(表6.3)

**表6.3 双周检**

| 序号 | 项目 | 检修内容 | 检修标准 |
|---|---|---|---|
| 1 | 辅助逆变器箱作业 | 检查辅逆箱 | (1)箱体支撑架无变形、无裂纹,紧固件齐全、防松线清晰无错位<br>(2)箱体各部件无脱漆、裂纹、变形,所有紧固件齐全、防松线清晰无错位,盖板锁锁闭到位,接地线无断股<br>(3)通风格栅表面无堵塞<br>(4)箱体外部电缆旋紧件、线插等安装紧固无松动 |
| 2 | 蓄电池箱作业 | 检查蓄电池箱 | (1)箱体支撑架无变形、无裂纹,紧固件齐全、防松线清晰无错位<br>(2)箱体各部件无脱漆、裂纹、变形、变色,所有紧固件齐全、防松线清晰无错位,盖板锁/二次防护锁锁闭到位,接地线无断股<br>(3)箱体外部电缆旋紧件、线插等安装紧固无松动 |

3. 三月检(表6.4)

**表6.4 三月检**

| 序号 | 项目 | 检修内容 | 检修标准 |
|---|---|---|---|
| 1 | 辅助逆变器作业 | 检查辅逆箱 | (1)箱体支撑架无变形、无裂纹,安装螺栓紧固、齐全<br>(2)箱体无变形,各盖板安装紧固,锁闭良好,箱体表面无擦伤,油漆无开裂、破损现象<br>(3)通风格栅清洁无堵塞<br>(4)箱体接地线、外部电缆旋紧件安装紧固 |
| | | 辅逆箱内部清洁及检查(奇数次) | (1)清洁通风格栅及箱体内部<br>(2)清洁通风道和主风机空间,检查风机状态<br>(3)检查箱体内部各元器件及电气连接状态<br>(4)检查电源接触器<br>(5)箱体密封检查 |
| | | 辅逆有电功能检查 | 列车降弓、升弓情况下,HMI显示辅逆图标正确 |
| 2 | 蓄电池系统作业 | 检查蓄电池箱 | (1)箱体支撑架无变形、无裂损,安装螺栓紧固齐全<br>(2)箱体无变形、变色现象,各盖板安装紧固、锁闭良好,箱体表面无擦伤,油漆无开裂、破损现象<br>(3)箱体接地线、外部电缆旋紧件安装紧固 |

续上表

| 序号 | 项目 | 检修内容 | 检修标准 |
|---|---|---|---|
| 2 | 蓄电池系统作业 | 检查蓄电池组 | (1)检查蓄电池壳体无变形、无破损,表面无漏液现象,呼吸塞关闭良好<br>(2)检查蓄电池间连线、连接板、螺栓无过热变色现象,紧固螺栓防松线清晰无错位<br>(3)检查绝缘护套无过热融化、无破损,安装紧固<br>(4)检查液面不低于最低液面线上方 30 mm,否则加液<br>(5)测量蓄电池组开路电压大于 96 V |
| | | 清洁蓄电池 | 用毛刷或抹布清洁蓄电池表面 |
| | | 清洁箱体内部 | 用吸尘器或抹布清洁箱体内部,要求内部清洁、干燥 |
| | | 箱体密封检查 | 要求密封胶条或密封垫无变形、破损、缺失等现象,并清洁胶条、涂抹凡士林 |
| | | 检查蓄电池拖斗滚轮、滑道及盖板吊臂 | (1)滚轮安装状态良好,开口销无缺失<br>(2)滑道各部件无变形,功能正常,紧固螺栓安装牢固无缺失,防松线清晰无错位<br>(3)滚轮与滑道配合良好<br>(4)盖板吊臂安装状态良好,开口销无缺失 |

4. 年检(表 6.5)

**表 6.5 年检**

| 序号 | 项目 | 检修内容 | 检修标准 |
|---|---|---|---|
| 1 | 辅助逆变器作业 | 检查辅逆箱 | (1)箱体支撑架无变形、无裂纹,安装螺栓紧固齐全<br>(2)箱体无变形,各盖板安装紧固、锁闭良好,箱体表面无擦伤,油漆无开裂、破损现象<br>(3)箱体接地线、外部电缆旋紧件安装紧固 |
| | | 辅逆箱内部除尘 | (1)拆除通风格栅,使用高压风对通风格栅进行除尘<br>(2)拆除箱体底部盖板,使用高压风对风道及内部器件进行除尘 |
| | | 辅逆箱内部检查 | (1)检查箱盖方孔锁安装紧固,锁舌无变形<br>(2)箱体密封检查,要求密封胶条或密封垫无变形、破损、缺失等现象,并清洁胶条、涂抹凡士林<br>(3)检查箱体内部各元器件,要求外观无烧灼或损坏,安装紧固,固定螺栓防松线清晰无错位<br>(4)检查箱体内部电气连接状态良好,固定螺栓防松线清晰无错位<br>(5)各接线外观良好,无老化、烧灼、变色或长毛现象;接线绑扎稳固,无干涉<br>(6)检查电源接触器,安装状态良好,外观无过热变色或变形现象;检查灭弧罩安装牢固,无破损现象,内部无严重烧灼痕迹;检查触点无严重烧蚀现象;按压接触器触头,动作灵活无卡滞<br>(7)对箱体内部进行清洁 |
| | | 辅逆有电功能检查 | 列车降弓、升弓情况下,HMI 显示辅逆图标正确 |
| 2 | 蓄电池系统作业 | 检查蓄电池箱 | (1)箱体支撑架无变形、无裂损,安装螺栓紧固齐全<br>(2)箱体无变形、变色现象,各盖板安装紧固、锁闭良好,箱体表面无擦伤,油漆无开裂、破损现象<br>(3)箱体外部电缆旋紧件安装紧固 |
| | | 检查蓄电池组 | (1)检查蓄电池壳体无变形、无裂损,表面无漏液现象,呼吸塞关闭良好<br>(2)检查蓄电池间连线、连接板、螺栓无过热变色现象,紧固螺栓防松线清晰无错位<br>(3)检查绝缘护套无过热融化、无破损,安装紧固<br>(4)检查蓄电池液面不低于最低液面线上方 30 mm,否则加液 |

续上表

| 序号 | 项目 | 检修内容 | 检修标准 |
|---|---|---|---|
| 2 | 蓄电池系统作业 | 清洁蓄电池 | 用毛刷或抹布清洁蓄电池表面 |
| | | 清洁箱体内部 | 用吸尘器或抹布清洁箱体内部，要求内部清洁、干燥 |
| | | 检查蓄电池拖斗滚轮、滑道及盖板吊臂 | (1)滚轮安装状态良好，开口销无缺失<br>(2)滑道各部件无变形，功能正常，紧固螺栓安装牢固无缺失，防松线清晰无错位<br>(3)滚轮与滑道配合良好<br>(4)盖板吊臂安装状态良好，开口销无缺失 |
| | | 检查蓄电池温度传感器 | 测量蓄电池温度传感器阻值正常 |
| | | 箱体密封检查 | 要求密封胶条或密封垫无变形、破损、缺失等现象，并清洁胶条、涂抹凡士林 |
| | | 蓄电池补偿充电作业 | 按照《移动式充放电机补偿充电工艺》对蓄电池进行补偿充电 |

## 任务3　城市轨道交通车辆辅助系统电气典型故障分析及处理

1. 故障一　HMI 显示网压不正常。

(1)故障现象

一个辅助逆变器红点，DC/DC、DC/AC 严重故障，HMI 显示网压为 2 200 V，无其他故障显示。

(2)故障分析

① HMI 网压显示。网压存在且正常的情况下，HMI 所显示的网压值为 4 个辅逆采集网压的平均值，其逻辑关系如图 6.26 所示。

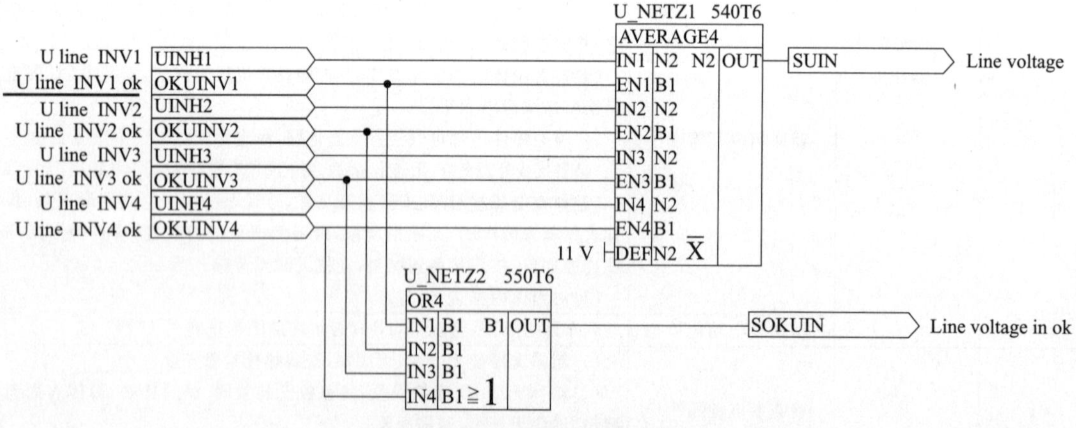


图 6.26　HMI 网压显示部分逻辑

② 查看主控制单元 SibmonM2500 故障日志。列车回库后，查看该辅助逆变器主控制单元 M2500 故障数据，如图 6.27 所示，记录“MAS：Power supply error；MAS：Locked”，且电压传感器 T11 显示网压为 3 949 V。

根据以上数据可以确定 HMI 显示网压为 2 200 V 应是辅助逆变器故障导致。辅助逆变

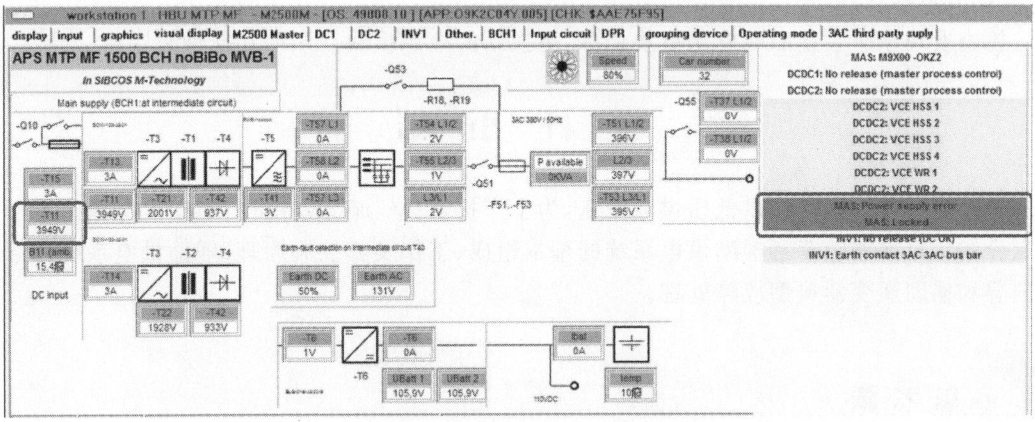

图 6.27　Sibmon M2500 故障数据

器采集网压与实际网压不符有两个可能的原因。

a. 电压传感器 T11 故障，直接导致采集网压与实际网压不符；

b. M2500 故障，导致 T11 无法正常工作或错误处理接收到的网压信号。

③ 确定故障器件。

a. 电压传感器 T11。更换 01096A 车辅助逆变器 2 的电压传感器 T11，高压测试故障依然存在。

b. 主控制单元 M2500。更换 01096A 车辅助逆变器 2 的主控制单元 M2500，激活列车后发现，在没有高压的情况下，HMI 显示网压为 4 000 V，查看 M2500 数据记录显示 T11 网压为 4 000 V。

c. 线路检查。检查 T11 接线紧固，M2500 各插头插接紧固。激活列车后测量 T11 供电回路无电压，测量 M2500 供电回路发现插头 X041 无电压输出，最终检查发现熔断器 F13、F14 熔断。

(3)故障原因

为主控制单元 M2500 故障，从故障现象(F13、F14 熔断)可以判断故障件内部电路板或元器件发生短路、虚接等现象。

(4)故障处理

更换主控制单元 M2500 和 F13、F14 熔断器，高压测试功能正常。

2. 故障二　客室照明间隔不亮。

(1)故障现象

客室照明间隔不亮。

(2)故障分析

① 多次分合客室照明微动开关，4C 车左侧照明仍然间隔不亮；

② 检查左侧照明电源模块接线连接紧固；

③ 断开 4C 车左侧照明微动开关，更换左侧照明电源模块 2 后，测试照明功能正常。

(3)故障原因

通过上述检查，确认控制回路、供电回路接线等均无异常，故障点在电源模块，更换新的电源模块后照明恢复正常。

(4)故障处理

检查发现该车客室照明电源模块烧坏,更换新的电源模块后照明功能恢复正常。

# 项 目 小 结

辅助逆变器为列车提供低压供电设备,为全车提供 AC 380 V 和 DC 100 V 电源。本项目重点介绍了目前城轨车辆辅助供电系统的基本组成、工作及其控制原理,辅助供电系统日常维护内容和辅助逆变器典型故障处理。

## 思考题

1. 城市轨道交通车辆上 DC 1 500 V 高压经过哪些环节到达 DC/DC 模块?
2. 城市轨道交通车辆的辅逆各控制单元与模块之间的对应关系是什么?
3. 城市轨道交通车辆辅助系统交流负载主要包括哪些?

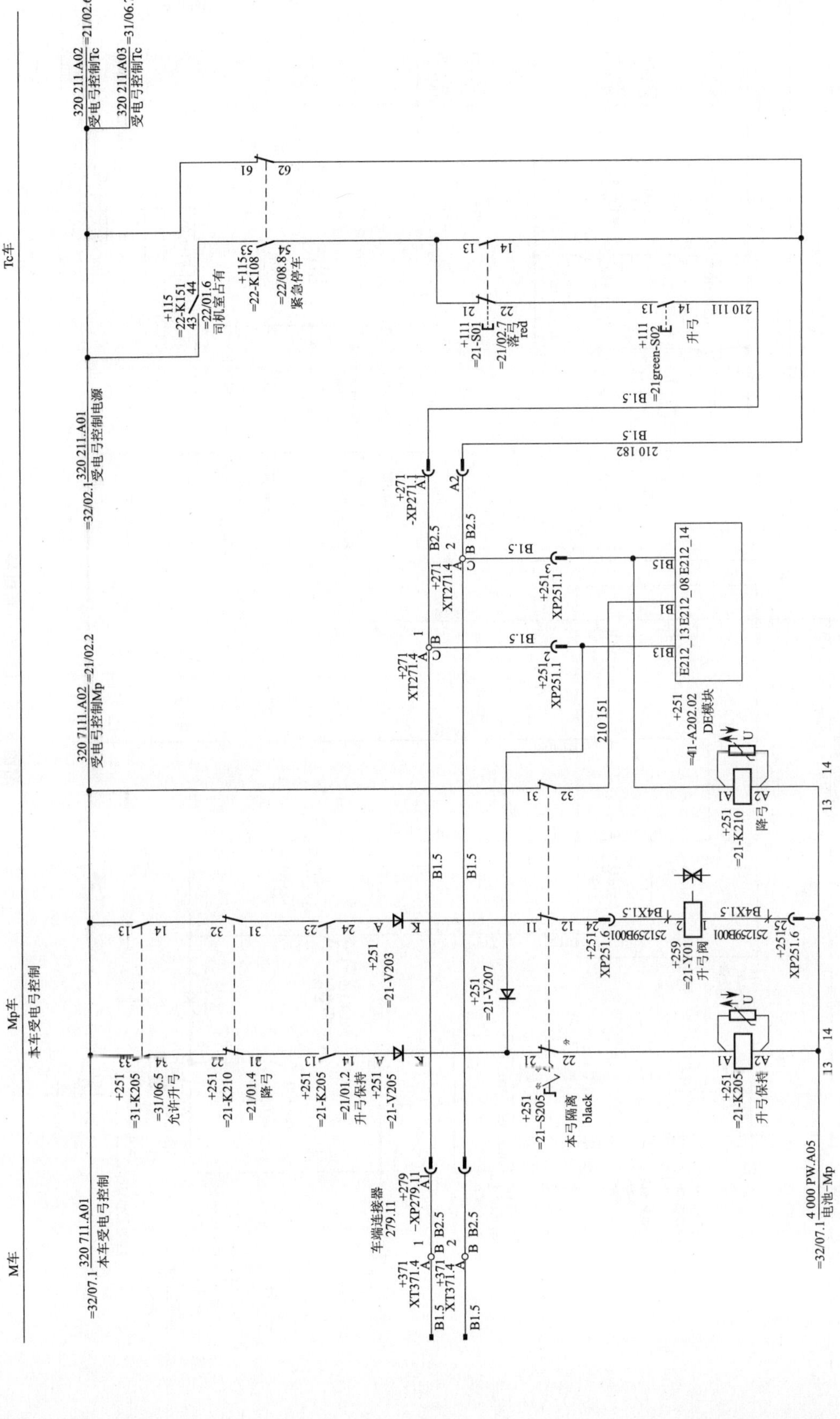


附图 1　受电弓控制电路图

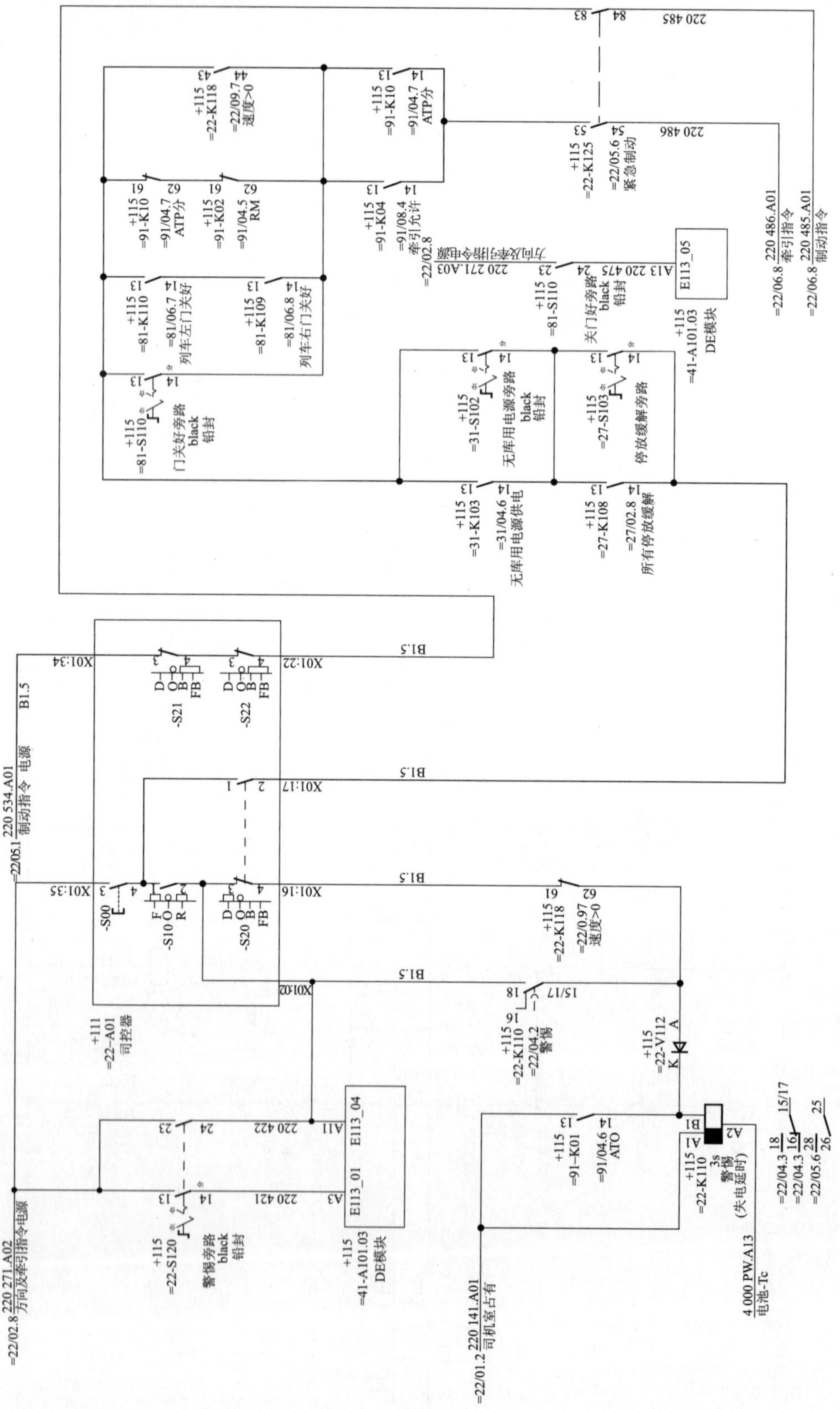


附图 2　牵引系统控制电路

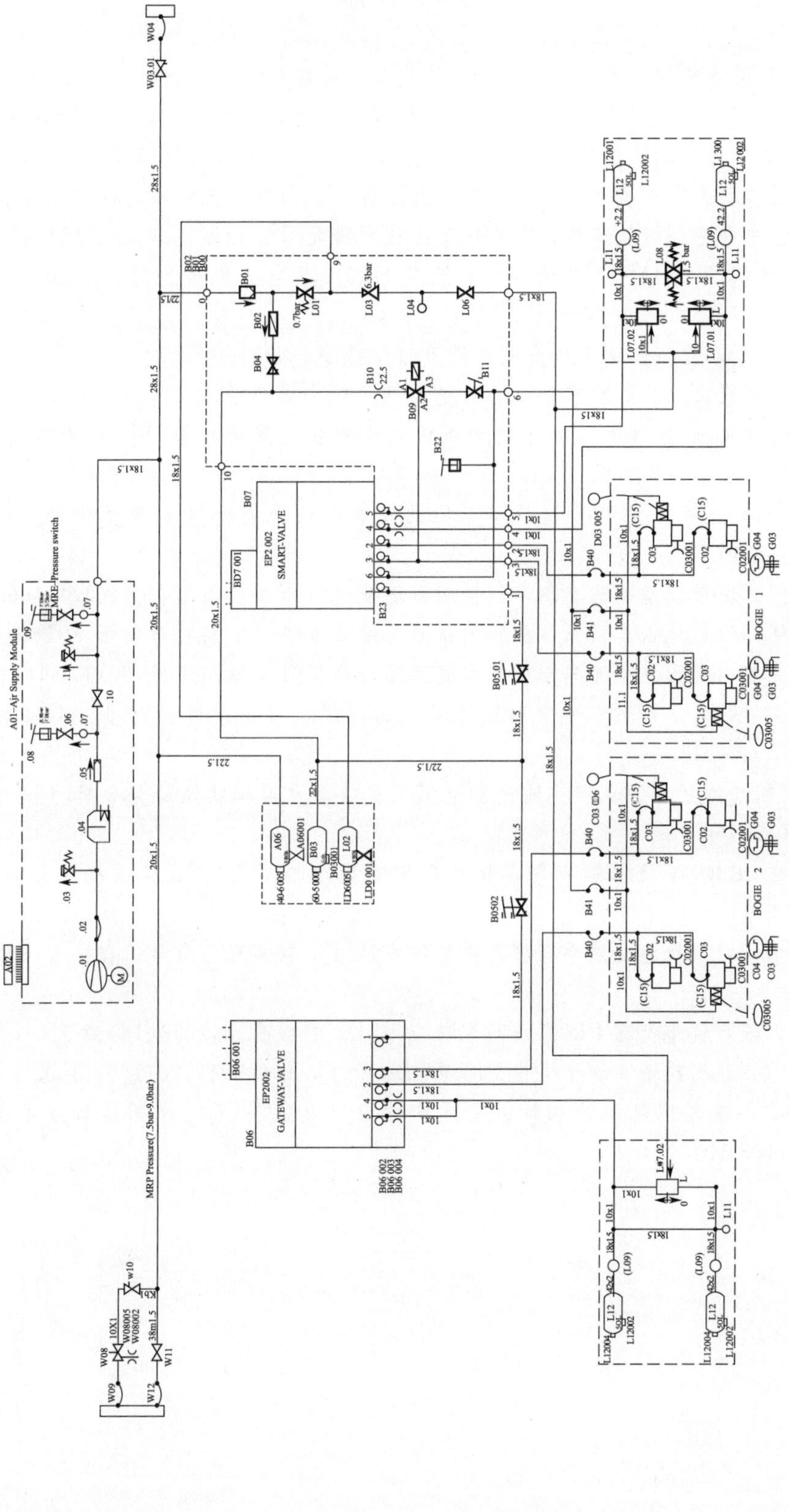


附图 3 M 车空气管路原理图

# 参考文献


[1] 盛伟.轨道车辆网络控制系统的研究现状与发展趋势[J].科技与企业,2014(8):125.

[2] 于浩然.国外地铁列车网络系统应用分析[J].国外铁道车辆,2014(5)51:12-14.

[3] 徐文峰.轨道车辆牵引传动技术的发展[J].科技与企业,2014(5):267.

[4] 苟军善,侯康鹏.交流牵引电动机的发展态势[J].机车电传动,2011(3):2-5.

[5] 姜悦礼,史秀娈.城轨车辆牵引系统集成技术研究[J].内燃机车,2011(11):5-10.

[6] 张晋.西门子 SIBAS32 自动控制系统在 HXD1 型电力机车上的应用[J].电气技术,2009(7):77-82.

[7] 孙福祥.列车空气制动机的发明与进步[J].铁道知识,2005,20.

[8] 刘豫湘,胡跃文.我国机车制动机的发展[J].机车电传动,2002(5),4-5.

[9] 刘豫湘,方长征,万建兵.列车制动系统技术现状及发展趋势[J].电力机车与城规车辆,2014(5)37:1-2.

[10] 赵光波,杨尚平.城市轨道车辆车门的发展现状及展望[J].流体传动与控制,2008(26):38-40.

[11] 周园园.城市轨道交通车辆车门控制系统概述[J].科技展望,2014(22):166.

[12] 傅新伟.浅析地铁车门系统故障的诊断与维修策略[J].科技与创新,2014(24):139.

[13] 欧阳仲志.我国铁路客车空调技术的回顾与展望[J].铁道车辆,2013, 51(12):70-73.

[14] 岳小鹤,高博.轨道车辆变频空调机组的应用及可推广性研究[J].铁路技术创新,2011(5):26-28.

[15] 袁琦,胡松涛.我国轨道交通车辆空调系统技术发展现状及趋势分析[J].中国铁路,2014(10):64-66.

[16] 杨梦祥.R401A 环保制冷剂在轨道车辆空调中的应用[J].铁道技术监督,2013,41(7):35-38.

[17] 吴闯龙.城市轨道交通乘客信息系统的发展[J].铁路通信信号工程技术,2007, 4(5):46-48.

[18] 王琰.城市轨道交通 PIS 系统研究与应用[J].科技资讯,2014(18):2-3.

[19] 汪曙明.苏州轨道交通 1 号线 PIS 系统浅析[J].价值工程,2011(6):105.

[20] 唐史峰.乘客信息系统在轨道交通中的应用及发展[J].中国高新技术企业,2014(13):103-104.